Berg/Nagelschmidt/
Wollmann
Kommunaler
Institutionenwandel

KSPW: Transformationsprozesse
Schriftenreihe der Kommission
für die Erforschung des sozialen und politischen Wandels
in den neuen Bundesländern e.V. (KSPW)

Herausgegeben vom Vorstand der KSPW:
Hans Bertram, Hildegard Maria Nickel,
Oskar Niedermayer, Gisela Trommsdorff

Band 12

Frank Berg
Martin Nagelschmidt
Hellmut Wollmann

Kommunaler Institutionenwandel

Regionale Fallstudien
zum ostdeutschen
Transformationsprozeß

Leske + Budrich, Opladen 1996

Die Deutsche Bibliothek – CIP-Einheitsaufnahme
Berg, Frank:
Kommunaler Institutionenwandel : Regionale Fallstudien zum ostdeutschen Transformationsprozeß / Frank Berg ; Martin Nagelschmidt ; Hellmut Wollmann. – Opladen : Leske und Budrich, 1996
(Transformationsprozesse ; Bd. 12)

ISBN 3-8100-1615-2
NE: Nagelschmidt, Martin:; Wollmann, Hellmut:; GT

© 1996 Leske + Budrich, Opladen

Das Werk einschließlich aller seiner Teile ist urheberrechtlich geschützt. Jede Verwertung außerhalb der engen Grenzen des Urheberrechtsgesetzes ist ohne Zustimmung des Verlages unzulässig und strafbar. Das gilt insbesondere für Vervielfältigungen, Übersetzungen, Mikroverfilmungen und die Einspeicherung und Verarbeitung in elektronischen Systemen.

Satz: Werkstatt für Typografie, Offenbach
Druck: Druck Partner Rübelmann, Hemsbach
Printed in Germany

Inhalt

Vorbemerkung 9
Einleitung 11
1. Kommunen unter SED-Herrschaft 23
2. Wendezeit und lokale Umbruchpfade 37
3. Kommunale Politik zwischen Konsens und Konflikt: zum Integrationsstand kommunaler Politik in den neuen Bundesländern 51
    3.1 Integration und Desintegration „altinstitutioneller" Politikmuster 51
    3.2 Politik – Verwaltung – soziopolitische Einbettung 68
4. Probleme und Handlungsabläufe kommunaler Selbstverwaltung ... 77
    4.1 Leitungspersonal in der Kommunalverwaltung, Orientierungen und Handlungsmuster in der Verwaltungspraxis 77
    4.2 Fallbeispiel kommunaler Wirtschaftsförderungspolitik 96
    4.3 Kreisangehörige Gemeinden, Ämter und Verwaltungsgemeinschaften 106
    4.4 Kommune – Land – Bund 121
5. Strukturentwicklung der Kommunalverwaltungen 127
    5.1 Variationen der Dezernatsorganisation in der Aufbauphase 133
    5.2 Stadt Brandenburg an der Havel 136
    5.3 Landkreise Brandenburg und Potsdam-Mittelmark 148
    5.4 Landkreis Bitterfeld 155
    5.5 Städte Bitterfeld und Wolfen 161

6.	Personalentwicklung und kommunale Leitungspersonen	171
	6.1 Entwicklung des Personalbestandes	171
	6.2 Wechsel von Führungspersonal	184
	6.3 Kommunale Leitungspersonen: Sozialisation, Einstellungs- und Orientierungsmuster	188
7.	Zusammenfassung	211
Tabellenanhang zu den Befragungen		223
Literaturverzeichnis		263

Editorial

Der vorliegende Band präsentiert Ergebnisse eines *Projekts aus der zweiten Forschungs- und Förderphase* der Kommission für die Erforschung des sozialen und politischen Wandels in den neuen Bundesländern e.V. (KSPW). Die KSPW ist eine vom Wissenschaftsrat (Ende 1991) empfohlene, auf fünf Jahre begrenzte Initiative (1992-1996) von namhaften SozialwissenschaftlerInnen aus den neuen und alten Bundesländern, finanziert und unterstützt vom Bundesministerium für Bildung, Wissenschaft, Forschung und Technologie sowie vom Bundesministerium für Arbeit und Sozialordnung. Ihre erklärte dreifache Aufgabe sieht sie darin,

- den sozialen und politischen Wandel in den neuen Bundesländern zu erforschen bzw. seine Erforschung zu fördern,
- damit auch die empirischen und theoretischen Grundlagen für politische Handlungsempfehlungen zu verbessern sowie
- angesichts des Umbruchs der Sozialwissenschaften in den neuen Bundesländern das sozialwissenschaftliche WissenschaftlerInnen-Potential und den Nachwuchs dort zu unterstützen.

In einer ersten *Forschungs- und Förderphase 1992* wurden 176 sogenannte „Kurzstudien" (mit einer Laufzeit von meist nur drei bis höchstens sechs Monaten) vergeben – ausgeschrieben nach bestimmten relevanten Themen des ostdeutschen Transformationsprozesses und mit dem Ergebnis des Eingangs von rund 1.700 Anträgen. Sie sollten sozialwissenschaftliche Analysen anregen (häufig im Vergleich zu vorliegenden Daten aus der DDR), die im Umbruch befindliche sozialwissenschaftliche Potential unterstützen (fast ausschließlich an WissenschaftlerInnen in den neuen Bundesländern vergeben) sowie empirische Daten aus der DDR-Soziologie sichern helfen. Die Ergebnisse und Fachtagungen in deren Umfeld wurden im einzelnen in der Grauen Reihe der KSPW sowie thematisch zusammengefaßt in 8 Titeln der Buchreihe „KSPW: Transformationsprozesse" publiziert und damit einer breiten politischen und Fachöffentlichkeit zugänglich gemacht.

Die Reihe „KSPW: Transformationsprozesse" wird vom Vorstand der KSPW herausgegeben und ordnet sich in die eingangs genannten Ziele der

KSPW ein: Zum einen finden interessierte Leser aus der Wissenschaft, der politischen Administration sowie aus der sozialen und politischen Praxis Materialien, Analysen und anwendungsbezogenen Konzeptionen, die für die tägliche Auseinandersetzung mit dem und im Transformationsprozeß genutzt werden können; zum anderen gibt sie SozialwissenschaftlerInnen (vor allem der neuen Bundesländer) Gelegenheit, die Ergebnisse ihrer Forschung – durchgeführt teils in für sie neuen Forschungsfeldern, teils in Anlehnung an „alte" – hier zu präsentieren.

Die *zweite Forschungs- und Förderphase* der KSPW förderte 53 größere Projekte zum ostdeutschen Transformationsprozeß (Antrags-Eingänge: rund 250), wovon ausgewählte auch in dieser Reihe veröffentlicht werden.

Die *dritte Forschungs- und Förderphase* zielt – über die Arbeit von sechs Berichtsgruppen (ehrenamtlich von ost- und westdeutschen Sozialwissenschaftlerinnen geleistet) – auf die Berichte der KSPW ab, die ebenfalls (als sechs Berichts- und darüber hinaus zugeordnete Materialbände noch in 1996) im Verlag Leske + Budrich erscheinen werden.

Halle, im Mai 1996   Hans Bertram
                            Der Vorsitzende des Vorstandes der
                            Kommission für die Erforschung
                            des sozialen und politischen Wandels
                            in den neuen Bundesländern e.V.

Vorbemerkung

Zu Beginn möchten wir für die Unterstützung danken, die wir als Autoren vielfältig erhielten. Ausdrücklich weisen wir auf die gründlichen Nachrecherchen hin, ohne die wir das breite Themenspektrum dieser Untersuchung nicht bewältigt hätten. Sie wurden gegen Ende des Untersuchungszeitraums im Frühjahr 1995 von Melanie Alamir[1], Patrick Diekelmann[2] und Helmar Schöne[3] durchgeführt. Wir danken ihnen für ihre gute wissenschaftliche Mitarbeit. Vielfältige Unterstützung erhielten wir durch unsere – im Laufe der Projektzeit aufeinander folgenden – studentischen Hilfskräfte Cornelia Förster, Irina Juckenburg und Bertram Frank. Ihr verläßliches Engagement war eine wichtige Bedingung für die Ausarbeitung dieser Studie.

Ohne die hier ungenannt bleibenden, zahlreichen kommunalen Leitungspersonen und die anderen Gesprachspartner, die in uneigennütziger Weise unser wissenschaftliches Anliegen unterstützten, wäre die Durchführung dieser Studie nicht möglich gewesen. Ihnen gilt unser besonderer Dank.

Frank Berg, Martin Nagelschmidt und Hellmut Wollmann im März 1996

---

1 Nachrecherche zu Entwicklungen und Problemen auf dem Gebiet der Kommunalpolitik in ausgewählten Untersuchungskommunen: Umbruchentwicklungen, Konfliktmuster und Wirtschaftsförderung: Kapitel 2, 3, 4.
2 Nachrecherche zum Problemfeld Verwaltungshilfe und Westpersonal: Kapitel 5, 6.
3 Nachrecherche zur Problematik des institutionellen Umbruchs und der Infrastrukturentwicklung der kleinen Gemeinden: Kapitel 4.

0. Einleitung

Der Zusammenbruch des SED-Regimes im Herbst 1989 hatte innerhalb der DDR-Gesellschaft zwei wichtige Auslöser: Die rasant zunehmende Abwanderung zehntausender Menschen aus Unzufriedenheit mit den wirtschaftlichen Lebensbedingungen und die – schließlich massenmobilisierend wirkende – Einforderung individueller Menschen- und politischer Beteiligungsrechte durch die Bürgerbewegung. Marktwirtschaft, Demokratie und Rechtsstaat sollten 1990 durch die Hinwendung der Mehrheit der DDR-Bevölkerung zum westdeutschen Gesellschafts- und Institutionenmodell im Rahmen eines wiedervereinigten Deutschlands auf möglichst schnellem Wege erreicht werden. In sehr kurzer Zeit mußten nicht nur die Hintergründe und moralischen Belastungen einer mehr als vierzigjährigen Einparteienherrschaft bewußt gemacht, sondern die institutionellen Grundlagen für ein neues Gesellschaftsmodell gelegt werden. Die kommunale Ebene, in Deutschland historischer Ausgangspunkt bürgerlicher Demokratie und erneut Ausgangsbasis ihrer Reinstallierung in der ehemaligen DDR nach 1989, ist einer der entscheidenden Schauplätze dieses Transformationsprozesses.

Gegenstand dieses Bandes ist die Beschreibung und Analyse der Transformation beispielhaft ausgewählter kommunaler Institutionen und Problemfelder im Zeitraum 1989/90 bis 1994/5. Im Mittelpunkt unseres Interesses steht die Frage nach den *endogenen* Bedingungen, insbesondere den Qualifikationen, den Werteorientierungen und damit zusammenhängenden typischen Handlungsmustern der kommunalen politisch-administrativen Eliten im Prozeß der Institutionalisierung der kommunalen Selbstverwaltung. Im überwiegend ostdeutschen Leitungspersonal kommunaler Politik und Verwaltung sehen wir den wichtigsten *Träger* des institutionellen Transformationsprozesses vor Ort. Welche Konsequenzen haben Qualifikationen, Werteorientierungen und typische Handlungsweisen dieses Personenkreises für den Um- und Neubau, die Funktionslogik und die Leistungsfähigkeit der kommunalen Institutionen seit den freien Wahlen im Mai 1990? Dieser Fragestellung liegt die Beobachtung zugrunde, daß der Prozeß der Institutionalisierung der kommunalen Selbstverwaltung in den neuen Bundesländern im Spannungsverhältnis *exogener* Rahmenvorgaben einerseits (insbesondere organisationsstruktureller, rechtlicher und finanzieller Art) und *endogener* Institutionalisierungsfaktoren vor Ort in den Städten, Kreisen und Gemeinden andererseits von statten geht.[4]

Institutionell-personelle Brüche und Kontinuitäten

Wie keine andere öffentliche Handlungsebene der ehemaligen DDR zeichnete sich diejenige der ehemaligen Kreise, Städte und Gemeinden über den Epochenbruch 1989/90 hinaus durch Kontinuitäten struktureller und personeller Art aus. Das gilt nicht nur für den Bereich der Kommunalverwaltung, sondern auch für jenen der Kommunalpolitik. Während im Jahre 1990 die zentralstaatliche und Bezirksebene des DDR-Staatsapparates aufgelöst und durch die Institutionen des Grundgesetzes ersetzt wurden, blieben die politischen Institutionen (Verwaltungen und Vertretungen) der kommunalen Ebene bestehen. Die ostdeutschen Kommunen waren aber nicht nur Inseln institutioneller Kontinuität, sondern auch Schauplätze des tiefen Umbruchs, in dem sich die ostdeutsche Gesellschaft seit 1990 befand. Mit Gewinnung der kommunalen Selbstverwaltungsgarantie und der Übernahme der vielfältigen kommunalen Aufgaben seit 1990 setzte ein struktureller und personeller Wandel ein, der bis heute nicht zum Stillstand gekommen ist. Begonnen hat dieser Umbruchprozeß mit dem Protest der Bevölkerung im Herbst/Winter 1989/90, der Einrichtung von Runden Tischen, der Absetzung administrativer und politischer Schlüsselpersonen des alten Systems sowie der Neubestimmung der institutionellen Funktion von Räten und Vertretungsorganen in mehr oder weniger enger Zusammenarbeit mit den neuen politischen

---

4 Als „exogen" bezeichnen wir jene, insbesondere konstitutionellen, rechtlichen, leistungsgesetzlichen, finanziellen und personellen (Verwaltungshilfe) Einflußfaktoren westdeutscher Herkunft, die den Um- und Neubau der kommunalen Institutionen seit 1990 am westlichen Modell demokratischer und rechtsstaatlicher Selbstverwaltung ausrichteten. Als „endogen" bezeichnen wir vor allem die spezifisch lokalen, gesellschaftlichen, politischen und personellen Voraussetzungen, von denen die Umsetzung der genannten exogenen Strukturvorgaben vor Ort in den neuen Bundesländern abhängt. Landesverwaltung. und -politik der neuen Bundesländer nehmen gegenüber dieser Unterscheidung eine Mittlerstellung ein, sind gleichermaßen Vermittler exogener Strukturvorgaben an die Kommunen als auch geprägt von besonderen endogenen Bedingungen. Die Zahl der in Leitungspositionen beschäftigten westdeutschen Beamten ist hier viel höher als auf der kommunalen Ebene. Im Mittelpunkt der Untersuchung stehen jedoch die Kommunen und damit eindeutig endogen bestimmte Institutionen.

Einleitung

Kräften und an den Runden Tischen. Den Endpunkt des kommunalen Umbruchgeschehens bildeten die ersten freien Wahlen im Mai 1990. Die in diesem Zeitraum vor Ort entstandenen *politisch-personellen Konstellationen* bildeten in den untersuchten Gebietskörperschaften für die Zeit der ersten Wahlperiode den entscheidenden endogenen Faktor für die weitere institutionelle Entwicklung und für die Herstellung der Funktionsfähigkeit von Kommunalverwaltung und -politik. Der „Faktor Person" war von erheblicher Bedeutung für die Phase des Neubaus und der Wiederherstellung institutioneller Handlungsfähigkeit im neuen Selbstverwaltungsmodell. Dies um so mehr, als Kommunalpolitik und -verwaltung im Umbruch und nach Verebben der basisdemokratischen Aufbruchstimmung von 1989/90 im gesellschaftlichen und verbandspolitischen Vakuum agieren mußten (z.T. noch heute müssen) und die staatliche Rechts- und Fachaufsicht erst Schritt für Schritt zu greifen begann. Eine der wichtigsten Aufgaben des Leitungspersonals von Dezernaten, Ämtern, Gemeindeparlamenten und Fraktionen besteht in der täglichen Vermittlung zwischen den neuen, von außen übernommenen rechtlichen, finanziellen und politischen Rahmenvorgaben und Rationalitätskriterien einerseits und andererseits der Problematik vor Ort, der örtlichen Bevölkerung mit ihren eigenen Wertmaßstäben und Zielvorstellungen. Langfristig sozialisierte Prägungen, Werteorientierungen und Handlungsmuster sowie die seit 1990 entstandenen Konstellationen des kommunalen Leitungspersonals spielten in diesem Vermittlungsprozeß eine bestimmende Rolle.

Um die im Jahre 1990 entstandenen leitungspersonellen Konstellationen zu erfassen, setzt unsere empirische Untersuchung deshalb mit dem Aufzeigen institutionell-personeller *Kontinuitäten* und *Brüche* ein, die von Untersuchungsfall zu Untersuchungsfall unterschiedlich stark ausgeprägt waren.[5] Bevor wir die These von der Wirkungsmacht örtlicher, institutionell-personeller Konstellationen für die institutionelle Entwicklung unserer Untersuchungsfälle weiterentwickeln, wollen wir aber zunächst auf das kommunalen Leitungspersonal selbst eingehen.

---

5 Vgl. Kapitel 2. Für institutionelle Brüche sorgten ab 1990 freilich auch die rahmensetzenden *äußeren* Faktoren der Transformation: Kommunalverfassungen, Verfahrensgesetze, Haushalts- und Dienstrecht, gesetzliche Pflichtaufgaben, Gemeinde-, Kreisgebiets- und Funktionalreformen, die Privatisierung der ostdeutschen Wirtschaft und die Eigentumsrückübertragung. Vor allem in den Abschnitten zur Struktur- und Personalentwicklung gehen wir auf diese Rahmenbedingungen ein. Zugleich können wir zeigen, daß die spezifische Entwicklung in den einzelnen Untersuchungsfällen gleichwohl weitgehend auf die endogenen, örtlichen Bedingungen zurückgeführt werden kann.

Leitungspersonal in kommunaler Politik und Verwaltung

Ein wichtiges Merkmal der befragten Leitungspersonen in den untersuchten Kommunen und Kreisen waren Orientierungen und Handlungsmuster, die in einer anderen Fallstudie mit den Begriffen Informalität, Personalität, Solidarität und informeller Tausch (vgl. Berking/Neckel 1991) charakterisiert wurden. Stärker als formalorganisatorische, parteipolitische, dienstrechtliche, rechtsstaatliche und ökonomische Handlungsorientierungen prägten sie während der ersten Phase des Neuaufbaus der kommunalen Selbstverwaltung das alltägliche Handeln der kommunalen Eliten. Überall in der DDR, sei es in Politik und Verwaltung, volkseigener Wirtschaft, sozialen und Gesundheitseinrichtungen waren diese Orientierungen und Handlungsmuster geläufig gewesen. Gleichsam „unterhalb" der offiziellen Gesellschaftsorganisation halfen sie, Einzelprobleme im Arbeitsalltag improvisierend zu lösen und sich als Teil eines „Arbeitskollektivs" aufgehoben zu fühlen (Belwe 1989: 100). Das Bild einer stringent und zentralistisch von oben nach unten strukturierten Staats- und Wirtschaftsorganisation unter der Leitung der Partei verbirgt diese informelle Handlungswirklichkeit vor Ort. Quer zu politisch-ideologischen, planwirtschaftlichen und sicherheitsstaatlichen Ordnungsfaktoren wucherte in der DDR die alltagspraktisch unumgängliche Einbindung in informelle Personennetze, die den ideologischen Anspruch wie die Durchgriffsfähigkeit des Herrschaftsapparates revidierten und doch in einem symbiotischen Verhältnis zu ihm standen. Bis zum Zeitpunkt des Zusammenbruchs des SED-Regimes macht es daher wenig Sinn, Angehörige der Kommunalverwaltung und anderer Gesellschaftsbereiche in ihren Orientierungen und Handlungsweisen gegeneinander abzugrenzen. Gesellschaftliche Ausdifferenzierung und die damit einhergehende selbstverständliche Übernahme entsprechender Rollen können im entdifferenzierten „Gesamtbetrieb" der DDR (Niethammer 1990: 65) nicht vorausgesetzt werden.

Dies änderte sich grundlegend durch die seit 1989/90 erfolgenden kommunalinstitutionellen Brüche. Aus den Kreisen der Bürgerbewegung und aus dem Bereich der volkseigenen Wirtschaft strömten seit 1989/90 zahlreiche neue Leitungspersonen in Kommunalverwaltung und -politik. Dadurch veränderten sich die Grundbedingungen eingespielter informeller Personennetze, entstanden neue, unterschiedlich konflikthafte oder harmonische Personalkonstellationen.

Um den institutionellen Wandel von Kommunalverwaltung und -politik auf diesem Hintergrund beschreiben und verstehen zu können, führen wir den Begriff *„altinstitutionell"* ein. Unter altinstitutionellen Orientierungen

Einleitung

und Handlungsmustern verstehen wir das Fortwirken von bereits in der alten DDR in den Kommunen existierender Werteorientierungen und Handlungsroutinen in der Phase des demokratischen Umbruchs und des Aufbaus der neuen Selbstverwaltungsinstitutionen. Notwendig war das in den Kommunalinstitutionen verbleibende *Altpersonal* der hauptsächliche Träger altinstitutioneller Orientierungen und Handlungsmuster. Noch in den alten Kommunalinstitutionen sozialisiert, waren für diese Personengruppe eine Orientierung am eigenen „Arbeitskollektiv", was die Verwaltung betrifft, und die bevorzugte Zusammenarbeit in informellen Personenzirkeln, was die Kommunalpolitik betrifft, typisch. Symptomatisch war die Bereitschaft, anfallende Probleme quer zur formalen Organisation bzw. zur formalen Fraktionszugehörigkeit zu behandeln und oft nur mündliche „Festlegungen" zu vereinbaren. Formale Organisation und Kompetenzverteilung, Dienstrecht und Dienstweg wie auch ein offenes und zuvorkommendes Verhalten gegenüber Bürgern und Öffentlichkeit traten bei Verwaltern dieser Gruppe ebenso in den Hintergrund wie die öffentliche (Kontroll- und Konfliktverarbeitungs-) Funktion der kommunalen Vertretungsarbeit bei den Politikern. Distanziert standen nicht wenige Vertreter dieser Gruppe dem abrupten Umbau der politischen Institutionen nach demokratisch-rechtsstaatlichem Vorbild wie auch dem gesamten Einigungsprozeß gegenüber. Meßbar war noch zum Befragungszeitpunkt Ende 1993/Anfang 1994 eine rückblickend stärkere Verbundenheit dieser Personengruppe mit dem Gesellschaftssystem in der DDR. Altinstitutionelle Grundorientierungen vor Ort und von außen kommende demokratisch-rechtsstaatliche Form- und Verfahrensvorgaben mußten in der Praxis von Politik und Verwaltung notwendig in Widerspruch geraten. Andererseits garantierte das Altpersonal, sofern im einzelnen Fall nicht zu dezimiert aus den Umbrüchen der vergangenen Jahre hervorgegangen, auch eine gewisse Stabilität. Personenbezüge in und zwischen Verwaltungseinheiten sowie ein Fundus von örtlichen Kenntnissen[6] und Beziehungen blieben erhalten. Der Verbleib von Altpersonal wirkte in bestimmten Aufgabenbereichen und dort, wo altinstitutionelle Kontinuitäten regional noch stärker zu beobachten waren, integrierend. Geteilte altinstitutionelle Grundorientierungen und gewachsene Personenbezüge bildeten ein gemeinsame Basis. Der Anteil bereits vor 1990 in den ostdeutschen Kommunen und anderen lokalen Verwaltungsaufgaben des DDR-Staates tätiger Leitungspersonen variierte je nach untersuchter Gebietskörperschaft oder Region von einem Viertel bis zu fast zwei Dritteln. Der Anteil von Altpolitikern lag im Durchschnitt bei etwa einem Drittel.

---

6 So u.a. hinsichtlich schriftlich nur mangelhaft verzeichneter Liegenschafts- oder Enteignungsfragen etc.

Im Gegensatz zum Altpersonal betrat das überwiegend aus der volkseigenen Wirtschaft stammende *Neupersonal* den Handlungskontext kommunaler Politik und Verwaltung zu einer Zeit, als der Neuaufbau demokratischer Selbstverwaltungsinstitutionen mit ganzer Kraft in Angriff genommen werden mußte. Die neuen Verwalter und Politiker wurden insofern 'Gründungsmitglieder' neuer Institutionen, Zeugen einer prägenden politischen Umbruch- und Aufbauerfahrung. Zur analytischen Abgrenzung zwischen den typischen Orientierungen und Handlungsmustern des Altpersonals, die wir bereits als „altinstitutionell" bezeichnet und erläutert haben, versehen wir Orientierungen und Handlungsmuster des Neupersonals und entsprechend dominierter Personalkonstellationen mit dem Begriff „neuinstitutionell". Die neuinstitutionellen Orientierungen und Handlungsmuster enthalten – gerade im Verlaufe der ersten Wahlperiode – noch sehr viele *desintegrierende* Momente, weil sie sich aus heterogenen Elementen zusammensetzen. Dazu zählen wir vor allem eine Mischung von informellen und personenzentrierten Handlungsmustern, Schwierigkeiten mit einer offenen und sachlichen Konfliktaustragung als Hinterlassenschaften der Sozialisierung in der DDR-Gesellschaft mit einer häufig sehr bewußten Ausrichtung vor allem des Neupersonals auf das Einhalten rechtsstaatlich-demokratischer Regeln und Verfahrensweisen, wie es in Verwaltungsweiterbildungslehrgängen und in den persönlichen Kontakten mit Kollegen aus den westdeutschen Partnergemeinden seit 1990/91 vermittelt wurde. Insbesondere unter den ehemals umbruchpolitisch aktiven politischen „Außenseitern" (Berking/Neckel 1991)[7] der DDR-Gesellschaft ermittelten wir eine größere Bereitschaft, das rechtsstaatlich-demokratische Institutionenmodell kommunaler Selbstverwaltung zu verwirklichen. Zu DDR-Zeiten standen diese Personen dem politischen System distanziert gegenüber. Nur ein Teil des Neupersonals stammte jedoch aus Kreisen politischer Dissidenten und „Außenseiter", die im institutionellen Umbruch seit 1990 eine Chance für einen fundamentalen demokratischen Neuanfang sahen. Die zahlenmäßig stärkere Gruppe der Quereinsteiger kam insbesondere aus der örtlichen volkseigenen Wirtschaft. Hier waren informelles und personenvermitteltes Handeln ähnlich wirksam gewesen wie in den Verwaltungen der DDR.[8] Häufig waren diejenigen, die in

---

7 Wir verwenden den Begriff „Außenseiter" analog Berking/Neckel für jene Vertreter des Neupersonals, die zu DDR-Zeiten in der Situation von „Dissidenten" waren und während des Umbruchs vor allem in die neuen politischen Parteien eintraten. Im Unterschied dazu verwenden wir den Begriff „Quereinsteiger" für jene Vertreter des Neupersonals, die zu DDR-Zeiten in der Wirtschaft oder anderen gesellschaftlichen Bereichen tätig waren, ohne in der Situation von „Dissidenten" gewesen zu sein.

8 Berking und Neckel nennen die Vertreter dieser Gruppe „Virtuosen einer informellen Ökonomie an den offiziellen 'Kennziffern' vorbei" (1992:161) und folgern, daß die zu DDR-Zeiten gegenüber den Kommunen stets einflußreicheren Kombinate „ihre fakti-

den Kombinaten Leitungsverantwortung trugen, Mitglieder der SED oder zumindest Mitglied einer der Blockparteien gewesen. Übereinstimmungen in den Werteorientierungen und Handlungsmustern zwischen alt- und betrieblich-neupersonellen Verwaltern und Politikern sind also durchaus möglich. So fanden einzelne Elemente altinstitutioneller Orientierungen und Handlungsroutinen auch Eingang in die neuinstitutionellen Orientierungen und Handlungsmuster des Neupersonals. Wir gehen gleichwohl davon aus, daß der institutionelle Neuanfang seit 1990 auch für die meisten Quereinsteiger aus der volkseigenen Wirtschaft eine prägende Erfahrung gewesen ist. Außerdem ist es eher unwahrscheinlich, daß neupersonelle Quereinsteiger aus der volkseigenen Wirtschaft in den kommunalen Institutionen einen unmittelbaren Anschluß an die z.T. noch existierende informelle „zweite Wirklichkeit" finden konnten.[9] Eine Ausnahme bilden neupersonell dominierte Institutionen, die sich nahezu geschlossen aus einem früheren, z.B. betrieblichen Handlungskontext rekrutierten, wo persönliche Bekanntschaften und Personennetze weitergeführt werden konnten. Das traf z.B im Kreis Bitterfeld für Teile des politisch-administrativen Leitungspersonals zu. Durch die schon früher enge Zusammenarbeit mit den kommunalen Institutionen verlief hier auch die Zusammenarbeit mit dem Altpersonal harmonischer. In allen anderen Fällen fehlte den neuen Verwaltern und Politikern sowohl untereinander als auch gegenüber Exponenten der alten Räte und Vertretungsorgane innerhalb der eigenen Kommunalinstitutionen ein etablierter Grundbestand von Werthaltungen und Handlungsroutinen. Ihre neuinstitutionellen Orientierungen und Handlungsmuster sind als heterogene Mischung früherer und neuer, z.T. noch unsicherer Orientierungen und Handlungsorientierungen zu verstehen. Mindestens ebenso wie Altverwaltern und Altpolitikern mangelte es dem Neupersonal an den im neuen Institutionenmodell vorausgesetzten professionellen Qualifikationen und einem Verständnis für die neuen institutionellen Wertgrundlagen etwa in Form rechtsstaatlicher und demokratischer Amts- und Mandatsverständnisse. Unter politischem Erfolgsdruck und teilweise im Konflikt mit alten Leitungspersonen in Verwaltung und Politik kam es häufig zu administrativen Kompetenzstreitereien in der Verwaltungsführung, zu Deutungskonflikten über den korrekten Vollzug des Verwaltungshandelns und zu teilweise erheblichen Desintegrationserscheinungen auf dem Gebiet des kommunalpolitischen

---

    schen Organisationsprinzipien auf die Verhandlungsweisen im Sozialraum Stadt übertragen", weshalb „von einer strukturellen Analogie betrieblicher und kommunaler Handlungsmuster gesprochen werden" könne (Berking/Neckel 1992: 156).

9 Diese 'Zweite Wirklichkeit' in und zwischen Verwaltungen und Betrieben war schon zu DDR-Zeiten kein generalisierbares, einfach erlernbares Handlungsmuster gewesen. In jedem einzelnen Fall handelte es sich um für sich partikulare, in je unterschiedlichen Kontexten gewachsene Personenbezüge.

Aushandelns und Entscheidens. Im Extremfall führte dies dazu, daß Politik und Verwaltung bei der Entscheidung und Durchführung wichtiger Maßnahmen über längere Zeiträume blockiert wurden. Die Entwicklung stabiler und funktionierender Institutionen scheiterte zunächst an ihren inneren Integrationsproblemen und einem deutlich sichtbaren Mangel an Streitkultur.[10]

Das ostdeutsche Leitungspersonal brachte – unterschiedlich akzentuiert zwischen Alt- und Neupersonal – einige Elemente ihrer bisherigen beruflichen und gesellschaftlichen Sozialisation in den Aufbau der neuen Kommunalinstitutionen ein: eine mangelhafte Erfahrung im Umgang mit formalen Organisationsabläufen, eine Orientierung an personalisierten Akteursbeziehungen, die Neigung zu improvisierenden Problemlösungsverfahren und oft eine gewisse Zurückhaltung gegenüber politischer und rechtsstaatlicher Rückbindung. Als weitere Handlungsressourcen brachte es aber auch berufliche Orientierungen am „Ergebnis" statt am „Formalverfahren", an sozialen oder die Region betreffenden „Zielen" statt an formalem „Dienst nach Vorschrift" in die Erfüllung seiner neuen Aufgaben ein. Zu diesen Ausgangsprägungen kam im neuinstitutionellen Orientierungs- und Handlungsmodus eine z.T. sehr ernst genommene Neuausrichtung am Leitbild demokratischer und rechtsstaatlicher Selbstverwaltung hinzu.

Die dritte auf der kommunalen Ebene nur minderheitlich vertretene Gruppe des *westdeutschen Personals* war (und ist) bis auf wenige Ausnahmen ausschließlich im Bereich der Verwaltung tätig. Ganz überwiegend handelt es sich um verwaltungsprofessionell oder juristisch ausgebildete Personen häufig mit, z.T. auch ohne vorherige administrative Berufserfahrung. Ihr Problem besteht in einem Mangel an Integration gegenüber dem ostdeutschen Personal und in der häufigen Erfahrung, als Experten des neuen Institutionenmodells eine „Feuerwehrfunktion" zu übernehmen, ohne einen konsequenten Einfluß auf seinen Aufbau ausüben und Fehlentwicklungen frühzeitig korrigieren zu können. Gleichwohl ist diese Gruppe ein wichtiger Einflußfaktor für die Entwicklung der neuinstitutionellen Orientierungen und Handlungsmuster ihrer ostdeutschen Kollegen und beeinflußte auch den Aufbau der Verwaltungen nicht unwesentlich.

Theoretischer Bezugsrahmen

Als konzeptioneller Rahmen für die Bestimmung institutionell-personeller Brüche und Kontinuitäten und ihrer Auswirkungen auf den Um -und Aufbau, auf den Integrationsgrad und die Leistungsfähigkeit der betreffenden

---

10 Vgl. hierzu vor allem das Kapitel 3.

Einleitung

Kommunalinstitutionen, hat sich die im DFG-Schwerpunktprogramm zur Theorie politischer Institutionen entwickelte Definition als sehr hilfreich erwiesen (vgl. Göhler 1994: 20 ff.). Das liegt vor allem daran, daß sie die Berücksichtigung der örtlichen Umsetzungsbedingungen der institutionellen Transformation in besonderer Weise zuläßt.[11]

Der verwendete Institutionenbegriff enthält in seinem Kern die analytische Trennung zweier institutioneller Teildimensionen.[12] Jede Dimension steht für eine von politischen Institutionen übernommene Grundfunktion in der Gesellschaft. Es handelt sich zum einen um eine handlungssteuernde Ordnungsdimension, die wesentlich für Regeln und Verfahren der Vorbereitung, Herstellung und Durchführung politischer Entscheidungen in einem *organisatorischen* Sinne steht. Zum anderen handelt es sich um eine handlungs*integrierende* Orientierungsdimension, die durch die sichtbare Darstellung politischer Grundwerte innerhalb der Institution und gegenüber ihren Adressaten konstitutiv für Bestand und Funktionsfähigkeit des Gemeinwesens wie auch der Institution selbst ist.

Das Kernproblem des politisch-institutionellen Transformationsprozesses in den untersuchten Gebietskörperschaften sehen wir im Spannungsverhältnis zwischen von außen übernommenen (rechtlichen, organisatorischen und werthaften) Strukturvorgaben und den vor Ort vorhandenen Qualifikationen, Handlungsmustern und Werteorientierungen. Bei der verfassungsrechtlichen und ordnungspolitischen Neuordnung seit 1990 erfuhren die ostdeutschen Städte, Kreise und Gemeinden eine tiefgreifende Um- und Reorganisation. Die zur Verwirklichung der institutionellen Ordnungsleistung nötigen administrativen und politischen Qualifikationen mußten vom institutionellen Leitungspersonal aber zunächst erlernt werden. Zusätzlich setzten die neu übernommenen Ordnungsregeln und -strukturen die Vertrautheit des Personals mit der implizit mitübernommenen Struktur rechtsstaatlicher und demokratischer Grundwerte voraus. Tatsächlich aber standen Werthaltungen und Handlungsmuster des Leitungspersonals noch stärker in einer Kontinuität zu jenen der alten DDR oder es kam zu konflikthaften Neuorientierungsprozessen im noch ungewohnten demokratisch-rechtsstaatlichen Rahmen.

Vor allem bei den *administrativen und politischen Qualifikationen und bei Werten und Handlungsmustern des Leitungspersonals* setzt die vorlie-

---

11 Allerdings leistet die vorliegende Untersuchung keine systematische Operationalisierung und Anwendung der Theorie politischer Institutionen und nutzt sie eher tentativ als Klassifikations- und Deutungsrahmen.

12 In dieser Perspektive sind politische Institutionen „Regelsysteme der Herstellung und Durchführung verbindlicher, gesamtgesellschaftlich relevanter Entscheidungen und Instanzen der symbolischen Darstellung von Orientierungsleistungen einer Gesellschaft" (Göhler 1994: 39).

gende Untersuchung also an. Allerdings ist nicht zu übersehen, daß politische Institutionen stets in einen *gesellschaftlichen Kontext* eingebettet sind. Gemeinsam mit den Qualifikationen und Wertvorstellungen des institutionellen Leitungspersonals sind die besonderen Probleme örtlicher politischer Interessenorganisation und dort herrschender Wertvorstellungen von großer Bedeutung für die Bestimmung der endogenen Bedingungen und Probleme der institutionellen Entwicklung vor Ort. Institutionelle Innen- und institutionelle Außenbezüge, das wird in der Untersuchung mehrfach deutlich, bilden einen Entsprechungszusammenhang. Insofern spiegeln politische Institutionen häufig Wesenselemente ihrer sozialen Umwelt wider.

Politische Institutionen erscheinen uns zum einen als *Strukturen* (politischer, rechtlicher, organisatorischer und werthafter Art) mit der Funktion der Ordnung und Orientierung des politischen Zusammenhandelns.[13] Zum anderen erkennen wir politische Institutionen in den *Handlungen* ihrer Mitglieder und ihrer Adressaten, sofern sie beim politischen Entscheiden und administrativen Umsetzen an den genannten institutionellen Strukturen (politischer, rechtlicher, organisatorischer und werthafter Art) *orientiert* sind.[14] Institutionelle Strukturen, so sehr sie für den Handelnden (und um so mehr noch für den Verwaltungswissenschaftler!) einen unabhängigen, dauerhaften Bestand haben mögen, werden doch nur durch die entsprechend orientierten Handlungen des Personals und der Adressaten politischer Institutionen realisiert und auf Dauer gestellt. In der Situation des Um- und Neubaus der gebietskörperschaftlichen Institutionen in den neuen Bundesländern handelt es sich um einen Sonderfall institutionellen Wandels, bei dem grundlegende rechtliche, organisatorische und werthafte Strukturvorgaben *von Außen* übernommen wurden, ohne daß die entsprechenden Qualifikationen, Werteorientierungen und Handlungsmuster bei den örtlichen Funktionsträgern vorhanden waren. Die Qualifikationen, Werteorientierungen und Handlungsmuster der örtlichen Träger und Adressaten bilden den entscheidenden endogenen Faktor für die erfolgreiche Verwirklichung der kommunalen Selbstverwaltung in den neuen Bundesländern und stehen im Mittelpunkt dieser Untersuchung. Konkrete Forschungsgegenstände sind folglich berufliche Prägung, Qualifikation, Werteorientierung und beobachtbare Handlungsmuster des kommunalen Leitungspersonals anhand von Beispielen zur Herstellung politischer Entscheidungen (Kapitel 3) und zu ihrer Durchführung im Rahmen administrativer Ablauforganisation (Kapitel 4). Neben der Bestimmung typischer Handlungsmuster des Verwaltungspersonals be-

---

13 Namentlich des Herstellens und Durchführens von Entscheidungen und der Darstellung der integrativen Grundwerte des politischen Gemeinwesens.
14 Diese Modellvorstellung vom Verhältnis von Handlung und Struktur entnehmen wir Parsons 1994: Aktor, Situation und normative Muster, Ein Essay zur Theorie sozialen Handelns, Frankfurt a.M.

Einleitung

handeln wir im 4. Kapitel ein Fallbeispiel zur Wirtschaftsförderungspolitik und gehen auf die Situation der Kleingemeinden im Kontext der Bildung von Gemeinschaftsverwaltungen und Großkreisbildung ein. Darüber hinaus beschäftigen wir uns sehr eingehend mit der organisatorischen (Kapitel 5) und Personalentwicklung (Kapitel 6) der untersuchten Gebietskörperschaften. Auch hier erwiesen sich die örtlichen Konstellationen des Leitungspersonals und damit erneut die endogenen Bedingungen, vor allem unterschiedlich konflikthafte Personalkonstellationen, als entscheidend, während der vorgegebene exogene Rahmen nur die allgemeinen strukturellen Handlungsgrundlagen lieferte. Im letzten Abschnitt von Kapitel 6 kommen die beruflichen Herkunftswege, sozialisatorischen Prägungen und Politikverständnisse der verschiedenen Personalgruppen in den untersuchten Gebietskörperschaften noch einmal in gebündelter Form zur Sprache.

Die ersten beiden Kapitel dieses Buches beschäftigen sich rückblickend mit der formellen und informellen Funktionsweise der Kreise und Gemeinden in der alten DDR (Kapitel 1) und während der Zeit des Umbruchs (Kapitel 2). Im zweiten Kapitel werden die institutionell-personellen Umbruchpfade der untersuchten Kommunen und Kreisen in der Zeit zwischen Herbst 1989 und den ersten freien Wahlen 1990 nachgezeichnet. In der weiteren Entwicklung der kommunalen Institutionen waren die hier entstehenden Personenkonstellationen von erheblicher Bedeutung.

Untersuchungsmethoden

Die Untersuchung ist als vergleichende Fallstudie geringer bis mittlerer Reichweite konzipiert. Ausgewählt wurden die *Region Brandenburg* (im Bundesland Brandenburg) und die *Region Bitterfeld* (im Bundesland Sachsen-Anhalt). In den beiden Regionen untersuchten wir je einen Landkreis (ehemaliger Landkreis Brandenburg, seit der Kreisgebietsreform Bestandteil des Großkreises Potsdam-Mittelmark, und Landkreis Bitterfeld), weiterhin in der Region Brandenburg eine kreisfreie Stadt (Brandenburg an der Havel) und in der Region Bitterfeld zwei größere kreisangehörige Städte[15] (Bitterfeld und Wolfen), schließlich zwei Ämter in der Region Brandenburg (Amt Lehnin und Amt Emster-Havel) und zwei Verwaltungsgemeinschaften in der Region Bitterfeld (Verwaltungsgemeinschaft Mulde-Stausee und Zörbig), in

---

15 Diese komparatistische Inkonsistenz ließ sich wegen anfänglich erheblicher Probleme, die Zustimmung einer kreisfreien Stadt im Umkreis der Region Bitterfeld zu erhalten, nicht umgehen. Andernfalls wäre der Beginn der empirischen Feldarbeit zu lange verzögert worden.

denen die Verwaltung mehrerer kleiner Gemeinden seit 1993/94 gebündelt worden ist. Soweit möglich, haben wir versucht, über weitere Recherchen in Kreisen und Kommunen der beiden Bundesländer, einen allgemeineren Eindruck zu gewinnen. Dies insbesondere für den Schwerpunkt Personal/Verwaltungshilfe.

Die *Datenerhebung* für diese Untersuchung erfolgte vor allem mit Hilfe eines überwiegend geschlossenen Fragebogens mit einigen offen gestellten Fragen. Zwischen Ende 1993 und Frühjahr 1994 führten wir in den genannten Untersuchungsfällen insgesamt 103 Interviews mit Leitungspersonen aus Schlüsselbereichen kommunaler Politik und Verwaltung durch. Der Tabellenanhang in diesem Buch gibt Auskunft über Struktur, Fragestellungen und wichtigste Ergebnisse dieser Befragung. Standardisiert-quantitative Daten und qualitative Informationen wurden zunächst unabhängig voneinander ausgewertet, um dann, soweit eben möglich, zu einem wirklichkeitsnahen „Gesamtbild" verknüpft zu werden. Ergänzt wurden diese Informationen durch die Auswertung von Organisations- und Haushaltsplänen, Beschlüssen der kommunalpolitischen Gremien und die Auswertung der lokalen Presse. Zur Vertiefung unserer Erkenntnisse und zur Überprüfung unserer bisherigen Schlußfolgerungen führten wir während der gesamten Projektzeit und insbesondere noch einmal seit Anfang 1995 qualitative Expertengespräche durch.

1. Kommunen unter SED-Herrschaft

Die „örtlichen Volksvertretungen" der Kreise, Kreisstädte, Stadtbezirke und Gemeinden der DDR hatten keine rechtlich garantierten Selbstverwaltungsbefugnisse. Laut Gesetz fungierten ihre Räte, Vertretungsorgane und Kommissionen als die „von den Bürgern gewählten Organe der sozialistischen Staatsmacht" auf örtlicher Ebene (vgl Gesetz über die örtlichen Volksvertretungen 1985: 7) gemäß dem Grundprinzip der „Transmission: der Umsetzung des Willens der marxistisch-leninistischen Partei" (König 1993: 91). Ein Subsidiaritätsprinzip duldete der 'demokratische Zentralismus' ebenso wenig wie eine horizontale und vertikale Gewaltenteilung, vielmehr setzte man auf die „Einheitlichkeit und Unteilbarkeit der Staatsmacht" (vgl. Bullmann/Schwanengel 1995: 195; Bernet/Lecheler 1991: 68f; Bernet 1993: 30). Niethammer charakterisierte die DDR-Gesellschaft als eine Art „Gesamtbetrieb" (Niethammer 1990: zit. bei Berking/Neckel 1992: 156). Auch die Kommunen hatten darin ihren Part zu spielen.

Als gewählte Beauftragte der örtlichen Volksvertretungen bildeten die Räte einzelne „Fachorgane", d.h. Verwaltungseinheiten für einzelne kommunale Aufgabenbereiche. Die Tätigkeit der Verwaltungsspitzen und Fachorgane löste sich in der Realität weitgehend von den örtlichen Volksvertretungen (vgl. Bernet/Lecheler 1991: 69), denen öffentlich nur eine legitimierend-„darstellende", jedoch keine politisch initiative und kontrollierende Rolle zukam. Die Anzahl der Abgeordneten und die Zusammensetzung der Vertretungen nach Fraktionen war jeweils von vorneherein durch die „Nationale Front" unter Führung der SED festgelegt.[1] Die Leitung der Vertretungssitzungen wurde vom Rat als kollektiver Verwaltungsspitze und seinem Vorsitzenden bestimmt.

Im folgenden Abschnitt geben wir einen Einblick in die Ausgestaltung dieser Bedingungen in den hier im einzelnen untersuchten Kommunen und

---

1 Im Kreistag Bitterfeld gab es beispielsweise 150 Abgeordnete, im Kreistag Brandenburg 110, in der Stadtverordnetenversammlung des Stadtkreises Brandenburg 170, in der Stadtverordnetenversammlung der kreisangehörigen Stadt Bitterfeld 70.

Kreisen in der Zeit vor der „Wende". In den Vertretungsinstitutionen wurden „ständige Kommissionen" gebildet, die in der Regel mit den fachsektoriellen Zuständigkeiten der Fachorgane der Räte übereinstimmten. Im *Kreistag des Kreises Brandenburg* gab es 16 ständige Kommissionen, im *Kreistag Bitterfeld* 16, in der *Stadt Bitterfeld* 10 und in der *Stadt Brandenburg* 13. Die Vorsitzenden, ihre Stellvertreter und die Mitglieder der ständigen Kommissionen wurden nach dem Schlüssel der Mandatsverteilung, also ebenfalls nach dem Proporz der „Nationalen Front" ausgewählt.

Die aus den Reihen der „örtlichen Volksvertretungen" gewählten Ratsmitglieder, die die kommunalen „Fachorgane" (Fachverwaltungen) führten, verteilten sich folgendermaßen: In den untersuchten Kreisen und kreisfreien Städten (Stadt Brandenburg, Kreis Brandenburg, Kreis Bitterfeld) gab es je 19 hauptberufliche Ratsmitglieder.[2] In den untersuchten kreisangehörigen Städten lag die Zahl der Stadträte etwas darunter, so in der Stadt Bitterfeld bei 13, in der Stadt Wolfen waren es 15. In kleineren Gemeinden waren in der Verwaltung hauptamtlich der Bürgermeister und zwei bis drei Mitarbeiter/-innen tätig. Die Funktionsbezeichnung der Ratsmitglieder korrespondierte mit den Aufgabenbereichen der Städte und Kreise, wie sie im Gesetz über die örtlichen Volksvertretungen einheitlich festgelegt waren (vgl. Gesetz über die örtlichen Volksvertretungen 1985). Entsprechend gab es kaum Variationen im Aufbau kommunaler Organisationsstrukturen. Als Beispiel führen wir im folgenden die Funktionsbezeichnungen des Rates des Kreises Bitterfeld und der kreisfreien Stadt Brandenburg auf:

---

2 Im Kreis Bitterfeld gab es darüber hinaus ein ehrenamtliches Ratsmitglied.

Funktionsbezeichnungen der Ratsmitglieder im Kreis Bitterfeld und in der kreisfreien Stadt Brandenburg im Jahre 1989

Nr.	Kreis Bitterfeld	Stadt Brandenburg
1	Vorsitzender des Rates des Kreises	Oberbürgermeister und Vorsitzender des Rates der Stadt
2	1. Stellvertreter des Vorsitzenden des Rates des Kreises	1. Stellvertreter des Oberbürgermeisters
3	Stellvertreter des Vorsitzenden und Vorsitzender der Kreisplankommission	Stellvertreter des Oberbürgermeisters und Vorsitzender der Stadtplankommission
4	Stellvertreter des Vorsitzenden für Inneres	Stellvertreter des OB für Inneres
5	Stellvertreter des Vorsitzenden für Handel und Versorgung	Stellvertreter des OB für Handel und Versorgung
6	Stellvertreter des Vorsitzenden für Land- und Nahrungsgüterwirtschaft	Stadtrat für Erholungswesen
7	Stellvertreter des Vorsitzenden für Wohnungspolitik und Wohnungswirtschaft	Stadtrat für Wohnungspolitik und Wohnungswirtschaft
8	Sekretär des Rates	Sekretär des Rates
9	Mitglied des Rates für Finanzen und Preise	Stadtrat für Finanzen und Preise
10	Mitglied des Rates und Kreisbaudirektor	Stadtbaudirektor
11	Mitglied des Rates für Arbeit u.Direktor des Amtes für Arbeit	Stadtrat für Arbeit
12	Mitglied des Rates für örtliche Versorgungswirtschaft	Stadtrat für örtliche Versorgungswirtschaft
13	Mitglied des Rates für Verkehr und Nachrichtenwesen	Stadtrat für Verkehrs- und Nachrichtenwesen
14	Mitglied des Rates für Energie	Stadtrat für Energie
15	Mitglied des Rates für Umweltschutz, Wasserwirtschaft und Erholungswesen	Stadtrat für Umweltschutz und Wasserwirtschaft
16	Mitglied des Rates und Kreisschulrat	Stadtschulrat
17	Mitglied des Rates für Kultur	Stadtrat für Kultur
18	Mitglied des Rates für Jugendfragen, Körperkultur und Sport	Stadtrat für Jugendfragen, Körperkultur und Sport
19	Mitglied des Rates und Kreisarzt	Kreisarzt

Wichtiger als die interne kommunalinstitutionelle Rollenverteilung war die *vertikale Unterstellung* der örtlichen Räte unter die übergeordneten staatlichen Ebenen, insbesondere der Kreis- und Bezirksräte bzw. deren Fachorgane. Die Fachabteilung einer Kreis- oder Stadtverwaltung war einerseits dem jeweiligen Mitglied des Rates als formal ausführendem Organ der „Volksvertretungen" unterstellt[3], andererseits direkt dem Fachorgan der übergeordneten staatlichen Verwaltungsebene (also z.B. der Räte der Bezirke). Die Einbindung der ostdeutschen Stadt-, Kreis- und Gemeindeverwaltungen wird im Hinblick auf diese zweifache Einbindung als „doppelte Unterstellung" beschrieben (vgl. Bretzinger 1994: 43; Einenkel/Thierbach 1990: 13

---

3 In Realität waren nicht die Ratsspitzen ausführendes Organ der „Volksvertretungen", sondern jene eher „Legitimationsbeschaffer" der Räte.

ff.; Scheytt 1992: 26; Seibel 1991: 199). Neben diesen oganisatorischen Unterstellungsverhältnissen wurden die wichtigen kommunalen Verwaltungsentscheidungen letztlich aber immer durch die Apparate der SED-Kreis- und Bezirksleitungen gesteuert, sei es über die Ratsmitglieder oder indirekt über die „Volksvertretungen". Dies entsprach dem „Prinzip des demokratischen Zentralismus" und erfolgte nicht zuletzt vermittels der *personellen* Verflechtung zwischen örtlichen Räten und SED-Kreisleitungen.[4] Direkte „Weisungen" (Bernet 1993: 31) wurden außerdem in den regelmäßigen Dienstbesprechungen der Bürgermeister beim Vorsitzenden des Rates des Kreises erteilt. In der Regel waren die Schlüsselpositionen der Räte (Inneres, Sekretär, Finanzen und Preise, Bau, Verkehrs- und Nachrichtenwesen, Schule) von Mandatsträgern der SED besetzt. Bereiche wie Handel und Versorgung oder örtliche Versorgungswirtschaft wurden in der Regel mit Mandatsträgern von Blockparteien besetzt. Auch hierbei gab es jedoch Unterschiede zwischen den Untersuchungsfällen. Während beispielsweise von den 19 Ratsmitgliedern der Stadt Brandenburg 15 zur SED gehörten (weiterhin 1 NDPD, 1 DBD, 1 LDPD, 1 CDU), gehörten von den 14 Ratsmitgliedern der Stadt Bitterfeld nur 6 Mandatsträger zur SED (weiterhin 1 CDU, 1 NDPD, 1 LDPD, 3 FDGB und 2 DFD). Mandatsträger solcher gesellschaftlicher Organisationen wie FDGB und DFD (Demokratischer Frauenbund Deutschlands) waren jedoch zumeist ebenfalls Mitglieder der SED. In den Begründungen für die Kandidatur als Ratsmitglied wurde auf die politische „Zuverlässigkeit" und Bildung hingewiesen, so u.a. auf den Besuch von Parteischulen der SED oder der Blockparteien bzw. auf den Besuch von Kreisschulen für Marxismus-Leninismus, auf die auch Kader der gesellschaftlichen Organisationen entsandt wurden. Bestimmender Einflußfaktor in der Realisierung der örtlichen „Kaderprogramme" waren die SED-Kreisleitungen, mit deren Schlüsselpersonen örtliche Räte und Vertretungsmitglieder in einer „Struktur persönlicher Abhängigkeitsverhältnisse" (Berking/Neckel 1992: 155) verbunden waren. Generell stand der „Aspekt der politisch-ideologischen Zuverlässigkeit" (Bullmann/Schwanengel 1995: 197) bei der Rekrutierung des Verwaltungsleitungspersonals eindeutig im Vordergrund. Spezifische Verwaltungskenntnisse mußten dazu nicht systematisch erlernt werden.[5]

Zusätzlich bewirkte die gezeigte politisch-ideologische Vermischung und Überlagerung dezisiver und exekutiver Aufgaben die Bedeutung rechtlicher Instrumente für eine eigenverantwortliche, administrative Ausführungstätigkeit. Das Recht wurde lediglich „als etatistischer Steuerungs-,

---

4 So u.a. durch die Aufnahme von städtischen Bürgermeistern in die Nomenklatur der SED-Kreisleitung.
5 Derlien (1993) spricht in diesem Zusammenhang von politisierter Inkompetenz des Verwaltungspersonals in der DDR.

nicht jedoch als legitimierter gesellschaftlicher Regelungsmechanismus genutzt" (Bullmann/Schwanengel 1995: 196). Bedenkt man die Unterordnung des Rechts unter politisch-ideologische Vorgaben und die fehlende Möglichkeit, gegen Verwaltungsentscheidungen zu klagen, fehlten in der DDR trotz anderslautender Apologie[6] bis zuletzt Ansätze zum Rechtsstaat (vgl. z.B. König 1992a: 239f.).

Anbetracht der geringen Bedeutung rechtsformaler Handlungsgrundlagen und wegen des Übergewichts vertikaler Einzeleingriffsmöglichkeiten seitens der SED-Organe wie seitens der übergeordneten Staatsverwaltung ist davon auszugehen, daß die alltägliche Arbeit der kommunalen Räte und Vertretungen in besonderem Maße von Einzeleingriffen und Weisungen, d.h. durch unsystematisch einzelfallbezogene Handlungen und informelle Abstimmungen geprägt war.

Ähnlich verhielt es sich mit der Aufgabendefinition der örtlichen Räte und Volksvertretungen. Zwar waren sie nach den Gesetzen über die örtlichen Volksvertretungen von 1973 und 1985 für ein breites Spektrum von Aufgaben zuständig, die das jeweilige Territorium und die darin lebenden Menschen betrafen. Faktisch wurde diese Zuständigkeit im demokratischen Zentralismus wieder außer Kraft gesetzt. So handelte es sich bei den kommunalen Aufgaben nur um „die Formulierung abgestufter staatlicher Verwaltungsaufgaben, die auf der Gemeindeebene endeten".[7] Alle de jure zugestandenen Planungs-, Personal-, Organisations- und Kontrollbefugnisse mußten von übergeordneten staatlichen und SED-Instanzen bestätigt werden.

Vertieft wurde die Unselbständigkeit der Kommunen in der DDR (vgl. Ellwein 1993: 36) durch ihre planwirtschaftliche Einbindung. Einen eigenständigen und einheitlichen Kommunalhaushalt gab es nicht.[8] Vielmehr dominierten Fondsinhaber- und Rechtsträgerschaften entlang fachsektoralvertikaler Einbindungsmuster. Berücksichtigt man diese strukturellen und wirtschaftlichen Bedingungen, dann waren die Kommunen der DDR „im wesentlichen mit der Ausführung verbindlicher Vorgaben befaßt." (Berking/Neckel 1992: 154)

---

6 In der zweiten Hälfte der achtziger Jahre wurde in der DDR apologetisch zunehmend der Begriff „sozialistischer Rechtsstaat" verwandt.
7 Bernet (1993: 30) nennt hierbei: Leitung und Planung, Haushalts- und Finanzwirtschaft, Preisbildung und Kontrolle, Bauwesen, Städtebau und Wohnungswesen, Handel und Versorgung, Dienstleistungen und Reparaturen, Landwirtschaft, städtischen Verkehr und stadttechnische Versorgung, Bildungswesen, Jugendfragen, Kultur, Körperkultur, Sport, Erholungswesen, Hygiene und soziale Betreuung, Sicherheit und Ordnung sowie Zivilverteidigung.
8 In den Haushalten der Kreise und Kommunen wurden durch die jeweils übergeordnete staatliche Ebene die Finanzmittel für die einzelnen Sektoralbereiche zugewiesen.

Freilich genügt es nicht, die formelle politisch-administrative und planwirtschaftliche Einbindung der Kommunen zu beschreiben. Insbesondere die kreisangehörigen Gemeinden waren im lokalen Kontext in starkem Maße auf die örtlichen Kombinatsstrukturen angewiesen, die über bedeutende Sach- und Personalressourcen, Kultur- und Sozialfonds verfügten. Zur Unterhaltung und Erweiterung ihrer Infrastrukturen suchten die Kommunen als „Bittsteller ständig Kontakt zu den Betrieben" (Berking/Neckel 1992: 154) und benötigten jenseits von formellen Rollenzuweisungen einen guten, in der Regel persönlich vermittelten Draht zu den dort maßgeblichen Schlüsselfiguren. Faktisch änderten auch die „Kommunalverträge" als offizielles Rechtsinstitut „zur Herstellung einer produktiven Verbindung zwischen den Gemeinden und nichtunterstellten Betrieben, Genossenschaften und Einrichtungen" nichts an der Dominanz informeller Tauschbezüge, da beide Seiten weder als ökonomische Subjekte, noch auf der Grundlage „funktionierender Ware-Geld-Beziehungen" handeln konnten bzw. mußten.[9] Deutlich wird damit nur, daß die Nutzung örtlicher Beziehungsnetze zwischen Kommunen und Betrieben auch im Interesse der zentralen politischen Akteure lag und sich gut in die ideologische Zielperspektive gemeinschaftlich-sozialistischer Betriebsamkeit einfügen ließ.

So wichtig also die rückblickende Analyse der formellen Struktur- und Systemeinbindung der Kommunen ist, wie sie in den ersten Jahren nach der Wende vor allem von der Verwaltungswissenschaft betrieben wurde, tatsächlich funktionierten die Kommunen in der DDR weder einfach als „Befehlsempfänger", noch allein nach dem Prinzip zentralistischer Kommandowirtschaft (vgl. Wollmann 1993a: 103). Vielmehr entstanden zwischen ihnen und den ortsansässigen Betrieben und Einrichtungen informelle Personennetze, die eine Art „muddling through" und auf dieser Grundlage gewisse Spielräume auch im Interesse der Gemeinden bzw. ihrer Vertreter offenhielten. Die den Kombinaten auf Kreis-, Bezirks- oder Zentralebene übergeordneten SED-Leitungsgremien bzw. deren einzelne Exponenten fungierten auch hier als Entscheidungs- und Kontrollinstanzen. D.h., einzelne ihrer Vertreter mußten in die informellen Abmachungen und Händel einbezogen werden, wogegen im Regelfall wenig sprach.

Im Rückgriff auf Ettrich charakterisieren Berking und Neckel die durch doppelte Unterstellung, vielfältige vertikale und horizontale Vernetzungen bestimmten Handlungsbezüge zwischen Partei und örtlichen Akteuren als „ein dichtes Netzwerk klientelistischer Beziehungen, wo Loyalität und ideologische Zugeständnisse getauscht wurden", so daß das Funktionieren der Institutionen weit weniger formalen Handlungsvorgaben als „willkürlich

---

9 Vgl. Bernet 1993: 32 unter Bezugnahme auf § 4 Abs. 2 GöV 1973 und §§ Abs. 1 und 63 Abs. 4 GöV 1985 auf der Grundlage der Kommunalvertragsverordnung von 1968.

dem jeweiligen ideologischen Komment und unkalkulierbaren persönlich-politischen Konstellationen verhaftet" gewesen war (Berking/Neckel 1992: 155). Engler charakterisiert die DDR-Gesellschaft als ganzes als einen entdifferenzierten Handlungsraum, in dem

„Verhältnisse unversehens in Beziehungen umschlagen, Sachliches und Persönliches, Öffentliches und Privates, Recht und Moral bis zur Unkenntlichkeit ineinander gearbeitet werden" (Engler 1992: 27).

Grundlage kaum unterscheidbarer, formeller und informeller, offizieller und personaler Interaktionen bildete ein unscharfer Wertkonsens. Offizielle ideologische Vorgaben der gemeinschaftlichen „Gestaltung der entwickelten sozialistischen Gesellschaft" fanden hier ebenso Eingang wie das von Engler formulierte „Lob des Praktischen" als mentale Kompensationsstrategie gegenüber manifesten Problemen und Defiziten in der Bewältigung des sozialistischen Alltags (Engler 1992: 72). Bernet meint etwas Vergleichbares, wenn er von einem „Solidargefühl eigenartiger Prägung" spricht, „das in den Gemeinden der alten Bundesländer nicht oder schon lange nicht mehr bekannt ist" (Bernet 1993: 31). So sehr diese positive Einschätzung im Einzelfall zutreffen mag, ebensogut ließ sich informell-eigennütziges Handeln einzelner Personen als gemeinschaftlich und zweckdienlich definieren und ebenso entstanden auf dieses Weise irrationale Abhängigkeits- und Austauschverhältnisse zwischen einzelnen Menschen mit einer öffentlichen Aufgabe. Neben der offiziellen „Satzung" von zentralistischem Staat und geplanter Wirtschaft erschloß sich in dieser „zweiten Wirklichkeit"

„ein feinmaschiges persönliches Beziehungsgeflecht, das auf dem Prinzip der Gegenseitigkeit basierte und wo nicht Plan, Recht oder Geld, sondern Treu und Glauben und 'give and take' den sozialen Austausch regulierten" (Berking, Neckel 1992: 156).[10]

In beiden „Wirklichkeiten" fehlte die stetige Rückbindung politisch-administrativen Handelns an rechtliche Normen und Verfahren und an den Prozeß demokratischer Legitimierung. So war administratives und politisches Handeln in Stadtkreisen, Kreisen und Gemeinden der DDR nur im geringen Maße von Formalität, Rechts- und Verfahrensförmigkeit geprägt. Zur Verwirklichung eigener Ziele mußten Städte und Gemeinden personenvermittelte Beziehungsnetze aufbauen und unterhalten. Im Vordergrund stand damit ein kleinteiliger, informeller Klientelismus. Eine Öffentlichkeit vor Ort gab es ebensowenig wie eine demokratische Rückbindung und Korrektur politisch-administrativen Handelns.

---

10 Zu Recht sehen diese Autoren in Bezug auf das informelle Handeln keinen prinzipiellen Unterschied zwischen betrieblicher und administrativer Praxis, da die strukturellen und ideologischen Rahmenvorgaben ebenso wie die gravierenden Abweichungen von diesen in der Realität in beiden Bereichen gleichermaßen wirksam waren.

Städte, Kreise und Gemeinden zu Zeiten der DDR waren insofern weniger politische Institutionen mit einem eindeutigen Ordnungsauftrag und einer gesellschaftlichen Integrationswirkung als informelle Assoziationsräume geringer Differenzierung in der als sozialistischem Gesamtbetrieb institutionalisierten DDR-Gesellschaft.

In diesem Kontext erlernte Fähigkeiten, gewachsene Wertorientierungen und typische Handlungsmuster wirkten schon wegen ihrer langjährigen Internalisierung bei ostdeutschen Verwaltern, Politikern und Bürgern als endogene Faktoren der ostdeutschen Transformation auch nach der Wende und beim Aufbau neuer demokratischer Kommunalinstitutionen weiter.

In dieser Studie haben wir für diese Kontinuität von Orientierungen und Handlungsmustern, die noch in der alten DDR entwickelt wurden den Begriff „altinstitutionell" (vgl. Einleitung) gewählt. Altinstitutionelle Orientierungen und Handlungsmuster sind im beschriebenen Falle durch eine geringe Berücksichtigung formaler Organisationsabläufe und die personale Prägung der Akteursbeziehungen, durch improvisierende Handlungsweisen sowie durch eingeschränkte demokratische und rechtsstaatliche Rückbindung gekennzeichnet.

Selbstverständlich ist dies nicht die einzige Seite, die die altpersonellen Leitungspersonen als Träger des Aufbaus kommunaler Selbstverwaltung mitbrachten. Sie brachten auch Lebenserfahrungen, Fähigkeiten sowie Werteorientierungen in den Neuaufbau nach der Wende ein, die sie im Verlaufe ihres Lebens in der vormaligen staatssozialistischen Gesellschaft und während der Wende-Zeit entwickelt hatten und die sie konstruktiv in den Neuaufbau einbringen konnten.

Aufgabenprofile und -verteilung

Als Pendant zur skizzierten eigeninstitutionellen Schwäche der Kommunen unterhielten auch die volkseigenen Betriebe Kultur- und Sozialeinrichtungen, übernahmen z.T. auch Ver- und Entsorgungsaufgaben, die regulär in den Aufgabenbestand der Kommunen gehörten. Die Kommunen und Kreise waren u.a. für die Versorgung der Bevölkerung mit Konsumgütern[11] und

---

11 Als Beispiel soll ein Ausschnitt aus dem Protokoll des Rates des Kreises Bitterfeld vom 2.8.1989 zitiert werden, und zwar die Versorgungseinschätzung der Abteilung Handel und Versorgung vom 21.7.1989 (vgl. Protokolle des Kreises Bitterfeld): „Mit Fleisch und Wurstwaren wurde im Berichtszeitraum mengenmäßig versorgt. Die starke Nachfrage nach Kernfleisch kann nicht bedarfsdeckend realisiert werden. Braten- und Kochfleisch ..., Rind und Hammel standen ausreichend zur Verfügung. Bei Geflügel kann im breiten Sortiment versorgt werden. Die Versorgung mit Brot und Brötchen wird stabil gesichert.

Dienstleistungen sowie für Sortiments- und Preiskontrollen im Handel zuständig. Die Aufgabenkomplexität war dabei so groß, daß zur Lösung der anfallenden Probleme ganz notwendig informelle Wege, jenseits der staatswirtschaftlichen Einbindung, gesucht werden mußten (Bullmann/Schwanengel 1995: 198).

Bezirke, Kreise und kreisfreie Städte waren zugleich Ebenen der hauptamtlichen Verwaltung und der Kaderpolitik. Im Rahmen der „Berichterstattungen" über die Ausführung planwirtschaftlicher oder staatlicher Direktiven wurden beide Wirklichkeiten, die offizielle zentralistische und die informelle lokale, aufeinander abgestimmt. Sie mußten in Inhalt und Stil der vorherrschenden SED-Doktrin angepaßt sein, um drängende Sachprobleme überhaupt gefahrlos ansprechen zu können. Zugleich wurden informelle Spielräume zur Lösung anstehender Sachfragen, nicht anders als in den „volkseigenen" Betrieben, Kombinaten und Genossenschaften, durch die Manipulation des Berichtswesens geschaffen. In den Führungsspitzen der Kreise und kreisfreien Städte hatte man also durchaus eine Vorstellung von den Alltagsproblemen der Bevölkerung, analysierte regelmäßig die „Versorgungslage" und die „Eingaben" über drängende Probleme (z.B. Wohnungssituation, mangelhafte Bausubstanzen, Versorgungsengpässe). Ausgeklammert blieben dabei politische Konfliktlagen, die weitgehend im Zuständigkeitsbereich der Sekretariate der SED-Kreisleitungen, der Meldestellen der Volkspolizei (Ausreiseanliegen) und – allgegenwärtig – der Staatssicherheitsorgane lagen. Aber selbst die Analysen unmittelbarer Versorgungsprobleme und der Eingaben der Bevölkerung, die in den Räten der Kreise und kreisfreien Städte angestrengt wurden, unterlagen der „Vertraulichkeit".

Exemplarisch wollen wir die kommunalen Aufgaben in der Arbeitsteilung mit Betrieben und Staat in den Bereichen Wirtschaft, Bildungs-, Gesundheits- und Sozialwesen umreißen. Im Vordergrund stehen dabei die aufbauorganisatorischen Bedingungen kommunaler Aufgabenerfüllung:

Wirtschaft: Sowohl auf Kreis- als auch auf Gemeindebene gab es Betriebe[12], für deren Anleitung, Kontrolle und Personalbesetzung (Direktorenposten) die Räte zuständig waren. Diese Betriebe waren keine kommunalen

---

Bei Backwaren fehlt das Kleingebäck und das breite Sortiment in den niederen Preislagen. Mit flüssigen Molkereierzeugnissen erfolgt die Lieferung bestellgerecht. Mit Getränken kann nach wie vor nicht stabil versorgt werden. Die Auslieferungen bei Bier erfolgten mit Flaschenware mit ca. 80 bis 95% durch die Brauerei Bitterfeld. Bei Obst und Gemüse kann mit Kulturen des ständigen Angebots durch den Obst- und Gemüsehandel OGS versorgt werden. Zur Zeit sind folgende Kulturen im Angebot: Kohlrabi, Zwiebeln, Weißkohl, Rotkohl, Wirsing, Speisekartoffeln, Sauerkohl, Tomaten. Zitronen nach Importeingang im Sortiment."

12 Dies betrifft Betriebe der Industrie, des Bauwesens, der örtlichen Versorgungswirtschaft, von Handel und Versorgung, des Verkehrs- und Straßenwesens, der Landwirtschaft u.a.m.

Betriebe i.S. von Eigen- oder Regiebetrieben. Vielmehr handelte es sich um staatliche Betriebe, die hinsichtlich ihrer Leitung in den Zuständigkeitsbereich der Räte fielen, andererseits jedoch vertikal und fachsektoriell in übergeordnete wirtschaftsleitende Strukturen eingebunden waren. Wie oben bereits ausgeführt, gab es weder eine eindeutige Zuständigkeitsabgrenzung zwischen den verschiedenen Ebenen von Politik und Verwaltung, noch zwischen öffentlicher und wirtschaftlicher Sphäre und entsprechenden Wirtschafts- und Eigentumsformen.[13] Auch im Falle von bezirklich und zentral geleiteten Betrieben, die unmittelbar das Leben der im jeweiligen Gebiet lebenden Bevölkerung tangierten, spielten die Kreise und Gemeinden eine Rolle. Dies traf besonders für die Organisation der Versorgung der Bevölkerung mit Lebensmitteln, Konsumgütern und Dienstleistungen zu. Auch ohne formale Unterstellung in ihrem Zuständigkeitsbereich hatten Kreise und Gemeinden ein Interesse daran, diese Betriebe an der Lösung örtlicher Probleme (z.B. der örtlichen Versorgung mit „Waren des täglichen Bedarfs", der Erhaltung und des Ausbaus von Freizeiteinrichtungen usw.) zu beteiligen. Die Betriebe ihrerseits waren zu einem Beitrag bei der Bewältigung örtlicher Probleme verpflichtet und wurden von SED-Kreisleitungen und betrieblichen SED-Parteiorganen entsprechend angewiesen.[14]

Bildungswesen: Das Bildungswesen wurde im Rahmen des „einheitlichen sozialistischen Bildungssystems" zentral gesteuert. Die formelle Aufgabe der Kreisebene (Abteilung Volksbildung) bestand in der Berufung und Abberufung der Schuldirektoren sowie in der Verwaltung der Arbeitsverträge der Lehrer und Kindergärtnerinnen.[15] Personal- oder besser Kaderpolitik gehörte zu den zentralen Aufgaben der mit hauptamtlichen SED-Strukturen ausgestatteten Kreisebene. Aufgabe der Kreise war auch die Berufsausbildung in den kommunal unterstellten VEB's und Genossenschaften. Aufgabe der Gemeinden war die Einweisung der Kinder in Kindergärten, und zwar unabhängig davon, ob dies direkt kommunale oder betriebliche Einrichtungen waren. Auch die technische Versorgung (Reinigung, Heizung, Küchen usw.) der Schulen und Kindergärten war Angelegenheit der Gemeindeebene. Lösbar waren viele der hier genannten Aufgaben nur durch informelle

---

13　Staatliche und genossenschaftliche Betriebe galten als unterschiedliche Formen innerhalb des „sozialistischen Eigentums". So gab es auch Zuständigkeiten der örtlichen Staatsorgane für die Genossenschaften des Handwerks, der Landwirtschaft oder des Wohnungswesens.
14　Vgl. oben die Ausführungen zu informellem Tausch und Kommunalverträgen.
15　Während die Kinderkrippen seit den 80er Jahren von den Abteilungen Gesundheitswesen der Räte der Kreise (bzw. kreisfreien Städte) geführt wurden, waren die Kindergärten bei den Abteilungen Volksbildung der Räte der Kreise. Seit dem Jahre 1991 wurden beide Typen von Einrichtungen nach entsprechenden gesetzlichen Regelungen der Länder zusammengefaßt und als „Kindertagesstätten" (Kitas) zur kommunalen Pflichtaufgabe erklärt.

Tauschprozesse zwischen den verschiedenen vor Ort tätigen Institutionen. Für Einweisungen in Kindergärten waren „Dringlichkeitsbescheinigungen" der Betriebe, in denen die Eltern tätig waren, zumindest förderlich, wenn nicht notwendig. Andererseits nahmen betriebliche Kindergärten auch Einweisungen des Rates entgegen, wenn die Eltern nicht im betreffenden Betrieb beschäftigt waren. „Ernteeinsätze" von Schülern waren ohnehin nur im informellen Einvernehmen zwischen den Abteilungen Land- und Nahrungsgüterwirtschaft sowie Volksbildung der Kreise, den Landwirtschaftlichen Produktionsgenossenschaften und den Schulen zu erzielen.

Gesundheits- und Sozialwesen: Die Aufgabe der Gemeindeebene bestand hier in der Verteilung der Kinderkrippenplätze. Bis Ende der 70er Jahre waren die Kinderkrippen einschließlich deren Verwaltungen und Krippenschwestern als nachgeordnete Einrichtungen bei den kreisangehörigen Gemeinden angesiedelt.[16] Gemeinsam mit den Kreisen verteilten sie auch die Plätze in Feierabend- und Pflegeheimen (einschließlich kirchlich getragener Heime). Die Verantwortung für das Betreuungs- bzw. Pflegepersonal lag bei der Kreisebene (Abteilung Gesundheits- und Sozialwesen), während die technische Zuständigkeit für Gebäude, Reinigung, Küche usw. bei der Gemeindeebene lag. Auch Krankenhäuser und Fachambulanzen konnten entweder in gemeindlicher, kreislicher oder bezirklicher Zuständigkeit liegen. Und es gab auch hierbei Mehrfachunterstellungen einerseits für Fachpersonal, andererseits für technisches Personal oder für Sozialeinrichtungen (z.B. Kindereinrichtungen für das Personal eines Krankenhauses). Sollte z.B. die Ausstattung der betrieblichen Ambulanz eines größeren Betriebes verbessert werden, waren zumindest die betreffende Betriebsleitung und die Abteilung Gesundheitswesen des Rates des Kreises involviert, evtl. auch die jeweils übergeordneten Organe, die betreffenden SED-Institutionen, die betriebliche Gewerkschaftsleitung, die ständige Kommission für Gesundheitswesen der örtlichen Volksvertretung.

Anbetracht dieser knappen Schilderung der komplizierten Zuständigkeits- und Unterstellungsverhältnisse wird noch einmal deutlich, daß die Erbringung der kommunalen Aufgaben in starkem Maße durch informelle Aushandlung und Abstimmung erreicht werden mußte. Vor allem die kreisangehörigen Gemeinden waren dabei auf einfache Dienstleistungen und Zuarbeiten technisch-organisatorischer Art beschränkt, während die Kreise

---

16 Seit den achtziger Jahren wurden diese den Kreisen (Abteilung Gesundheitswesen) zugeordnet, und in den Jahren 1990/91 kamen die Kinderkrippen wieder als nachgeordnete Einrichtungen zurück an die Gemeinden. Die Rede ist hierbei lediglich von den *kommunalen* Kinderkrippen. Ein großer Teil der Kinderkrippen (wie auch der Kindergärten) waren indes betriebliche Einrichtungen, von denen der größte Teil dann in der ersten Jahreshälfte 1991 an die Kommunen ging.

über die administrativen und kaderpolitischen und die Betriebe über die materiellen und technischen Ressourcen verfügten.

Struktur und Personalbestand der Verwaltungen

Verglichen mit den heutigen Beschäftigtenzahlen in den kommunalen Kernverwaltungen[17], waren die hier untersuchten Kommunen und Kreise in der DDR mit sehr wenig Personal ausgestattet.[18] Von einer personellen Überbesetzung (vgl. auch König 1992: 554) konnte auf der Ebene der Kommunen im Gegensatz zu den anderen Verwaltungsebenen der DDR keine Rede sein. Das lag nicht zuletzt an den vielfältigen Einschränkungen und Verflechtungen der kommunalen Ebene. Politisch gesteuert wurden sie von den Kreis- (und Bezirks-)leitungen des SED-Apparates, deren Mitarbeiterzahlen noch einmal etwa jenen der kommunalen Verwaltungen entsprachen. Zur berücksichtigen ist auch das Personal in den betrieblichen Sozial- und Kultur-, Ver- und Entsorgungseinrichtungen. Der im Vergleich zu heute grundsätzlich andere Aufgabenzuschnitt von Kommunen und Kreisen in der DDR wurde oben bereits angesprochen.

In den Kernverwaltungen der Kreise und kreisfreien Städte waren die Ressorts der einzelnen Ratsmitglieder weiter in Arbeitsbereiche, Abteilungen, Referate oder andere Segmente untergliedert. In der kreisfreien Stadt Brandenburg waren bei insgesamt 366 Beschäftigten in der Kernverwaltung die zahlenmäßig größten Bereiche jene für Finanzen und Preise (62 Personen), für Innere Angelegenheiten (34), für Volksbildung (29) und für Wohnungspolitik/Wohnungswirtschaft (29). In der kreisangehörigen Stadt Bitterfeld (insgesamt 55 Beschäftigte in der Kernverwaltung) waren die genannten Bereiche hingegen nur mit 4 bis 7 Personen besetzt, statt dessen der Bereich des Sekretärs des Rates (Aufgaben der Verwaltungsverwaltung, Öffentlichkeitsarbeit, Poststelle, Kraftfahrzeuge usw.) mit 13 Personen. Die kreisangehörigen Gemeinden hatten in den vier genannten wie auch in anderen Bereichen wenig Entscheidungskompetenzen, sondern eher die Aufgaben einer nachgeordneten Ausführungsebene des Kreises. Im Unterschied dazu hatten die kreisangehörigen Gemeinden, besonders jene mit städtischem Charakter, einen relativ großen Beschäftigtenanteil in den *nachgeordneten* Einrichtungen.

---

17 Vgl. Tabellenanhang, Tabelle 57.
18 Vgl. Tabellenanhang, Tabellen 57, 60, 61, 62, 63.

Nachgeordnete Einrichtungen der Kommunalverwaltungen

Den Räten der Kreise, kreisfreien Städte und kreisangehörigen Gemeinden waren jeweils Betriebe bzw. Kombinate sowie Einrichtungen unterstellt. Wie bereits weiter oben dargestellt, war die Unterstellung dieser Betriebe und Einrichtungen oft nicht eindeutig geregelt. Auch bedeutete die Unterstellung nicht unbedingt, daß die Beschäftigten Angestellte beim jeweiligen örtlichen Rat waren. In vielen Fällen war es üblich, daß die Beschäftigten beim Betrieb oder der Einrichtung selbst angestellt waren oder daß es in ein und derselben Einrichtung Arbeitsverträge seitens des Rates des Kreises (z.B. Lehrer), andererseits Arbeitsverträge seitens der Gemeinde (z.B. Hausmeister in der gleichen Schule) gab. Aus heutiger Sicht können deshalb weder allein das Unterstellungsverhältnis von Betrieben oder Einrichtungen unter örtliche Räte als Erhebungskriterium herangezogen werden, noch allein die Arbeitsverträge, die von den örtlichen Räten vergeben wurden. Stellenpläne der untersuchten Kommunalverwaltungen liegen heute nur noch selten vor, noch weniger von den nachgeordneten Einrichtungen.[19] Eine Veränderung der Stellenzahl konnte nur im Ausnahmefall und wenn, dann nur mit Zustimmung der übergeordneten staatlichen Verwaltung stattfinden. Nach den noch vorliegenden Stellenplänen der *Stadt Bitterfeld* (kreisangehörige Gemeinde) gab es dort in den 80er Jahren[20] ca. 200 Beschäftigte (184,5 „Vollbeschäftigteneinheiten" VbE) in den nachgeordneten Einrichtungen. Das waren drei- bis viermal soviel wie in der Kernverwaltung.[21] In den anderen Untersuchungsgebieten liegen keine Archivmaterialien vor, die exakte Aufschlüsse über die Strukturen und Zahlen der in nachgeordneten Einrichtungen Beschäftigten zulassen.

---

19 Zwar verfügten die damaligen „Kaderabteilungen" der kommunalen Verwaltungen über Stellenpläne bzw. Richtlinien über die Beschäftigtenzahlen, diese waren jedoch (wie auch z.B. auch verwaltungsinterne Telefonbücher) vertraulich und kaum Gegenstand von Vertretungsvorlagen der Räte.
20 Hier wird auf Archivmaterial aus dem Jahre 1984 Bezug genommen. Die Grundstruktur und Beschäftigtenzahl hat sich jedoch bis 1989 kaum verändert. Generell war der Personalbestand in den örtlichen Staatsverwaltungen, auch in den Räten der Kreise und Bezirke in der DDR, relativ konstant (vgl. Bernet 1991: 44).
21 Vgl. Tabellenanhang, Tabellen 54 und 55.

2. Wendezeit und lokale Umbruchpfade

In diesem Kapitel behandeln wir die politischen und institutionellen Veränderungen in den untersuchten Gebietskörperschaften zwischen Herbst 1989 und den ersten freien Kommunalwahlen im Mai 1990. In diesem Zeitraum formierten sich die leitungspersonellen Konstellationen, die in den untersuchten Gebietskörperschaften in der ganzen ersten Wahlperiode eine prägende Wirkung auf den Fortgang der kommunalinstitutionellen Entwicklung, auf Funktions- und Leistungsfähigkeit der neuen kommunalen Institutionen haben sollten.

Bis Mitte Oktober 1989 spiegelten sich die gesellschaftlichen Veränderungen in der DDR nur indirekt in der Tätigkeit der örtlichen Räte wider. Wie überall in der „offiziellen Politik" der DDR tat man so, als habe sich nichts verändert. Exemplarisch für diese Haltung ist der Tätigkeitsbericht zum 3. *Kreistag Bitterfeld* am 19.10.1989 (vgl. Protokolle des Kreistages Bitterfeld):

„Werte Abgeordnete, werte Gäste! Die Zeit zwischen dem 2. und 3. Kreistag war geprägt vom 40. Jahrestag der DDR. Am 7. Oktober 1989 vollendete die Deutsche Demokratische Republik, obwohl ihr im Oktober 1949 von imperialistischen Kräften nur wenige Wochen bis zum Untergang vorausgesagt wurden, das vierte Jahrzehnt seit ihrer Gründung. Der stabile und dynamische Werdegang des ersten sozialistischen Staates der Arbeiter und Bauern auf deutschem Boden berechtigt zu der Feststellung, daß er seine historische Bewährungsprobe im Zentrum Europas bestanden hat."

Faktisch hatten die SED wie auch die staatlichen Institutionen in der DDR zu dieser Zeit jede öffentliche Legitimation und auch jeden Realitätssinn verloren. Sichtbar wurde der unaufhaltsame Erosionsprozeß des alten Systems auch in den kommunalen Institutionen. Einzelne Abgeordnete fehlten, weil sie über Ungarn in die Bundesrepublik gegangen waren. In den folgenden Monaten blieben immer mehr Abgeordnete den Tagungen der örtlichen Volksvertretungen fern. An der Stadtverordnetenversammlung Bitterfeld nahmen in der Zeit vom November 1989 bis Januar 1990 von 70 Abgeordneten nur noch zwischen 37 und 48 Abgeordnete teil, zwischen 14 und 18

Abgeordnete fehlten in diesen Monaten unentschuldigt. Ähnlich war die Situation in anderen örtlichen Volksvertretungen.[1] Seit November 1989 stellten einzelne Mandatsträger – zumeist mit persönlichen Umständen begründet – den Antrag auf Abberufung von ihrem Mandat und wurden durch Nachfolgekandidaten ersetzt. Schon zu diesem Zeitpunkt wurden nicht besetzte Mandate teilweise von Vertretern der neuen politischen Vereinigungen übernommen.[2] Seit Dezember 1989/Januar 1990 kam es zu grundlegenderen personellen Veränderungen, die die Ratsmitglieder, Kommissionsvorsitzenden und Präsidiumsmitglieder der örtlichen Volksvertretungen betrafen. Vor allem die Verantwortlichen in den Schlüsselbereichen der inneren Verwaltung (Sekretär) und in den Bereichen Inneres, Ordnung, Sicherheit, Nachrichtenwesen mußten gehen und wurden durch Personen aus der „2. Reihe" ersetzt. Im *Kreis Bitterfeld* wurden z.B. im Dezember 1989 die stellvertretenden Ratsvorsitzenden für Inneres und für Landwirtschaft – offiziell wegen persönlicher/beruflicher Gründe – ausgewechselt, außerdem der Abteilungsleiter für Innere Angelegenheiten beim Rat des Kreises und der Sekretär der ständigen Kommission für Ordnung und Sicherheit. Die Umwälzungen der Wende hatten die kommunale Ebene unwiderruflich erreicht.

Dabei hatte „der massenhafte Exodus aus der DDR im Sommer und Herbst 1989 das System viel nachhaltiger in Frage gestellt als die vergleichsweise ohnmächtige Opposition innerhalb der DDR." (Boock 1995: 50) Legitimationsverlust entstand zunächst weniger durch öffentlichen Widerspruch, d.h. den Versuch der Rekonstituierung einer politischen Öffentlichkeit, als durch die individuelle Abwanderungstendenz immer größerer Teile des „Staatsvolkes" der DDR. Für unsere Untersuchung ist das von besonderem Interesse, weil der soziopolitische Kontext, in dem Städte, Kreise und Gemeinden im Umbruch agierten, in den untersuchten Fällen ein ausschlaggebender Faktor für den Grad der nun erfolgenden institutionell-personellen Umbrüche gewesen ist. So wurde die Erneuerung der Institutio-

---

1 An der Sitzung des *Kreistages Brandenburg* am 22.12.1989 nahmen nur noch 59 Abgeordnete teil (Soll=110), an der Sitzung des *Kreistages Bitterfeld* am 24.1.1990 nur noch 111 Abgeordnete (Soll=150).

2 Dies basierte auf einem Beschluß der Volkskammer vom 28.1.90 zur Kooptierung von Parteien und gesellschaftlichen Organisationen und politischen Vereinigungen, die am Runden Tisch vertreten waren. So wurden beispielsweise am 24.1.1990 im *Kreistag Bitterfeld* 12 Mandate aufgehoben, und zwar CDU 2, FDJ 3, FDGB 3, SED/PDS 3, DFD 1. In der Regel wurden hierfür persönliche Gründe angegeben. Ein Teil dieser Mandate wurde durch Vertreter neuer politischer Vereinigungen ersetzt. Zum Beispiel wurden am 1.3.90 folgende Vertreter als Abgeordnete kooptiert: 5 SPD, 5 DFP (Deutsche Forumpartei), 5 DA (Demokratischer Aufbruch). Der *Kreistag Brandenburg* beschloß am 5.2.1990, frei werdende Mandate auch neuen Parteien und Organisationen, die nicht im Kreistag vertreten sind, zur Verfügung zu stellen.

nen weitgehend von einem kleinen Kreis aus Vertretern des alten Leitungspersonals und einigen Umbruchpolitikern aus Bürgerbewegung und neuen Parteien in Angriff genommen. Die politischen und administrativen Erneuerer konnten sich dabei nur in den Städten auf eine engagierte gesellschaftliche Basis vor Ort stützen. Um so bedeutender waren institutionelle, parteipolitische und nicht zuletzt altpersonelle Kontinuitäten im demokratischen Umbruchprozeß.

Lokale Umbruchpfade

In welcher Art und Weise die von uns untersuchten Gebietskörperschaften den Prozeß der Wende nachvollzogen, hing vor allem davon ab, wie groß der Drang neuer politischer Kräfte vor Ort war, in das entstandene Legitimationsvakuum in Form basisdemokratischer Mitwirkungs- und Kontrollansprüche einzudringen. Daraus ergab sich auch, welche Formen der Zusammenarbeit zwischen alten und neuen Kräften entstanden, welche Rolle die bisherigen kommunalen Institutionen übernehmen konnten. Aus den Ergebnissen unserer Untersuchung kann gefolgert werden, daß diese Bedingungen und Konstellationen für den Um- und Neuaufbau der ostdeutschen Städte, Kreise und Gemeinden durchaus unterschiedlicher Art waren. Wesentliches Unterscheidungsmerkmal der angetroffenen *Umbruchpfade* war das Verhältnis von *Kontinuitäten und Brüchen in der institutionellen Entwicklung*, darunter maßgeblich auch hinsichtlich des Verhältnisses der alten und neuen Akteursgruppen bzw. Führungspersonen. Zunächst skizzieren wir den Verlauf des Umbruchprozesses in den untersuchten Gebietskörperschaften bis zu den Kommunalwahlen 1990. Im darauf folgenden Abschnitt konfrontieren wir die ermittelten Entwicklungen mit dem grundlegenden Einschnitt der ersten freien Kommunalwahlen im Mai 1990.

Zwar verliefen die ersten Umbruchmonate in allen untersuchten Gebietskörperschaften in einem kooperativen und konsensualen Klima, unterschiedlich gestalteten sich jedoch die jeweiligen Gewichte und im einzelnen entwickelten Arrangements zwischen alten und neuen Kräften (Blockparteien/Bürgerbewegung und SDP), zwischen bestehenden Institutionen (Räten und Vertretungen) und neuen politischen Gremien (RundeTische).

Vor allem in der Stadt Brandenburg haben wir die Ereignisse dieser Phase vertieft untersucht. Im Oktober 1989 veranstaltete der damalige Oberbürgermeister, noch vor der offiziellen Zulassung des Neuen Forums, sogenannte „Montagsgespräche", um gegenüber den Bürgern Dialogbereitschaft zu signalisieren. Die Gespräche stellten den Führungsanspruch der SED nicht grundsätzlich in Frage, blieben ohne verbindliche Beschlüsse und hatten keinen festen organisatorischen Rahmen. Etwa zeitgleich begannen sich die neuen Kräfte, insbesondere Kirchenvertreter und Neues Forum, zu organisieren. Ende Oktober 1989 veranstaltete der Rat der Stadt eine Großveranstaltung in einer Werkshalle, in der sich der Unmut der Bevölkerung gegen die Vertreter der bisherigen Politik heftig entlud. Vor allem die Blockparteien reagierten darauf, indem sie öffentlich und in der Stadtverordnetenversammlung erstmals begannen, eigenständiges Profil[3] zu zeigen. Der Stellvertreter des Oberbürgermeisters übernahm innerhalb des Rates die Aufgabe, den eingeschlagenen Reformkurs zu intensivieren, der Oberbürgermeister und Ratsvorsitzende selbst trat Anfang November (offiziell) aus gesundheitlichen Gründen in den Hintergrund und mußte später wegen des Vorwurfs der Wahlfälschung bei den Kommunalwahlen 1989 zurücktreten. Die Initiative zur Rollenneubestimmung von Rat und SVV ging demnach aus den bestehenden kommunalen Institutionen selbst hervor. Die politische Vertretung wurde nun zu einem eigenständigen politischen Handlungsraum umfunktioniert, in dem vor allem die Blockparteien profilierter auftraten. Die neuen politischen Kräfte und Assoziationen artikulierten sich außerhalb der SVV. Ihr Ziel war die Schaffung einer Öffentlichkeit im allgemeineren Sinne, etwa durch die Durchführung von Veranstaltungen, Fürbittgebeten und die Abfassung offener Briefe. Nach einer eindrucksvollen Demonstration von 12.000 Bürgern, zu der das Neue Forum für Mitte November aufgerufen hatte, trat der erste Sekretär der SED-Kreisleitung zurück und der Vorsitzende des Rates der Stadt, wie bereits erwähnt, zugunsten seines Stellvertreters in den Hintergrund. Mitte Dezember wurde der lokale Runde Tisch auf Initiative des ökumenischen Vorbereitungskreises der „Fürbittgebete für unser Land" eingerichtet und versammelte je zwei Vertreter der CDU, NDPD, LDPD, DBD, SED-PDS, des Neuen Forums, der SPD und Vertreter der evangelischen und katholischen Kirche. Besonders initiativ unter den neuen Kräften waren dabei die Kirchenvertreter und jene des Neuen Forums, die mit konkreten kommunalpolitischen Vorschlägen, insbesondere zur Einrichtung einer Arbeitsgemeinschaft Gesundheitswesen, in Erscheinung traten. Am Runden Tisch artikulierten sich auch Wohnblockkomitees und einzelne Bürger. Die Funktion des RundenTisches in dieser Anfangsphase war somit weniger die eines politischen Beschlußgremiums als die einer Projektionsfläche für erst nach und nach zu einem repräsentativen Gesamtbild zusammengetragene Einzelanliegen, die in der alten DDR keine

---

3 Der CDU-Kreisverband forderte Anfang November Änderungen im Kommunalwahlmodus, die NDPD forderte die strikte Trennung von Partei und Staat, die LDPD forderte eine frühere Vorlage von Beschlußvorlagen des Rates an die SVV. Alle Blockparteien bildeten nun eigenständige Fraktionen in der SVV.

Stimme hatten. Die Bedeutung der nach den Wahlen im Mai 1990 in der Stadt Brandenburg regierenden SPD am Runden Tisch war zunächst gering. In dieser Aufbruchphase der neuen Kräfte im November 1989 ging die politische Aktivität von Rat und SVV deutlich zurück. Innerhalb der SVV kam es zu personellen Veränderungen durch die Abgabe von Mandaten ehemaliger Ratsmitglieder und der Massenorganisationen zugunsten der Blockparteien. Die SED/PDS trat in der SVV in den Hintergrund. Zur kommunalpolitischen Konzertierung wurde in der SVV ein ständiges Präsidium gebildet. Zu Beginn des neuen Jahres und nach der zweiten Sitzung des Runden Tisches setzte ein regelmäßiger Austausch zwischen den neuen Kräften, der SVV und dem Rat ein. Häufig übernahm der stellvertretende Ratsvorsitzende die Vermittlung zwischen Rundem Tisch, SVV und Rat. Der Runde Tisch gewann nun die Rolle eines Beratungs- und Abstimmungsforums zwischen neuen und alten Kräften. Im Februar wurde auf Betreiben des Rates und unter Unterstützung der Blockparteien eine Öffnung der SVV und des Rats für die neuen politischen Kräfte (SPD und Neues Forum) vorgenommen. So betrieben die alten Kräfte und Institutionen neben ihrer internen Umbildung auch die Integration der neuen Kräfte in den bestehenden institutionellen Rahmen. Die neuen politischen Kräfte standen dieser Integration in die SVV zunächst zurückhaltend gegenüber. Schließlich gelang es den bestehenden Institutionen aber, ihre Glaubwürdigkeit durch die Kooptation neuer politischer Kräfte zumindest teilweise wiederherzustellen. Der Runde Tisch konzentrierte sich auf grundsätzliche Probleme der Bewältigung der alten Zeit: die Aufarbeitung der örtlichen Staatsicherheitsvergangenheit und die Frage der Vernichtung am Ort gelagerter NVA-Waffen. Für die kommenden Kommunalwahlen wurden hier auch Appelle zur Mäßigung des einsetzenden Wahlkampfes formuliert. Einmal abgesehen von dem Engagement im Bereich Gesundheitspolitik, blieben die neuen politischen Kräfte in der SVV eher schwach vertreten, was konkrete kommunalpolitische Vorschläge anbelangt. Demgegenüber hatte der Rat der SVV noch vor den Wahlen einen Entwurf zur sozialen und wirtschaftlichen Entwicklung der Stadt vorgelegt, zur Vorbereitung der Wahlen beigetragen und erste Kontakte zu westdeutschen Firmen zwecks Stadtsanierung aufgenommen. Die Zusammenarbeit von Rat, SVV und Rundem Tisch bis zu den Wahlen im Mai kann als stabil bezeichnet werden. Festzuhalten ist aber, daß die *bestehenden* kommunalen Institutionen und dortigen Personen, namentlich der Rat, dabei bis zuletzt eine bestimmende Rolle gespielt hatten.

Auch im *Kreis Bitterfeld* verlief der kommunalpolitische Umbruch kooperativ zwischen alten und neuen Kräften. Auch hier wurde den bestehenden Institutionen mit dem Entstehen einer eigenständigen Kommunalpolitik neue Rollen zugewiesen. Allerdings war das politische Gewicht der Blockparteien, insbesondere der CDU, hier schon zu DDR-Zeiten relativ groß, so daß es weniger der Rat als der Kreistag war, der die Entwicklung der ersten Umbruchmonate bestimmte. Am 24.1.1990 wurde das Präsidium des Kreistages mit einer völlig veränderten Zusammensetzung neu gewählt.[4] Auf Vorschlag des Präsidiums beschloß der Kreistag eine deutliche Trennung zwischen den Kompetenzen des Rates des Kreises und jenen des Kreistags. Politik und Verwaltung wurden wieder formell eigenständige institutionalisierte Handlungsräume. Das Kreistagspräsidium übernahm die Rolle eines „Arbeitsparlaments" der politisch-administrativen Schlüsselpersonen. In der Folgezeit legte der bisherige 1. Sekretär der SED-Kreisleitung sein Mandat nieder, auf der Tagung des Kreistages am 12.2.1990 wurde allen Mitgliedern des Rates das Kreistagsmandat entzogen. Der Vorsitzende des Rates, der Sekretär, alle Stellvertreter und Ratsmitglieder wurden mit Wirkung vom 15.2.1990 abberufen. Zugleich wurde der bisherige Rat jedoch gebeten, seine Aufgaben *geschäftsführend* weiterzuführen. Alle Ratsbeschlüsse bedurften seit Februar der Bestätigung durch das Präsidium des Kreistages, auf das die politische Entscheidungskompetenz überging. Der Runde Tisch konnte gegenüber dem Präsidium des Kreistages keine dominierende Stellung erlangen. Auf der zweiten Tagung des Runden Tisches im Kreis Bitterfeld, die im Januar 1990 stattfand, wurde er als „beratendes und kontrollierendes Organ" definiert.[5] Der Antrag der SPD-Vertreter nach einem Veto-Recht gegenüber den Beschlüssen des Kreistages wurde nicht angenommen.[6] Aus den Reihen der Blockparteien (LDPD) wehrte man sich dagegen, weil damit die Handlungsfähigkeit des Kreistages „blockiert" würde. Fortan fungierte das neu zusammengesetzte Präsidium des Kreistages als kommunalpolitisches Zentrum und nahm den kommunalinstitutionellen Um- und Neuaufbau in Angriff. Dominant waren im skizzierten Umbruch im Kreis Bitterfeld die Blockparteien in Zusammenarbeit mit den neuen Parteien im Kreistagspräsidium. Der Rat wurde hier pragmatisch als Instrument der Umstrukturierung genutzt. Bereits am 4.3.1990 wurde der Aufbau einer neuen Verwaltungsstruktur, unterteilt nach acht Dezernaten, in einer Beratung zwischen dem Vorsitzenden des Präsidiums des Kreistages, dem geschäftsführenden Vorsitzenden des Rates und dessen erstem Stellvertreter

---

4   Zum neuen Vorsitzenden des Präsidiums wurde ein Mitglied der ehemaligen Blockpartei LDPD (seit 1960 Mitglied der LDPD) gewählt, der zugleich bisher Ratsmitglied im Ressort örtliche Versorgungswirtschaft war. Im neu zusammengesetzten Präsidium befand sich unter 13 Personen nur ein Vertreter der Nachfolgepartei der SED (weiterhin je ein Vertreter CDU, DA, DBD, DFP, LDP, NDPD, SPD, DFD, FDGB, FDJ, VdgB, 1 Parteiloser – das war der ehemalige Ratsvorsitzende). Im April wurden dann noch zwei Präsidiumsmitglieder abberufen.
5   Vgl. Freiheit. Sozialistische Tageszeitung für den Bezirk Halle, 12.1.1990, S. 6.
6   Jede Partei bzw. politische Vereinigung war mit 3 Personen vertreten, davon je ein Abgeordneter des Kreistages.

Wendezeit und lokale Umbruchpfade 43

sowie dem Leiter des Büros des Kreistages vorbereitet.[7] Nach den ersten freien Kommunalwahlen sollte sie umgesetzt werden.

Eine weitere Variante des kommunalpolitischen Umbruchs bildete die zum Kreis Bitterfeld gehörende *Stadt Bitterfeld*. Im Gegensatz zu den vorgenannten Beispielen fungierte hier der geschäftsführende Rat selbst als konsensuales Abstimmungs- und Entscheidungsgremium. Am 28.2.1990 entzog die Stadtverordnetenversammlung dem Bürgermeister, den Stellvertretern und den Stadträten ihre Vertretungsmandate. Zum 2.3.1990 wurden sie auch von ihrer administrativen Funktion abberufen, jedoch gebeten, ihre Tätigkeit geschäftsführend weiterzuführen. Neben den alten (Block-) Parteien entsandten auch die neuen Parteien und Vereinigungen ehrenamtliche Beauftragte in den geschäftsführenden Rat. Durch die direkte Übernahme administrativer Leitungsverantwortung durch die (Umbruch-) Politiker konnte gegenüber der Verwaltung allerdings kein eigenständiges politisches Kontroll- und Entscheidungsinstrument etabliert werden. Der Prozeß der Kooperation von alten und neuen politischen Kräften erfolgte für die Bürger und die Vertretungsmitglieder wenig sichtbar unter einigen Schlüsselpersonen. Ansonsten entsprach diese Entwicklung jener im Landkreis Bitterfeld. In beiden Fällen sehen wir einen Beleg für die Kontinuität eines zu DDR-Zeiten üblichen Handlungsmusters, wichtige Entscheidungen in engen (formellen oder informellen) Personenzirkeln vorzubereiten und durchzuführen.[8]

Im *Kreis Brandenburg* setzten sich zwischen Wende und ersten freien Wahlen im Mai 1990 weder Vertreter von Bürgerbewegung und neuen politischen Parteien noch Vertreter der gewendeten Blockparteien im politischen Umbruch durch. Im Dezember 1989 bildete sich im Kreis Brandenburg zwar ein Runder Tisch. Das Neue Forum hatte zuvor jedoch betont Zurückhaltung gegenüber seiner Einrichtung[9] geübt und erlangte keinen weiteren Einfluß auf Kreispolitik und -verwaltung. Unter Umbesetzung einzelner Spitzenpositionen[10] aus der „zweiten Reihe" und in Konsultation mit Vertretern der Blockparteien und der SPD setzte der Rat die Verwaltungsarbeit i.S. eines Krisenmanagements bis zu den Mai-Wahlen fort. Bisher wahrgenommene Funktionen wurden unter den sich wandelnden Bedingungen weitergeführt. Die Kontinuität des Leitungspersonals war in diesem Fall am größten. Früh erkannte man, daß der Landkreis im neuen Verfassungsrahmen stärker ko-

---

7 Allerdings waren damit keine Personalentscheidungen verbunden (vgl. Protokolle des Kreistages Bitterfeld. Protokoll der Sitzung des Präsidiums des Kreistages am 12.4.1990).
8 Vgl. hierzu unsere Ausführungen in Kapitel 1, sowie in den Kapiteln 5 und 6 weiter unten zur Charakterisierung des Neupersonals.
9 Vgl. Märkische Volksstimme, 19.12.1989, S. 8.
10 Der Vorsitzende des Rates des Kreises Brandenburg wurde z.B. am 23. Dezember 1989 vom Kreistag abberufen.

ordinierende und beaufsichtigende Aufgaben und keine direkten Eingriffsmöglichkeiten in die Politik der einzelnen Gemeinden mehr haben würde. Man befürchtete Einbußen an Aufgaben, organisatorischer und personeller Ausstattung. Insgesamt trug dies in der Kreisverwaltung und -politik zur Einstellung bei, „in einem Boot zu sitzen". Infolge der institutionellpersonellen Kontinuität wurden bereits in der Ratssitzung vom 4.4.1990 schriftliche Vorschläge für eine neue Verwaltungsstruktur gemacht, die nach den Wahlen im Mai umgesetzt werden sollten.

Auch in den *kleinen Gemeinden des ländlichen Raums* war der Prozeß der Wende vom November 1989 bis zu den Wahlen im Mai 1990 von geringer Umbruchsintensität geprägt. Runde Tische oder ähnliche Prozeduren der Machtübergabe bzw. -neuverteilung waren in den meisten Fällen weder nötig noch möglich. Die kleingemeindeinstitutionelle „Konkursmasse" des alten Systems war ohnehin unbedeutend. Das örtliche politische Engagement im Umbruch blieb begrenzt. Zu einer Institutionalisierung der Wende in Form Runder Tische kam es meist nur in den größeren Ortschaften ab 1.500 Einwohnern. Das liegt nicht zuletzt an den sozialen Rahmenbedingungen politischen Handelns in den Kleingemeinden. Für das Leben in Dörfern und Kleinstädten der DDR waren die Gemeinschaft der Familie und die Ortsbindung bei geringen sozialen Unterschieden prägend. Zusätzlich hatten die LPGs eine wichtige gemeinschaftsbildende Funktion eingenommen. Bereits zu DDR-Zeiten entsprach die Sozialform, „die das sozialistische System anbot (...) in vielem der (...) Gemeinschaftsrealität der Dorfgesellschaft." (Hradil 1995: 9) Die politischen Akteure, auch im beginnenden Umbruch, waren sich bereits über Jahrzehnte persönlich bekannt. Entsprechend waren die zur Vorbereitung der ersten Kommunalwahlen gegründeten Bürgervereinigungen weniger politische „Erneuerungsbewegungen", sondern sollten vor allem die organisatorischen und rechtlichen Voraussetzungen für die Wahlen schaffen. Die bestehenden politischen Personennetze blieben über die Wende hinweg intakt.

Festzuhalten ist anbetracht der gezeigten Umbruchentwicklungen, wie wenig konflikthaft der Umbruch in den untersuchten Städten, Kreisen und Gemeinden von statten ging und wie groß die institutionelle, politische und personelle Kontintuität im einsetzenden Umbruch war. Nirgends konnten die neuen Kräfte einen eindeutigen „Machtwechsel" durchführen, vielmehr fanden sie sich in unterschiedlichen Konstellationen und Arrangements mit den alten Kräften und Institutionen wieder:

– Im Falle der Stadt Brandenburg konnte der Rat seine dominierende Stellung in Zusammenarbeit mit Blockparteien und neuen Kräften in der aufgewerteten Stadtverordnetenversammlung und am Runden Tisch beibehalten.

- Im Kreis Bitterfeld wurde die politische Vertretung besonders deutlich aufgewertet, was nicht zuletzt auf Betreiben der dort starken Blockparteien in Zusammenarbeit mit den neuen politischen Kräften geschah. Das Vertretungspräsidium wurde zum konsensualen Abstimmungs- und Entscheidungsgremium gegenüber dem geschäftsführend beibehaltenen alten Rat.
- In der zum Landkreis Bitterfeld gehörigen Stadt Bitterfeld wurde lediglich eine Kooptation von Vertretern der Blockparteien und neuen politischen Kräften in den Rat selbst vorgenommen, wodurch die neuen politischen Kräfte sehr eng in die bestehende Institution eingebunden wurden und die Entwicklung einer eigenständigen politischen Vertretung zunächst gebremst wurde.
- Im Kreis Brandenburg blieben die bisherigen personellen und institutionellen Konstellationen auf dem Hintergrund einer politischen Machtverschiebung im Rat hin zu den Blockparteien und einer konsensualen Zusammenarbeit mit den neuen Kräften im Kreistag weitgehend unverändert.
- Auf der Ebene der kleinen Gemeinden erfolgte schließlich oft gar kein eindeutiger Wechsel in den personellen und institutionellen Gewichtungen und Arrangements.

Mit den ersten freien *Kommunalwahlen im Mai 1990* kam es entweder zu einer politischen Ratifizierung oder zum Außer-Kraft-Setzen der seit dem Herbst 1989 entstandenen Konstellationen. Praktisch bedeutete das, den bisher eingeschlagenen Weg kontinuierlich weiterführen zu können oder erneut an einem kommunalpolitischen und institutionell-personellen Neuanfang zu stehen.

Der Vergleich der Wahlergebnisse in den von uns untersuchten Regionen ergab insbesondere im ländlichen Raum Brandenburg und im stärker katholisch bevölkerten Raum Bitterfeld eine dominierende Stellung der CDU in Kommunalparlamenten, bei Bürgermeistern und Landräten.[11] Die SPD erwies sich hingegen in der altindustriellen Stadt Brandenburg als dominant.

---

11 Nach dem Kommunalverfassungsgesetz vom Mai 1990 und den Gemeindeordnungen der Länder wurden bis 1994 Oberbürgermeister und Landräte von den Kommunalvertretungen und Kreistagen gewählt.

Mandatsverteilungen bei den ersten freien Kommunalwahlen im Mai 1990 in den untersuchten Kreisen und Städten

	Stadt Brandenburg	Stadt Bitterfeld	Stadt Wolfen[12]	Kreis Brandenburg	Kreis Bitterfeld
SPD	28	12	14	14	22
CDU	19	23	21	15	37
PDS	10	6	7	4	10
BFD-Die Liberalen und FDP	3	3	5	1	8
Neues Forum und Grüne Partei	6	2	2	4	6
Bürgerinitiative		2			1
DBD[13]				7	
Bauernverband				4	2
DSU	1	1			
VKSK[14]	1				
DFD und FDJ[15]	1	1		1	2
Summe	69	50	49	50	88

Besonders deutlich war die politisch-personelle Kontinuität in den ländlichstrukturschwachen Gemeinden und im Kreis Brandenburg, in etwas geringerem Maße jedoch auch im altindustriellen Kreis Bitterfeld und seinen Gemeinden Bitterfeld und Wolfen. In beiden Regionen repräsentierte vor allem die CDU diese Tendenz. Lediglich in der Stadt Brandenburg erhielt die SPD als neue Organisation mit neuem Personal eine bestimmende Stellung und bewirkte einen deutlichen Bruch mit der bisherigen Entwicklung seit Herbst 1989. Allerdings bedurfte es wegen der fehlenden absoluten Mehrheit in der Stadtverordnetenversammlung auch hier der Zusammenarbeit mit politischen Kräften (CDU), die in einer Kontinuitätslinie zur „Nationalen Front" standen.

Auf der Ebene der Kleingemeinden war bei den Wahlen im Mai 1990 eine Vielzahl politischer Vereinigungen und Parteien angetreten. Eine „Parteienlandschaft" entwickelte sich jedoch nur in den größeren Ortschaften, und auch nur hier bildeten sich in den Gemeinderäten Fraktionen. In den meisten der untersuchten Gemeinden wurden neue Bürgermeister gewählt. Der Anteil der 1990 gewählten „Alt-Bürgermeister" lag im Durchschnitt der untersuchten Regionen in den Kleingemeinden bei einem Viertel bis einem Drittel. Doch auch nach den Wahlen wurde die Kommunalpolitik der klei-

---

12 Der institutionell-personelle Umbruchpfad der zum Kreis Bitterfeld gehörenden Stadt Wolfen konnte nicht in gleicher Weise dokumentiert werden, wird aber in den folgenden Abschnitten als Umbruchpfad mittlerer Intensität weiterverfolgt.
13 Demokratische Bauernpartei Deutschlands.
14 Verband der Kleingärtner, Siedler und Kleintierzüchter.
15 Demokratischer Frauenbund Deutschlands und Freie Deutsche Jugend.

nen Gemeinden vor allem durch die soziale Verankerung ihrer Akteure und nach wie vor vorhandene Personennetze bestimmt. So sehr ein Großteil der örtlichen Bevölkerungen in diesen ersten freien Kommunalwahlen durch die überwiegende Auswahl von Kandidaten der Schwesterparteien der großen westdeutschen Volksparteien mit der alten DDR gebrochen hatte, so gering waren die tatsächlichen Brüche auf der strukturellen und personellen Ebene. CDU, Liberale, PDS und Bauernverband knüpften, auch wenn der eine oder andere „Quereinsteiger" nach der Wende hinzukam, an ihre Blockparteienvergangenheit in der „Nationalen Front" an. Notwendig bedeutete dies für die Kommunalvertretungen auch eine Persistenz von Selbstverständnissen, Parteien- und Personenkonstellationen, die bereits zu DDR-Zeiten und auch in den ersten Umbruchmonaten noch eine Rolle gespielt hatten. Das bei den Wahlen zur Verfügung stehende kommunalpolitische Personal konnte nur aus bereits entstandenen, umbruchpolitischen Handlungszusammenhängen rekrutiert werden.[16] Am grundlegendsten wurde das bisherige kommunalpolitische Umbrucharrangement durch die starke Stellung der SPD in der Stadt Brandenburg revidiert. In den anderen Fällen wurden die eingeschlagenen Umbruchpfade mit mehr oder weniger starken institutionellen und personellen Kontinuitäten aus der alten DDR weitergeführt. Zwischen weitgehendem Umbruch und weitgehender institutionell-personeller Kontinuität ergaben sich in den untersuchten Fällen folgende Konstellationen:

- einen neupersonell-neuparteiengeprägten Pfad hoher Umbruchintensität (Stadt Brandenburg),
- einen neupersonell-altparteiengeprägten Pfad mittlerer Umbruchintensität (Kreis Bitterfeld, auch Städte Bitterfeld und Wolfen) bei spürbarer Neuparteienmitwirkung,
- einen altpersonell-altparteiengeprägten Pfad niedriger Umbruchintensität. (Kreis Brandenburg).

Diese unterschiedlichen Umbruchpfade hatten direkte Auswirkungen auf den proportionalen Anteil des leitenden Verwaltungsneupersonals, das aus *neuen*[17] Parteien und Initiativen seit den Kommunalwahlen von 1990 in

---

16 Häufig blieben die in der ersten Wahlperiode freigewordenen Mandate unbesetzt. Im *Kreistag Bitterfeld* waren Ende September 1993 nur noch 85 von ursprünglich 90 Abgeordneten vertreten. Insbesondere in den Reihen der schwach strukturierten Parteien und Wählervereinigungen, beim Neuen Forum, beim Bauernverband e.V. und der Bürgerinitiative Bitterfeld konnten keine Nachfolgekandidaten gefunden werden. Aber selbst bei mitgliedsstarken und gut organisierten Parteien wie der CDU und der PDS konnten keine Nachfolgekandidaten gefunden werden.

17 Unter „alten Parteien" verstehen wir jene Parteien und politischen Vereinigungen, die bereits vor der Wende bestanden und im Verlaufe bzw. nach der Wende einen mehr oder

Leitungspositionen der Verwaltung wechselte. Während in der Stadt Brandenburg mit dem stärksten institutionell-personellen Umbruch etwa zwei Drittel des befragten[18] Leitungspersonals neu in die Verwaltung wechselte, hielten sich im Kreis Bitterfeld befragtes Alt- und Neupersonal infolge des institutionell-personellen Umbruchs mittlerer Intensität etwa die Waage. Im Kreis Brandenburg mit seiner institutionell-personellen Kontinuität blieb das befragte Altpersonal mit etwa 60% in der Mehrheit gegenüber nur etwa 40% neuem Personal in den wichtigsten Leitungspositionen.

Die gezeigten institutionellen Brüche und Kontinuitäten fanden einen sichtbaren Audruck auch in der Übernahme bzw. Nichtübernahme der Arbeitsergebnisse der vorherigen Umbruchphase durch die neugewählten politischen Vertreter. Die neuen Leitungspersonen, dies vor allem im Fall des institutionell-personellen Umbruchs großer Intensität in Brandenburg an der Havel, fanden keinen Bezug zum alten Leitungspersonal, formellen und informellen Handlungsroutinen der bisherigen Kommunalinstitutionen. An bisherige Vorschläge des alten Rates etwa zum Verwaltungsumbau knüpfte man nicht an. Der Verwaltungsumbau mußte vorn vorn und ohne Vorkenntnisse in Angriff genommen werden. Im Ergebnis konnten in den ersten Monaten nach den Mai-Wahlen des Jahres 1990 nur verzögert neue Verwaltungsstrukturen aufgebaut werden, was in der folgenden Zeit zu erheblichen ablauforganisatorischen Problemen führte. Im Kreis Bitterfeld wich man nach den Wahlen nur in einigen wenigen Punkten vom bereits in der ersten Umbruchphase entwickelten Strukturvorschlag ab.[19] Auch im Kreis Brandenburg wurde der Strukturvorschlag, der vor den Wahlen entwickelt worden war, im wesentlichen nach den Wahlen übernommen, was eine größere Kontinuität in den Verwaltungsabläufen sicherte.[20]

Diesen ersten Beobachtungen entnehmen wir, daß der Grad des institutionell-personellen Umbruchs und die Handlungsfähigkeit der neu entste-

---

minder ausgeprägten inneren Wandlungsprozeß vollzogen (CDU, LDPD, NDPD, DBD, SED-PDS u.a.). Unter „neuen Parteien" verstehen wir jene Parteien, die im Verlaufe bzw. nach der Wende neu entstanden, wie insbesondere die SDP (später SPD), das Neue Forum (später größtenteils in Bündnis90/Die Grünen eingegangen) und der Demokratische Aufbruch (später größtenteils in die CDU eingegangen).

18 Es handelt sich also nicht um eine Gesamterhebung des Leitungspersonals, befragt wurden lediglich Leitungspersonen in den administrativen und politischen Schlüsselpositionen.

19 Diese Abweichungen sind jedoch relativ marginal. Sie betreffen z.B. den Punkt, daß zunächst kein eigenständiges Dezernat Finanzen aufgebaut wurde (erst später aufgebaut); in Abweichung vom ersten Vorschlag wurde ein Dezernat Landwirtschaft/Veterinärwesen aufgebaut (später auf Anweisung der Landesbehörden der Landwirtschaftskammer zugeordnet).

20 Lediglich der Bereich Tourismus wurde nicht, wie vorgeschlagen, mit im Dezernat Bildung und Kultur untergebracht, sondern gemeinsam mit dem Dezernat Umweltschutz.

henden kommunalen Institutionen zumindest in den ersten Jahren umgekehrt proportional zueinander standen. Im Falle des besonders starken institutionell-personellen Umbruchs in der Stadt Brandenburg entstand ein Mangel an eingespielten institutionellen Orientierungen und Handlungsmustern unter den ganz überwiegend neupersonellen Leitungspersonen in Politik und Verwaltung. Verloren gingen auch bisherige Bezüge zwischen der Stadt und ihrem gesellschaftlichem und wirtschaftlichem Umfeld. Am Beispiel der Stadt „Waldleben" wurde eine aus einer solchen Konstellation resultierende lokalpolitische Konflikt- und Blockadesituation in aller Deutlichkeit beschrieben (vgl. Berking/Neckel 1992). Hier wie auch in der Stadt Brandenburg waren die neuen Selbstverwaltungsinstitutionen äußerst konfliktanfällig und anbetracht der häufigen Blockierung von Entscheidungsprozessen wenig leistungsfähig. Als zunächst handlungsfähiger erwiesen sich Umbruchpfade mittlerer und schwacher Intensität, d.h. die kooperativen Umbruchmodelle, in die auch ehemaliges Leitungspersonal und nicht zuletzt auch informelle Strukturen der alten Institutionen eingebunden wurden.

Im folgenden Kapitel beschäftigen wir uns eingehender mit den Bedingungen und Problemen kommunalpolitischen Aushandelns und Entscheidens in den untersuchten Gebietskörperschaften im Zeitraum 1990 bis 1994/5. Deutlich wird dabei ein direkter Zusammenhang zwischen institutionell-personeller Umbruchintensität und mehr oder weniger großen Problemen der Integration des institutionellen Zusammenhandelns im Bereich der Kommunalpolitik.

3. Kommunale Politik zwischen Konsens und Konflikt: zum Integrationsstand kommunaler Politik in den neuen Bundesländern

3.1 Integration und Desintegration „altinstitutioneller" Politikmuster

In allen untersuchten Körperschaften bildeten sich nach den Kommunalwahlen im Mai 1990 politische Mehrheiten, die eine kommunalpolitische Konzertierung der parteipolitischen Kräfte und sonstiger Vereinigungen (etwa des Bauernverbandes) bedeuteten. Insbesondere die wählerstärksten Parteien CDU und SPD standen zunächst nicht in Opposition zueinander. Das hatte verschiedene Ursachen. Zum einen war der Wille zur Überwindung des alten Systems und zum gemeinsamen Neuanfang in der kommunalen Politik stark ausgeprägt. Als Nachfolgepartei der SED wurde die PDS deshalb in allen untersuchten Fällen nicht in formelle Koalitionsabsprachen einbezogen. Zum anderen hatten die kommunalpolitischen Akteure ohnehin das Bedürfnis, die örtlichen Schlüsselentscheidungen möglichst im *Konsens* mit allen wichtigen politischen Gruppierungen zu erreichen. Es wäre verfehlt, dieses konsensuale Verhalten nur als Krisenphänomen zu deuten. Steht es doch in einer geschichtlichen Kontinuität zu altinstitutionellen Handlungsmustern, die in den Kommunen bereits zu DDR-Zeiten existierten. Im Vordergrund stand hier die informelle Abstimmung unter wenigen Schlüsselpersonen aus Partei (SED-Kreisleitungen), Verwaltung und Vertretungskommissionen bei geschlossenem äußerem Auftreten der Vertretungsorgane in der Öffentlichkeit (vgl. Kap.1). Dieses altinstitutionelle Handlungsmuster bestimmte auch nach den Wahlen im Mai 1990 zunächst das kommunalpolitische Geschehen in den untersuchten Gebietskörperschaften.[1] Alle von uns

---

1 Die folgenden Ausführungen zu Handlungsorientierungen und Handlungsmustern im institutionellen Rahmen der Kommunalpolitik spiegeln die Ergebnisse unserer Interviews mit 103 Leitungspersonen aus Kommunalpolitik und -verwaltung in den untersuchten Städten, Kreisen und Gemeinden wider. Zusätzlich wurden Expertengespräche und eine

befragten 103 Kommunalpolitiker und Verwalter unterstrichen die Bedeutung des guten „Zusammenspiels" zwischen Mehrheits- und Minderheitsfraktionen[2] in der Entscheidung wichtiger kommunalpolitischer Fragen. Das Leitbild örtlicher Politik war bei der Mehrheit der Befragten bewußt unpolitisch. Als wichtigstes Kriterium für die Ausübung der kommunalen Mandatstätigkeit galt die persönliche Überzeugung der befragten Politiker, gefolgt von einer Orientierung „am Ganzen", nämlich der örtlichen Bürgerschaft insgesamt, schließlich die Ausrichtung der Mandatsausübung an „rein sachlichen Erwägungen". Parteipolitisch-konkurrenzdemokratische Handlungskriterien, die eigene Wählerschaft und die eigene Partei spielten dagegen eine untergeordnete Rolle.[3] Im Vordergrund stand die persönlich enge Zusammenarbeit örtlicher Honoratioren und Schlüsselpersonen. Dieses Bild unterscheidet sich von Erkenntnissen aus den alten Bundesländern, wo ein „geteiltes Rollenverständnis" der Kommunalpolitiker zwischen Partei und eigener Wählerschaft ermittelt wurde (vgl. Holtmann 1993: 257f.; Engel 1990: 136ff.). Auch die unter Kapitel 2 beschriebenen Kooperationsformen in der ersten Umbruchphase seit Herbst 1989 standen in dieser Kontinuität interpersonaler, konsensueller Handlungsmuster. Im Zuge des institutionellen Wandels entstand notwendig eine Kluft zwischen der äußeren Übernahme des westdeutschen Verfassungs- und Parteiensystems und dem faktischen Handeln der ostdeutschen Kommunalpolitiker.

Nehmen wir das Beispiel[4] des *Kreistages Brandenburg* , wo das Raumordnungsprogramm des Kreises als eine der ersten Schlüsselentscheidungen nach den Kommunalwahlen ebenso *einstimmig* beschlossen wurde wie der Ausbau der gymnasialen Oberstufe in zwei Gemeinden. Eine Erklärung für dieses Phänomen boten die Hinweise der dort Befragten: Während Parteizugehörigkeiten und Fraktionsgrenzen für die Zusammenarbeit im Kreistag unbedeutend blieben, fungierten Fach- und und vor allem Querschnittsausschüsse als Vorbereitungsebene konsensorientierter Aushandlung und Entscheidung. Die Abstimmung erfolgte „sachlich", „quer zu den Fraktionen", meistens informell und im persönlichen Gespräch. Lediglich im zur Chefsache des Landrats gemachten Querschnittsbereich Regionalplanung und In-

---

umfangreiche Zeitungs- und Dokumentenanalyse zugrunde gelegt. Bei den qualitativ ermittelten Informationen konnten nicht alle Untersuchungsfälle gleichermaßen umfangreich erforscht werden, weil Zeitungen und sonstige Dokumente wie auch Expertengespräche nicht den gleichen Ertrag an Informationen erbrachten.

2 Vgl. Tabellenanhang, Tabelle 48.
3 Vgl. Tabellenanhang, Tabellen 29 und 30, hinzugenommen wurde hier auch qualitativ ermittelte Informationen.
4 Die folgenden Beispiele entstammen der qualitativen Auswertung in der Befragung offen gestellter Fragen wie auch aus Dokumenten- (Kreistagsprotokolle, Amtsblätter) und Zeitungsanalysen.

vestorenansiedlung arbeiteten Wirtschaftsförderungs- und Bauausschuß auch formell eng zusammen. Als lokal geachtete Persönlichkeit spielte der CDU-Landrat in diesem wenig formalisierten Politikmodell eine wichtige integrierende Rolle.

Auch in den *kleinen Gemeinden im Kreis Brandenburg wie auch im Kreis Bitterfeld* erfolgten Aushandlung und Entscheidung nach diesem Muster, nämlich nach „Sachthema", quer durch die Parteien bzw. gewählten Vereinigungen. Entscheidungen sollten im Konsens und orientiert an den Interessen der Gemeindebevölkerung getroffen werden. Als bestimmende Akteure galten örtliche Honoratioren, vor allem in Person der Gemeindebürgermeister und Vertretungsvorsitzenden. Gemeindliche Hauptausschüsse erhielten den Charakter von „Arbeitsparlamenten", wo Gemeinderatssitzungen, Beschlußvorlagen und Ausschreibungen in zentralen Punkten vorbereitet und „festgelegt" wurden. Parteipolitische Bindungen waren dabei bedeutungslos. Ohnehin war die Landschaft von Parteien, Wahlbewegungen und Verbänden hier nach den Wahlen 1990 recht zersplittert. Im seit 1992 entstehenden Gemeindeverbund der Brandenburgischen Ämter und der Sachsen-Anhaltinischen Verwaltungsgemeinschaften[5] übernahm der vorwiegend aus den Bürgermeistern der Mitgliedsgemeinden zusammengesetzte Amtsausschuß bzw. Ausschuß der Verwaltungsgemeinschaft die Funktion politischer Aushandlung und Vorentscheidung. Die Zusammenarbeit in exklusiven und vertrauten Zirkeln mit einer apolitisch konsensualen Grundorientierung erwies sich als kompatibel mit den aus der DDR weitergeführten Wertorientierungen und Handlungsmustern.

In der *Stadt Brandenburg* war der durch die Wahlen im Mai 1990 erfolgende institutionell-personelle Bruch gegenüber der voherigen Umbruchentwicklung 89/90 zwar am stärksten gewesen. Gleichwohl verfügte die SPD trotz ihres guten Wahlergebnisses in der alten Industriearbeiterstadt nicht über eine kommunalpolitische Mehrheit und ging wie in den anderen Untersuchungsfällen eine große Koalition ein. Gemeinsam mit CDU, Neuem Forum und Grüner Partei wählte sie ihren Oberbürgermeisterkandidaten.[6] Auch hier dominierte, zunächst ein sachpolitisch-konsensuales Politikmodell, standen die Ausschüsse, wie Finanz-, Haupt- und Vergabeausschuß, im Vordergrund. Parteipolitische Zugehörigkeiten spielten zunächst eine untergeordnete Rolle. Hilfreich war der Hinweis eines der Befragten, das Politikverständnis der Runden Tische sei auch in den Ausschüssen der Stadtverordnetenversammlung weiterverfolgt worden. Das SVV-Plenum zeichnete sich, kaum anders als in den anderen Gebietskörperschaften, durch eine

---

5 Zu Ämtern und Verwaltungsgemeinschaften vgl. Bernet 1993: 35 sowie Kapitel 4, 5.
6 Mandatsverteilungen auch für die folgenden Untersuchungsfälle im Zeitraum 1990-94, vgl. Kapitel 2.

geringe Ausprägung eigenständiger kommunalpolitischer Positionen aus. Diese Schwäche der kommunalpolitischen Vertretung läßt sich problemlos auch auf die anderen genannten Beispiele verallgemeinern.

In der *Kreisstadt Bitterfeld*, deren Umbruchpfad wegen des Gewichts der Altparteien seit 1989/90 von einer geringeren Umbruchintensität geprägt war als in der Stadt Brandenburg, entstand eine „große Koalition" zwischen CDU und SPD, *obwohl* die CDU (unter Einschluß von Liberalen und DSU[7]) auch allein über eine Mehrheit in der Gemeindevertretung verfügt hätte. Offensichtlich war das Interesse der ehemaligen Blockpartei größer, gemeinsame statt kontroverse Kommunalpolitik zu betreiben. Die Vertreter der SPD hatten zunächst keine Probleme, mit „auf der Regierungsbank" zu sitzen, obwohl eine Profilierung als Opposition ebenso möglich gewesen wäre.

Auch in der Stadt *Wolfen* (Kreis Bitterfeld) bildete sich nach den Kommunalwahlen eine „Große Koalition", bestehend aus CDU, SPD und FDP.

So waren in allen untersuchten Kreisen, Städten und Gemeinden in der altinstitutionellen Tradition stehende Muster kommunalpolitischer Zusammenarbeit in Form von „großen Koalitionen" entstanden.

Wir stellten uns die Frage, wie sich dieses Handlungsmuster mit den neuen institutionellen Rahmenbedingungen, zumal im krisenhaften Umbau- und Aufbauprozeß neuer Institutionen, vertrug. Offensichtlich hatte dieses Handlungsmuster negative Auswirkungen auf die kommunalpolitische Beteiligung nur minderheitlich vertretener Interessen. Personen, die mit ihrer Position eine politische Minderheit bildeten, hatten als „Nichtmitglieder" im exklusiven Zirkel der Schlüsselpersonen lediglich Zugriff auf *formale* Handlungkontexte und blieben in der Ausschußarbeit bestenfalls auf einen thematischen Einzelbereich begrenzt. Fragen und Entscheidungen von zentraler Bedeutung (etwa in Haushalts-, Personal- und Organisationsfragen) blieben ihnen dagegen verschlossen. Ausgeprägt war die Exklusivität dieser Form von Kommunalpolitik in kleinen Gemeinden. Allerdings klagten auch in den untersuchten Städten die Vertreter der Oppositionsparteien über die geringe Transparenz und Durchlässigkeit des kommunalpolitischen Entscheidungsprozesses der ersten Wahlperiode. Die tendenzielle Nichtbeteiligung von Minderheiten im altinstitutionellen Politikmodell stützt die Annahme, daß diese Form der Zusammenarbeit nur auf der Basis von gemeinsamen Orientierungen, letztlich einer gewissen Vertrautheit, wenigstens aber gegenseitiger Akzeptanz und Duldung der beteiligten Personen funktionierte. Notwendig fiel das jenen leichter, die schon über längere Zeiträume hinweg in der gleichen (Block-) Partei, im gleichen Gremium, im gleichen betrieblichen oder administrativen Kontext vor Ort tätig gewesen waren.

---

7 Vgl. Kapitel 2, Tabelle zu Wahlergebnissen vom Mai 1990.

Aber wie stetig und konfliktanfällig, d.h. letztlich, wie *integrationsfähig* waren diese Formen der Zusammenarbeit über den Zeitraum der ersten Wahlperiode in den untersuchten Gebietskörperschaften? Die Einschätzung einiger Befragter variierte von „zuviele persönliche Konflikte" bis hin zur Feststellung, es zögen jenseits von parteipolitischen Unterscheidungen „alle an einem Strang". Für die Stabilität altinstitutioneller Kooperationsformen in der Kommunalpolitik der ersten Wahlperiode war von großer Bedeutung, wie stark in der einzelnen Kommune der kommunalpolitische und damit auch institutionell-personelle Umbruch seit 1989/90 gewesen war. Besonders groß war das parteienübergreifende Streben nach sachlich interpersonaler Abstimmung im kommunalpolitischen Prozeß dort, wo, wie in den beiden Landkreisen und auch den kleinen Gemeinden, die vorherige Umbruchintensität geringer und die institutionell-personelle Kontinuität über die Wahlen hinweg größer gewesen war.[8] Während der ganzen ersten Wahlperiode gelang es hier, am altinstitutionellen Handlungsmuster festzuhalten. Zwar war es in den beiden untersuchten Landkreisen in dieser Zeit ebenfalls zu Konflikten zwischen den Koalitionären von CDU und SPD gekommen, jedoch ohne grundlegende Folgen für die Art und Weise der kommunalpolitischen Zusammenarbeit.[9] In den Städten hingegen verzeichneten die Befragten einen Trend zur Parteipolitisierung und zum Konflikt in der Vertretungsarbeit. In den Städten, wo auch auf der personellen Ebene keine dominierende altpersonelle Kontinuität mehr bestand, erwies sich das altinstitutionelle Politikmodell nicht als tragfähig genug, um die ganze erste Wahlperiode zu überdauern.

Im folgenden versuchen wir, die seit 1992 ausbrechenden politischen Konflikte und Desintegrationserscheinungen anhand einiger gut dokumentierter Beispiele eingehender zu behandeln. Ziel ist es, *Bedingungen kommunalpolitischer Integration und Ursachen kommunalpolitischer Desintegration* als wichtigstem Faktor für die *Handlungsfähigkeit* der Kommunalpolitik in den genannten Fällen zu ermitteln.

Im Jahr 1992 kam es in der *Stadt Brandenburg* wie auch in den Städten *Bitterfeld und Wolfen* zu einem Auseinanderbrechen der großen Koalitionen. Ausgangspunkt waren zumeist personalpolitische Querelen zwischen politischer Verwaltungsspitze (Mehrheitspartei) und einzelnen Dezernenten (Juniorkoalitionspartner) bzw. Konflikte zwischen politischer Verwaltungs-

---

8   Kontinuität äußerte sich etwa im relativen (Über-) Gewicht von Altparteien (insbesondere CDU) und im Verbleiben ehemaliger Ratsmitglieder in Leitungspositionen.
9   Die Antworten der Befragten auf Landkreis- und Gemeindeebene korrespondierten auch am Ende der ersten Wahlperiode mit dem skizzierten personal-konsensualen Handlungsmuster „altinstitutioneller" Art. Vgl. Tabellenanhang, Tabellen 48 und 49 sowie ähnliche Beobachtungen in einer Untersuchung mit 50 Interviews bei Osterland/Wahsner 1991: 330.

spitze und Schlüsselpersonen der Koalitionspartei in der Vertretung. Die gegenseitigen Vorwürfe erstreckten sich von Ineffizienz und Inkompetenz in der Erfüllung von Leitungsaufgaben bis hin zur Anschuldigung, gegen rechtliche Vorgaben verstoßen zu haben, wobei nicht selten der Vorwurf der persönlichen Vorteilsnahme laut wurde. Aus den Reihen der Vertretungsmitglieder vernahmen wir nicht selten die Klage, die Vertretungsarbeit finde in der Kommunalpolitik der Verwaltungsleitung keinen Platz. Deutlich wird, daß die exklusiven Personenzirkel in der Leitung von Politik und Verwaltung in der ersten Phase des kommunalinstitutionellen Um- und Aufbaus sowohl im *Spannungsfeld von rechtsstaatlicher Verwaltung und Effizienz* (Seibel 1993: 20) als auch im *Spannungsfeld von demokratischer Kontrolle und partikularistischen Einflußnahmen* agierten. Da es sich bei allen zu nennenden Beispielen um Konflikte in Schlüsselbereichen des institutionellen und sozioökonomischen Wandels handelt, ist dies zugleich ein Beleg für den alltäglichen Handlungs- und Erfolgsdruck, der in der ersten Wahlperiode auf dem kommunalen Leitungspersonal lastete.

In der *Stadt Brandenburg* entzündete sich der 1992 einsetzende kommunalpolitische Konflikt am Zerbrechen des Vertrauensverhältnisses zwischen Oberbürgermeister (SPD) und Baudezernent (CDU). Der Baudezernent hatte nach eigenen Äußerungen mit Durchsetzungsschwierigkeiten, nicht zuletzt in der eigenen Verwaltung zu kämpfen. Außerdem kritisierte er Eingriffe des Oberbürgermeisters in seinen Kompetenzbereich und eine seit Monaten mangelnde gegenseitige Abstimmung. Der OB habe einzelne Firmen in Grundstückssicherungen und Auftragsvergaben bevorzugt. Der Oberbürgermeister warf dem Baudezernenten seinerseits einen zu pedantischen Umgang mit Vorschriften des Baugesetzbuches und mangelnde Flexibilität gegenüber Investoren vor. Im hierzu eigens eingerichteten „Untersuchungsausschuß" der Stadtverordnetenversammlung wurde beiden Leitungspersonen eine mangelnde Beteiligung der 'parlamentarischen' Gremien vorgeworfen.[10] Ursache für das Zerwürfnis war ein zwischen den Leitungspersonen zunächst *unabhängig von den kommunalpolitischen Gremien ausgetragener Kompetenz- und Interpretationskonflikt hinsichtlich der administrativen Leitungsaufgabe*. Nach Aussage eines der Befragten hatten sich nach 1991 Defizite in der Umsetzung des Um- und Aufbaus der Stadt wie auch ihrer Verwaltung gehäuft. Neben der objektiv äußerst schwierigen Umbruchsituation in der Stadt reflektiert dies den Mangel an gegenseitigem Vertrauen und an fachlicher Qualifikation im Leitungspersonal. Ausgehend von der Verwaltungsspitze dehnte sich der Konflikt, in dem der Oberbürgermeister die Entlassung des Dezernenten forderte, auf die SVV und die dortigen Parteien, namentlich die CDU, aus. Während ein Teil

---

10 Märkische Allgemeine Zeitung, 30.10.1993.

der Partei loyal am Baudezernenten festhielt und die Koalition verließ, spaltete sich ein anderer Teil ab und gründete die Fraktion der Freien Wähler, die in der Koalition verbleiben wollte.[11] In der Folge wurde der bisherige SVV-Vorsteher, der von der CDU gestellt worden war, auf Antrag der SPD Fraktion unter dem Vorwurf des parteipolitisch einseitigen Mißbrauchs seiner Funktion abgewählt und durch einen Kandidaten aus den eigenen Reihen ersetzt. Über einen längeren Zeitraum gab es erhebliche Schwierigkeiten, das Baudezernat neu zu besetzen. Der genannte Baudezernent blieb für eine Übergangszeit im Amt, ohne seine Funktion weiter auszufüllen. Schließlich, nach verschiedenen Zwischenlösungen, wurde das Ressort auf andere Dezernate verteilt.[12] Nach Ausbrechen dieses personalisiert ausgetragenen Konflikts war man nicht in der Lage, schnell nach einer geeigneten personellen Alternative zu suchen. Dies ist zugleich ein Hinweis auf die knappe Personaldecke für kommunale Leitungspositionen in den ersten Umbruchjahren. Auch an anderen Beispielen kann die Fragilität des personalisierten Handlungsmusters in diesem von neuinstitutionellen Orientierungen und Handlungsmustern (vgl. Einleitung) geprägten Untersuchungsfall aufgezeigt werden. So wurde der aus den alten Bundesländern stammende Hauptdezernent, seines Zeichens Verwaltungsfachmann, vom Oberbürgermeister angegriffen, weil er den Personalabbau in der Stadtverwaltung nicht zügig genug, sondern sozialverträglich gestalten wollte und weil er sich anderer „Regularien" bedient habe als seine damit nicht einverstandenen Dezernentenkollegen. Die Konflikte zwischen der unter Leistungsdruck stehenden neupersonellen Stadtspitze (SPD) und einzelnen Dezernenten entluden sich vor allem entlang der Linie eines vom Oberbürgermeister favorisierten Effizienz- und Aktionismusdenkens, während die betreffenden Dezernenten ihre Kompetenzen möglichst eigenständig ausfüllen wollten. Die persönliche Diskreditierung des Anderen in der Öffentlichkeit spielte bei diesen Auseinandersetzungen eine wichtige Rolle, etwa der Vorwurf gegen den Baudezernenten, Akten unbefugt nach Hause mitgenommen zu haben[13], weshalb die Staatsanwaltschaft eingeschaltet wurde bzw. der öffentliche Vorwurf gegen den westdeutschen Hauptdezernenten, sich mehrere Gehaltsstufen zu hoch eingestuft zu haben, obwohl zum Zeitpunkt seiner Amtsübernahme noch gar keine rechtliche Grundlage für eine Gehaltseinstufung vorhanden gewesen

---

11 Märkische Allgemeine Zeitung, 16.4.1993. SPD (28 Sitze), Freie Wählergemeinschaft (7 Sitze) und Neues Forum/Grüne Partei (6 Sitze) stellten so mit 41 Sitzen noch eine deutliche Mehrheit. Zu den Minderheits- bzw. Oppositionsfraktionen gehörten die CDU, die FDP, die PDS und „Die Kleinen".
12 Vgl. Kapitel 5 zur Strukturentwicklung.
13 Was sich offenbar als begründet erwies, da dem ehemaligen Dezernenten Ende 1993 tatsächlich „Unterschlagung" und „Verwahrungsbruch" von Akten nachgewiesen werden konnten. Märkische Allgemeine Zeitung, 13.11.1993.

war.[14] Der Versuch des Oberbürgermeisters, den zugleich als Beigeordneten gewählten Hauptdezernenten in der SVV abwählen zu lassen, scheiterte allerdings.[15] Das personalisierte Austragen von Konflikten führte nicht zu Lösungen, sondern zu weiteren Problemen, Verstimmungen und Blockaden. Ohne Rücksicht auf politische, organisatorische oder menschliche Folgen betrieb die unter Leistungsdruck stehende, neupersonelle Stadtspitze[16] ihre personalisierte Verwaltungspolitik. Grundmotiv dieser Handlungsweise war zweifellos die Vorstellung, nur mit den „richtigen" Personen und unter Ausschluß von diesem Bild abweichender Personen erfolgreiche Stadtpolitik betreiben zu können bzw. für dieses oder jenes Problem schnell einen „Schuldigen" benennen zu können. Nicht nur hielt man sich all zu lange mit personalisierten Streitereien in der Verwaltungsspitze auf, was im Ergebnis eine längere Abwesenheit von Leitungspersonen von ihrer Aufgabe ohne Vertretung zur Folge hatte. Vielmehr bedeutete jede Dezernentenentlassung auch eine Umstrukturierung der Verwaltung.[17] Mehrfach kam es dadurch zur Zusammenlegung und Differenzierung der Vertretungsausschüsse.[18] Über längere Zeiträume waren Kommunalpolitik und -verwaltung am meisten mit ihren internen Problemen, nicht aber mit dem Aufbau funktionierender Institutionen zur Bewältigung der Umbruchprobleme der Stadt beschäftigt.

Gemeindevertretung und Parteien gewannen nach dem Umschlagen in diesen konflikthaft-desintegrierten Modus neuinstitutioneller Kommunalpolitik zweifelsohne politisch an Gewicht, was jedoch nicht heißen muß, daß sie im kommunalpolitischen Prozeß aktiv und konstruktiv handelten. Vielmehr gestaltete sich das Zusammenspiel der verschiedenen Kräfte in der Stadtverordnetenversammlung oftmals personalisiert. Ein Befragter beklagte, daß sich die Stadtverordneten in einer Überzeichnung ihrer Selbstverwaltungsaufgabe als „Parlamentarier" verstünden und es in der SVV manchmal dramatisch „wie in der Pariser Commune" zugehe. Häufig handelte es sich dabei nur um Konflikt- und Blockadesituationen, die von einzelnen Personen z.B. gegen einzelne Projekte der Verwaltung ausgelöst wurden. Dabei spielten eigene private, berufliche oder die Interessen von persönlichen Bekannten der SVV-Mitglieder eine wichtige Rolle. Verstärkt wurde diese Konflikthaftigkeit durch eine Obstruktionspolitik einzelner Vertreter der CDU,

---

14 Märkische Allgemeine Zeitung, 6. und 15. 5. 1993.
15 Märkische Allgemeine Zeitung, 22.5.1993.
16 Im September 1993 äußerte der Oberbürgermeister vor der Presse, mit einer vergleichbaren Aufgabe wie seit Mai 1990 noch nie konfrontiert gewesen zu sein. Jetzt (immerhin über drei Jahre nach den Wahlen) beginne er, in politischen Dimensionen zu denken, Märkische Allgemeine Zeitung, 10.9.93.
17 Vgl. Kapitel 5.
18 Solchermaßen etwa Finanzen und Liegenschaften, Wirtschaft und Vergabe, Umwelt, Recht, Ordnung sowie Schule, Kultur und Sport.

die mit dem Ende der gemeinsamen Koalition einsetzte. Selbst innerhalb der neuen Koalition gestaltete sich die politische Zusammenarbeit keineswegs spannungsfrei. Das Zerbrechen des altinstitutionellen, personal-konsensualen Politikmodells führte eben nicht automatisch zu einer formal mehr oder weniger geregelten Konfrontation von Mehrheit und Minderheit nach dem westdeutschen Muster eines „Parteienstaat(s) (...) auf kommunalem Boden" (Holtmann 1993: 258). Im neuinstitutionellen Handlungsmuster fehlte vielmehr ein Basiskonsens der demokratischen Parteien und ihrer Vertreter ebenso wie die Erfahrung in der Handhabung von formalen Regeln und Verfahren des politischen und administrativen Zusammenhandelns. So war und ist es für die Verwaltung dieser Stadt bis heute schwer, Beschlußvorlagen zur Entscheidung zu bringen. Der gesamte kommunalpolitische Entscheidungsprozeß leidet an Fragmentierung und großer Unberechenbarkeit. Weder die einzelnen Parteien und Fraktionen[19], noch die Arbeit in den Ausschüssen leisteten bisher die nötige Integration im politischen Geschäft, noch wiesen die Stadtverordneten eine fachliche Qualifikation für ein bestimmtes Politikfeld auf. Administrative Beschlußvorlagen wurden lang und breit debattiert, aber erst nach langem Hin und Her, wenn überhaupt, entschieden. Die Bereitschaft, Entscheidungsverantwortung konsequent zu übernehmen, sei es in Fraktionen, Ausschüssen oder im Plenum, war kaum vorhanden. Wer die persönliche und fachliche Qualifikation etwa zum Vorsitz eines Ausschusses mitbrachte, mußte letztlich alles alleine machen. Arbeitsteiligkeit gab es im kommunalpolitischen Geschäft dieser Stadt noch nicht. Nach Aussagen einiger Befragter wurde in die Arbeit der SVV oft nur ein „kleiner privater Intellekt" eingebracht. „Befähigte" Kommunalpolitiker -so einer der Befragten- gebe es so gut wie nicht, denn: „Hat keiner gelernt, weiß keiner wie's geht." Ungewiß war der Erfolg von Vorlagen, die vom Oberbürgermeister oder einzelnen SPD-Dezernenten eingebracht wurden selbst bei den Vertretern der eigenen Partei. Zur Beherrschung der nur schwach strukturierten und unqualifizierten Kommunalpolitik hätte es wohl eines paternalistischen Integrators in der Spitze der Stadt bedurft, d.h. einer altinstitutionellen Führungskompetenz, die beim neupersonellen Oberbürgermeister nicht vorhanden war. Der OB und seine Führungsmannschaft, einmal abgesehen von der anerkannten Sozialdezernentin, galten als konfus, führungsschwach und „dünnhäutig". Anstatt einer politischen Linie sei bisher nur ein „Schlingerkurs" gefahren worden, was anbetracht der desolaten Verhältnisse in der SVV nur zu verständlich, für die kontinuierliche Arbeit der Verwaltung aber eine schwere Belastung war. Das zu DDR-Zeiten übli-

---

19 In einem Expertengespräch wurde darauf hingewiesen, daß „die Partei in den Kommunen ein nicht angesehenes Instrument" der Politik darstelle, vgl. auch die Befragungsergebnisse zu Beginn des Kapitels.

che Modell der engen interpersonalen Abstimmungen konnte im skizzierten, neupersonell dominierten Fall nicht ausgleichend wirken. Wie mehrmals geäußert wurde, waren informelle Abstimmungsarrangements nach dem Muster „Dezernent A geht zu Fraktion B" nicht verläßlich, öffentlich gesprochenes Wort und interne Abstimmung stimmten nicht überein. Zweifellos war und ist dies regelmäßig Ursache für Konflikte unter dem politischen und administrativen Leitungspersonal.

Zu folgern ist, daß der Bruch mit einem auf einen engen Personenzirkel beschränkten konsensualen Handlungsmuster in diesem Falle lediglich Ausdruck einer grundlegenderen kommunalinstitutionellen Desintegration ist. Dies sowohl hinsichtlich des Fehlens von Arbeitsteilung in der Ablauforganisation als auch hinsichtlich des Fehlens geteilter Werteorientierungen, sei es in den Leitungspositionen der Verwaltung, sei es in der politischen Vertretung. Von besonderer Bedeutung ist im skizzierten Falle, daß der politische Umbruch mit den Wahlen 1990 groß und nur noch relativ wenige Vertreter des alten Institutionenmodells direkt in Verwaltung und Politik eingebunden waren. Der vielfach als eigensinnig und autoritär skizzierte SPD-Oberbürgermeister ohne vorherige Verwaltungs- oder Politikerfahrung war seiner Aufgabe weder fachlich gewachsen , noch besaß er die persönlichen Fähigkeiten und Bezüge zum Aufrechterhalten des altinstitutionellen Handlungsmusters in Politik und Verwaltung. Ähnliche Personen bestimmten offensichtlich das kommunalpolitische Geschäft in der Stadtverordnetenversammlung, die bis heute kein ernstzunehmender Schauplatz kommunalpolitischer Entscheidungen ist. Die Folge war ein Zustand maximaler Desintegration in Kommunalpolitik und -verwaltung, der zum allgemeinen, auch in der Presse[20] deutlich wahrgenommenen Stillstand in der weiteren Stadtentwicklung geführt hat.

Im Kontext desintegrierter und überpersonalisierter Stadtpolitik bewegte sich auch die Auseinandersetzung um ein im Jahr 1995 eingeleitetes Bürgerbegehren zur Abwahl des Oberbürgermeisters. Neben Vorwürfen, die den allgemeinen Entwicklungsstillstand und Fehler in der Verwaltung der Stadt betrafen, wurde unter den Begriffen „Willkürherrschaft", „Vetternwirtschaft" und „Korruption" vor allem die Person des Bürgermeisters seitens der Bürgerinitiative aus Teilen der Freien Wähler und des örtlichen Einzelhandels ins Visier genommen. Auch seitens des Oberbürgermeisters wurde das Bürgerbegehren vor allem als „Racheakt" einzelner Personen gegen seine Person aufgenommen.[21] Immerhin gelang es den Streitenden, sich bei einer öffentlichen Veranstaltung mit den sachlichen und fachlichen Vorwürfen

---

20 Die Zeit Nr. 27, 30. Juni 1995: Dossier, Tagesspiegel, 12. März 1995: 16.
21 In der Berliner Morgenpost war entsprechend von einer „Schlammschlacht" die Rede, 22.4.1995.

gegen die Stadtregierung auseinanderzusetzen, was als Indiz für eine Selbstdisziplinierung zumindest anbetracht der anwesenden Stadtbevölkerung zu werten ist. Gleichwohl bleibt das letztlich an der zu geringen Wahlbeteiligung gescheiterte Bürgerbegehren[22] Indiz für eine desintegrierte Kommunalpolitik, in der noch kein neuer institutioneller Wertekonsens entstanden war. Beispielsweise hatten die SVV-Fraktionen von CDU und PDS zunächst mit der polemischen Attacke gegen den OB sympathisiert und dies, obwohl sie durch die pauschalen Vorwürfe der Bürgerinitiative als Mitverantwortliche in der SVV z.T. selbst angegriffen worden waren. Nach dem Scheitern des Bürgerbegehrens verstummten diese Stimmen rasch. Die Vorwürfe seien schließlich von der Bürgerinitiative ausgegangen. Solange es opportun war, den ungeliebten OB geschwächt zu sehen, ritt man zumindest indirekt auf dieser Welle mit, aber eben nur solange, wie die Position des OB auch destabilisiert war. Eine offene kommunalpolitische Auseinandersetzung zu den Vorwürfen und städtischen Entwicklungsproblemen in der SVV wurde jedoch nicht verfolgt.[23] Deutlich wird damit noch einmal, auf welcher unsicheren politisch-institutionellen Basis die neupersonell und SPD-dominierte Stadtverwaltung in diesem Untersuchungsfall operieren mußte und muß.

Die beiden anderen Fälle auseinanderbrechender Koalitionen in von uns untersuchten Städten sind insofern anders gelagert als hier seit 1989/90 keine neupersonelle und Neuparteien-Dominanz in der Leitung von Politik und Verwaltung bestanden hatte. Die Vertreter der SPD als parteipolitischer Neugründung befanden sich gegenüber der CDU in der Rolle des Juniorkoalitionspartners. Das Amt des Bürgermeisters bekleideten Altpolitiker der ehemaligen Blockpartei. In beiden Fällen ist in diesem Sinne von einer – im Vergleich zur vorher für die *Stadt Brandenburg* beschriebenen Situation – größeren altinstitutionellen Kontinuität im Handeln in Politik und Verwaltung auszugehen. Die im Jahre 1992 aufbrechenden Konflikte können sehr deutlich entlang der Konfliktlinie „altinstitutionelle Handlungsmuster in der Politik versus demokratische Beteiligungsansprüche und Kritik an rechtsstaatlich bedenklichen Handlungen der Verwaltung durch die neupersonellen Vertreter der SPD" beobachtet werden.

In der *Kreisstadt Bitterfeld* kam es zum Bruch der Koalition von CDU und FDP mit der SPD, weil die erstgenannten Parteien mit der SPD-Fraktion keine gemeinsame Arbeitsgrundlage mehr sahen. Nach einem zunächst guten Funktionieren der Zusammenarbeit, so die Vertreter der CDU, sei seitens der SPD immer häufiger der Vorwurf aufgetaucht, daß in der Stadtverordne-

---

22 Berliner Morgenpost, 25.4.1995.
23 Mit dem Scheitern des Begehrens verlangte die PDS eine Rückkehr zum Politikmodell der Runden Tische, während die CDU im Ältestenrat der SVV eine Grundsatzdebatte führen wollte.

tenversammlung trotz der demokratischen Wende wieder nur 'die Arme gemeinschaftlich gehoben' würden. Außerdem habe die SPD Meinungsverschiedenheiten zwischen den Koalitionspartnern *öffentlich* ausgetragen (vgl. Protokolle der Stadtverordnetenversammlung Bitterfeld, 30.9.1992). Im altinstitutionellen Politikverständnis steht das „interne" Abstimmen politischer Positionen ganz im Vordergrund. Zum Bruch der Koalition kam es dabei weniger durch einen Parteien- als einen Personenkonflikt, nämlich die Verschlechterung des „Klimas" zwischen der CDU-Bürgermeisterin, die dieses Amt als dritte Stellvertreterin und Blockparteimitglied schon zu DDR-Zeiten innehatte, und dem Fraktionsvorsitzenden der SPD. Nach dem Ende der Koalition wurde der SPD-Dezernent der Schul- und Kulturverwaltung entlassen. Im Unterschied zur Stadt Brandenburg ging in diesem Fall die Aufkündigung der Koalition der Verdrängung eines der Dezernenten voraus. Daß der betreffende Dezernent bereits die Altersgrenze der Rente überschritten hatte, ist dabei lediglich als formale Begründung zu verstehen.[24] Tieferliegende Ursache war der aus den gesellschaftlichen Bruchlinien der Wendezeit resultierende institutionell-personelle Dissens unter den ehemaligen Koalitionären. Das zunächst geprobte, konsensuale Koalitionsverhalten konnte dies auf Dauer nicht verdecken. Dafür spricht auch der Kommentar der SPD zu diesem Schritt: Mit politisch Andersdenkenden setze man sich nicht auseinander – man schicke sie, entsprechend der unter der SED erlernten Praxis, in die Wüste.[25] In der Oppositionsrolle konnte die SPD am fortwirkenden, altinstitutionellen Politikmuster wenig ändern, brachte etwa in der SVV-Sitzung zum Haushaltsplanentwurf 1993 ihr Bedauern zum Ausdruck, daß so wenige Stadtverordnete zum Thema Haushaltsplanentwurf etwas zu sagen hätten. Wegen der hohen Kreditaufnahme stimmte sie dem nicht zu.[26] Während unserer Gespräche und auch rückblickend monierten die SPD-Vertreter immer wieder die restriktive Informationspolitik der Verwaltung wie etwa auch des Hauptausschusses gegenüber der Stadtverordnetenversammlung. Der Informationsgehalt von Beschlußvorlagen sei minimal gewesen.[27] Als Beispiel wurde etwa der Rathausanbau genannt. Er sei mit Hilfe von Krediten vorbei an der SVV geplant worden. Bis zu den zweiten freien Kommunalwahlen blieb die Opposition aus dem kommunalpolitischen Machtspiel ausgeschlossen, da sie durch den

---

24 Ansonsten hätte man auch eine andere Person der SPD einbeziehen können.
25 Mitteldeutsche Zeitung, 1.9.1992.
26 SVV-Protokolle vom 24.3. und 28.4.1993. Bei einer Schuldenlast von 64 Mio DM, Tendenz steigend, und einer jährlichen Zinslast von 4 Mio DM äußerte der SPD-Fraktionsvorsitzende: „Schlichtweg gesagt: die Stadt ist pleite", Mitteldeutsche Zeitung, 26.10.1993.
27 Mitteldeutsche Zeitung, 17.8.1994.

Koalitionsbruch ihren personenvermittelten Zugriff auf Verwaltungs- und Ausschußarbeit verloren hatte.

Auch in der Stadt *Wolfen* hatte die Koalition aus CDU, SPD und FDP bis 1992 zunächst ein geschlossen-konsensuales Verhalten in der Kommunalpolitik, etwa in der Form von einstimmigen Beschlüssen in Haushaltsverhandlungen, an den Tag gelegt. Mehrfach kam hier aus der Presse und selbst in Form von Leserbriefen der Vorwurf, die Öffentlichkeit werde nicht über wichtige Entwicklungen in Verwaltung und Stadtpolitik informiert. Der bereits vor der Wende in der CDU-Blockpartei aktive Bürgermeister äußerte dazu, Dinge, „die noch nicht so richtig reif sind"[28], lieber zunächst „intern" auszutragen. Im Frühjahr 1992 setzten Querelen zwischen SPD und CDU ein. Dabei warf der SPD-Fraktionsvorsitzende dem CDU-Bürgermeister mangelnde Führungsstärke, reaktive Politik, fehlende Geradlinigkeit, Eigenmächtigkeit in Personalentscheidungen und Nichtbeachtung juristischer Fragen in wichtigen Angelegenheiten vor. Der Bürgermeister klagte über die fehlende „Disziplin" des Koalitionspartners gegenüber einmal getroffenen Entscheidungen. Die Vorwürfe des SPD-Vertreters trafen einige Punkte des von uns herausgearbeiteten altinstitutionellen Handlungsmusters: Informalismus, unkoordiniertes „Durchwursteln" ohne klare strategische Zielsetzung und persönliche Eigenmächtigkeit. Dieser Eindruck wird dadurch bestärkt, daß der CDU-Bürgermeister dem SPD-Koalitionspartner vor allem mangelnde Disziplin, d.h. jene in der Kommunalpolitik der DDR nie fehlende Geschlossenheitsbereitschaft, vorwarf. Der Streit um Kompetenz und Führungsstil zwischen einigen wenigen Personen erfolgte hier im Spannungsfeld von altinstitutionellen und im neuen Selbstverwaltungsmodell erprobten neuinstitutionellen Orientierungen und Handlungsmustern, hier einer bewußten Ausrichtung des SPD-Personals an Demokratie und Rechtsstaat. Im hier skizzierten Fall waren die Vertreter des alten Handlungsmusters noch in der Mehrheit, so daß der an den demokratischen Motiven und Erfahrungen der Umbruchzeit orientierte Koalitionspartner vorzog, die Koalition zu verlassen. Wie groß die Bedeutung von einzelnen Schlüsselpersonen für kommunalpolitische Integration oder Desintegration der ersten Umbruchjahre war, kann daran abgelesen werden, daß der Vertreter der SPD den CDU-Vertretern in der Stadtverordnetenversammlung die Bereitschaft seiner Partei mitteilte, „unter einem anderen Bürgermeister Ihrer Partei, über eine Neuauflage der Koalition zu reden".[29] Aus den Reihen des kleineren Koalitionspartners (FDP) wurde kritisiert, beim genannten Konflikt „glatt übersehen" worden zu sein und bei beiden großen Parteien nie einen echten Ansprechpart-

---

28 Mitteldeutsche Zeitung, 31.8.1991.
29 Mitteldeutsche Zeitung, 16.5.1992.

ner gefunden zu haben.[30] Auch dies stützt die Annahme, daß die Bedeutung der Stadtverordnetenversammlung und der dort sonst vertretenen kleineren Parteien im exklusiven Personenpolitikmuster verschwindend gering war. Zwar führten CDU und FDP ihre Koalition nun weiter, jedoch nur für kurze Zeit, da es ab Sommer 1992 insgesamt zu einer Desintegration im kommunalpolitischen Zusammenhandeln kam, bei der die Parteien bzw. ihre Schlüsselpersonen sich feindlich gegenüberstanden und die Geschäfte der Stadt ins Stocken gerieten.[31] Dies bewog die FDP-Vertreter zu Beginn des Jahres 1993, ebenfalls aus der Koalition auszuscheren.

Der weitere Konfliktverlauf im Fall Wolfen kann hier nicht unterschlagen werden, liefert er doch ein prägnantes Bild von den Integrationsproblemen ostdeutscher Kommunalpolitik in der ersten Wahlperiode. Zwar war zwischen den Konfliktparteien nach dem Bruch der Koalition von 1992 vereinbart worden, keine voreiligen personellen Veränderungen in der Stadtverwaltung vorzunehmen. Im Februar 1993 wurde jedoch der Bildungs- und Sozialdezernent der SPD ohne Information der Presse zunächst beurlaubt und im März aus seiner Position entlassen.[32] Die Gründe des Bürgermeisters für diesen Schritt waren: eigenmächtiges Handeln durch unsachgemäßen Einsatz von Fördermitteln ohne vorherige Absprache mit ihm. Der Sozialdezernent verteidigte sich mit dem Hinweis, bei der Ausgabe der Fördermittel[33] unter Zeitdruck gestanden zu haben. Außerdem sei der Bürgermeister während einer außerordentlichen SVV-Sitzung über den Sachverhalt informiert worden.[34] Die Zunahme von Zeitungsberichten zum Konflikt wurde vom Bürgermeister nicht gern gesehen. Zu vielfältig seien „Interna" an die Öffentlichkeit gedrungen. Der Fall habe sich zu einem „Verwaltungsskandal" entwickelt. So sei das nicht gemeint gewesen.[35] Ausgangsmotiv des Bürgermeisters war zweifellos ein personal- und machtpolitisches Revirement in den kommunalen Institutionen. Konnte er nach dem Koalitionsbruch mit der SPD doch nicht mehr auf die frühere, verwaltungsinterne Konsens- und Vertrauensbasis rechnen. Um hier Abhilfe, d.h. eine Wiederherstellung des altinstitutionellen Handlungskontextes, zu erreichen, wurde auch der bisherige erste Beigeordnete der SPD aus seiner Position als Hauptamtsleiter ver-

---

30 Mitteldeutsche Zeitung, 19.5.1992.
31 Mitteldeutsche Zeitung, 28.1.1993.
32 Mitteldeutsche Zeitung, 3. und 12.2.1993.
33 Es handelte sich dabei um Fördermittel des Landes, die zur Sanierung eines der Stadt gehörenden Ärztehauses eingesetzt wurden.
34 Mitteldeutsche Zeitung, 24.9.1993.
35 Mitteldeutsche Zeitung, 4.3.1993.

drängt und durch eine dem Bürgermeister näher stehende Person ersetzt.[36] Daraus ist zu folgern, daß kommunalpolitische Kooperation im hier skizzierten Untersuchungsfall als Sache des Vertrauens und der Gegenseitigkeit in einem exklusiven *Personenzirkel* altinstitutioneller Prägung verstanden wurde. Nachdem der neuinstitutionell orientierte Koalitionspartner diese Basis kritisierte, erfolgte seine Desintegration. Seitens einer der betroffenen SPD-Leitungspersonen wurde dazu folgende Äußerung veröffentlicht:

„Ich bin zutiefst erschüttert, wie man mit dem Schicksal eines Menschen, mit Demokratie und Pressefreiheit Schindluder treiben kann. Dafür bin ich im Herbst 1989 nicht auf die Straße gegangen – und dafür habe ich nicht von 1961 bis 1963 in politischer Haft gelitten."[37]

Ganz offenkundig verlief der Konflikt entlang der personellen und institutionellen Bruchlinie, die in der Stadt mit dem Herbst 1989 eingetreten war. Zu bemerken ist dabei, daß auch der entlassene Sozialdezernent zu den Umbruchaktivisten der Wende im Herbst 1989 gehört hatte und Gründungsmitglied der SPD vor Ort gewesen war.

Die rechtlichen Mittel, derer sich der CDU-Bürgermeister bedient hatte, um an sein personalpolitisches Ziel zu gelangen, erwiesen sich als fragwürdig. Nachdem der Sozialdezernent gegen seine fristlose Kündigung beim Arbeitsgericht geklagt hatte, kamen Ungereimtheiten über das diesbezügliche Votum des Personalrats der Stadtverwaltung ans Licht. Schließlich lagen zwei einander widersprechende Voten des Personalrats vor. Jenes, das der Bürgermeister beim Arbeitsgericht vorlegte und die Zustimmung zur Entlassung enthielt und jenes, auf das sich der Sozialdezernent bezog, welches das Gegenteil besagte. Letzterer zeigte den Bürgermeister wegen Urkundenfälschung in Zusammenarbeit mit dem Rechtsamt der Stadt an.[38]

Zur weiteren Vertiefung des Konflikts hatte parallel zu den beschriebenen Entwicklungen die Auseinandersetzung über das dubiose Finanzgebaren der Mitte 1992 von der Stadt und einer westdeutschen Gesellschaft gegründeten Städtischen Gesellschaft (SG) beigetragen. Der Vorwurf der SPD-Opposition an den Bürgermeister und den zuständigen zweiten Beigeordneten (FDP) lautete, daß der Verantwortliche der SG eine hohe Summe für nicht geleistete Aufträge an die beteiligte westdeutsche Gesellschaft gezahlt hätte. Trotz der Kenntnis dieser Vorgänge hätten beide daraus keine Konsequenzen für die weitere Kontrolle der Gesellschaft gezogen.[39] Ende 1993 stellte

---

36 Der Bürgermeister vor der Presse: die Bürger hätten Vorbehalte u.a. gegen sie, da sie in ihren Augen 'vorbelastet' sei. Nach wie vor würden kompetente Mitarbeiter in der Kommune fehlen. Mitteldeutsche Zeitung, 31.8.1991.
37 Mitteldeutsche Zeitung 5.3.1993.
38 Bild, 23.12.1993.
39 Mitteldeutsche Zeitung, 11.12.1993.

die SPD in der SVV einen Antrag auf Abwahl des Bürgermeisters. Dabei wurden Vorwürfe, etwa der mangelnden Information der SVV, der mangelnden Aufsicht der SG durch den Bürgermeister und den fachlich zuständigen zweiten Beigeordneten, Mißstände in der Zusammenarbeit mit der Personalvertretung etc. genannt. Der Abwahlantrag scheiterte an den Stimmen der CDU, die geschlossen zu ihrem Bürgermeister stand, während alle anderen Fraktionen den Abwahlantrag unterstützt hatten. Innerhalb der CDU funktionierte das altinstitutionelle, auf Geschlossenheit im Entscheidungsverhalten gerichtete Handlungsmuster offensichtlich weiter. Lediglich der zweite Beigeordnete (FDP) legte darauf sein Amt nieder.[40] Mit dem Abwahlantrag hatte der Konflikt aber noch nicht seinen Gipfelpunkt erreicht. Wenige Tage vor der Behandlung des Abwahlantrages in der SVV hatte der Bürgermeister seine Unterschrift unter die zu verlängernden Arbeitsverträge zweier in der Verwaltung tätiger SPD-Stadtverordneter verweigert, was die SPD bewog, von einem vorsätzlichen Manipulationsversuch zu sprechen.[41] Zuvor hatte die CDU in der SVV eine *namentliche* Abstimmung zum Abwahlantrag gefordert.[42] Kurz darauf wurde der Bürgermeister durch den Regierungspräsidenten von seinen Amtsgeschäften beurlaubt.[43] Wegen der darauffolgenden Krankheit seines Stellvertreters folgerten die FDP-Abgeordneten nicht zu Unrecht: „Die Stadt ist jetzt praktisch unregierbar".[44] Dieser Zustand einer intern blockierten Stadtpolitik mit allen Folgen für die Handlungsfähigkeit der Verwaltung im schwierigen Umbruchprozeß hielt an bis zu den zweiten Kommunalwahlen in Sachsen-Anhalt im Juni 1994. Nach den Wahlen, in denen der Kandidat (und bisher erste Beigeordnete der SPD) zum Oberbürgermeister gewählt worden war, bildete sich eine gemeinsame Fraktion von SPD und Bündnis 90/ Grüne, die eine „bestimmte Nähe" zwischen Vertretern ihrer Parteien als Grund der engen Zusammenarbeit angaben.[45] Nach den negativen Erfahrungen der ersten vier Jahre Kooperation und Konflikt zwischen alten und neuen politischen Kräften kann darin der Versuch der neuen Parteien gesehen werden, auf einer gemeinsamen Werte- und entsprechend tragfähigeren Vertrauensgrundlage eine integriertere und leistungsfähigere Stadtpolitik zu betreiben. Bedenkt man, daß die CDU-Fraktion sogar noch während der Beurlaubung ihres Bürgermeisters dessen

---

40 Mitteldeutsche Zeitung, 17.12.1993.
41 Mitteldeutsche Zeitung, 22.1.1994.
42 Mitteldeutsche Zeitung, 1.2.1994.
43 Ein Antrag des Bürgermeisters beim Amtsgericht, seine Beurlaubung zu revidieren, wurde abgelehnt.
44 Mitteldeutsche Zeitung, 1.3.1994.
45 Mitteldeutsche Zeitung, 8.7.1994. Sitzverteilung nach den Wahlen: CDU 10, SPD 15, FDP 3, PDS 8, B'90/Grüne 3 Sitze und eine Einzelbewerberin.

erneute Kandidatur für das Bürgermeisteramt unterstützt hatte[46], ist die innere Logik dieser kommunalpolitischen Neugruppierung nachvollziehbar.

Aus diesen ausführlich beschriebenen Beispielen kann gefolgert werden, daß die politischen Institutionen kommunaler Selbstverwaltung hier in der ersten, zum Teil bis in die zweite Wahlperiode hinein noch mit erheblichen Organisations- und Integrationsproblemen beschäftigt waren. Parteien und Fraktionen spielten nur eine sekundierende Rolle, wichtiger waren personalisierte Konfliktkonstellationen im administrativen Leitungspersonal. Die Öffentlichkeit wurde über die Probleme in Verwaltung und Politik nur wenig informiert und eher als Austragungsort personalisierter Konflikte genutzt. Die vielfältigen Vorwürfe und Unklarheiten hinsichtlich Personalpolitik, Verwaltungshandeln, Programmumsetzung und Vergabewesen sind ein deutlicher Hinweis auf die Unsicherheit von altem und neuen Leitungspersonal in der Anwendung des neuen institutionellen Rahmens, vor allem mit der verbindlichen und anerkannten Regelung verwaltungsinterner und -externer Organisationsabläufe.

Angesichts der bisher unbekannten Herausforderung und Verantwortung, mit der die Protagonisten in Kommunalpolitik und -verwaltung im institutionellen und sozioökonomischen Umbruch konfrontiert waren, sind diese Probleme durchaus verständlich. Zugleich handelt es sich um Einfallstore sowohl für rechtlich bedenkliche Willkürakte und daraus gezogene partikularistische Vorteile als auch zur gegenseitigen Diffamierung in einer desintegrierten Kommunalpolitik. Beide gefährden den Aufbau rechtsstaatlicher und demokratischer Institutionen.

Dabei wurden anhand der skizzierten Fälle verschiedene institutionell-personelle Umbruchpfade sichtbar. In den beiden untersuchten Landkreisen und vielen der kleinen Gemeinden hat das altinstitutionelle, auf Konsens und wenige Schlüsselpersonen gestützte kommunalpolitische Handlungsmuster am ehesten die Phase der Wende und des darauf einsetzenden Institutionenwandels überstanden. Besonders gilt das für ländliche Gebiete, konnte jedoch auch im altindustriellen Landkreis Bitterfeld beobachtet werden. Hier konnten im großen Umfang aus den ehemaligen Kombinaten rekrutierte Neu-Politiker (sei es aus Blockparteien oder der SPD) infolge ihrer persönlichen Bekanntschaft und ihrer betrieblichen Vorerfahrung am alten Politikmodell festhalten. Von integrierten *demokratischen* Institutionen der Kommunalpolitik kann beim altinstitutionellen Politikmuster kaum die Rede sein. Handelt es sich doch um eine zwar im allgemeinen Umbruch zunächst stabilere Politikvariante, die aber zuwenig Raum läßt für die offene Auseinandersetzung, letztlich für eine wirksame öffentlich-demokratische Kontrolle kommunaler Selbstverwaltung.

---

46 Mitteldeutsche Zeitung, 12.3.1994.

In den untersuchten Städten hat der Desintegrationsprozeß des altinstitutionellen Handlungsmusters hingegen kaum zwei Jahre nach den ersten freien Wahlen mit dem Zerbrechen der großen Koalitionen eingesetzt. Je nach relativem Gewicht der alten und neuen politischen Kräfte ergaben sich in diesen Fällen unterschiedliche Desintegrationsvarianten. In den untersuchten sachsen-anhaltinischen Städten bestimmte in Folge der Stärke der ehemaligen Blockpartei CDU ein altinstitutionell orientierter Personenzirkel das stadtpolitische Geschehen. Entweder führten der demokratische Rückbindungsanspruch und die öffentliche Kritikbereitschaft der SPD-Vertreter automatisch zum Zerbrechen der Koalition, weil die altinstitutionellen Koalitionspartner darin einen Vertrauensbruch sahen. Oder die SPD zog sich von selbst aus der Koalition zurück, um ihre demokratischen Optionen (nicht zuletzt auch im Hinblick auf die nächsten Wahlen) zu sichern und ihren umbruchpolitischen Grundwerten treu zu bleiben. In der Folge stieg die kommunalpolitische Konfliktintensität beträchtlich, wobei vor allem die Personalpoltik der Verwaltung, nicht aber Vertretung und Öffentlichkeit als Ebenen der Konfliktaustragung fungierten. Die Logik der „rollenden Köpfe", des Ausstechens einer Funktionärsclique durch die andere war im realexistierenden Sozialismus gängiges Instrument zur Lösung von Konflikten gewesen. Als maßgebliche Drahtzieher profilierten sich dabei vor allem die Schlüsselpersonen des altinstitutionellen Politikmusters, in beiden Fällen CDU-Bürgermeister mit kommunalpolitischer Erfahrung bereits vor 1989. Basis ihrer Personalpolitik war das unterschütterliche Geschlossenheits- und Konsensverhalten ihrer respektiven Ratsfraktionen.

Im besonderen Falle der neupolitisch dominierten Stadt Brandenburg ergab sich der Koalitionsbruch zwischen SPD und CDU aus dem Leistungsdruck einer in Fragen von Kommunalpolitik und -verwaltung völlig unerfahrenen, neupersonellen Stadtspitze, der es nicht gelang, anerkannte Strukturen und Verfahren in den einzelnen Politikfeldern und in der Zusammenarbeit mit der SVV zu etablieren. Auch hier dominierte ein unterkomplexes, überpersonalisiertes Handlungsmuster, bedeutete Konfliktaustragung vor allem die Kraftprobe von Personen. Hinzu kam in diesem Fall die geringe politische Handlungssicherheit der Verwaltungsspitze, da selbst die Vertreter der eigenen Partei in der Kommunalvertretung mehr als Einzelpersonen, denn als Mehrheits- oder Parteivertreter in Erscheinung traten. An diesem unter den behandelten Fällen weitestgehenden institutionell-personellen Umbruch kann abgelesen werden, daß der Verlust des altinstitutionellen Geschlossenheits- und Kompromißverhaltens zu einem Umschlag in eine weitgehend desintegrierte Kommunalpolitik geführt hat. Weder organisatorisch, noch hinsichtlich politischer Grundwerte verfügten die involvierten Leitungspersonen über eine stabile neuinstitutionelle Handlungsbasis.

3.2 Politik – Verwaltung – soziopolitische Einbettung

Ergänzend zu den bisherigen Fallbeispielen wollen wir auf der Grundlage weiterer Daten[47] zum einen das *Verhältnis von Kommunalpolitik und -verwaltung* und zum anderen die *soziopolitische Einbettung kommunaler Politik* in den untersuchten Kommunen beschreiben.

Politik und Verwaltung

Bereits aus der skizzierten kommunalpolitischen Entwicklung der städtischen Untersuchungsfälle ging hervor, daß kommunale Politik im bisherigen kommunalinstitutionellen Wandel im starken Maße auf die Zusammenarbeit einiger weniger Leitungspersonen aus Politik und Verwaltung beschränkt war. Unserer Vorgabe, daß „höchstens zwei oder drei Personen die Entscheidungen der Kommune prägen", wurde während der Befragung seitens der Verwalter nicht widersprochen, seitens der Politiker sogar leicht zugestimmt.[48] Zugleich vertrat die Mehrheit der Befragten sehr deutlich, daß die Zusammenarbeit von Verwaltung und Vertretung „gut" sei. Nach den skizzierten, zum Teil recht harten Auseinandersetzungen innerhalb und zwischen dem administrativen und politischen Leitungspersonal in mehreren Untersuchungsfällen kann dies nur bedeuten, daß die Mehrheit der Vertretungsmitglieder am kommunalpolitischen Machtspiel bisher nur am Rande teilnahm und trotz der mangelhaften Information seitens der Verwaltung offenbar keinen Grund sah, die entstandene personenvermittelte Zusammenarbeit beider kommunaler Institutionen zu hinterfragen. Auch Alleingänge der Verwaltung wurden nicht moniert, obwohl dies in allen oben skizzierten – d.h., zumindest den städtischen – Konfliktpfaden deutlich zum Ausdruck kam. Daten, die lediglich in der Untersuchungsregion Brandenburg erhoben wurden, bestätigen diesen passiven „Anhängselcharakter" der Vertretungsinstitutionen. Bei der Gewichtung unterschiedlicher möglicher Denkanstöße für Initiativen der Verwaltung bzw. der Vertretung für ihre jeweilige Tätigkeit ermittelten wir, daß sich die Verwaltung überwiegend an sich selbst, bereits an zweiter Stelle aber an der Kommunalvertretung orientierte. Die Vertretungsmitglieder gewichteten hingegen am stärksten die Bürger, am zweitstärksten die eigene Vertretung und nur noch schwach zustimmend die Verwaltung als Impulsgeber für ihre Initiativen. Die Bindung der Kommu-

---

47 Vorwiegend Daten aus der quantitativen Erhebung mit 103 Leitungspersonen in Kommunalpolitik und -verwaltung.
48 Auch für die weiteren Nennungen vgl. Tabellenanhang, Tabelle 48.

nalpolitik in den Vertretungen gegenüber der Kommunalpolitik der Verwaltungsleitung erwies sich damit als schwach. Dabei hatten alle Befragten, also auch die Politiker, die Verwaltung als stärksten Einflußfaktor für die kommunale Entscheidungstätigkeit gewertet, gefolgt von der Bedeutung der politischen Verwaltungsspitze. Vertretung und Ausschüsse wurden erst an dritter Stelle als kommunalpolitische Einflußfaktoren genannt.[49] Die Dominanz der Kommunalverwaltung gegenüber der Kommunalpolitik spiegelt auch das begrenzte Zeit- und Energiebudget der ehrenamtlichen Kommunalpolitiker gegenüber den hauptamtlichen Kommunalverwaltern. Ohnehin besteht ein erhebliches Kompetenzgefälle zwischen Verwaltung und Politik. Haben die meisten Verwalter inzwischen über Anpassungslehrgänge (A1, A2) und das alltägliche „on the job training" eine Weiterqualifizierung erfahren, wurden entsprechende Kompetenzen beim politischen Personal der Kommunalvertretungen so gut wie nicht entwickelt. Die Informationsmuster von Verwaltern und Politikern unterschieden sich entsprechend deutlich und zwar insofern, daß die Kommunalverwalter für ihre Tätigkeit auf administrative und professionelle Publikationen und Fachseminare der Landesministerien, der kommunalen Spitzenverbände und von kommunalen Bildungsinstituten zurückgriffen, während sich die Kommunalpolitiker insbesondere über die Fachdienste ihrer Parteien und durch Gespräche mit den Bürgern informierten.[50] Durch die strikte Trennung von Amt und Mandat in den seit 1994 gültigen Gemeindeordnungen von Brandenburg und Sachsen-Anhalt wird die strukturelle und informationelle Schwäche der Kommunalpolitik vermutlich noch zementiert. Passive und inkompetente Kommunalpolitik in den Vertretungsinstitutionen, das zeigten die oben skizzierten Konfliktpfade, „funktionierte" lediglich im altinstitutionellen Politikmodell. Gingen die traditionellen Folgsamkeits- und Geschlossenheitsressourcen unter den Kommunalpolitikern jedoch verloren, wie am Beispiel der Stadt Brandenburg gezeigt, mündete früheres Konsensverhalten in eine desintegrierte Personenpolitik, die die Handlungsfähigkeit der Verwaltung ernsthaft beeinträchtigte. Die Verwaltung ist zur Sicherung ihrer Handlungsfähigkeit ganz erheblich von den entweder noch passiven oder inzwischen unberechenbar gewordenen Kommunal-„Parlamenten" abhängig.

Soziopolitische Einbettung

Eine Betrachtung der institutionellen Entwicklung der untersuchten Gebietskörperschaften konnte indessen nicht bei den kommunalpolitischen Institu-

---

49 Vgl. Tabellenanhang, Tabelle 42.
50 Vgl. Tabellenanhang, Tabelle 45.

tionen im „engeren" Sinne stehenbleiben. Die gesellschaftliche Einbettung von Kommunalverwaltung und -politik in ihr soziopolitisches Umfeld ist ein wesentlicher Faktor für die Funktionsweise der kommunalen Institutionen (vgl. Einleitung). Aus unseren Befragungsdaten ist zu folgern, daß sich die ostdeutschen Kommunen in ihrer bisherigen Arbeitsweise noch kaum auf die Zusammenarbeit örtlicher Interessenverbände, gemeinnütziger Leistungsträger und sonstiger Initiativen stützen konnten. Informationen, Anregungen und Denkanstöße kamen bisher überwiegend aus Kommunalvertretung und -verwaltung sowie aus einzelnen, persönlichen Bürgerkontakten. In den wichtigen kommunalen Entscheidungen spielten damit nur die offiziellen kommunalen Institutionen eine bestimmende Rolle, und auch hier handelte es sich, wie gezeigt, überwiegend um schwach strukturierte Personenbezüge vor allem administrativer und politischer Leitungspersonen.

Trotz dieser allgemeinen Tendenz konnten wir jedoch regionale und gebietskörperschaftliche Unterschiede ermitteln. Von altinstitutioneller Kontinuität geprägte Gebietskörperschaften verfügten generell über weniger soziopolitische Partner als die seit der Wende ohnehin stärker von Umbrüchen betroffenen städtischen Kommunen. In den Städten gab es zumindest erste Ansätze einer intermediären Struktur gesellschaftlicher Interessenvertretung[51] insbesondere im bauwirtschaftlichen Bereich und durch die Vertreter der Jugend- und Wohlfahrtsverbände. Das sonstige Spektrum blieb jedoch begrenzt. Nur vereinzelt traten Bürgerinitiativen und Bürgervereine, z.B. in umwelt- und verkehrspolitischen Fragen wie auch in Eingemeindungsfragen, in Erscheinung. In den Kleingemeinden artikulierten sich vor allem die Sport-, Kultur- und nicht zuletzt die Feuerwehrvereine. Insgesamt ergibt das Antwortverhalten der kommunalen Leitungspersonen jedoch einen ernüchternden Befund. Wenn gesellschaftliche Interessenartikulation erfolgte, dann meist nur auf der Grundlage partikularistischer, kurzatmiger „Betroffenheiten", sei es wegen einer Straßen-, einer Friedhofssatzung oder anderen (vorher unbekannten) kommunalen Belastungen, die bestimmte Bürger direkt trafen. Ansonsten war das Verhältnis von Kommune und örtlicher Bevölkerung durch ein allgemeines Desinteresse, wenn nicht gar potentielles Mißtrauen geprägt. Die Ursachen dieser defizitären Einbettung kommunaler Politik in den neuen Bundesländern liegen auf der Hand, war doch auch die Sozial- und Interessenstruktur der DDR-Gesellschaft kaum differenziert. Bis zum Einsetzen von Wende und gesellschaftlichem Umbruch war dieser Bereich von einem monolithischen Block von „Massenorganisationen" und betrieblichen Einrichtungen dominiert. Mit der Einführung eines Politikmodells, das auf verbandliche und sonstige soziale Interessenvertretung angewiesen ist, etwa durch die Übernahme der großen sozialpolitischen Lei-

---

51 Vgl. Tabellenanhang, Tabellen 41, 42, 45.

stungsgesetze (BSHG, KJHG, AFG), entstand notwendig eine Diskrepanz zu den soziopolitischen Bedingungen vor Ort. Auch die Verschränkung von Kommunalverwaltung und -politik bedarf dieses intermediären „Unterfutters". Andernfalls erlangen die Kommunalvertretungen keinen fachpolitischen Einfluß, erfolgt die Entwicklungstätigkeit der Stadtverwaltung auf politisch ungesicherten und inhaltlich kontingenten Entscheidungsgrundlagen. Eben dies waren die gezeigten Kernprobleme des bislang dominierenden überpersonalisierten Politikmusters alt- oder neuinstitutioneller Art.

Dabei dürfte eine Mehrheit der BürgerInnen vor Ort auch in Zukunft wenig an einem freien, gesellschaftlichen Engagement der skizzierten Art interessiert sein. Formale Organisations- oder Parteizugehörigkeit waren zu DDR-Zeiten eher als Zwang verstanden worden. Angesichts einer weitverbreiteten „Organisationsphobie" und der fehlenden Kompetenz zum Aufbau handlungsfähiger Verbandsstrukturen befindet sich deren Aufbau noch in einem Frühstadium. Wie oben bereits angedeutet, ist es ein besonderes Problem, den Partikularismus kurzlebiger, individueller Betroffenheiten zugunsten einer gemeinsamen und stetigen Aggregation von Interessen zu überwinden.[52]

Nahtlos fügt sich in dieses Bild auch das allgemein niedrige Interesse und die geringe Akzeptanz der örtlichen Bevölkerung gegenüber dem Prozeß der Kommunalpolitik. Nach Ansicht der meisten befragten Politiker und Verwalter in beiden Untersuchungsregionen konnten Interesse und Akzeptanz lediglich etwa beim einem Drittel der örtlichen Bevölkerung vorausgesetzt werden.[53] Was dominiere und seit dem Verebben der ersten Umbrucheuphorie wieder zugenommen habe, so viele der Befragten auch im persönlichen Gespräch, sei eine resignative „Meckerhaltung", eine wieder wachsende Kluft zwischen Bevölkerung und den Verantwortlichen in Verwaltung und Politik. Gewiß ist dies auch eine Antwort auf die öffentliche Intransparenz noch wenig formalisierter Selbstverwaltungsinstitutionen, steht selbst aber komplementär dazu.[54]

---

52 Deutlich wird dies etwa, wenn ein örtlicher Einzelhandelsverband nicht in der Lage ist, einheitliche Öffnungszeiten in der wichtigsten Geschäftsstraße einer der Untersuchungsstädte zu erarbeiten.
53 Vgl. Tabellenanhang, Tabellen 43 und 44.
54 Die Entkoppelung von örtlicher Gesellschaft und politischen Institutionen vor Ort wurde vom befragten Leitungspersonal übrigens mehrheitlich verneint. In den Städten war die Verneinung einer selbstverschuldeten Abkoppelung der kommunalen Vertretungsarbeit von den örtlichen Interessen etwas schwächer ausgeprägt. In den Kreisen und auf dem Land, d.h. den von größerer altinstitutioneller Kontinuität geprägten Gebietskörperschaften, wurde dem hingegen stark widersprochen. Offensichtlich glaubte man hier, auch ohne genaue Kenntnis zu wissen, was die Menschen in Kreis und Gemeinde erwarteten. Vgl. Tabellenanhang, Tabelle 48.

Wie schwer die Rückehr zu einer ernstzunehmenden, kommunalpolitischen Öffentlichkeit ist, zeigten auch die Äußerungen der Befragten zur lokalen Presse. Die Berichterstattung ziele mehr auf Skandalisierung als auf gute Recherche und fundierte Kritik ab. Häufig werde schlichtweg desinformiert, wodurch der Graben zur Bevölkerung eher noch tiefer werde. Der spekulative und stereotype Charakter der lokalen Presse ist ebenso wie die pauschale Ablehnung ihrer Berichterstattung Ausdruck des bisherigen Fehlens einer differenzierten, kommunalpolitischen Öffentlichkeit vor Ort.

Ausblick auf die zweite Wahlperiode

Mit der 2. *Wahlperiode* traten neue Kommunalgesetze in Kraft, die sowohl in Sachsen-Anhalt als auch im Land Brandenburg eine Direktwahl der Bürgermeister und Oberbürgermeister zur Folge hatten. In die nun verkleinerten Vertretungsinstitutionen trat etwa die Hälfte aller (Kreis-, Stadt-, Gemeinde-) Räte neu ein. Jene Parteien, die nach den Auseinandersetzungen und Blockaden der ersten Wahlperiode das kommunale Oberhaupt stellten (in allen folgenden Fällen die SPD), verfügten in keiner der untersuchten Vertretungen über eine Mehrheit. Die kommunalen Oberhäupter sind damit (außer einer etwas stabileren relativen SPD-Mehrheit im Großkreis Potsdam-Mittelmark, der aus der Fusionierung der Kreise Brandenburg, Belzig und Potsdam-Land hervorgegangen war) häufiger als dies in der ersten Wahlperiode der Fall war auf wechselnde Mehrheiten angewiesen. Folgende Mandatsverteilungen ergaben sich in den hier untersuchten Kommunen und Kreisen mit Beginn der zweiten Wahlperiode:

Mandatsverteilungen bei den zweiten Kommunalwahlen im Dezember 1993 (Land Brandenburg) bzw. Juni 1994 (Land Sachsen-Anhalt) in den untersuchten Kreisen und Städten

	Stadt Brandenburg	Stadt Bitterfeld	Stadt Wolfen	Kreis Potsdam-Mittelmark	Kreis Bitterfeld
SPD	13	12*	18*	22	15
CDU	7	11	10	12	16
PDS	9	5	8	10	7
FDP	4		3	5	4
Bündnis 90/ Die Grünen		*	*	4	4
Freie Wähler	9				2**
Bürgerbewegungen	4				
Bauernverband				3	
Summe	46	28	39	56	48

* In der Stadt Bitterfeld bildeten SPD und Bündnis90/Die Grünen eine gemeinsame Fraktion mit 12 Mitgliedern. Ähnlich bildeten in der Stadt Wolfen SPD und Bündnis 90/Die Grünen sowie ein Unabhängiger eine gemeinsame Fraktion mit 18 Mitgliedern.
** Wählerliste Sport

Auffällig ist vor allem das Erstarken der PDS. Sie verzeichnete in allen hier aufgeführten Gebietskörperschaften einen z.T. erheblichen Stimmen- und Mandatsgewinn und wurde zur drittstärksten kommunalpolitischen Partei. Nach der ersten Phase der Isolierung der PDS in Form von großen Koalitionen direkt nach den Wahlen von 1990 und der oben skizzierten Phase einer generellen Konfliktzunahme zwischen den großen Parteien, in der die PDS schon häufiger als informelle Stimmenbeschafferin fungierte, entstand dadurch eine neue Situation. Ohne erneute große Koalitionen konnte der verstärkte Einfluß der PDS auf die Kommunalpolitik kaum verhindert werden. Auf diesem Hintergrund gewann das generelle Scheitern eben jener großen Koalitionen altinstitutioneller und neuer politischer Kräfte in der ersten Wahlperiode – zumindest, was die erste Wahlperiode betraf – eine zusätzliche Dimension. Zugleich wurden durch die mit den zweiten freien Kommunalwahlen in Kraft tretenden neuen Gemeindeordnungen die institutionellen Rahmenbedingungen kommunalpolitischen Handelns und Entscheidens verändert. In Folge der politischen Stärkung der Oberbürgermeister liegt es nun bei ihnen, von Fall zu Fall die nötige politische Unterstützung für ihre Projekte suchen. Insbesondere in den Städten stehen sie vor der Aufgabe, die kommunalpolitisch benötigten Kräfte zu mobilisieren, um handlungs- und gestaltungsfähig sein zu können. Vergegenwärtigt man sich, mit welcher Unerbittlichkeit kommunalpolitische Gegner, insbesondere Schlüsselpersonen in den von mittlerer bis stärkerer Umbruchintensität geprägten Fällen,

Kommunale Politik zwischen Konsens und Konflikt

bis zum Ende der ersten Wahlperiode einander gegenüberstanden, ist dies alles andere als sicher. Die Direktwahl des Bürgermeisters in Verbindung mit uneindeutigen Mehrheitsverhältnissen erfordert das Entstehen einer neuen Vertrauens- und Wertebasis kommunalpolitischen Zusammenhandelns mit wechselseitig anerkannten Spielregeln und Strukturen. Frühere Partner und zwischenzeitliche Gegner müssen auf einer geteilten Grundlage von Werten und Qualifikationen wieder zueinander finden, überpersonalisierte Konfliktlagen auf ihren sachlichen Kern beschränkt werden. Die Alternative wäre nur eine weiterhin von Brüchen und Konflikten bestimmte Kommunalpolitik in einem überpersonalisierten Politikmodell, mit dem keine kontinuierliche Entwicklung der Kommunen geleistet werden kann. Da unsere Erhebung diesen Problembereich nicht mehr abdeckt, können hier nur vereinzelte Hinweise aus letzten Gesprächen im Untersuchungsfeld berücksichtigt werden. In der Stadt Brandenburg war bis Mitte 1995 keine Integration der Kommunalpolitik zur Sicherung der Handlungsfähigkeit der Verwaltung erreicht. In der Kreisstadt Bitterfeld, wo das Ringen zwischen altinstitutionellen und neuen politischen Kräften bei der Wahl des Bürgermeisters 1994 für die neuen Kräfte (SPD) entschieden wurde, haben sich die beiden Altparteien CDU und PDS darauf verlegt, ihre gemeinsame Mehrheit in der SVV für eine Blockadepolitik gegen alle wichtigen Entscheidungsvorlagen der neuen Verwaltung zu nutzen. Deutlich wird, daß die Entwicklung leistungsfähiger demokratischer Institutionen nach unseren Eindrücken auch in der zweiten Wahlperiode noch am Anfang steht.

4. Probleme und Handlungsabläufe kommunaler Selbstverwaltung

In den folgenden Abschnitten beschäftigen wir uns mit konkreten Handlungsmustern und dabei sichtbar werdenden Problemen kommunaler *Selbstverwaltung* in den untersuchten Gebietskörperschaften. Im ersten Abschnitt (4.1) tragen wir einige typische Elemente zur Beschreibung und Erklärung des internen Verwaltungshandelns in den untersuchten Gebietskörperschaften zusammen. Im zweiten Abschnitt (4.2) erfolgt eine Betrachtung der Probleme im Politikfeld der Wirtschaftsförderung einer der untersuchten Städte. Im dritten Abschnitt (4.3) wird die Entwicklung der kleingemeindlichen Selbstverwaltung seit 1990, insbesondere im Hinblick auf die später erfolgende Einbindung in Ämter und Verwaltungsgemeinschaften, beschrieben. Im Anschluß gehen wir auch auf die Problematik kleingemeindlicher Infrastrukturentwicklung in den untersuchten Gebietskörperschaften ein. Im vierten Abschnitt (4.4) schließlich machen wir einen Versuch, das vertikale Verhältnis von Kommunen und Landesebene, insbesondere für das Land Brandenburg, zu beschreiben und zu bewerten.

4.1 Leitungspersonal in der Kommunalverwaltung, Orientierungen und Handlungsmuster in der Verwaltungspraxis

Aufzuzeigen, welche Orientierungen und Handlungsmuster im Alltag der untersuchten Verwaltungen im besonderen Maße anzutreffen waren, ist Gegenstand des folgenden Abschnitts. Dazu wollen wir zunächst, spezifische Merkmale des altinstitutionellen, der DDR entstammenden Verwaltungshandelns ebenso herausarbeiten wie die den Verantwortlichen vor Ort am wichtigsten erscheinenden Merkmale des 1990 übernommenen, rechtsstaatlich-demokratischen Institutionenmodells. In den nachfolgenden Abschnitten beschäftigen wir uns außerdem mit Tätigkeitsmotiven, Rechtsverständnissen, binneninstitutionellen Handlungsorientierungen und der Problematik der Personalintegration, angesichts unterschiedlicher Personalgruppen in den untersuchten Verwaltungen.

Verwaltungshandeln zu DDR-Zeiten, so die befragten administrativen Leitungspersonen[1], zeichnete sich durch eine strikte Unterordnung unter fachliche Anweisung „von oben" aus. Das System der doppelten, politisch-administrativen „Unterstellung"[2], d.h. der prinzipiellen Subordination kommunaler und regionaler Verwaltungen unter übergeordnete staatliche, politische und parteiliche Instanzen, war wesentliches Charakteristikum des demokratischen Zentralismus. Trotzdem – das wurde schon im ersten Kapitel herausgearbeitet – wäre es verfehlt, aus dem formalen Organisationsschema des „demokratischen Zentralismus" bereits die tatsächliche Funktionsweise kommunaler Verwaltung und Politik in der ehemaligen DDR abzuleiten. Zwar gehörten fachlich oder politisch-ideologisch begründete Eingriffe „von oben" zur Standarderfahrung in der ostdeutschen Kommunalverwaltung. Vor Ort, innerhalb und zwischen den einzelnen Verwaltungen dominierte hingegen ein Handeln, das am „Kollektiv" orientiert war.

Das „Kollektiv" war neben der Familie die wohl bestimmendste Gemeinschaftsform der entdifferenzierten DDR-Gesellschaft. „Kollektive" und die damit verbundenen Lebenserfahrungen der Menschen in der DDR waren sehr unterschiedlich, so daß der Versuch zur Kennzeichnung deren allgemeiner Merkmale umstritten bleiben mag. Gleichwohl trägt der Versuch einer verwaltungssoziologischen Bestimmung wichtiger Merkmale des Kollektivs zur näheren Charakterisierung des z.T. noch vorhandenen altinstitutionellen Handlungsmusters in den Kommunalverwaltungen bei. Das Kollektiv war hinsichtlich der weltanschaulichen und sozialen (Ein-)Bindungskraft weit mehr als ein rationaler Zweckverband. Es war ein sozialer Handlungsraum zur Verwirklichung von „Arbeitskultur". In der Praxis, zumal der zu Ende gehenden DDR, wurde es immer häufiger auf seine zwischenmenschlich informelle Dimension reduziert, während ideologische oder wirtschaftliche Zwecke mehr und mehr in den Hintergrund traten (vgl. Belwe 1989). In formaler Hinsicht war es weniger entwickelt als ein Zweckverband, da es nicht über dessen ausdifferenzierte, einer eindeutigen Zweckbestimmung verpflichtete Organisationsstruktur verfügte (vgl. Weber 1992). Im Verwaltungskollektiv, so wie es die von uns befragten Personen verstanden, dominierte der „kollegiale Umgang mit dem Vorgesetzten", welcher insofern

---

1   Antworten des bereits vor 1990 in der Verwaltung tätigen Leitungspersonals, vgl. Tabellenanhang, Tabelle 39.
2   Vgl. Kapitel 1.

weniger als formale Autoritätsperson denn als solidarischer Mitgenosse galt. Gleichwohl war es Aufgabe des Vorgesetzten zu bestimmen und anzuweisen, wenn es die übergeordneten Instanzen nahelegten. Als Repräsentant übernahm der Leiter des Kollektivs zugleich eine gewisse Schutzfunktion. Folgebereitschaft gehörte trotz „Kollegialität" zu dem, was der Vorgesetzte fraglos von den Mitarbeitern erwarten konnte. Nicht selten hatte das „Kollektiv" auch die Funktion, „Denk- und Verhaltensabweichungen" einzelner Kollektivmitglieder von den „offiziellen" Normen zu korrigieren. So fungierte das Kollektiv zugleich als systemstabilisierende Vergemeinschaftungsform. Das solidarische Verhältnis der Kollektivmitglieder zueinander übernahm eine komplementäre Schutz- und Geborgenheitsfunktion. Hier gab es Abschirmung und gegenseitige Selbstvergewisserung gegenüber (ver-)störenden äußeren Einwirkungen aus Staat, Politik, jedoch auch aus der örtlichen Bevölkerung.[3] Auch in den Kontakten zu benachbarten oder entfernteren Verwaltungsabteilungen dominierte die im Kollektiv überragende Bedeutung personen- im Gegensatz etwa zu struktur- und regelvermittelten Interaktionen. Mit dem Zerbrechen des alten Systems konnte sich das Kollektiv als Vergemeinschaftungsform bestenfalls in Bruchstücken erhalten, blieb als prägender Sozialisationseinfluß aber sicher in den Orientierungen vieler Menschen im Osten Deutschlands erhalten.

Ein weiteres Merkmal des Verwaltungshandelns in der DDR bestand darin, im Einzelfall „unbürokratische" Regelungen zu finden. Wie schon in den verwaltungsinternen Handlungsmustern, standen persönlich zugeschnittene Problemlösungen für den „Einzelfall" im Vordergrund. Informalität und Personalität zeichneten die Art und Weise der administrativen Aufgabenerfüllung aus. Die DDR-Kommunalverwaltung entsprach in keiner Weise den Kriterien des modernen Staats: Rechtsförmigkeit, Professionalität und Unpersönlichkeit (vgl. Weber 1972). Neckel charakterisierte das in den Kommunen der DDR vorherrschende Handlungsmuster folgendermaßen:

„Wo persönliche Beziehungen sachliche Funktionsmängel substituierten und nur traditionale Formen des Austausches Planerfüllung und Leitungsaufträge garantierten, bildete sich eine Einstellung aus, der es zur Gewohnheit wurde, eher auf Informalität als auf Verträge, eher auf persönliche Verhältnisse als auf bürokratische Verfahren, eher auf Interessenausgleich denn auf Konflikt zu vertrauen." (Neckel 1992: 262f.)

Auf dem Hintergrund dieser Orientierungen und Handlungsroutinen ist es kaum vorstellbar, daß die seit langem in den Verwaltungen tätigen Mitarbeiter den seit 1990 stattfindenden Umbruch vom altinstitutionellen Orientierungs- und Handlungsmuster zum neuinstitutionellen Leitbild einer demo-

---

3   Man denke an den wachsenden Unmut der Menschen angesichts sich zunehmend verschlechternder Lebensverhältnisse wie auch die Zunahme von Erscheinungen gesellschaftlicher Anomie (Rechtsradikalismus, Jugendgewalt etc.) in der DDR der 80er Jahre.

kratisch kontrollierten und rechtsstaatlichen Verwaltung komplikationslos bewältigen konnten. Altinstitutionelle Orientierungen und Handlungsmuster dürften vor allem beim Verwaltungsaltpersonal i.S. einer „Hinterlassenschaft" zumindest in Teilen noch heute wirksam sein. Und auch in die neuinstitutionelle Ausrichtung des aus der volkseigenen Wirtschaft in die Verwaltung wechselnden Neupersonals fanden einzelne Elemente des Altinstitutionellen Eingang. Prägende Elemente des 1990 einsetzenden institutionellen Wandels wurden von vielen Befragten negativ beurteilt. Konkurrenzdenken und Arbeitsüberlastung wurden als besonders problematisch empfunden. An die Stelle des „Kollektivs" traten gegenseitiges Mißtrauen und individualisierte Existenzängste. Dies vor allem dort, wo auch der soziopolitische und institutionell-personelle Umbruch seit 1990 stärker gewesen war. Institutionelle Desintegration – das wurde bereits im vorhergehenden Kapitel zur Kommunalpolitik deutlich – war die direkte Folge. Im anderen, stärker kontinuitätsgeprägten Falle ländlicher Gemeinde- und Kreisverwaltungen konnten hingegen kollektive Zusammenhänge erhalten bleiben. Bedenkt man jedoch die weiteren Umstrukturierungen durch Kreisgebiets- und Gemeindeverwaltungsreformen, ist in der Mehrzahl der davon betroffenen Kommunen und Kreise von einem institutionellen Integrationsdefizit sowohl im Bereich organisatorischer Regelungen als auch hinsichtlich geteilter institutioneller Wertegrundlagen auszugehen.[4]

Mit dem Hinweis auf den seit 1990 gestiegenen „Arbeitswillen" nannten die Befragten jedoch auch positive Aspekte des institutionellen Umbruchs. Grundsätzlich erforderte das neue Verwaltungsmodell eine Formalisierung und Professionalisierung im Umgang mit Strukturen und Verfahren. Im einzelnen nannten die Befragten Aktenführung, Kooperation über den Dienstweg und Beachtung rechtlicher Vorgaben. Eine Rationalisierung erfuhr auch das Verhältnis zum Vorgesetzten, der direkter kritisierbar wurde und von seiner paternalistischen Rolle in eine dienst- und verwaltungsrechtlich fixierte Führungsaufgabe wechselte.[5] Neben der Rationalisierung von Über- und Unterordnungsverhältnissen gewann auch die soziale Außenorientierung des Verwaltungshandelns seit 1990 an Bedeutung.[6]

An die Stelle des innengerichteten Verwaltungskollektivs trat seit 1990 die rechtliche Fomalisierung und Demokratisierung des Verwaltungshandelns. Zugleich – das dürfte für alle fundamentalen Neuorientierungsprozes-

---

4   Wir kommen auf diese Integrationsproblematik unterschiedlicher Personalgruppen weiter unten noch einmal zu sprechen.
5   Da es sich hier vorwiegend um das Selbstbild von Leitungspersonen handelt, muß dies nicht heißen, daß eine Rationalisierung in der praktischen Wahrnehmung dieser Aufgabe bereits eingetreten ist, allerdings, daß sie zum Leitbild des neuen Verwaltungshandelns geworden ist.
6   Vgl. Tabellenanhang, Tabelle 38.

Probleme und Handlungsabläufe ...   81

se institutioneller Art typisch sein – blieb allerorts noch eine *Gemengelage* von altinstitutionellen Orientierungen und Praktiken und einer neuinstitutionellen Ausrichtung am demokratischen und rechtsstaatlichen Verwaltungsmodell wirksam. Verwaltungspraxis und exogen vorgegebenes Verwaltungsmodell weichen deshalb notwendig voneinander ab. Zwar hatten alle untersuchten Städte und Kreise seit 1991/92 formell Geschäftsverteilungs- bzw. Aufgabenverteilungspläne. In der Realität spielten diese Pläne jedoch kaum eine Rolle. Am Ende der ersten Wahlperiode wurde vielfach an der Neuauflage dieser Pläne gearbeitet.

Noch bei unserer Nachrecherche im Jahre 1995 konstatierten in ostdeutschen Kommunen beschäftigte Westdeutsche bei ihren Sachbearbeitern trotz Fortbildungsmaßnahmen (A1) weiterhin erhebliche Qualifikationsmängel verwaltungstechnischer Art. Vermißt wurde insbesondere die aktenmäßig strukturierte Bearbeitung eines Vorgangs auf ein bestimmtes Ergebnis hin:

„Hier wurden Akten scheinbar nicht wie bei uns aktenmäßig bearbeitet. Ich weiß nicht, ob das Willkür war, jedenfalls nicht nach festen Regeln. Bescheide müssen bei uns eine bestimmte Form aufweisen nach dem Verwaltungsverfahrensgesetz, und das lernen die Inspektoren im Westen, und das gibt´s hier nicht."[7]

In den folgenden Abschnitten gehen wir detaillierter auf diese Problematik ein. Bereits die folgende Übersicht zu den bestimmenden Motivationselementen der befragten Verwalter gibt einen Hinweis darauf, daß es erhebliche Diskrepanzen zwischen importiertem Institutionenrahmen und endogen vorfindlichen Orientierungen und Handlungsmustern gleich welcher Prägung gibt.

Motivationselemente

Die Motivation zur Tätigkeit in der Verwaltung bewegte sich bei der Mehrheit der von uns befragten ostdeutschen Verwalter[8] im Spannungsfeld von kreativer Neugestaltung der örtlichen Lebensbedingungen und Handlungsrestriktionen, rechtlicher, organisatorischer, sozialer und finanzieller Art. Dabei ist es nicht nötig, zwischen ostdeutschem Verwaltungsalt- oder Neupersonal zu unterscheiden. Motivierende Grunderfahrung beider Gruppen war die Befreiung vom demokratischen Zentralismus. Endlich verfügte man über garantierte Handlungsspielräume, um eigenständige Entwicklungsvorstellungen in die Tat umzusetzen. Die neuen rechtlichen und politischen Rahmenbedingungen legten dem kommunalen Gestaltungsdrang spätestens seit 1992 wieder institutionelle Fesseln an. Die neu entstehenden Kommu-

---
7 Amtsleiter AROV, kreisfreie Stadt, Sachsen Anhalt.
8 Diese Aussagen stützen sich auf unsere qualitative Begleitforschung.

nalinstitutionen wurden dabei formal weit konsequenter und systematischer als je zuvor in ein administratives und finanzielles Regime eingebunden. Nimmt man die Motivationsstrukturen der wenigen im Untersuchungsfeld angetroffenen westdeutschen Verwalter gleichsam als Kontrastfolie, zeigt sich auch hier eine *generalistische* Tätigkeitsmotivation gegenüber der Pionier-, und Aufbruchsituation in den neuen Bundesländern. Als demotivierend empfand die Gruppe der Westverwalter jedoch im Gegensatz zu den meisten ihrer ostdeutschen Kollegen nicht die Konfrontation mit rechtsstaatlichen Verfahrens- und Strukturprinzipien, sondern die Inkompetenz und Unprofessionalität ehrenamtlicher Kommunalpolitik, wie wir sie im vorgehenden Kapitel beschrieben haben.

In der Gruppe des *Altpersonals* auf der schon zu DDR-Zeiten politisch und funktional wichtigen Kreisebene[9] kam zum Bild einer unkonventionellen Gestaltungsmotivation die Leitvorstellung „sozialer Kompetenz" i.S. sozialer Verantwortung gegenüber den Vertretern und Bewohnern der Kleingemeinden hinzu. Dies, so die alten Kreisverwalter, habe herzlich wenig mit der Routineverwaltung eines westdeutschen Landkreises gemeinsam. Offensichtlich handelt es sich um Überreste jener paternalistischen Fürsorgehaltung der Kreisverwalter gegenüber den „eigenen" Gemeinden, die zu DDR-Zeiten gang und gäbe war. Zusätzlich konzentrierte sich die Unzufriedenheit im Altpersonal vor allem auf die rechtsstaatlichen und verfahrensförmigen Grundlagen im neuen Institutionenmodell. Mehrfach wurde die Innenbereichssatzung im Baugesetzbuch angesprochen. Wir sehen darin vor allem eine gewisse Hilflosigkeit gegenüber unbestimmten, d.h. eben nicht eindeutig und *direktiv* formulierten Rechtsbegriffen. Unverständnis wurde auch gegenüber baurechtlichen Genehmigungsverfahren geäußert, die dem Kreis einen erheblichen Koordinationsaufwand gegenüber den nun mit eigenen Hoheitsrechten ausgestatteten Gemeinden bescherten. Seitens der Gemeinden wurde der Verlust von DDR-Regelungen im Bereich kleingemeindlicher Bauvorhaben beklagt, nach denen die Gemeinden bei kleineren Vorhaben (bis 50.000 Mark) eine eigenständige Genehmigungskompetenz besaßen. Darüberhinaus, so einige Befragte, hätten auch die Gemeinden kaum Verständnis für die Vorschriften zur Bebauung im Innenbereich. Sinnvoll greifende Problemlösung und rechtsstaatlich gebundene Verfahrensweise erschienen den altinstitutionell geprägten Akteuren auf Gemeinde- wie Kreisebene als miteinander unvereinbar.

Doch auch beim administrativen *Neupersonal* dominierte die Motivation zur unkonventionellen Gestaltung und galten „bürokratische Hemmnisse", gerechtfertigte oder ungerechtfertigte Strukturen, Regeln und Verfahrensab-

---

9 Besonders deutlich wurde dies am Beispiel des seit Anfang 1994 im neuen Großkreis Potsdam-Mittelmark aufgegangenen Landkreises Brandenburg.

läufe als besonders demotivierend. Gleichwohl ergibt sich aus den einzelnen Aussagen ein differenzierteres Bild. Die Gruppe der befragten Neuverwalter war in sich ohnehin weniger homogen als die der Altverwalter. Wenigstens vereinzelt trafen wir auf Personen, die Kritik weniger an den handlungsformalisierenden Aspekten der Verwaltungstätigkeit als an bestehenden formalen Qualifikationsdefiziten und einer gewissen Unselbständigkeit der Sachbearbeiter wie auch dem generellen Unverständnis der örtlichen Bevölkerung für die Arbeitsweise rechtsstaatlicher Bau- und Liegenschaftsverwaltung übten. Demgegenüber bejahen diese Vertreter des Neupersonals den rechtsformalen Handlungsrahmen, weil er ihnen Handlungssicherheit gegenüber partikularen Einzelansprüchen der Bürger und die eindeutigere Zurechnung administrativer Verantwortung ermögliche. Zumindest in seinen Orientierungen erwies sich das Neupersonal damit dem institutionellen Umbruch gegenüber aufgeschlossener. Wir gehen davon aus, daß die Neuverwalter als „Gründungsmitglieder" der neuen Kommunalinstitutionen zu verstehen sind (vgl. Einleitung). Ihre neuinstitutionellen Orientierungen und darauf aufbauende Handlungsmuster beinhalten nach unserer Beobachtung sowohl Elemente altinstitutionellen Handelns als auch eine bewußte Neuausrichtung am neuen Institutionenmodell und seinem rechtsstaatlichen Handlungsrepertoire. Letzteres gilt in besonderem Maße für Personen, die aus dem isolierten Milieu örtlicher Dissidenz und Bürgerbewegtheit ab 1989/90 in die Verwaltung gingen. Überreste des altinstitutionellen Handlungsmusters waren hingegen stärker bei jenen Neuverwaltern anzutreffen, die bis zur Wende in der örtlichen Wirtschaft und damit im informellen, kommunalen Beziehungsgeflecht (vgl. Kapitel 1) tätig gewesen waren.

In den folgenden Abschnitten versuchen wir, an weiteren Kernaspekten des kommunalinstitutionellen Wandels aufzuzeigen, welche Spannungen zwischen endogenen Orientierungen und Handlungsmustern und neuem Institutionenmodell in den untersuchten Städten, Kreisen und Gemeinden besonders sichtbar wurden.

Rechtsverständnis und Umgang mit neuem Recht

Entscheidendes Element administrativer Struktur- und Verfahrensformalisierung im institutionellen Umbruch war – das zeigten schon die vorgehenden Ausführungen – das Gebot der Rechtsstaatlichkeit, das seit 1990 in alle Teilbereiche und -funktionen der Verwaltung Eingang fand. Wenn man für die Verwaltungsakte in der DDR feststellen konnte, daß sie oft von „Gutdünken"[10], d.h. situativ-personalen Entscheidungskriterien bestimmt wurden,

---
10 Vgl. Bernet/Lecheler (1991: 70), die von Entscheidungen nach „Gutdünken" sprechen.

so gehörte nach der Wende und insbesondere seit der Herstellung der deutschen Einheit das Handeln nach klaren rechtsstaatlichen Normen und Verfahren zu den grundsätzlichsten Herausforderungen der ostdeutschen Kommunalverwaltungen. Zugleich bedarf die souveräne Handhabung von rechtsstaatlichen Normen und Verfahren der Routine, d.h. der langjährigen Einübung einer Denkweise und eines Rechtsverständnisses, welches nicht durch „juristische Nachrüstung" in einigen Weiterbildungsveranstaltungen erreicht werden kann (vgl. Derlien 1992: 195).

Wir fragten folglich nach der Akzeptanz und Praktikabilität der westdeutschen Gesetze und Verordnungen.[11] Zwar betrachteten alle Befragten aus der Verwaltung das neue Rechssystem als handhabbar und verzeichneten in ihrer Arbeit einen Gewinn an Rechtssicherheit. Ein ambivalentes Bild ergibt sich jedoch daraus, daß ähnlich intensiv auch eine Inkompatibilität zwischen westdeutschen Rechtsregeln und realer Situation in den ostdeutschen Kommunen konstatiert wurde. Ob diese Ambivalenz eine stärker objektiv materielle oder doch stärker subjektiv mentale Ursache hat, kann daraus nicht abgeleitet werden. Immerhin lehnte die Mehrzahl der Verwalter eine Beibehaltung von Gesetzen aus der ehemaligen DDR ab. Sehr deutlich klagten die Befragten auch über die Vermischung von DDR- und bundesdeutschem Recht etwa im Einigungs- und Eigentumsrecht, da auf dieser Grundlage kein ernsthaftes Arbeiten möglich sei. Diese Hinweise sind Indikatoren für eine Gewöhnung und Anpassung des Verwaltungspersonals an systematisches rechtsstaatliches Handeln am Ende des Transformationsabschnitts 1990-94. Dafür spricht auch, daß früher sichtbare Unterschiede im Rechtsverständnis von Alt- und Neupersonal zu diesem Zeitpunkt bereits verschwimmen. So konnte in den KSPW-Kurzstudien im Jahre 1992 noch eine generell größere Distanz und Ablehnung des Altpersonals gegenüber den neuen Rechtsregeln nachgewiesen werden. Das Neupersonal profilierte sich hier, wie das auch in unserer Untersuchung tendenziell noch immer durchscheint, eindeutiger als bejahender Träger des institutionellen und so auch des rechtlichen Transformationsprozesses (vgl. Wollmann/Berg 1994: 262). Nach der hier behandelten Erhebung hat sich dieser Trend in der Bewertung des Rechts geradezu umgekehrt.[12] Möglicherweise hat sich das Altpersonal gerade wegen seiner Verwaltungserfahrungen pragmatischer in das neue Recht eingearbeitet, während das Neupersonal nach einer Phase allzu buchstabentreuer Rechtshandhabung inzwischen stärkere Zweifel an

---

11 Vgl. Tabellenanhang, Tabellen 36, 37.
12 Auf Grund der geringen Fallzahl können diese Daten allerdings nicht als repräsentativ bezeichnet werden, während die vorgenannten Daten zumindest in mehreren Erhebungen nachgewiesen werden konnten.

der Handhabbarkeit und Leistungsfähigkeit des neuen Rechts entwickelt hat. Diese Vermutungen sind allerdings mit Vorsicht zu behandeln. Ohnehin geben diese Orientierungsdaten keine Auskunft darüber, *wie tatsächlich* mit dem neuen Recht umgegangen wird. So versuchten wir durch die Hinzunahme von Problemschilderungen der Befragten näher an reale Problemsichten und Handlungen heranzukommen. Viele der von den Befragten genannten Probleme waren *objektiver* Art und dokumentierten vor allem die Radikalität des 1989/90 erfolgenden Umbruches. Massive Klagen richteten sich gegen das Fehlen von rechtlichen Übergangsregelungen durch das abrupte Wirksamwerden westdeutscher Gesetze im Einigungsvertrag ab 1990. Lokal wichtige Bereiche, wie Polikliniken und Schulverwaltung, verloren zunächst ersatzlos ihre Rechts- und Ordnungsgrundlagen. Zugleich mangelte es bei der Vielzahl neuer Landesgesetze[13] an administrativen Durchführungsbestimmungen und Verordnungen. Obwohl ein neuer rechtlicher Rahmen entstand, blieb die Handlungssituation vor Ort zunächst ungewiß. Ständige Novellen im Bereich der Eigentums(rückübertragungs)problematik und vor allem die rechtliche Gemengelage von Ost- und Westrecht tragen bis heute dazu bei, daß es objektive Unsicherheiten im Umgang mit dem neuen Recht gibt. Als *substantiell ungerecht* empfanden viele Befragte die ordnungspolitischen Implikationen des neuen Gesetzesrahmen. Entsprechend äußerten sich einige der Befragten dahingehend, den Einigungsvertrag und die in seiner Folge entwickelten Regelungen als westdeutsches „Diktat" zu bezeichnen, gedacht um westdeutsche Interessengruppen (etwa die Ärzteschaft) auf Kosten ostdeutscher Interessen zu begünstigen.[14] Geklagt wurde schließlich, das klang bei den Tätigkeitsmotiven oben bereits an, über die zu große Komplexität insbesondere von westlichem Bau- und Bauplanungsrecht, aber auch von staatlichen Förderungsprogrammen.[15] Unter den gegebenen Handlungsbedingungen und im Lichte eines drückenden Handlungsbedarfs, etwa im Bereich der Investorenansiedlung, sei die korrekte Befolgung formaler Verfahrensvorgaben kaum – so vor allem Äußerungen in der *Region Brandenburg* – zu schaffen gewesen. Zweifellos sind auch dies zunächst objektive Probleme der Umbruchsituation. Als problematisch erwies sich schließlich die vielfach erfolgte Kopie von Satzungen

---

13 So etwa im Landesumweltgesetz in Brandenburg.
14 Daß diese Einschätzung allerdings nicht an der Realität vorbeigeht, bestätigt auch G. Lehmbruch: „Das Monopol der Privatpraxis wäre natürlich gefährdet gewesen, wenn man im Osten des vereinigten Deutschlands das Überleben von Polikliniken und Ambulatorien und damit einen womöglich gefährlich werdenden Wettbewerber zugelassen hätte. Der Einigungsvertrag konserviert hier ein von Verbänden geschlossenes sozialpolitisches Friedensabkommen des ausgehenden Kaiserreiches ... Statt wirtschaftlicher *Ordnungspolitik* hat sich kartellförmige *Standespolitik* durchgesetzt." (Lehmbruch 1993: 62)
15 Vgl. auch Abschnitt 4.4.

und die pauschale Übernahme des westdeutschen Haushalts-, Dienst- und Tarifrechts für die eigene Verwaltungsarbeit. Insbesondere vom Neupersonal erfuhren wir, daß die Berücksichtigung des früheren ostdeutschen Haushaltsrechts wohl besser gewesen wäre, da neben der Kameralistik auch noch betriebswirtschaftliche Elemente (ist-Prinzip) darin Eingang gefunden hätten. Das nun eingeführte Haushaltsrecht „bestrafe" die Bereitschaft zum sparsamen und flexiblen Wirtschaften. Diese Beispiele mögen als Beleg dafür genügen, daß zwischen den in die Kommunen importierten, westdeutschen Normen und dem lokalen Bedarf an effizienter und schneller Regulierung im Umbruch objektive Unvereinbarkeiten bestanden.[16]

Probleme mit dem neuen Recht erwuchsen zugleich aus *subjektivem* Unverständnis. Gerade im *Rechtsempfinden* zeigte sich eine mangelnde Übereinstimmung zwischen Ost und West. Manche Befragte äußerten großes Unverständnis für die Verfahrensorientierung rechtsstaatlichen Verwaltungshandelns. Zeitigte ein Verfahren gegen eine Ordnungswidrigkeit oder gegen eine Straftat keine *direkte* Wirkung, weil Fristen eingehalten, Widerspruchsmöglichkeiten und sonstige Rechtsmittel garantiert werden mußten, wurde schnell an der Zweckmäßigkeit des Rechts im ganzen gezweifelt. Um ein Beispiel zu nennen: Einer der Befragten im ländlichen Brandenburger Raum monierte, daß die rechtsstaatliche Verfolgung von Jugendgewalt und Rechtsextremismus bei weitem nicht so effektiv sei, wie das Instrument körperlicher Zwangsarbeit. Diese Äußerung spricht für sich. Generell entstand der Eindruck, daß die ostdeutschen Verwalter ihr Handeln mehr auf die erreichbaren oder zu erreichenden, materiellen Ergebnisse im einzelnen ausrichten. Ähnlich verhielt es sich mit dem Rechtsempfinden im Bereich der Eigentumsrechte. Die Hinterfragung mit den Jahren zur Normalität gewordener Besitzverhältnisse akzeptierte fast niemand unter den befragten Verwaltern, um so weniger noch die ortsansässige Bevölkerung. Ein bereits genanntes Beispiel ist auch das Unverständnis für die Trennung von Innen- und Außenbereich in der Baulanderschließung und der Umgang mit unbestimmten Rechtsbegriffen in der Innenbereichssatzung. Am liebsten wollte jeder sein Land im Innenbereich verortet sehen, um es teurer verkaufen können. Auch gab es wenig Verständnis, weshalb eine Baulücke im Innenbereich nicht 'ortsbildwidrig' bebaut werden darf. Zu folgern ist daraus: „Gerecht" ist, was sich mit den materiellen Interessen und dem gewachsenen common sense der örtlichen Lebensgemeinschaft in Einklang bringen läßt. „Gerecht" ist,

---

16 Dies kommt etwa in der Bewertung ökologischer oder denkmalschützerischer Vorgaben zum Ausdruck. In Westdeutschland sind sie Ergebnis eines langfristigen und konflikthaften Prozesses der Abwägung zwischen wirtschaftlichen, kulturellen und ökologischen Gütern. Gesetze repräsentieren insofern Ergebnisse einer gesellschaftlichen und politischen Entwicklung, die in West- und Ostdeutschland nach 40 Jahren unterschiedlicher Systemzugehörigkeit notwendig verschieden sind.

was für den einzelnen (persönlich bekannten) Bittsteller und die Seinen 'herauszuholen' ist. Nicht nur wegen objektiver Umsetzungsprobleme, sondern auch aus diesem Blickwinkel stieß man sich an der „Kompromißlosigkeit" der neuen Gesetzesordnung. Ging es hingegen darum, Ordnungswidrigkeiten zu ahnden, die auch von der Mehrheit der Bevölkerung nicht gebilligt wurden, beklagte man die zu große „Flexibilität" rechtsstaatlicher Verfahren, weil man nicht einfach „hingehen" und „durchgreifen" konnte. Das aus den offenen Äußerungen einiger Befragter ableitbare Rechtsverständnis zeichnete sich durch eine substanzialistische, formalen Regeln und Verfahren abgeneigte Prägung aus. Personen, Zwecke und kollektiver 'common sense', nicht abstrakte Regeln und Verfahren standen im Vordergrund. Zwischen Rechtsempfinden Ost und Rechtsstaat West besteht damit eine erhebliche Diskrepanz. Auch die befragten Westverwalter bestätigten dieses Bild. Traten in der Handhabung von Gesetzen Einzelprobleme auf, mißtrauten ihre ostdeutschen Kollegen zu rasch dem gesamten Rechtssystem. Unsicher seien sie im Umgang mit individuellen Rechtsansprüchen wie auch mit formalen Verfahren. Das gilt im besonderen Maße für eine präzise Bearbeitungs- und Bescheidtechnik auf rechtsstaatlicher Basis. Zu genau und zu ängstlich gehe das Ostpersonal mit dem neuen Recht um. Exemplarisch für das Zusammenwirken objektiver Qualifikationsdefizite und eines subjektiv abweichenden Rechtsverständnisses ist auch die folgende Äußerung eines Westverwalters:

„Die ganze Einstellung zu Recht, Demokratie, wie funktioniert die, ich sage das absichtlich, westdeutsche Gesellschaft – das fehlt den Mitarbeitern immer noch. Da wachsen sie nur langsam rein. Man gibt sich westlich, ist es aber von der Seele und den Kenntnissen nicht. Als Wessi habe ich einen Erfahrungshintergrund, der mir eine ungefähre rechtliche Richtschnur geben kann, und dieses Rechtsgefühl fehlt ihnen noch – woher soll es auch kommen."[17]

Diese Unsicherheit in der Handhabung des Rechts zwingt die Rechtsämter und z.T. selbst die Ämter zur Regelung offener Vermögensfragen, die oftmals von westdeutschen Juristen geleitet werden, eine informelle „Rechtsaufsicht" über die Fach- und Querschnittsverwaltungen wahrzunehmen. Es handelt sich dabei um eine interne Sonderfunktion, die in den alten Bundesländern von juristisch geschulten Mitarbeitern der einzelnen Dezernate selbst und sonst nur von der Rechtsaufsicht ausgeübt wird. Auch nach den Erfahrungen des Fachinformationsdienstes der kommunalen Spitzenverbände (Damskis 1993: 224ff.) ist die Problematik der Rechtstransformation in absehbarer Zeit noch nicht erledigt. Insbesondere die Handhabung des Orts- und Satzungsrechts sowie des Kommunalverfassungsgesetzes bereiteten erhebliche Schwierigkeiten insbesondere in kleinen Gemeinden und Land-

---

17 Leiter Denkmalschutzbehörde, kreisfreie Stadt Brandenburg.

kreisen, also dort, wo im Rahmen unserer Untersuchung generell eine größere altinstitutionell-personelle Kontinuität ermittelt wurde.

Es wäre allerdings falsch, die ostdeutschen Kommunalverwalter (und auch die Kommunalpolitiker) in dieser Problematik separiert von ihrem sozialen Kontext zu betrachten. Als örtliche Träger der Transformation befinden sie sich in einem doppelten Dilemma: Einerseits haben sie selbst die skizzierten objektiven und subjektiven Probleme in der Übernahme und Anwendung der neuen Normen und Verfahren. Andererseits ist es ihre formelle Aufgabe, eben diese Handlungsgrundlagen gegenüber der Bevölkerung vor Ort zu vertreten. Wir gehen davon aus, daß dieser Vermittlungs- und Internalisierungsprozeß abstrakter Rechtsstaatlichkeit noch eine ganze Weile dauern wird. Kompetenziell und auch mental wird das Verwaltungspersonal, schon wegen des alltäglichen Regulierungsbedarfs und der rechtlichen Fundierung seiner Arbeit, diese Kluft schneller überbrücken als die ehrenamtlichen Politiker und diese wiederum schneller als die örtliche Bevölkerung.

Orientierungen und Handlungsmuster im Verwaltungshandeln

Unter dem Begriff Verwaltungshandeln wenden wir uns wesentlichen Elementen des ablauforganisatorischen Handelns in den untersuchten Verwaltungen zu.

Ohne weitere Differenzierung gaben alle Befragten einer kooperativen und partizipativen *Führung* des Personals „an der langen Leine" den Vorzug.[18] Vordergründig könnte man daraus schließen, daß die Verwalter in den untersuchten Gebietskörperschaften gute Voraussetzungen für Innovationsprozesse, wie etwa eine Abflachung von Hierarchien, mehr Mitarbeitermotivation und dezentrale Eigenverantwortung, mitbringen. Stark ausgeprägt war darüber hinaus das unpolitische, auf Sachverstand und Sachgerechtigkeit hinauslaufende Selbst- und Fremdbild der administrativen Leitungspersonen.[19] Wir sehen in beiden Aspekten jedoch zunächst eine Kontinuität zu altinstitutionellen Orientierungen und Handlungsmustern. Spiegelt die lockere Personalführung Teilaspekte des oben beschriebenen „Kollektivs" wider, waren Sacherwägungen und -begründungen in der DDR ein gängiges Legitimationsmuster neben politisch-ideologischen Gründen.[20] Dieses „sachliche" Problemlösungsverständnis wurde von den sich fachlich zuständig

---

18 Vgl. Tabellenanhang, Tabelle 27, auch 31, 32.
19 Vgl. Tabellenanhang, Tabellen 27, 28, 30.
20 Engler (1992: 72) bezeichnete mit dem Begriff „*Lob des Praktischen*" in der Gesellschaft der DDR unter anderem „ein Verhalten, das sich auf Dinge konzentriert, die ihren Dienst tun, nicht weniger, aber auch nicht mehr."

fühlenden Personen häufig informell und gewissermaßen „im Alleingang" umgesetzt.[21] In einer rechtsstaatlichen Kommunalverwaltung kann es als Desintegrationsfaktor wirken.

In einer nach Alt- und Neupersonal unterscheidenden Betrachtung erfahren wir mehr über Ursprung und praktische Bedeutung der ermittelten alt- bzw. neuinstitutionellen Handlungsmuster. Wichtige Merkmale administrativer Leitungs- wie Sachbearbeitertätigkeit waren für das *Altpersonal* etwa ein Verständnis für die besondere örtliche Situation bzw. die Orientierung an der örtlichen Tradition.[22] Im Gegensatz zu Bürgernähe und politischer Sensibilität sind das Orientierungen, denen kein im direkten Kontakt mit den Bürgern erworbenes Wissen um die Situation vor Ort zugrunde gelegt wird. Innerhalb der Verwaltung bevorzugten die Altverwalter kollektive Entscheidungsverfahren, „Einfühlungsvermögen" den Kollegen gegenüber und „Verwaltungserfahrung". Im Vordergrund stand für das befragte Altpersonal damit die personelle Kontinuität und Stimmigkeit ihres inneren Arbeitszusammenhangs, den wir oben für die DDR-Zeit als „Kollektiv" zu charakterisieren versuchten. Es liegt nahe, auch hierin das Weiterwirken altinstitutioneller Orientierungen und Handlungsmuster zu erblicken. Dem entspricht, daß die Vertreter des Verwaltungsaltpersonals häufiger in Aufgabengebieten ohne direkten Publikumskontakt anzutreffen waren.[23]

Vom *Neupersonal* wurde dagegen häufiger eine Ausrichtung am seit 1990 übernommenen Modell kommunaler Selbstverwaltung skizziert, das Bürgern und Politik gegenüber offen und responsiv handelt, intern eindeutig strukturiert und geführt wird und zugleich Ansätze zu modernem Personalmanagement zeigt.[24] Dies entspricht dem Modell der westdeutschen Kommunalverwaltung.

Einmal mehr erscheint das Altpersonal in einer Kontinuität altinstitutioneller Art, während im Neupersonal eine neuinstitutionelle Ausrichtung am

---

21 Zu Zeiten der DDR verstanden sich Fachverwalter und anders tätige „Praktiker" oftmals als eigenständige Akteure und taten vor allem, was sie für technisch sinnvoll oder für praktisch machbar hielten. Einflüsse der Partei waren dabei von geringerer Bedeutung, da dieser der Sachverstand für solche Fragen oftmals fehlte. Diese Fachorientierung gegen eine all zu „bürokratische" Einbindung in formale Prozeduren konnte mehrfach in den Interviews festgestellt werden, beim Altpersonal wie auch beim Neupersonal, nicht nur bei den Verwaltern, sondern auch bei den Fachpolitikern, etwa im Bauausschuß.
22 Vgl. Tabellenanhang, Tabellen 30 und 31.
23 Im Kreis Brandenburg wollte man damit eine mögliche Empörung seitens der Bevölkerung verhindern, so daß niemand beim direkten Amtsgang, mit einem „alten Gesicht" konfrontiert werden mußte.
24 Skizziert mit den Vorgaben „direkter Bürgerkontakt", „Führung nach genauen Vorgaben und strikten Anweisungen", „politisches Fingerspitzengefühl/ Toleranz", „Gestaltungs- und Entscheidungsräume für Mitarbeiter" sowie „politische Unbelastetheit". Vgl. Tabellenanhang, Tabelle 27.

Vorbild der westdeutschen Kommunen sichtbar wird. Auch anhand des Anforderungsprofils für einen Verwaltungssachbearbeiter[25] konnten wir diese Tendenz belegen. So bevorzugte das Altpersonal die „Bereitschaft zu kritischem Mitdenken", die „Fähigkeit zu eigenverantwortlichem Handeln", jedoch auch die „Bereitschaft, Hinweisen des Leiters strikt zu folgen" sowie „Lernfähigkeit" und „Improvisationsfähigkeit". Es handelt sich um Äußerungen, die eher mit dem altinstitutionellen Kollektivverständnis als mit modernen Personalführungskonzepten in Verbindung gebracht werden können. Das Neupersonal betonte hingegen die Vorgaben „Arbeitsdisziplin" und „Engagement für den einzelnen Bürger". Besonders deutlich war die höhere Bewertung der Vorgabe „Arbeitsdisziplin". Nach den hier ermittelten Hinweisen war es das Neupersonal, das sich als Träger der „Durchdringung" (vgl. Ellwein 1993: 39) der Kommunalinstitutionen mit konsequenter Regelhaftigkeit und ihrer Öffnung zur Gesellschaft hin auswies.

Beziehen wir diese Informationen auf die in den vorgehenden Kapiteln beschriebenen institutionell-personellen Umbruchentwicklungen in den einzelnen untersuchten Fällen, zeigt sich erneut, daß eindeutig altinstitutionell dominierte Verwaltungen besser integrierte und zumindest intern reibungsloser funktionierende Organisationen[26] bildeten. Im solidarischen Kollektiv mit paternalistischer Führung verfügte man noch über alte Orientierungen und „'skills' in der Organisation und Nutzung jener Beziehungsgeflechte und Handlungsnetzwerke" (Wollmann 1993: 104), die sich bereits vor der Wende entwickelt hatten. Gleichwohl stellt sich die Frage nach der längerfristigen Kompatibilität dieser altinstitutionellen Handlungsressourcen mit den seit 1990 übernommenen rechtsstaatlichen Regeln und Verfahren. Die auftretenden Probleme wurden im vorgehenden Kapitel zum Wandel der kommunalpolitischen Institutionen eindrücklich geschildert.

---

25 Vgl. Tabellenanhang, Tabelle 28.
26 Im *Landkreis Brandenburg* mit seiner größeren institutionell-personellen Kontinuität wiesen mehrere Befragte auf den motivierend „konsultativen" und „kommunikativen" Leitungsstil des Landrates hin. Offensichtlich hielt er die Fachbereiche an der „langen Leine", wobei eher der stellvertretende Landrat die Rolle einer zentralen inneren Verwaltungsführung übernahm. Der Landrat selbst griff nicht selbst unmittelbar in fachliche Detailfragen ein. Durchaus existierten regelmäßige, formale Runden und Besprechungen mit den Dezernenten und Amtsleitern, sei es in Routinefragen oder in der AG Investorenansiedlung. Dominierender Integrationsmodus in dieser Kreisverwaltung war jedoch die informelle Abstimmung und Vernetzung der Arbeit der Dezernate „auf Zuruf" oder telefonisch. Dasselbe gilt auch für die Arbeit innerhalb der Dezernatsbereiche und Ämter. Überall standen Begriffe wie „kleiner Dienstweg" und persönliche Kontaktierung im Vordergrund. In den ländlichen Amtsverwaltungen wurde prinzipiell kein anderes Bild vermittelt. Auch hier erfolgte die ablauforganisatorische Integration formell in regelmäßigen Besprechungen mit dem Amtsdirektor. „Bereichsspezifische Vertiefungen" wurden jedoch auf persönlichem Wege zwischen den Amtsleitern vorgenommen.

Das stärker hierarchische Verwaltungsselbstverständnis der Neuverwalter bedarf ebenfalls einer weitergehenden Bewertung. Das stärkere Beharren dieser „Gründungsmitglieder" rechtsstaatlicher und demokratischer Selbstverwaltungsinstitutionen auf Formalität und Disziplin ist zum einen als Reflex auf die alltägliche Konfrontation mit den altinstitutionellen Handlungsmustern der altpersonellen Kollegen und Sachbearbeiter zu verstehen. Für diese Annahme spricht auch, daß im Neupersonal die Bereitschaft, die eigene Position, wo nötig, auch kämpferisch und konsequent[27] durchzusetzen, größer war als beim Altpersonal, welches die Bereitschaft zu Kompromiß und Verhandlungslösung stärker betonte.[28] Zum anderen muß man sich vergegenwärtigen, daß die Vertreter des Neupersonals beim Neueinstieg in die Kommunalverwaltung schon deshalb stärker an rechtsstaatlich-demokratischen und formalorganisatorischen Vorgaben des westdeutschen Selbstverwaltungsmodells orientiert sein mußten, weil ihnen ein Anknüpfen an gewachsene, eben nicht erlernbare, altinstitutionelle Routinen und Orientierungen in der neuen Aufgabe nicht möglich war. Wie die neuinstitutionelle Orientierung insbesondere des Neupersonals im Verwaltungsalltag tatsächlich wirkte, ist damit noch gar nicht ausgesagt. In den stärker mit neuem Leitungspersonal besetzten Stadtverwaltungen wurde in besonderer Weise über ablauforganisatorische Probleme und horizontale Abstimmungsschwierigkeiten zwischen den Ressorts geklagt.[29] Wir folgern, daß die von stärkerer Umbruchintensität betroffenen Verwaltungen grundsätzlich anfälliger für Konflikte und ablauforganisatorische Integrationsprobleme waren. Allerdings bedeutete das zugleich, daß bei einer prinzipiell höheren Fehler- und Problemquote ebenfalls häufiger Lernprozesse stattfanden und das erstrebte neue Institutionenmodell in den Städten schneller Wirklichkeit werden dürfte als dort, wo altinstitutionell-personelle Kontinuitäten noch stärker wirksam waren, etwa in strukturschwachen ländlichen Gebieten.

---

27 Vgl. Tabellenanhang , Tabellen 27, 28, 33. Hinweise dafür ergeben sich in der ersten Wahlperiode etwa im *Landkreis Bitterfeld*. In der Anfangszeit der Wahlperiode entschieden z.B. die Dezernenten, nicht die Personalabteilung, über Personalfragen. Kündigungen wurden vom Dezernenten unterschrieben. Auch Verträge und Vereinbarungen wurden in der Regel vom Landrat unterschrieben, selten von den Dezernenten und überhaupt nicht von den Amtsleitern, selbst wenn dies „normalerweise" in deren Kompetenz fiel. Einer der Befragten führte aus: „Es gab viel Zentralisierung, wenig Eigenverantwortung. Die Amtsleiter nahmen dies hin." Offensichtlich spiegelte sich in diesem Führungsstil auch der Konflikt zwischen „neuverwaltender" Dezernentenebene und (überwiegend) „altverwaltender" Amtsleiterebene wider.
28 Vgl. Tabellenanhang, Tabelle 30.
29 Vgl. Tabellenanhang, Tabelle 40, vgl. auch die Ausführungen in Kapitel 3 und Abschnitt 4.3.

Personalintegration

Das Verwaltungspersonal in den ostdeutschen Kommunen ist als endogener *Träger* des Institutionenwandels ein entscheidender Faktor für den Prozeß der Neuinstitutionalisierung der kommunalen Selbstverwaltung in den neuen Bundesländern. Wir teilen Seibels Feststellung, daß „im Personalbereich die schwerwiegendsten Probleme der Verwaltungsintegration in Deutschland zu vermuten" (Seibel 1993a: 488) sind. Handlungs- und Orientierungsmuster des Leitungspersonals wie wir sie hier für eine Auswahl von Kommunen empirisch erforscht haben, werden auch im weiteren Fortgang der institutionellen Entwicklung der Kommunen und Kreise – wenngleich möglicherweise in abgeschwächter und modifizierter Form – wirksam sein.[30] Eine zentrale Bewährungsprobe für den erfolgreichen Institutionenwandel stellte die Integration des in sich sehr heterogenen Verwaltungspersonals dar. Der gegenseitige Umgang, die wechselseitige Selbst- und Fremdwahrnehmung von Ostdeutschen – Alt- und Neupersonal – sowie Westdeutschen ist dabei ein Indikator für den gesamten Neuinstitutionalisierungsprozeß rechtsstaatlicher und demokratischer Kommunalverwaltungen im Spannungsfeld von institutionellen Kontinuitäten und Brüchen, von exogenen und endogenen Institutionalisierungsfaktoren.

Nach den bisherigen Erkenntnissen zur Umbruch- und Neuorientierung der Neuverwalter in der Folge von demokratischer Revolution und Wendezeit wäre davon ausgehen, daß im administrativen Neupersonal nur wenig Akzeptanz für die altpersonellen Kollegen zu finden war. Tatsächlich bewertete jedoch etwa die Hälfte des Verwaltungsneupersonals die Erfahrungen der altpersonellen Kollegen ausdrücklich als nützlich.[31] Sichtbar wird in diesen Äußerungen eine *funktionale* Berechtigung zur Weiterbeschäftigung von Verwaltungsaltpersonal insbesondere im Umgang mit dem ungeregelten DDR-„Erbe". In Liegenschafts- und Eigentumsfragen verfügte das Altpersonal über wichtige Vorkenntnisse und Erfahrungen, ohne die man anbetracht des Fehlens von Akten und Urkunden gar nicht auskommen könne, so einige Befragte. Daß dieses vor allem auf einer funktionalen Akzeptanz beruhende Verhältnis jedoch nicht frei von Ambivalenzen sein konnte, belegt die Aussage, daß es gleichwohl nützliche *und* hemmende Aspekte gibt, wenn es gilt, die Erfahrungen der altpersonellen Kollegen zu nutzen. Dar-

---

30 Man muß sich vergegenwärtigen, daß bei einem Durchschnittsalter von 44 Jahren (vgl. Tabellenanhang, Tabelle 2) und unter den bestehenden sozioökonomischen und arbeitsrechtlichen Rahmenbedingungen zumindest in den nächsten 10 Jahren, einmal abgesehen von der möglicherweise bevorstehenden Abwanderung einer Reihe von westlichen Verwaltern, keine prinzipielle Veränderung des Leitungspersonals der ostdeutschen Kommunalverwaltungen zu erwarten ist.

31 Vgl. Tabellenanhang, Tabelle 38.

über hinaus stand ein Teil der befragten Neuverwalter den altpersonellen Kollegen gleichgültig gegenüber, da man weder nützliche noch hemmende Erfahrungen bei diesen erblicken konnte. Gleichgültigkeit im Alltag einer personell heterogenen Verwaltung kann vermutlich nur als ambivalentes Verhältnis gewertet werden. Auch die Nennung „weiß ich nicht" wurde gerade in der proportional stärker mit altpersonellen Leitungspersonen ausgestatteten Region Brandenburg genannt. Wir vermuten, daß fehlende Bereitschaft zur offenen Kritik oder schlichtweg die fehlende Aussicht, an einer altpersonellen Konstellation in der eigenen Verwaltung etwas ändern zu können, dieses Antwortverhalten begründeten. Als offensichtlich hemmend bezeichnete nur ein kleinerer – wie wir vermuten, der in Bürgerbewegung und Umbruch aktive – Teil der befragten Neuverwalter das Altpersonal.

Ein weiterer Grund für die unterschiedlich starke Akzeptanz des Verwaltungsaltpersonals beim Neupersonal ergab sich aus der proportionalen Verteilung beider Gruppen in den einzelnen Verwaltungen. Diese wiederum war Reflex der unterschiedlichen Umbruchintensität der institutionellen Entwicklungspfade seit 1990. So fiel die Bewertung des Altpersonals in der Region Bitterfeld deutlich positiver aus als in der Region Brandenburg. Der Anteil des Altpersonals in den Leitungspositionen in der Region Bitterfeld ist weit geringer als in der Region Brandenburg. Doppelt so viele Neuverwalter in der Region Brandenburg empfanden die „Erfahrungen" des Altpersonals hingegen als hemmend. So war das Altpersonal insbesondere im Kreis und den kreisangehörigen Gemeinden der Region Brandenburg zum Zeitpunkt der Befragung noch ein erheblicher, binnenadministrativer Einflußfaktor gewesen. Ein qualitativer Beleg für diese Schlußfolgerung ergibt sich aus Äußerungen von Vertretern des Altpersonals in der *Kreisverwaltung Brandenburg*. Besonderen Wert legten diese auf die personelle Kontinuität in der eigenen Verwaltung sowie auf die damit verbundenen Fach- und Ortskenntnisse des Altpersonals. Den radikalen Personalveränderungen nach der Wende standen sie eher kritisch gegenüber. Dieses altinstitutionelle Bestandsinteresse ist nicht weiter verwunderlich. Es gilt zweifellos auch für die Sachbearbeiterebene.[32]

Als in der Regel problematischer erwies sich die Integrationsproblematik des in den ostdeutschen Kommunen beschäftigten westdeutschen Verwaltungsleitungspersonals. Die Westverwalter bilden hier auf den Leitungsebenen nur eine minoritäre Gruppe (~10-15%). Konfrontiert mit ver-

---

32 In der vorliegenden Untersuchung wurde dieses jedoch nicht berücksichtigt, so daß nur Einzelhinweise vorliegen. Aus der Sicht des Neupersonals sind die altpersonellen Sachbearbeiter gewöhnt, „an die Hand genommen zu werden", konfliktunfähig, harmonieorientiert und deshalb wenig aktiv im institutionellen Umbruchprozeß.

schiedenen Möglichkeiten westlicher Verwaltungshilfe[33], zogen alle Befragten der Möglichkeit der festen Anstellung eines Westdeutschen in ihrer Verwaltung Informations- und Unterstützungsformen der Verwaltungshilfe vor, die punktuell und aus der „Ferne" wirksam sind. Die Mehrzahl der Befragten favorisierte ein mehrwöchiges Praktikum in einer Kommunalverwaltung der alten Bundesländer. Zustimmung fand in abnehmender Nennungsstärke auch der befristet eingestellte Westbeamte, schließlich die Möglichkeit, einen Kollegen in einer westdeutschen (Partner-) Verwaltung telefonisch zu konsultieren. Sollte dieses Distanzbedürfnis dem Westverwalter gegenüber, wie Berking und Neckel es beschreiben, Symptom der Formierung eines ostdeutschen Wir-Gefühls nach dem Ende der Wiedervereinigungseuphorie sein? Sie schreiben, daß an die Stelle der

„alten Gegnerschaft zwischen den ostdeutschen Funktionseliten (...) nun das gemeinsame Ressentiment gegen die 'Westler' als das einzig noch verfügbare kulturelle Muster, in dem sich alle bisher Zerstrittenen zwanglos treffen können" (Berking/Neckel 1992: 166), tritt.

Aus den hier verarbeiteten qualitativen Hinweisen kann gefolgert werden, daß das „gestörte" Verhältnis von Ost- und Westverwaltern auf Gegenseitigkeit beruhte. Das entscheidende Problem waren beiderseits tiefliegende Differenzen in den Handlungsorientierungen und den daraus resultierenden typischen Handlungsmustern. In der altinstitutionellen Sicht eines Befragten im Kreis Brandenburg galt ein permanenter Anspruch auf „individuelle Rechtssicherheit" als typisch für die Mentalität der westdeutschen Kollegen, wohingegen im Osten eher eine „Petitionsmentalität" geherrscht habe. Die Kluft zwischen altinstitutionell und rechsstaatlich-individualistisch geprägtem Selbstverständnis ist weit. Aber auch seitens der Neuverwalter wurden Bedenken an der ihrer Meinung allzu „pedantischen" Verfahrens- und Normorientierung der Westkollegen laut.[34] Der einzige integrative Aspekt im Verhältnis von Ost- und Westpersonal lag, ähnlich wie im Verhältnis von Alt- und Neupersonal, im *funktionalen* Nutzen ausgebildeter „Verwaltungsprofis". Dies galt insbesondere in neu zu entwickelnden Bereichen wie dem Rechtsamt, dem Amt zur Regelung offener Vermögensfragen und zuweilen auch in der Wirtschaftsförderung. Umgekehrt stellten die befragten Westverwalter bei ihren ostdeutschen Kollegen, ob alt- oder neupersonell, „methodische Schwierigkeiten" im Bereich formaler Verfahrensweisen fest. Kritisiert wurde insbesondere der institutionelle Eigensinn der Altverwalter („haben wir schon immer so gemacht..."). Bei den Neuverwaltern bemängelte man die zu kritiklose Übernahme von Vorgaben.

---

33 Vgl. Tabellenanhang, Tabellen 34 und 35 sowie Kapitel 5 und 6.
34 Wie wir bereits wissen, vertritt nur eine Teilgruppe unter den Neuverwaltern eine fundamentale Reorientierung hin zum westdeutschen Rechtsstaatsmodell.

Neben diesen Integrationsproblemen, die sich aus der Konfrontation von altinstitutionellem „Eigensinn" und rechtsstaatlich-formalistischen Orientierungen ebenso ergeben wie aus dem verwaltungsprofessionellen Kompetenzgefälle zwischen West- und Ostverwaltern, gibt es auch Hinweise für die oben zitierte sozialpsychologische Abgrenzungsthese. Einige der befragten westdeutschen Leitungspersonen sprachen nach zunächst guten Erfahrungen und dem anfangs vorherrschenden Gefühl, als Helfer willkommen zu sein, von einer spürbaren „Klimaverschlechterung". Vorbehalte gegen westdeutsche Verwalter waren seit 1991/92 in der gesamten ostdeutschen Gesellschaft meßbar, nicht nur beim Verwaltungspersonal.[35] So spricht einiges dafür, daß Westverwalter seit 1992 nicht mehr als Aufbauhelfer, sondern als Fremdkörper empfunden wurden. Prägnant beschrieb der ostdeutsche Hauptamtsleiter eines Brandenburger Landkreises diese Problematik:

„Die Leihbeamten und unsere Leute, die haben sich doch nicht verstanden, die haben doch eine ganz andere Sprache gesprochen. Unsere Leute haben das viel eher akzeptiert, unter einem Ossi als Amtsleiter zu arbeiten, das muß man mal ganz ehrlich sagen. Der Ossi konnte sich in die Mitarbeiter hineinversetzen und sie ganz anders motivieren. Die Leihbeamten sind mit Erwartungshaltungen gekommen, die konnten unsere Leute beileibe nicht erfüllen."

Probleme ergaben sich offenbar auch aus der häufig erfolgten Neueinstellung von Berufsanfängern, insbesondere Juristen, aus dem Westen. Diese wiesen, so einige Personalamtsleiter im Gespräch, Defizite bei der Mitarbeiterführung, aber auch bezüglich ihrer fachlichen Qualifikation auf. In der Umbruchphase wegen ihrer Kenntnisse des Bundesrechts eingestellt, wurde diesen Jungjuristen vielerorts unterstellt, auf dem westdeutschen Arbeitsmarkt nicht zu den Leistungsfähigsten gehört zu haben.

Als problematisch erwies sich in jüngster Zeit das Auslaufen der „Regelung über die Gewährung von Personalkostenzuschüssen für West-Personal."[36] Der in einigen Fällen dem Westpersonal aus Stadt- oder Kreiskasse gezahlte Differenzbetrag zwischen BAT-Ost und BAT-West sorgte für Empörung bei den ostdeutschen Beschäftigten. Der unterschiedlichen Entgeltung von West- und Ostpersonal innerhalb einer Verwaltung nach so langer Zeit und trotz des Auslaufens der Verwaltungshilfeprogramme wurde zum Teil mit Unverständnis und Ärger begegnet. Dies um so mehr, da einzelne ostdeutsche Bedienstete in der kommunaladministrativen Aufbau- und Kon-

---

35 Bei einer 1992 durchgeführten Befragung in den fünf neuen Ländern zur Akzeptanz des Zuzugs bestimmter westdeutscher Personengruppen nach Ostdeutschland schnitten „Beamte, Manager und Unternehmer" am schlechtesten ab. Noch 1990, also kurz nach der Wende, stieß diese Gruppe bei der gleichen Befragung auf die höchste Akzeptanz (vgl. Grundmann 1994).
36 Übernahme des Differenzbetrags zwischen BAT-Ost und BAT-West durch den Bund und die Länder.

solidierungsphase zunächst zu hoch eingruppiert wurden und später niedriger eingruppiert werden mußten. Nach übereinstimmenden Aussagen von Personalamtsleitern der betroffenen Kommunalverwaltungen führte dieses Unverständnis auch zu starken Motivationsverlusten bei ostdeutschen Verwaltern.

Für die Argumentationslinie der Untersuchung bleibt festzuhalten, daß vor allem in altinstitutionell und altpersonell geprägten Gebietskörperschaften Widerstände gegen das verwaltungsprofessionell geprägte Westpersonal bestanden. In den stärker neuinstitutionell geprägten Untersuchungsfällen wurde zumindest der funktionale Bedarf an westdeutschen Verwaltern nicht bestritten. Unbestritten ist jedoch, daß Westverwalter in der Regel auch in Zukunft nicht die bestimmenden Träger des institutionellen Transformationsprozesses der ostdeutschen Städte, Kreise und Gemeinden sein können, abgesehen vielleicht von solchen Kommunen, in denen westdeutsche Verwalter die kommunale Spitzenposition innehaben. Inzwischen absolvieren zunehmend Ostdeutsche ein Jura-Studium. Ostdeutsche Absolventen von Verwaltungsfachhochschulen, die inzwischen in der ostdeutschen Kommunalverwaltung arbeiten, haben das gleiche Qualifikationsprofil wie West- „Inspektoren zur Anstellung". Ohnehin ist westdeutsches Beraterpersonal nach und nach entbehrlich geworden, und jene Westdeutschen, die heute in den kommunalen Verwaltungen tätig sind, sind in der Regel fest von den Kommunen eingestellt. Allerdings ist zu bedenken, daß anbetracht der Altersstruktur[37] des Verwaltungspersonals in den untersuchten Gebietskörperschaften, anbetracht der Lage auf dem lokalen Arbeitsmarkt und wegen der erheblichen Finanzknappheit der Kommunen mit einer großen Zahl solcher Neueinstellungen für die nächste Zukunft nicht zu rechnen ist.

4.2 Fallbeispiel kommunaler Wirtschaftsförderungspolitik

Kernprobleme

Um einen besseren Einblick in die vorherrschenden sozioökonomischen Probleme der untersuchten Kommunen im Umbruch seit 1990 zu gewinnen, fragten wir nach den drei wichtigsten Problemen bei der Bewältigung der gegenwärtigen kommunalen Aufgaben. Die am häufigsten genannten Probleme, einmal abgesehen von kommunaler Finanznot und Arbeitslosigkeit,

---

37 Über die Hälfte der Befragten war jünger als 50 Jahre, vgl. Tabellenanhang, Tabelle 2.

waren solche der *kommunalen Infrastruktur*: Die Lösung des Wasser- und Abwasserproblems, das Fehlen von Flächennutzungs- und Bauleitplänen in Verbindung mit bisher ungeklärten Eigentumsverhältnissen, schließlich die mangelhafte Wohnraumsituation und ungelöste Verkehrsprobleme. Das galt in der Region Brandenburg insbesondere für die Ver- und Entsorgung im Bereich Wasser/Abwasser, mit dem die Brandenburgischen Kleingemeinden, aufgrund ihrer geringen professionellen Kapazitäten zunächst stark überfordert waren. Probleme der Infrastruktur bestanden überdies im Bereich Straßenausbau und -ausbesserung. Lange Jahre ist in der DDR nur von der Substanz gelebt worden, so daß die Schaffung einer Basisinfrastruktur der erste Schritt für den soziökonomischen Umbau war. Nach dem Zusammenbruch der Staatswirtschaft war die Aufgabe der *Umstrukturierung und Neuansiedlung des produzierenden Gewerbes* der zweite Kernbereich kommunaler Problemverarbeitung im Umbruch. Hinzu kam zur Erhaltung bzw. Entwicklung der (steuerzahlenden) Einwohnerzahl die Frage des *Wohnungsbaus*. Sowohl die Abstimmung mit der Treuhand als auch die Klärung der Eigentumsfragen wurden dabei als lähmend empfunden, weil es für die Investoren zuwenig Planungssicherheit gäbe. Der *Infrastrukturum- und -aufbau im Bereich Jugend und Soziales* stand in der ersten Umbruchphase stark im Vordergrund. Dahinter stand auch die Motivation, den Überhang der Beschäftigtenzahlen in den nachgeordneten ehemals betrieblichen Sozialeinrichtungen zugunsten einer Struktur freigemeinnütziger Trägerorganisationen abzubauen. Fragen der *ökologischen Sanierung*, die Neuorganisation der Abfallentsorgung wurden in der Region Brandenburg kaum angesprochen, verständlicherweise aber in der ökologisch stark belasteten Region Bitterfeld.

Kommunalinstitutionelle Probleme im Feld der Wirtschaftsförderung – Der Fall Brandenburg an der Havel

Am Beispiel der altindustriellen Mittelstadt Brandenburg an der Havel[38] nahmen wir Einblick in die *institutionellen* Bedingungen und Kontextprobleme im Feld der Wirtschaftsförderungspolitik. Im Mittelpunkt unseres Interesses standen damit erneut die *endogenen* Faktoren und Potentiale zur Bewältigung der institutionellen und soziökonomischen Transformation. Diese Betrachtung schloß folgende Ebenen ein: 1. administrative Aufbau- und Ablauforganisation, 2. Zusammenarbeit von Politik (politischer Verwaltungsführung, politischer Interessenvertretung, SVV-Ausschüssen etc.) und

---

38 Die hier verwendeten qualitativen Daten entstammen mehreren Expertengesprächen sowie unserer Auswertung von Presse und SVV-Protokollen.

Verwaltung, 3. den gesellschaftspolitischen und öffentlichen Kontext von kommunaler Verwaltung und Politik im Gebiet der Wirtschaftsförderung, schließlich 4. die Problematik interkommunaler Zusammenarbeit im Stadt-Umland-Verhältnis. Im Rahmen dieser beispielhaften Mehrebenenbetrachtung der Stukturen und Handlungsabläufe im seit 1990 neu entstehenden Politikfeld der Wirtschaftsförderung lassen sich die typischen *endogenen* Probleme des kommunalinstitutionellen Umbruchs in aller Deutlichkeit ablesen.

1. Bereits die strukturellen Ausgangsbedingungen behinderten in der Stadt Brandenburg die Handlungsfähigkeit des Amtes für Wirtschaftsförderung. Im Bereich der administrativen *Aufbauorganisation* war infolge personal- und koalitionspolitischer Zerwürfnisse eine Situation eingetreten, in der dem Amt für Wirtschaftsförderung der wichtigste Partner innerhalb der Verwaltung fehlte: Seit 1992 war das Baudezernat z.T. nicht oder nur provisorisch besetzt, zwischenzeitlich aufgelöst und in anderen Dezernaten untergebracht worden.[39] Das Stadtplanungsamt wurde dabei zeitweise dem Wirtschaftsressort zugeordnet, jedoch nicht in die Aufgabe der Wirtschaftsförderungspolitik eingebunden. Es operierte jenseits der konkreten Handlungserfordernisse der Wirtschaftsförderung. Erst 1994, nach Einstellung eines neuen Baudezernenten, wurde wieder ein eigenständiges Dezernat für das Bauwesen eingerichtet. Durch die Instabilität im Bauressort kam die gesamte Sanierungspolitik insbesondere für den Innenstadtbereich ins Stocken. Verzögert wurde die Umsetzung umfangreicher Bundesförderungen für die Innenstadtsanierung, die von einem treuhänderischen Sanierungsträger übernommen wurde. Wegen des beständigen Fehlens eines Ansprechpartners in der Bauverwaltung wußte man beim Sanierungsträger z.T. nicht mehr, wohin mit den Millionen, die schließlich zu einem Teil auf einem städtischen Festgeldkonto „geparkt" wurden.[40] Blockiert wurde durch die Probleme in der Bauverwaltung auch jeder Ansatz zu einer integrierten städtischen Liegenschaftspolitik, etwa durch die gezielte Privatisierung der von der kommunalen Wohnungsbaugesellschaft verwalteten Grundstücke und Immobilien. Weitere Probleme der Aufbauorganisation entstanden durch die Straffung der Stadtverwaltung in den Jahren 1993/94.[41] Die dabei erfolgte Zusammenlegung der Sanierungsstelle und des Amtes für Denkmalpflege im wiedereingerichteten Baudezernat bewirkte eine weitere Verzögerung der städtischen Sanierungsvorhaben. Die Fusionierung der ursprünglich einmal acht Dezernate in zuletzt vier Dezernate[42] führte dazu, daß einzelne Amtsbe-

---

39 Vgl. Kapitel 3 zur Kommunalpolitik und Kapitel 5 zur Strukturentwicklung.
40 Märkische Allgemeine Zeitung, 6.2.95. Dieser „Skandal" spielte beim gegen den Oberbürgermeister 1995 angestrengten Abwahlantrag eine wichtige Rolle.
41 Vgl. Kapitel 5.
42 SVV-Protokoll vom 31.3.1993.

reiche wegen der Überlastung der Dezernenten und/oder Beigeordneten ohne übergeordnete Führung 'für sich' operierten. Durch die Zusammenlegung der Dezernate Wirtschaft und Finanzen in einem Ressort entstand notwendig eine Spannung zwischen der Einsparungsrationalität des Kämmerers und der für die Ansiedlungspolitik des Amtes für Wirtschaftsförderung nötigen Flexibilität und Investitionsbereitschaft in der Infrastrukturerschließung. Schließlich, das wurde bereits am Schicksal der Fördergelder zur Innenstadtsanierung deutlich, gab es in der Stadtverwaltung *keine* zuständige Instanz oder Person für den Bereich des Fördermittelwesens. Gleiches gilt für den Bereich der Vorbereitung, Ausschreibung und Kofinanzierung von Investitionsvorrangverfahren als Alternative zur zeitaufwendigen Eigentumsrückübertragung. Auch in allgemeinerer Hinsicht bewältigte die Stadt ihre administrativen Integrationsprobleme bis zum Ende unserer Untersuchung nicht. Eine wichtige Rolle spielte dabei die räumliche Zerstreuung der einzelnen Querschnitts- und Fachbereiche an mehreren Punkten im Stadtgebiet, die erst mit der Fertigstellung eines neuen Gebäudekomplexes im Jahre 1996 aufgehoben werden kann.[43]

Notwendig fehlte auch die *ablauforganisatorische* Integration von Dezernaten und Ämtern auf dem Gebiet der Wirtschaftsförderung. Abstimmungs- und Durchsetzungsschwierigkeiten bestimmten die Arbeit des Amtes für Wirtschaftsförderung innerhalb des Dezernats Wirtschaft und Finanzen gegenüber dem Stadtplanungsamt bzw. Baudezernat. Abstimmungsschwierigkeiten betrafen aber auch das Stadtplanungsamt selbst, zwischen den für die Flächennutzungsplanung und die Bauleitplanung zuständigen Abteilungen. Durch die fehlende Arbeitsteilung im administrativen Zusammenhandeln, das Überwiegen jeweiliger Fachinteressen und die geringe strategische Steuerungsleistung der politischen Spitze blieb das als Koordinations- und Moderationsstelle zu verstehende Amt für Wirtschaftsförderung gewissermaßen in der Luft hängen. So gesehen, gab es schon von den verwaltungsstrukturellen und ablauforganisatorischen Bedingungen her keine Basis für eine integrierte Wirtschaftsförderungspolitik. Der übergeordnete Zweck der einzelnen Fachverwaltungen im Rahmen einer multifunktionalen und arbeitsteiligen Struktur wurde nicht gesehen, ein Bewußtsein vom Ganzen fehlte völlig. „Die ganze Arbeit der Stadtverwaltung ist Stückwerk", äußerte einer der Befragten und schlug als Lösung ein integriertes Querschnittsdezernat für Stadtentwicklung vor, bestehend aus Stadtplanung, Wirtschaftsförderung und Liegenschaften. Aber selbst bei einer Verbesserung der strukturellen und ablauforganisatorischen Bedingungen fehlen beim (überwiegend neuen) Leitungspersonal in dieser Stadt noch

---

43 Märkische Allgemeine Zeitung, 27.5.95.

immer Qualifikation und Orientierung für einen arbeitsteiligen und routinisierten Verwaltungsablauf.

2. Auf der Ebene der kommunalpolitischen Akteure und Institutionen ermittelten wir ein ähnlich problematisches Bild. In allen Quellen wurde die Konzeptionslosigkeit der Stadtpolitik sowohl in der politischen Führung als auch in der SVV kritisiert. Bemängelt wurde an der Stadtführung das Fehlen von Integratoren, die Autorität besitzen. Viel zu sehr sei sie in Detailprobleme verstrickt, und stelle sich im Falle äußerer Anschuldigen nicht hinter die eigenen Fachverwaltungen. Der Oberbürgermeister verfolge einen „politischen Schlingerkurs". Strategische Entwicklungsprobleme wie das Stahlwerk, die Innenstadtsanierung und die Verkehrserschließung wurden nicht konsequent in Angriff genommen. Eine integrierte Anreizstruktur für Investoren, die über das bloße Erschließen ohnehin vorhandener Gewerbeflächen hinausgehe, sei nicht verfolgt worden. Entwicklungskonzepte im längeren Zeithorizont, etwa im Bereich Dienstleistungen und Wohnen, seien bisher übersehen worden. Auch bei programmatischen Grundsatzentscheidungen fehle das politische Gewicht der Stadtoberen, eher noch könnten einzelne Investoren ihre Planungsvorstellungen gegenüber der Stadt durchsetzen. Seitens der politischen Führung wurde selbst zugegeben, zuwenig Erfahrungen in den städtischen Umbruchprozeß eingebracht, „Vergleichbares noch nie erlebt" zu haben, erst im September 1993 begann der Oberbürgermeister, „in politischen Dimensionen zu denken".[44]

In der Stadtverordnetenversammlung (vgl. Kapitel 3) mangelte es ebenfalls an Integration und Stetigkeit. Eine für die allgemeine Entwicklung nötige strategische Handlungsorientierung existierte kaum. Anstelle von Fachpolitik dominierte die Auseinandersetzung mit persönlich-beruflichen oder inneradministrativen Detailproblemen. Die Stadtverordneten traten vor allem als Einzelpersonen auf, obwohl sie sich gerne als „Parlamentarier" bezeichneten. Weder formale Fraktionsstrukturen, noch fachpolitische Grundverständnisse galten bis zum Ende der Untersuchungszeit[45] als gesichert. Oft wurde in leidenschaftlicher Weise debattiert, aber selten etwas beschlossen. Häufig bewirkten die Partikularinteressen aus dem Ort stammender „Betroffener"[46] (Gewerbetreibender, etc.) die Blockade der von der

---

44 Oberbürgermeister in Märkische Allgemeine Zeitung, 10.9.1993.
45 Frühsommer 1995.
46 So forderte etwa die Freie Wählergemeinschaft während einer von ihr geforderten Aussprache zur wirtschaftlichen Entwicklung der Stadt vom Amt für Wirtschaftsförderung, „Aufträge überwiegend Brandenburger Handwerkern und mittelständischen Unternehmen zukommen" zu lassen (Märkische Allgemeine Zeitung, 28.5.93). In einem anderen Fall berichtet die Presse von Vorwürfen gegen den Vorsitzenden des Bauausschusses, bei einer Ausschreibung ein von ihm mitbetriebenes Architekturbüro bevorzugt zu haben,

Verwaltung verfolgten Politik. Die Grundhaltung der „Parlamentarier" galt als lokalistisch: Jeder auswärtige Investor müsse sich erst rechtfertigen für sein Engagement in der Stadt, so ein Befragter. Gefordert wurde von der Stadtverwaltung die Förderung der *örtlichen* Händler und Gewerbetreibenden. Die Aufgabenteilung zwischen SVV und Wirtschaftsausschuß funktionierte nicht. Auch hier fehlten engagierte, fachlich kompetente Politiker. Auch strukturell gab es noch keine Basis für eine Arbeitsteilung zwischen Fraktionen, Ausschüssen und Plenum. Im Ergebnis war die Problemverarbeitungsfähigkeit der Stadtverordnetenversammlung gering. Für die Verwaltung wirkte diese Stadtpolitik lähmend und unberechenbar, oder anders von einem der Befragten ausgedrückt: „Politische Naivität macht die Verwaltung kaputt".

3. Erste Ansätze eines verbandspolitischen Engagements konnten vor allem im Bereich der Baupolitik beobachtet werden. Die Verknüpfung von organisierter Interessenvertretung (Kammern, Verbände etc.) und politischer Repräsentation durch gewählte Stadtverordnete i.S. eines „Lobbyismus" wurde nach und nach auch bei den Gewerbetreibenden als notwendige Bedingung angesehen. Diese Art der gesellschaftlichen Rückbindung, so einer der Befragten, verspreche im Augenblick erfolgreicher zu sein als etwa die Interessenrepräsentation durch parteipolitische Strukturen, die von der örtlichen Bevölkerung bisher kaum angenommen und genutzt würden. Nimmt man den gesamten Komplex des Verhältnisses von lokaler Gesellschaft und Stadtverwaltung in den Blick, dominierte jedoch auch auf dieser Ebene das Bild der Fragmentierung und Desintegration. Bis auf die örtliche Handwerkskammer fungierten verbandliche Interessenvertretungen bislang nur als „Sprachrohre" vereinzelter Interessen, fehlte die politische Initiative zur Entwicklung eines lokalen Korporatismus. Im örtlichen Einzelhandel, der nicht selten mit der Stadtverwaltung stritt[47], gelang es nicht einmal, einheitliche Öffnungszeiten für die Innenstadt festzulegen. Tieferliegende Ursache dieser strukturellen Schwäche im Bereich der örtlichen Interessenaggregation war nicht zuletzt das geringe politische Engagement bei Wirtschaft und Bevölkerung: Politik, so ein Befragter, äußere sich bisher lediglich als „Biertischpolitik". Letztlich, so mehrere Befragte, gelte dies auch für die örtliche Presse, die undifferenziert und schlecht informiert berichte. Das fehlende Feedback aus der Bevölkerung ganzer Stadtviertel, wo bisher eine „weinerliche" und passive Stimmung herrschte, trug mit dazu bei, daß in Verwaltungen und Politik wichtige Informationsgrundlagen für die städtische Ent-

---

worauf der Bauschuß am folgenden Tag einen „Verfahrensfehler" eingestand (Märkische Allgemeine Zeitung, 19. und 20.5.1994).
47 Vgl. den Abschnitt zum Abwahlbegehren gegen den Oberbürgermeister in Kapitel 3.

wicklungsplanung fehlten, öffentliche Handlungsfolgen ebenso wenig bewußt werden konnten wie öffentlicher Handlungsbedarf.

Die Reaktion des Oberbürgermeisters auf sein gegenüber 1990 verschlechtertes Wahlergebnis beim ersten Wahlgang der Wahlen Ende 1993 reflektierte diese geringe Verflechtung von örtlichen Problemlagen und Problemsichten mit dem abgekoppelten Prozeß der Stadtpolitik:

„Eine Vielzahl von Problemen in unserer Stadt, die sich teilweise nur bedingt von der Kommune steuern lassen – ich denke hier an Arbeitslosigkeit und wirtschaftliche Entwicklung – haben offensichtlich für Verärgerungen gesorgt".[48]

Handelt es sich zum einen um eine Art rhetorischer Entlastungsstrategie, denn die Verantwortung von Stadtpolitik und -verwaltung wird relativiert und z.t. externalisiert, kommt zum anderen mit dem unbeholfenen „offensichtlich für Verärgerungen gesorgt" eine sehr ungenaue Kenntnis und Hilflosigkeit gegenüber den konkreten Problemen vor Ort und in den einzelnen Stadtquartieren zum Ausdruck.

Diese Mehrebenenbetrachtung zeigte uns vor allem, wie stark die *Interdependenz* der skizzierten Problematik zwischen Verwaltung, Politik und gesellschaftlichem Umfeld ist. Mangelte es in der Verwaltung an struktureller und ablauforganisatorischer Integration, fehlte seitens der Führung und Interessenvertretung der städtischen Politik die Fähigkeit und Bereitschaft zur Setzung integrierter strategischer Entwicklungsziele. Das politische Handeln erfolgte unabgestimmt und auf einer schwachen formalen Grundlage. Neben den formalorganisatorischen und fachlichen Fähigkeiten mangelte es dem administrativen und politischen Leitungspersonal nicht zuletzt auch an einer geteilten, institutionellen Grundorientierung, also jenem „kulturellen Kitt", der ganz erheblich zur Routinisierung und Verstetigung der alltäglichen Zusammenarbeit beitragen könnte. Statt dessen bestimmten jedoch nur teilweise funktionierende und kaum integrierte institutionelle Segmente die Arbeit von Stadtverwaltung und -politik. Der gesellschaftliche Kontext, in dem die kommunalen Institutionen operierten, war bisher selbst kaum integriert, vielmehr bestimmt von der Atomisierung und Passivität der alten Industriearbeiterschaft. Ansätze zur Entwicklung intermediärer Strukturen verbandlicher Interessenbündelung und -vermittlung konnten zwar beobachtet werden. Allerdings dominierten auch in diesem Bereich bisher vereinzelte und kurzfristige „Betroffenheiten", die eine rationale und langfristigere Wirkung in der Auseinandersetzung mit den kommunalen Institutionen nicht erreichen konnten. Infolgedessen fehlte für die Stadtpolitik der stetige input von wirtschaftlichen Interessen und sozialen Kontextinformationen, auf deren Grundlage erst eine strategische Stadtentwicklungspolitik formuliert

---

48 Märkische Allgemeine Zeitung, 7.12.1993.

und allgemein getragen werden könnte. Die Interdependenz der administrativen, politischen und gesellschaftlichen Integrationsproblematik kann damit als *Teufelskreis* bezeichnet werden, der aus der gesellschaftlichen und institutionellen Unterentwicklung resultiert, die das sozialistische System nach seinem Zusammenbruch hinterlassen hat. Im genannten Beispiel waren durch den ab 1990 erfolgten institutionell-personellen Umbruch auch keine früheren Personennetzwerke mehr verfügbar, die diesen Integrationsmangel in institutionellen und gesellschaftlichen Teilbereichen zumindest übergangsweise hätten überbrücken können.

4. Probleme institutioneller Desintegration belasteten in den Jahren seit 1990 schließlich auch das Verhältnis von Stadt und Landkreis bzw. dortigen Ämtern und Gemeinden. Funktionierende Stadt-Umland-Beziehungen stellten gerade in der ersten Aufbauphase nach 1990 einen wichtigen Faktor für Erfolg oder Mißerfolg einer abgestimmten wirtschaftlichen und infrastrukturellen Entwicklung dar. Das zu DDR-Zeiten stark von informellen Personenbeziehungen überlagerte Verhältnis zwischen Kommunen und gegenüber den volkseigenen Betrieben[49] erfuhr durch die verfassungsrechtliche Fixierung der kommunalen Selbstverwaltung einen Bruch. Klar definierte und zugeordnete Strukturen, Kompetenzen und Ressourcen traten an die Stelle früher informell und interpersonell eng verflochtener Institutionen. Im hier behandelten Fallbeispiel wirkte diese Zäsur umso stärker, als in der Stadt ein sehr weitgehender institutionell-personeller Umbruch erfolgte, während im umgebenden Landkreis zumindest bis zum Beginn der Großkreisbildung im Jahre 1994 vergleichsweise große, institutionell-personelle Kontinuitäten weiterwirkten. Seinen parteipolitischen Ausdruck fand dieser Bruch in der städtischen Dominanz der SPD als umbruchpolitischer Neugründung und im Landkreis in der Dominanz der CDU als Nachfolgepartei der ehemaligen Blockpartei. Der in den Folgejahren personalisiert und zunehmend polemisch zwischen Oberbürgermeister und Landrat ausgetragene Konflikt begann bereits in der Zeit des Umbruchs 1990. Am lokalen Runden Tisch, so einige Befragte aus Kreis- und Amtsverwaltung, war der zukünftige gebietskörperschaftliche Status der auch zu DDR-Zeiten (mit allerdings geringer formaler Abgrenzungswirkung) kreisfreien Stadt zwischen Vertretern der neuen städtischen Politiker und den Vertretern des Kreises umstritten gewesen. Wegen des dort geltenden Konsensprinzips habe sich der spätere Oberbürgermeister gegen die Vertreter einer integrierten gebietskörperschaftlichen Lösung im Rahmen des Kreises durchgesetzt. Im Vorfeld der Gemeindeverwaltungs- und Kreisgebietsreform wurde diese Richtungsentscheidung von der Stadtverordnetenversammlung noch einmal bestätigt.[50] Mit Zustim-

---

49 Vgl. Kapitel 1.
50 Protokoll zur SVV-Sitzung vom 26.6.1991.

mung des Innenministeriums blieb die Stadt kreisfrei. Mißtrauisch verwiesen einige der Befragten im Landkreis auf das Bestehen einer „parteipolitischen Schiene" zwischen städtischer und Landesregierung (beide SPD-geführt). Verstärkt wurde dadurch der 1990 entstandene Bruch im bisher gewachsenen Verhältnis von Kreis und kreisfreier Stadt. Verblieb der Kreis, was Grundorientierungen und Handlungsmuster seiner Leitungspersonen und entsprechender Personennetze anbelangte, einer altinstitutionellen Kontinuität verhaftet, bildete die Stadt mit ihrem neuen, noch wenig eingespielten Leitungspersonal in Politik und Verwaltung den Versuch einer institutionellen Neugründung und politischen Erneuerung. Diese Diskrepanz zwischen alten und neuen Eliten hat zweifellos zur bewußten institutionellen Abgrenzung der Vertreter der Stadt von den Integrationsvorschlägen des Landkreises beigetragen. Der Konflikt zwischen beiden Gebietskörperschaften war zugleich Ausdruck eines Mangels an geteilten institutionellen Orientierungen und Handlungsmustern. Unterhalb der genannten Konfliktlinien hatten SVV- und Kreistagsausschüsse zumindest noch bis Ende 1991 zusammengearbeitet. Der Konflikt erreichte schießlich aber eine Intensität, die auch eine sachpolitische Zusammenarbeit unmöglich machte. 1993 äußerte der Oberbürgermeister öffentlich, daß es eine „Zumutung" sei, mit einem Mann wie dem Landrat „überhaupt noch ein Gespräch zu führen", während der Landrat dem entgegnete, obwohl es sich nicht um eine Privatfehde handle, „zunehmend dünnhäutiger und sensibler auf die Attacken des OB" zu reagieren.[51] Bei unserer Befragung Ende 1993 entstand der Eindruck einer personalisiert ausgetragenen, völlig ungeregelten Konkurrenz um Einwohner, Steuerzahler, Investoren, Gebiets- und Infrastrukturansprüche. Im Ergebnis führte diese Konkurrenz mehrfach zur Blockierung und Schädigung des wirtschaftlichen Umstrukturierungsprozesses in beiden Gebietskörperschaften. Exemplarisch etwa ist der Streit zwischen der Stadt und einer benachbarten Amtsverwaltung um die Ansiedlung eines Baumarktes, unweit der Stadtgrenze auf der „grünen Wiese". Diese Problematik wiederholte sich mehrere Male auch bei der Ausweisung von Gewerbegebieten im Grenzgebiet zwischen Kreis und Stadt. Durch die Unfähigkeit der Stadt, an dieser Entwicklung in ihrer Peripherie etwas zu ändern, verschärfte sich auch der innerstädtische Streit, insbesondere zwischen örtlichem Einzelhandel und Oberbürgermeister. Der Vorwurf: Die Innenstadt veröde, die Bevölkerung kaufe im Landkreis in den großen Märkten ein. In einem anderen Streitfall ging es um die Eingemeindung einer weitab vom Stadtgebiet liegenden Gemeinde, wo seit DDR-Zeiten das städtische Wasserwerk beheimatet war. Zum Leidwesen von Kreis- und Gemeindevertretern konnte ein geplanter gemeindlicher Wasserzweckverband nicht entstehen. Die betroffe-

---

51 Märkische Allgemeine Zeitung, 17. und 19.6. 1993.

nen Gemeinden des Kreises mußten statt dessen Dienstleistungsverträge mit der Stadt schließen und konnten weder Wasserpreis, noch Betrieb der städtischen Wasserwirtschaft beeinflussen.[52]

Mit der Bildung des neuen Großkreises *Potsdam-Mittelmark* und der durch die zweiten Kommunalwahlen eintretenden, parteipolitischen Übereinstimmung der Verwaltungsspitze in Stadt und Landkreis (SPD) erhielten wir vereinzelte Hinweise auf eine Verbesserung im Stadt-Umland-Verhältnis.[53] Bei den Aufgaben der Infrastrukturentwicklung, die im „Alleingang" nicht gelöst werden können, wurde die Zusammenarbeit von Stadt und Großkreis ausgebaut. Zu nennen sind hier die Vorarbeiten zur Schaffung eines „Abfallwirtschaftszweckverbandes", dem die Städte Brandenburg und Potsdam sowie der Landkreis Potsdam-Mittelmark (mit zusammen über 400.000 Einwohnern) angehören sollen. Auch im Rahmen der „Regionalen Planungsgemeinschaft Havelland-Fläming" kooperieren Großkreis und Stadt. Ihr gehören die Oberbürgermeister von Potsdam und Brandenburg, die Landräte der Kreise Havelland, Kreis Potsdam-Mittelmark und Teltow-Fläming, weitere Bürgermeister und andere, von den Vertretungsinstitutionen der Region gewählte Regionalräte an (insgesamt 40).[54] Welche praktische Bedeutung diese Zusammenarbeit jedoch hat, ob der skizzierte interkommunale Konflikt seit der Kreisgebietsreform grundsätzlich beigelegt wurde, konnte aus der uns vorliegenden Informationsbasis nicht mehr ermittelt werden.

Für die Zeit von 1990 bis 1994 können wir jedoch folgern, daß neben der skizzierten und als Teufelskreis bezeichneten, innerkommunalen Integrations- und Vergesellschaftungsproblematik auch die zu DDR-Zeiten personell und informell eng vernetzte Zusammenarbeit von Stadt und Umland in einen Zustand der Desintegration und des überpersonalisiert ausgetragenen Konflikts umschlug. Beiden Gebietskörperschaften bereitete das erhebliche Probleme in der Infrastruktur- und Wirtschaftsentwicklung. Altinstitutionell-personelle Kontinuitäten im Landkreis und institutionell-personelle Brüche in der Stadt bezeichneten dabei die Konfliktlinie, entlang welcher unversöhnlich gegeneinander um Investoren, Einwohner und Infrastrukturen konkurriert wurde.

---

52 Auch hier entstand der Eindruck, das SPD-geführte Innenministerium bevorzuge die Stadt gegenüber dem CDU dominierten Landkreis. Immerhin mußte ein angrenzendes, ursprünglich auch die betreffende Gemeinde einschließendes Amt, wegen des Unterschreitens der 5.000-Einwohnergrenze eine ministerielle Sondergenehmigung erhalten.
53 Wegen des zeitlichen Überschreitens des eigentlichen Untersuchungsrahmens handelt es sich nur noch um Einzelbeispiele, aus denen keine systematischen Folgerungen gezogen werden können.
54 Vgl. zum Regionalplan Havelland-Fläming; Märkische Allgemeine Zeitung vom 7.6.1995.

4.3 Kreisangehörige Gemeinden, Ämter und Verwaltungsgemeinschaften

Im folgenden Abschnitt behandeln wir das Verhältnis von kleinen Gemeinden, Amtsverwaltungen bzw. Verwaltungsgemeinschaften und Kreisverwaltungen im Untersuchungsgebiet zwischen 1990 und 1994/5.

Die kleinen kreisangehörigen Gemeinden wurden durch die Wiedererlangung der kommunalen Selbstverwaltung seit 1990 vor besonders große Herausforderungen gestellt. Ihre neuen Aufgaben gingen weit über die bisherigen Funktionen der örtlichen Räte in der DDR hinaus. In der DDR waren die kleinen Gemeinden mit meistens nur zwei hauptamtlichen Kräften (Bürgermeister/in und Sekretär/in) weitgehend vom Rat des Kreises abhängig gewesen. Lediglich auf dem Wege informeller Austauschbeziehungen mit der ortsansässigen volkseigenen Wirtschaft war es möglich, das eine oder andere Projekt eigenständiger in die Tat umzusetzen. Auch im Bereich kleinerer Bauvorhaben (bis 50 000 Mark) konnte das gemeindliche „Bauaktiv" selbständig planen und entscheiden. Eine formalrechtliche Selbstverwaltungsgarantie i.S. eines fest verfügbaren Fundus' von Aufgaben und Kompetenzen hatten die Gemeinden jedoch nicht.[55] Durch den Zusammenbruch der SED-Herrschaft im November 1989 erfuhr die Ebene der Räte der Kreise und damit auch der „demokratisch-zentralistische" Einbindungsmodus der kleinen Gemeinden in den Kreisverband eine radikale Delegitimierung.

Autonomiephase und Reintegration: Die Entwicklung zu Ämtern und Verwaltungsgemeinschaften

Die bei den ersten Kommunalwahlen im Mai 1990 gewählten Gemeindebürgermeister sahen erstmals die Chance, frei von der Bevormundung durch die Kreise tatkräftig an den gemeindlichen „Aufschwung Ost" heranzugehen. Stimuliert wurde dies nicht zuletzt durch die Verfügbarkeit von staatlichen Fördergeldern etwa aus dem Aufschwung-Ost-Programm und ersten Landesförderungen. Was das Verhältnis von Kreis und Gemeinden betrifft, kann in beiden Untersuchungsregionen für die Zeit nach den ersten Kommunalwahlen von einer Phase gemeindlicher Autonomie und von einer institutionellen Desintegration des Kreises als Gemeindeverband gesprochen werden. Der Kontakt zur Kreisebene wurde reduziert und man setzte vor allem auf die eigenen Gestaltungsfähigkeiten. Nicht selten wurde diese Pha-

---

55 Vgl. Kapitel 1.

se kleingemeindlicher Selbstverwaltungseuphorie als „Wildwuchs" und „Anarchie" bezeichnet, vor allem von denen, die vor und nach der Wende regionale Gestaltungs- und Aufsichtsverantwortung trugen. Die Vielzahl unkoordiniert erstellter und heute ungenutzter Gewerbegebiete ist ein Zeugnis dieser Problematik. Ursachen dafür sind die Praxis der Vergabe von Fördergeldern in den ersten Jahren nach der Wende und die mangelnde Kooperation der Gemeinden untereinander. Wir gehen auf diese Problematik kleingemeindlicher Infrastrukturentwicklung am Ende dieses Abschnittes ein.

Mit der Bildung von Ämtern und Verwaltungsgemeinschaften[56] in Brandenburg 1992/93 und in Sachsen Anhalt 1993/94 erfuhr die institutionelle Einbindung der seit 1990 mit der Selbstverwaltungsgarantie ausgestatteten Gemeinden erneut eine grundlegende Veränderung. Wegen der großen Zahl kleiner Gemeinden[57] fehlte bis zu diesem Zeitpunkt ein gebündeltes administratives Potential zur lokalen und regionalen Entwicklung. Das hatte nicht zuletzt der Wildwuchs regional unabgestimmter einzelgemeindlicher Projekte und Förderinstrumente in den vergangenen beiden Jahren bewiesen. Die neuen Gemeinschaftsverwaltungen stellen gewissermaßen eine Mischung von Kleingemeindepolitik und an einem Ort gebündelter, professioneller Verwaltung dar. Bei der Konzipierung der Gemeindeverwaltungsreformen in den neuen Bundesländern wurden die Erfahrungen der Gemeindeverwaltungsreform in den alten Bundesländern berücksichtigt.[58] Trotz der Stärkung der lokalen Verwaltungskapazitäten wollte man die politische Selbständigkeit und die soziopolitische Integrationsleistung auch kleinerer Gemeinden erhalten. Die erst errungenen demokratischen Selbstverwaltungsrechte sollten durch effizienzorientierte Eingemeindungen nicht in Frage gestellt werden.[59]

---

56 Ämter bzw. Verwaltungsgemeinschaften sind der Zusammenschluß kreisangehöriger Gemeinden zum Zwecke der Bildung einer gemeinsamen Verwaltung.
57 In Brandenburg hatten 1993 von 1.813 Gemeinden 1.100 weniger als 500 Einwohner, in Sachsen-Anhalt von 1.350 Gemeinden 540 weniger als 500 Einwohner. Vgl. Schmidt-Eichstaedt, Aus Politik und Zeitgeschichte, B 36/1993, S. 3-17, hier S. 10 bzw.: Sag mir wo die Ämter sind. Tips und Informationen über das Amt im Land Brandenburg. Hrsg.: Ministerium des Innern des Landes Brandenburg, Potsdam 1993, S.3.
58 In den alten Bundesländern war in der Zeit von 1968 bis 1978 die Zahl der Gemeinden von 24.000 auf 8.500 vermindert worden. 6.276 kleinere Gemeinden wurden dabei in 1.092 Verwaltungsgemeinschaften (Verbandsgemeinden, Samtgemeinden, Ämtern) zusammengeschlossen.
59 Vgl. Schmidt-Eichstaedt (1993: 8), der diesbezüglich von „Kompromißmodellen" bei der Gemeindeverwaltungsreform in den neuen Ländern spricht und Bernet (1993: 20), der die Gemeinden als „die letzten Nischen, das einzige vertraute Umfeld, das die neuen Bundesbürger in ihrer zerbrochenen und weiter im Abwärtstrend befindlichen Existenz gerettet haben", bezeichnet.

Im *Land Brandenburg* bildeten die Gemeinden bis Mitte 1992 provisorische Amtsausschüsse. Ende des selben Jahres konnten Stellen- und Ämterverteilungsplan festgelegt und Amtsdirektoren eingesetzt werden. Insgesamt sind 160 Ämter gebildet worden (amtsfreie Gemeinden gibt es 58), die eine Mindestgröße von 5000 Einwohnern haben mußten. Die zu einem Amt zusammengeschlossenen Gemeinden richteten sich entweder eine eigene Verwaltung ein oder bedienten sich einer vorhandenen Verwaltung einer größeren Gemeinde, die amtsangehörig oder amtsfrei sein konnte.[60]

Der Amtsausschuß, der die politischen und sachlichen Vorgaben für die Arbeit des Amtes bestimmt und die Durchführung der Entscheidungen kontrolliert, besteht in Brandenburg aus den Bürgermeistern und je einem weiteren Gemeindevertreter der amtsangehörigen Gemeinden. Der Amtsausschuß wählt aus seiner Mitte einen Vorsitzenden und beruft für die Dauer von acht Jahren einen hauptamtlichen Amtsdirektor als leitenden Verwaltungsbeamten. Das Amt eines ehrenamtlichen Bürgermeisters und eine Anstellung in der Amtsverwaltung sind in Brandenburg inkompatibel.

In Sachsen-Anhalt ist die neue Gemeindeordnung, die auch die Bildung von Verwaltungsgemeinschaften regelt, am 1. Juli 1994 in Kraft getreten. Aber schon im Juli 1993 hatte sich auf der Grundlage vorbereitender Gesetze zur Verwaltungs- und Gebietsreform[61] der überwiegende Teil der Gemeinden zu Verwaltungsgemeinschaften zusammengeschlossen. Struktur und Aufgaben der Organe der Verwaltungsgemeinschaft ähneln denen der Brandenburger Ämter. Die der Verwaltungsgemeinschaft angehörenden Gemeinden bilden eine Gemeinschaftsverwaltung oder schließen sich der Verwaltung einer Trägergemeinde an.[62] Der Gemeinschaftsausschuß besteht zwingend nur aus den Bürgermeistern der angehörigen Gemeinden, kann aber um weitere Gemeindevertreter erweitert werden. Die Mitgliedschaft eines Bürgermeisters im Gemeinschaftsausschuß ist mit einer hauptamtlichen Beschäftigung in der Verwaltung der Verwaltungsgemeinschaft nicht vereinbar, im Fall der Unvereinbarkeit entsendet die betroffene Gemeinde einen Ersatzvertreter. Der Gemeinschaftsausschuß setzt den Leiter der Verwaltungsgemeinschaft ein. Die Aufgabenverteilung zwischen Ämtern/Verwaltungsgemeinschaften und Gemeinden ist in den Kommunalverfassungen der beiden Länder ähnlich geregelt. Danach erfüllen die Ämter/Verwaltungsgemeinschaften die Aufgaben des übertragenen Wirkungskreises (der Pflichtaufgaben zur Erfüllung nach Weisung). Aufgaben des eigenen Wir-

---

60 Vgl. Amtsordnung für das Land Brandenburg, § 2.
61 Vorschaltgesetz zur Verwaltungs- und Gebietsreform des Landes Sachsen-Anhalt, GVBl. LSA Nr. 41/1992, S. 716 und Gesetz zur Neuordnung der kommunalen Gemeinschaftsarbeit und zur Anpassung der Bauordnung, GVBl. LSA Nr. 42/1992, S. 730.
62 Gemeindeordnung für das Land Sachsen-Anhalt, §75ff.

kungskreises übernehmen die Ämter/Verwaltungsgemeinschaften nur, wenn sie ihnen von den Gemeinden übertragen werden.[63]

Im Amt Emster Havel in unserer Untersuchungsregion Brandenburg waren zusätzlich alle Gebührensatzungen und die Erstellung von Rahmenrichtlinien für den Baubereich einheitlich über das Amt geregelt. Im benachbarten Amt Lehnin haben die Gemeinden laut Hauptsatzung die „Wahrnehmung der Aufgaben laut Schiedsstellengesetz" und die „Wahrnehmung der Aufgaben laut Umlegungsverordnung" auf das Amt übertragen. In der Verwaltungsgemeinschaft Zörbig in unserer Sachsen-Anhaltinischen Untersuchungsregion ist der Versuch der Verwaltungsgemeinschaft, auch alle Aufgaben des eigenen Wirkungskreises zu erhalten, von der Kommunalaufsicht als Einmischung in die gemeindliche Selbstverwaltung kritisiert worden. Nun wird ein Katalog einzelner zu übertragender Aufgaben erarbeitet.

In allen vier Ämtern/Verwaltungsgemeinschaften verblieben die Personal- und die Finanzhoheit, die Schulträgerschaft und die Trägerschaft der ehemals nachgeordneten Einrichtungen der DDR (Kindertagesstätten, Horte) in den Gemeinden. Die Ämter/Verwaltungsgemeinschaften waren bei der Verwaltung der Finanzen und des Personals lediglich unterstützend tätig.

Nach einer Phase der institutionellen Desintegration seit 1990 (d.h., der Loslösung der Gemeinden vom Kreis als Gemeindeverband) erfolgte der Prozeß der institutionellen Reintegration der kleinen Gemeinden vermittels der Ämter bzw. Verwaltungsgemeinschaften. Sie ging einher mit der Etablierung einer rechtsstaatlich strukturierten Zusammenarbeit zwischen Gemeinden und Ämtern oder Verwaltungsgemeinschaften bzw. zwischen Ämtern oder Verwaltungsgemeinschaften und den Kreisverwaltungen. Allerdings erwies sich die bisherige Art der institutionellen Reintegration der Gemeinden vor allem als eine „verwaltungstechnische". Die Identifikation der Gemeindevertreter mit ihren Ämtern/Verwaltungsgemeinschaften war gering. Das zeigt auch die – mit Ausnahmen – geringe eigenständige Kooperation zwischen einzelnen Gemeinden.

Der Entwicklungsstand von Ämtern und Verwaltungsgemeinschaften wird im folgenden Abschnitt zunächst durch die Untersuchung der jeweiligen Einschätzungen von professionellen Verwaltern und Gemeindepolitikern zum Spannungsverhältnis von interkommunaler Verwaltung und kommunaler Selbstverwaltung der Kleingemeinden bewertet.

---

63 Vgl. § 5 der Amtsordnung für das Land Brandenburg und § 77 der Gemeindeordnung für das Land Sachsen-Anhalt.

Gemeinden, Ämter und Verwaltungsgemeinschaften aus der Sicht von Kommunalpolitik und -verwaltung[64]

Allgemein war die Zustimmung der Befragten zur Bildung von Ämtern und Verwaltungsgemeinschaften groß. An den unterschiedlichen Bewertungen von Gemeindepolitikern und hauptamtlichen Verwaltern kann das Spannungsverhältnis zwischen lokalistischem Autarkiestreben seitens der Einzel-Gemeinden und dem Anspruch der Ämter bzw. Verwaltungsgemeinschaften nach Aufgabenkonzentration in den Verwaltungen abgelesen werden. Zwar waren die Gemeindevertreter deutlich stärker als die Verwalter der Auffassung, daß die Bildung von Ämtern bzw. Verwaltungsgemeinschaften die Lösung gemeindlicher Probleme erleichtere. Auf diese Weise sei auch die Arbeit der Gemeindevertretungen professionalisiert und aufgewertet und eine bessere, regionale Entwicklungsperspektive eröffnet worden. Andererseits zeigten sich die Gemeindevertreter skeptischer als die befragten Verwalter, ob die Gemeinden „weitgehend" über die Tätigkeit der professionellen Verwaltungen bestimmen können. Die Zunahme der Verwaltungskraft bedeutete für die Gemeindepolitiker notwendig den Verlust an eigenständigen Kontroll- und Gestaltungsmöglichkeiten. Um so demonstrativer hielten die Gemeindepolitiker in weiteren Äußerungen am Fortbestand ihrer Selbstverwaltungskompetenzen fest: Amtsverwaltung bzw. Gemeinschaftsverwaltung seien lediglich „Auftragnehmer" für die kommunalpolitisch „souveränen" Einzeleinheiten, repräsentiert durch Gemeindevertretungen und Amtsausschuß. Ein Bürgermeister und Vorsitzender des Amtsausschusses äußerte beispielhaft:

„Das Amt kann uns nicht einschränken. Wir sind doch der Dienstherr. Es ist doch klar, daß der Amtsdirektor versucht, seine Sicht der Dinge durchzusetzen. Das würde ich auch tun. Meine Aufgabe ist es, den Amtsausschuß so zusammen zu halten, daß wir wirklich der Dienstherr sind und kein anderer."

An den Kompetenzen der Gemeinden (Haushalts-, Satzungs-, Planungs-, Personalhoheit) wurde explizit festgehalten. Dies vermutlich gerade deshalb, weil die professionellen Verwaltungen tendenziell bestrebt und strukturell wie personell in der Lage sind, die kleingemeindliche Problemverarbeitung insgesamt auf sich zu konzentrieren.

Diese Spannung zwischen hauptamtlicher Verwaltung und ehrenamtlicher Gemeindepolitik konnten wir auch den Äußerungen der befragten

---

64 Die Ergebnisse stammen aus der quantitativen Erhebung wie aus qualitativen Interviews. Die quantitative Erhebung erfolgte in Brandenburg Ende 1993 und in Sachsen-Anhalt Anfang 1994. Die ergänzenden qualitativen Interviews wurden in der ersten Jahreshälfte 1995 geführt, um Auskünfte über die Konsolidierung der Ämter und Verwaltungsgemeinschaften zu erhalten.

Verwalter in Ämtern und Verwaltungsgemeinschaften entnehmen. Einerseits sahen sie, ganz anders als die Gemeindevertreter, keinen besonderen Beitrag der professionellen Gemeinschaftsverwaltungen zum Erhalt der gemeindlichen Ebene als örtlicher Anlaufstelle für die Bevölkerung. Andererseits gingen sie davon aus, daß die Gemeinden, etwa in Form des Amtsausschusses, weitgehend bestimmen, was Amtsverwaltungen bzw. Verwaltungsgemeinschaften zu tun haben. Das Dilemma der professionellen Ämter bzw. Verwaltungsgemeinschaften lag, das ergaben direkte Hinweise der Verwalter, darin begründet, daß der kommunale Selbstverwaltungsstatus der kleinen Gemeinden nach Art. 28,2 GG (Planungs-, Satzungs-, Personal- und Finanzhoheit) durch Amt bzw. Verwaltungsgemeinschaft unberührt blieb. Im Verwaltungsalltag bedeutete dies einen erheblichen Koordinierungs-, Aushandlungs- und Zeitaufwand, da administrative Beschlußvorlagen – sei es für Haushaltspläne, Satzungen oder Planungen – mit den oft ablehnend und partikularistisch eingestellten Gemeindevertretungen einzeln verhandelt und zur Entscheidung gebracht werden mußten. Die vom Amt bzw. von der Verwaltungsgemeinschaft verfolgte regionale Finanz-, Struktur-, und Leistungsplanung wurde ihrer Ansicht nach auf diese Weise konterkariert. Letztlich, so die Klage der Verwalter, neutralisiere das Festhalten am kleingemeindlichen Selbstverwaltungsanspruch die professionelle Leistungsfähigkeit der Ämter/Verwaltungsgemeinschaften.[65] Verschärft wurde dieses Dilemma durch das Qualifikationsgefälle zwischen gemeindepolitischer und hauptamtlich administrativer Ebene. Auch nach der Ämterbildung, so Aussagen in der Region Brandenburg, sei es immer wieder zum Abschluß rechtlich bedenklicher und gemeindeschädigender Verträge mit privaten Leistungsanbietern gekommen. Die Warnungen und Hinweise der mitzeichnungspflichtigen Amtsverwaltung seien „störrisch" zurückgewiesen worden. Kurzum: Die Amtsverwaltung sei ein „Zwitter" mit professionell-administrativen Strukturen, abhängig von der kleingemeindlich-lokalistischen Politik. Die Bedeutung einzelner Schlüsselpersonen in der Kleingemeindepolitik wurde schon an anderer Stelle genannt.[66] Bei der Interessenvermittlung zwischen Verwaltung und Gemeinden kam den Bürgermeistern eine entschei-

---

65 Die Aussage eines Amtsleiters in der Verwaltungsgemeinschaft Mulde-Stausee, der gleichzeitig Bürgermeister einer Gemeinde ist, illustriert dies: „Die Entscheidungswege in der Verwaltungsgemeinschaft sind zu lang, weil erst die Gemeinden klären müssen, ob sie eine Aufgabe an die Verwaltungsgemeinschaft übertragen oder nicht. Dann muß es innerhalb der Verwaltungsgemeinschaft an die einzelnen Ämter gehen. Besser wäre ein Modell der Verwaltungsgemeinschaft, wie ich es aus den alten Bundesländern kenne. Dort haben sie nur das Tiefbauamt und die Kasse gemeinsam. Alles andere bleibt bei den einzelnen Gemeinden. Das hiesige Modell, bei dem alles zusammengelegt wird, könnte erst funktionieren, wenn die Gemeinden zu einer Einheitsgemeinde zusammengelegt werden."
66 Vgl. Kapitel 3.

dende Rolle zu. Durch die Präsenz in den Amts- und Gemeinschaftsausschüssen fiel es ihnen notwendig leichter, zwischen Gemeinde und Verwaltung zu vermitteln, Interessen beider Seiten zu verstehen. In diesen Gremien wurden Entscheidungen überwiegend informell vorbereitet, was umso besser funktionierte, je älter bzw. intensiver die persönlichen Beziehungen zwischen den handelnden Akteuren in den Verwaltungsausschüssen und den professionellen Verwaltungen waren. Auch in diesem Falle erwiesen sich altinstitutionelle Kontinuitäten als Faktor für eine personenvermittelte Integration im neuen Handlungsrahmen.

Typische Themen, an denen sich Auseinandersetzungen zwischen Lokalismus und übergemeindlichen Interessen der Ämter bzw. Verwaltungsgemeinschaften entzündeten, waren Fragen der Trägerschaft gemeindlicher Sozial- und Kindereinrichtungen, die Errichtung gemeinsamer Bauhöfe oder die Verabschiedung von Gebührensatzungen. Am Streit um die Trägerschaft der Kindertagesstätten wurde der Gegensatz zwischen gemeindlicher Interessenvertretung und Effizienzorientierung der Verwaltung besonders deutlich: Die Gemeinden versuchten im Interesse ihrer Wohnbevölkerung und der dort Beschäftigten, die örtlichen Kindertagesstätten zu erhalten, während die Verwaltungen mit Verweis auf die geringeren Kosten die Zentralisierung der Kindertagesstätten die Einrichtung eines Fahrdienstes anzuregen versuchten. Allerdings ermittelten wir nur in Einzelfällen Extremformen kleingemeindlichen Autarkiestrebens, wie etwa den Versuch, über ABM-Kräfte eine eigene Verwaltung zu reinstallieren oder selbständig private Planungsbüros einzusetzen, statt sich der gemeinsamen Verwaltung zu bedienen.

Im Spannungsverhältnis zwischen den Einzel-Gemeinden und der interkommunalen Verwaltung haben die Ämter/Verwaltungsgemeinschaften inzwischen stetig an Einfluß gewonnen. Das liegt bereits daran, daß das Qualifikationsgefälle zwischen Ämtern/Verwaltungsgemeinschaften und Einzel-Gemeinden zunimmt. Während die Klagen über die Aufgabenerfüllung durch die Verwaltungen inzwischen weniger wurden, ist die generelle Einschätzung der Kompetenzen der Kommunalpolitiker seitens der Amtsverwalter durchweg negativ. Genannt wurden etwa mangelnde Eigeninitiative, schlechte Sitzungsvorbereitung und geringe Gesetzeskenntnisse. Auch die zurückgehende Bereitschaft zur Übernahme kommunalpolitischer Ämter trug zur Bedeutungsabnahme der kommunalen Vertretungen bei. Es ist also kein Zufall, daß das Amt bzw. die Verwaltungsgemeinschaft in allen Untersuchungsregionen die Tagesordnung der Ausschußsitzungen bestimmte. Durch die Bildung der Ämter/Verwaltungsgemeinschaften hat außerdem die direkte Kommunikation zwischen Gemeinden und Kreisverwaltung nachgelassen. Lokale Informationsträger sind heute die Verwaltungen. Für Investoren und Ansiedlungswillige waren deshalb die Verwaltungen und nicht die Gemeinden erster Ansprechpartner. Schließlich zwang der finanzielle Druck die

Kommunen zu Aufgabenübertragungen. Zwangsläufig wächst dadurch die gemeindliche Bereitschaft zur gemeinsamen Problemlösung. Dort, wo es Ansätze zur kooperierenden Aufgabenbewältigung gab, herrscht Zufriedenheit über den eingeschlagenen Weg. Auch wenn sich die Gemeinden gegen die weitere Übertragung und Zentralisierung von Aufgaben wehren, hegten viele der befragten Gemeindevertreter selbst keinen Zweifel mehr daran, daß irgendwann die Einheitsgemeinde kommen wird.

Zum Verhältnis zwischen Kommunal- und Kreisverwaltung

Im folgenden Abschnitt versuchen wir eine Bestimmung des während der Befragungen wahrgenommenen Verhältnisses zwischen Gemeinden und Ämtern/Verwaltungsgemeinschaften auf der einen und dem jeweiligen Landkreis auf der anderen Seite. Damit knüpfen wir an die obige Beschreibung der seit 1990 erfolgten institutionellen Desintegration der Gemeinden aus den Landkreisen an. Zu berücksichtigen ist dabei, daß die politischen und institutionellen Rahmenbedingungen insbesondere auf der Ebene der Kreisverwaltungen im Verlauf unserer Untersuchung grundlegenden Veränderungen unterworfen waren: Im Land Brandenburg ging durch die Kreisgebietsreform[67] im Dezember 1993 der bisherige Landkreis Brandenburg im neuen Großkreis auf. Mit den zweiten Kommunalwahlen veränderte sich auch die parteipolitische Mehrheit (von der CDU zur SPD) und damit auch die institutionell-personelle Konstellation im für die untersuchten Ämter fortan zuständigen Landratsamt. Im gebietlich nahezu unveränderten Landkreis Bitterfeld[68] wechselte nach den Kommunalwahlen 1994 das Landratsamt von der CDU zur SPD.[69]

Zum Zeitpunkt der Erhebung am Ende der ersten Wahlperiode hatten alle Befragten eine Übereinstimmung zwischen den Interessen des Kreises und der Gemeinden konstatiert.[70] Unterschieden nach den Untersuchungsregionen, ermittelten wir in Brandenburg einen größeren Einklang zwischen Kreis- und Gemeindeinteressen und eine vergleichsweise größere Ablehnung von Differenzen zwischen Kreisentscheidungen und gemeindlichen

---

67 Mit den Kommunalwahlen 1993 wurden die bisherigen 38 Landkreise und 6 kreisfreien Städte auf 14 Großkreise und 4 kreisfreie Städte reduziert. Vgl. GVBl für das Land Brandenburg I Nr. 29/1992 vom 29.12.1992.
68 Vgl. Kapitel 5.
69 Die Daten, auf der die folgende Situationsbeschreibung beruht, stammen von Ende 1993 bzw. Anfang 1994. Sie werden ergänzt durch Ergebnisse aus qualitativen Interviews, die im Frühjahr 1995 geführt wurden, um Auskünfte über die kommunale Situation nach der Konsolidierung der Ämter bzw. Verwaltungsgemeinschaften zu erhalten.
70 Vgl. Tabellenanhang, Tabelle 49.

Interessen. Kritik übten die Befragten aus Gemeinden und Ämtern hier lediglich an Problemen der Ablauforganisation, beispielsweise den Wartezeiten in Genehmigungsverfahren. Die Konfliktursachen lagen damit in jenen Bereichen, in denen der Kreis eine rechtliche und fachliche Aufsichtspflicht hat.[71] Besonders deutlich monierten das die Gemeindepolitiker, die sich auch wegen der Bevormundung und Beschneidung gemeindlicher Handlungsspielräume beklagten. Indessen wiesen die Befragten einen bestehenden Grundkonflikt zwischen Kreis- und Gemeindeebene weit von sich, was dafür spricht, daß der altinstitutionell-paternalistische Integrationsmodus zwischen Kreis und Gemeinden in dieser ländlichen Region nicht grundlegend verändert wurde. Auch in den entsprechenden Äußerungen der Vertreter der Kreisebene dominierte die Vorstellung, die kleinen Gemeinden hätten nach wie vor das Bedürfnis, an die „Hand" des Kreises genommen zu werden. Insofern, und das steht in einer Linie mit den bisherigen Beobachtungen zur regional geringeren Umbruchintensität im ländlichen Raum Brandenburg, ist die altinstitutionelle Kontinuität im Kreis (bis zu seiner Auflösung Anfang 1994) noch wirksam gewesen. Im Alltag erwies sich dieser dominant altinstitutionelle Integrationsmodus, einmal abgesehen von kleineren „Meckereien" der Gemeindepolitiker, als wenig konfliktanfällig. Als problematisch erwies sich jedoch die rechtsstaatlich-formale Zusammenarbeit von Kreis- und Gemeindeebene. Das in der Region Brandenburg gerade im ländlichen Raum noch stärker vertretene Altpersonal auf Kreis- und Gemeindeebene teilte altinstitutionelle Orientierungen und Handlungsmuster. Verfahren der rechtsstaatlichen Zusammenarbeit standen diese Personen jedoch distanziert gegenüber.[72] Dem entnehmen wir, daß altinstitutionelle Kontinuität allenfalls personalisierte institutionelle Bezüge garantierte, während sie sich anbetracht der Vorgaben einer formalen und rechtsstaatlichen Ablauforganisation als anfällig für Fehler und Pannen erwies. Diese Annahme wird durch das regionale Vergleichsbeispiel teilweise bestätigt. Im weit stärker neupersonell besetzten Kreis Bitterfeld waren die ablauforganisatorischen Probleme des Zusammenhandelns geringer, problematisch indessen Interessenkollisionen zwischen Kreis und Gemeinden.[73] Es fehlte hier an einem übergreifenden Orientierungs- und Identifikationsrahmen für die überwiegend neupersonellen Verwalter und Politiker auf Kreis- und Gemeindeebene. Auf einen ge-

---

71 Fragen des Bauwesens (hier: Gestaltung der Innenbereichssatzung), der Eingemeindung, Fragen von Verkehr und Umwelt.
72 Vgl. auch Abschnitt 4.1.
73 Zum Zeitpunkt unserer Erhebung schwelte zwischen Kreis und Stadt Bitterfeld ein Konflikt um eine von der Gemeinde favorisierte Sondermüllverbrennungsanlage. Die größere Konfliktintensität im Landkreis Bitterfeld resultierte auch aus der impliziten Konkurrenz zwischen den großen kreisangehörigen Gemeinden (Bitterfeld, Wolfen) und dem relativ kleinen Landkreis.

wachsenen Grundbestand gemeinsamer altinstitutioneller Orientierungen konnte hier nicht zurückgegriffen werden. Während gemeinsame Handlungsroutinen und Identitäten der Akteure in Kreis und Gemeinden fehlten, verfolgten sie jedoch gemeinsam die Institutionalisierung eines rechtsstaatlich-demokratischen Selbstverwaltungsmodells. Auf Grund dessen erfolgte immerhin die formale Handlungsabstimmung und -koordinierung vergleichsweise besser als im Brandenburger Vergleichsbeispiel.

Auch weitere Beobachtungen in den Brandenburger Ämtern bestätigen die Grundannahme, daß unterschiedlich intensive institutionell-personelle Umbrüche direkte Auswirkungen auf den Integrationsgrad und die ablauforganisatorische Leistungsfähigkeit der betreffenden Fälle hatten. Im folgenden Abschnitt stellen wir zwei Beispiele vor, die sich durch die unterschiedliche Besetzung mit Verwaltungsalt, -neu und -westpersonal in den untersuchten Amtsverwaltungen auszeichneten. Das institutionelle Verhältnis zwischen Kreis und neu geschaffener interkommunaler Verwaltungsebene wurde maßgeblich davon beeinflußt. Im ersten Fall eines altinstitutionell dominierten Kontinuitätspfades war die neu aufgebaute Amtsverwaltung überwiegend mit Altpersonal besetzt. Eine Leitungsperson war zu DDR-Zeiten an exponierter Stelle Mitglied im Rat des Kreises, der Amtsdirektor schon vor der Wende Gemeindebürgermeister gewesen. Das hatte direkte Auswirkungen auf das Verhältnis von Kreis und Amt. Die Befragten in der Amtsverwaltung unterstrichen die gute persönliche Übereinstimmung mit den „Kollegen" in der Kreisverwaltung. Erhalten blieben inmitten von strukturellen und funktionalen Umbrüchen interpersonale Bezüge und damit auch gemeinsame Orientierungen und Handlungsmuster.

Das Verhältnis zwischen der Kreisverwaltung Brandenburg und der in den Leitungsfunktionen westdeutsch und neupersonell dominierten Amtsverwaltung Lehnin hingegen war gekennzeichnet durch gegenseitige Vorwürfe der Inkompetenz, durch Kompetenzgerangel und durch den Eindruck bei den Leitungspersonen der Amtsverwaltung, vom Kreis bevormundet zu werden. In diesem Falle des Zusammentreffens von institutionell-personeller Kontinuität auf der Ebene des Landkreises und institutionell-personellem Bruch auf der Ebene des Amtes trat der Konflikt zwischen altinstitutionellen Orientierungen und Handlungsmustern und einem professionellen, formalrechtsstaatlichen Selbstverständnis des westdeutschen Leitungspersonals klar zu Tage.

Ein wiederkehrendes Deutungsmuster in altpersonell geprägten Verwaltungsbereichen war es, sich gegen den Formalismus des aus Westdeutschland adaptierten Verwaltungsmodells mit Verweis auf die eigenen Bemühungen um Bürgernähe abzugrenzen. Dazu exemplarisch ein Amtsdirektor:

„Viele meiner Kollegen Amtsdirektoren waren ja vorher Bürgermeister, ehrenamtlich tätig, haben vorher einen Beruf ausgeübt und Verwaltung erst lernen müssen. Die gehen mit ganz anderen Augen ran, als gelernte Verwaltungsmenschen die erst fragen, bin ich zuständig? Wir haben immer noch (...) soziale Bindungen, wir versuchen, auch wo wir gar nicht mehr zuständig sind, zu helfen, zu richten und zu machen, und den Bürger nicht die kalte Verwaltung spüren zu lassen. Das erfordert mehr Aufwand (...), aber das ist einfach noch der Kontakt, der da ist. Hier geht keiner mit erhobener Nase durch die Gemeinde, sondern er würde sich mit jedem Bürger hinsetzen und sich relativ normal verhalten, weil er auch aus der Region kommt."

Die genannten Unterschiede zwischen den beiden Ämtern gelten jedoch nur für die erste Wahlperiode 1990-94. Durch die Großkreisbildung in Brandenburg hat sich das Verhältnis zwischen den Ämtern und der Kreisverwaltung insgesamt verschlechtert bzw. erneut destabilisiert. Zu den häufigsten Klagen über den neuen Großkreis gehörte, daß die neuen Mitarbeiter der Kreisverwaltung den Ämtern bzw. Verwaltungsgemeinschaften unbekannt seien, daß die neuen Verwaltungsstrukturen unübersichtlich und der Kreissitz zu weit entfernt sei und schließlich, daß die Entscheidungsfindung im Kreis nicht nachzuvollziehen sei. Zusätzlich zu Differenzen in ablauforganisatorischen und genehmigungsrechtlichen Fragen traten jetzt auch vermehrt Interessenkollisionen auf, sichtbar insbesondere in der Klage über die Beeinflussung der Regionalentwicklung zuungunsten der eigenen Amtsbereiche.

Die Schaffung der neuen Verwaltungsebene der Ämter bzw. Verwaltungsgemeinschaften veränderte notwendig auch das Verhältnis zwischen Gemeinden und Landkreisen. Die früher vom Kreis geleistete verwaltungstechnische Unterstützung übernahmen die hauptamtlichen Verwaltungen auf Gemeindeebene. Mit der Bildung der Ämter/Verwaltungsgemeinschaften ging eine Verschlechterung (in Brandenburg noch verstärkt durch die Großkreisbildung) der Beziehungen zwischen Einzel-Gemeinden und Kreisverwaltungen einher, verbunden auch mit der Auflösung noch bestehender persönlicher Bezüge zwischen Gemeinden und Kreisen.[74] Das führte für die Kommunalaufsicht in Kreis und Land zu Legitimationsdefiziten, die sich insbesondere im Unverständnis der Kommunen gegenüber zentralen regionalplanerischen Ansprüchen äußerten. Dabei vertraten die Ämter/Verwaltungsgemeinschaften in der Vermittlung zwischen übergeordneten regionalen Interessen einerseits und gemeindlichen Belangen andererseits eher die Seite ihrer Kommunen.

---

74 Sowohl im früheren Landkreis Brandenburg wie auch im Landkreis Bitterfeld gab es bis zur Gründung der Ämter/Verwaltungsgemeinschaften sogenannte Bürgermeister-Runden im Landratsamt, die von den Bürgermeistern heute vermißt werden.

Ämter und Verwaltungsgemeinschaften – Fazit

Heute, in der ersten Jahreshälfte 1995, befinden sich Ämter und Verwaltungsgemeinschaften in beiden Untersuchungsregionen in einer Phase der Konsolidierung. Die Beschäftigtenzahlen pendeln sich auf einen den Vorgaben der Landesverwaltungen entsprechenden Stand ein. Die Verwaltung bewältigt die ihr gestellten Aufgaben mit zunehmender Routine. In einzelnen Fällen sind bereits Leistungsreserven entstanden, die die Übernahme weiterer Aufgaben vom Kreis in die Ämter/Verwaltungsgemeinschaften ermöglichen würden. Das Verhältnis zwischen den Einzel-Gemeinden und ihren Ämtern bzw. Verwaltungsgemeinschaften ist allerdings nach wie vor von der Ambivalenz zwischen der Anerkennung der Professionalität der Verwaltung einerseits und lokalistischem Autarkiestreben andererseits bestimmt. Problematischer als die Routinisierung des Verwaltungshandelns ist also auch in diesem Falle der kommunalpolitische Entscheidungsprozeß in den Gemeindevertretungen und insbesondere in den Amts- bzw. Gemeinschaftsausschüssen. Lokalistisches „Kirchturmdenken" und die Überpersonalisierung des politischen Handelns behindern dabei gleichermaßen eine mit der Bündelung und Rationalisierung des Verwaltungshandelns nötige Rationalisierung des politischen Aushandlungs- und Entscheidungsprozesses. Zwangsläufig ist der alltägliche Handlungsdruck in den Verwaltungen größer, sich am neuen, rechtsstaatlichen und demokratischen Selbstverwaltungsmodell auszurichten als unter den ehrenamtlichen Kommunalpolitikern. Eine wichtige Rolle spielt dabei auch das Spannungsverhältnis zwischen Autonomiephase und Desintegration bisheriger institutioneller Einbindungsformen in die Landkreise seit 1990 und der durch die Übernahme des westdeutschen Rechts- und Verwaltungssystems, spätestens mit der Bildung gemeinsamer hauptamtlicher Verwaltungen wieder einsetzenden institutionellen Reintegration. Einige Kleingemeinden im Untersuchungsraum hatten nach der Wende ihre neuen Handlungsspielräume für eigenständige Koordinierungsleistungen genutzt. In einem Fall wurde ein Planungsverbund in der kommunalen Bauleitplanung, in einem anderen nach Art. 31 der DDR-Kommunalverfassung von 1990 eine Verwaltungsgemeinschaft angestrebt. Allerdings ist es in dieser Phase auch zu unabgestimmten Entwicklungen etwa im Infrastrukturbereich gekommen.[75] Eine raschere Zusammenlegung der Kleingemeinden in der „Autonomiephase" nach 1990 wäre vor Ort allerdings kaum akzeptiert worden. Selbst wenn es bei der Bildung von Ämtern und Verwaltungsgemeinschaften Varianten und Freiräume gab, fühlten sich die Gemeinden häufig an die zu DDR-Zeiten, von den Räten der Kreise aufoktroierten, Gemeindeverbände (Bernet 1993: 31f.)

---

75 Vgl. Kapitel 4.3.

erinnert. Ein weiterer Grund für das Dilemma zwischen gemeindlichem Selbstverwaltungsanspruch und Zentralisierungsstreben der Verwaltung ergibt sich schließlich aus der Uneindeutigkeit der Kompetenzverteilung im kommunalrechtlichen Regelungswerk. Im Spannungsverhältnis von gemeindlichen Selbstverwaltungsrechten und der Rolle der Verwaltungen als administrativen Auftragsnehmern sind Ämter und Verwaltungsgemeinschaften möglicherweise letztlich nur ein Zwischenschritt auf dem Wege zu politisch legitimierten und administrativ leistungsfähigeren Einheitsgemeinden. An dieser Entwicklungsperspektive hatte keine der Befragtengruppen, ob Gemeindepolitiker oder Leitungspersonen in der Verwaltung, einen ernsthaften Zweifel.

Für eine Erneuerung des Verhältnisses zwischen Einzel-Gemeinden und Landkreisen ließ die von mehrfachen Brüchen begleitete Entwicklung der kommunalen Institutionen vor allem in der Brandenburger Untersuchungsregion keinen Raum. Die Reintegration der Gemeinden nach der ersten „Autonomiephase" übernahmen statt der Kreise die Ämter bzw. Verwaltungsgemeinschaften. Die Auflösung bisheriger institutionell-personeller Bezüge durch die Kreisgebietsreform erschwerte die politischen Bezüge und Verfahrensabläufe zwischen den Kommunen und der hier berücksichtigten Großkreisverwaltung zusätzlich.

Infrastrukturentwicklung in den Kleingemeinden

Im folgenden Abschnitt beschäftigen wir uns mit Problemen und Ergebnissen der Infrastrukturentwicklung in den von uns untersuchten Kleingemeinden, Ämtern und Verwaltungsgemeinschaften im Zeitraum 1990-95. Im Kontext der öffentlichen Diskussion zur Verschwendung von Fördergeldern bzw. um Fehlplanungen und -investitionen beim „Aufschwung Ost"[76] kam auch unsere Brandenburger Untersuchungsregion zur Sprache.

Mehrere Faktoren spielten bei der gemeindlichen Infrastrukturentwicklung seit 1990 eine Rolle: Der mangelhafte Zustand der vorhandenen Infrastruktur (Straßen, Wasserversorgung, Stromnetz) bestimmte die Prioritätensetzung bei der Verwendung der ersten Investitionsmittel. Typische Maßnahmen, für die in den ersten Jahren nach der Wende Investitionsmittel verwendet wurden, waren die Errichtung bzw. Sanierung der Trink- und Abwassernetze, die Erschließung von Gewerbe- und Wohngebieten, die Sanierung von öffentlichen Gebäuden (Schulen, Kindertagesstätten), die Rekon-

---

76 Vgl. insbesondere DER SPIEGEL, 7/1995 und 8/1995 und Die Zeit, Nr. 27 vom 30.6.1995, S. 21.

struktion des Straßen- und Wegenetzes und die Schaffung weiterer Planungsgrundlagen.

In der ersten Zeit nach der Wende von 1990 bis 1992 floß ein Großteil der Fördergelder relativ unbürokratisch in die Kommunen. Bei der Fülle der unterschiedlichen Förderprogramme kam es wesentlich auf die Inititative der Gemeinden an, in welchem Umfang sie von Fördergeldern profitieren konnten. In der Region Bitterfeld wurden die Jahre 1990-92 als „goldene Zeiten" beschrieben, weil beantragte Maßnahmen zu 100% gefördert wurden. Später – 1993 und 94 – wurde die Eigenbeteiligung der Kommunen (in der Regel ca. 10-20%) zu einem wichtigen Kriterium für den Bezug von Fördergeldern. Inzwischen ist es für viele Gemeinden eine unüberwindliche Hürde, daß die Vergabe von Fördermitteln an ausreichende Eigenanteile gebunden ist. Aber nur einige wenige Gemeinden haben daraus die Lehre gezogen, Fördergelder in Kooperation miteinander zu beantragen, um ihren Eigenanteil sicher erbringen zu können.

Erfolg oder Mißerfolg beim Einwerben von Fördergeldern für die Einzelgemeinden waren vor allem von der Initiative, dem Informationsstand und der Planungs- und Akquisitionskompetenz der Gemeindevertreter, insbesondere der Bürgermeister, abhängig gewesen.[77] Das bestätigt einmal mehr die große Bedeutung des Faktors Person für die ersten Jahre des kommunalinstitutionellen Umbruchs nicht zuletzt auf der Gemeindeebene.

„Wer rege war, wer sich gekümmert hat, hat viel bekommen, wer sich nicht gekümmert hat, hat wenig bekommen", (Bürgermeister einer kleineren Gemeinde)

In einigen Fällen haben Bürgermeister über altpersonelle Verbindungen in die Kreisverwaltung Entwicklungsvorteile für ihre Kommunen erreichen können. Das bestätigte aus anderer Sicht der Leiter einer Verwaltungsgemeinschaft, dem selbst als administrativem Neueinsteiger solche Kontakte fehlten.[78] Die unterschiedliche Intensität der Kooperation zwischen Gemeinden hat unterschiedliche Schwerpunktsetzungen in der gemeindlichen Infrastrukturentwicklung zur Folge gehabt. Beispielsweise haben sich einige Gemeinden eines Brandenburger Amtes Entwicklungsvorteile geschaffen, indem sie bereits 1991/92 ein gemeinsames Rahmenkonzept zur Regionalentwicklung vereinbart haben: eine am See gelegene Gemeinde ist Wohn- und Erholungsstandort, eine nur Wohnstandort und die dritte Gewerbestand-

---

77 Vgl. Däumer 1995, dessen Untersuchung die Annahme zugrunde liegt, daß der Erfolg der Übertragung des westdeutschen Kommunalmodells wesentlich von der fachlichen Qualifikation der kommunalen Akteure abhängig ist.
78 „Kreislich hat sich hier fast nichts geändert, außer daß vieleicht die erste und zweite Ebene erneuert wurde, wenn überhaupt (...), das ganze untere Fußvolk ist geblieben, da wissen Sie ja, wer da drinne sitzt, da hatten natürlich die alten Genossen Riesenvorteile, die wußten teilweise eher was läuft, wo noch Mittel sind."

ort geworden. Auch in diesem Beispiel war es den guten persönlichen Kontakten eines bereits vor 1990 tätigen Bürgermeisters und jetzigen Amtsdirektors zu verdanken, daß es zu einer integrierteren Entwicklung unter Einbeziehung mehrerer Gemeinden kam.

Indessen hat die überwiegende Anzahl der Kommunen vor der Bildung der Ämter und Verwaltungsgemeinschaften die meisten Entscheidungen für sich, ohne eine gemeinsame Schwerpunktbildung mit den Nachbarn, getroffen. Entsprechend „spontan" und planlos wurden viele Investitionsbeschlüsse gefaßt. Nach Ansicht der befragten kommunalpolitischen Akteure haben die Gemeinden trotz „Unterlassungssünden" ihre Entwicklungsmöglichkeiten unter den gegebenen Umständen mindestens zufriedenstellend genutzt. Die zum Teil heftig geführte Diskussion um die Verschwendung von Fördergeldern in den neuen Bundesländern würde an der Realität vorbeigehen.

„Mit mehr bürokratischer Überwachung wären die Gemeinden nicht so weit, wie sie es heute sind." (Amtsleiter in einer Amtsverwaltung)

Nicht zu übersehen ist allerdings, daß es durch das eigenmächtige Handeln einzelner kommunaler Schlüsselpersonen zu massiven Fehlentwicklungen kam, die auch in Zukunft als Belastung, nicht zuletzt der Bürger und Gebührenzahler, wirken werden. So wurden auf engem Raum zu viele Klärwerke errichtet, zu viele Gewerbegebiete ausgewiesen, die nicht der heutigen Nachfragesituation entsprechen. Viele Bürgermeister hatten die wirtschaftliche Entwicklung nicht realistisch eingeschätzt. Im Land Brandenburg behindern heute ausgewiesene, aber ungenutzte Gewerbegebiete die Entwicklung einzelner Kommunen, weil die Regionalplanung bei Neuanträgen auf bereits genehmigte und zu nutzende Gewerbeflächen in Nachbargemeinden verweist. Entsprechend schlecht sind die Gemeinden in solchen Fällen auf die Regional- und Landesplanung des Ministeriums für Umweltschutz und Raumordnung zu sprechen. Frühzeitiger hätte es einer einheitlichen Regionalplanung bzw. einer zielgenaueren förderungspolitischen Steuerung auch seitens der Landesbehörden[79] bedurft. Allerdings fiel es den Vertretern vieler Kommunen selbst schwer, sich in die überlokale Planung einzubinden. Statt dessen wurden bei der Vorbereitung und Durchführung kommunaler Infrastrukturprojekte private Planungsbüros nicht selten zu teuer bezahlt. Häufig war die Zeit zwischen dem Empfang von Fördermitteln und der Investition des Geldes zu kurz, um verschiedene Angebote zu prüfen. Die mangelnde Erfahrung der kommunalpolitischen Akteure leistete dabei einen wichtigen Beitrag. Im Extremfall einer zum Untersuchungsgebiet in Brandenburg ge-

---

79 Im Juni 1995 monierte der Landesrechnungshof den fahrlässigen Umgang des Landes mit öffentlichen Geldern und kündigte konsequente Regreßforderungen bei aufgedeckten Verstößen an. Vgl. Märkische Allgemeine Zeitung, 16.6.1995.

hörenden Gemeinde wurde Mitte 1995 eine staatliche Zwangsverwaltung eingesetzt. Nachdem der Bürgermeister in den Jahren seit 1991 auf eigene Faust am Gemeinderat vorbei und ohne gesicherte Rechtsgrundlagen durch die Zusammenarbeit mit einem Marketingunternehmen (für die Flächenvermarktung) durch den Bau einer überdimensionierten Kläranlage den Kauf unnötiger Feuerlöschzüge und die Sanierung des Amtsgebäudes einen Schuldenberg von 16 bis 17 Mio. DM (bei 1.000 Einwohnern) anhäufte, trat der Gemeinderat zurück. Gemeindliche Planungsfehler können also nicht allein auf den Handlungsdruck und den Informationsmangel der ersten Umbruchjahre zurückgeführt werden. Solche Verschuldungen kamen einerseits wegen der fehlenden rechtlichen und Verwaltungskontrolle in der Aufbauphase zustande. Andererseits fehlte schlichtweg das qualifizierte und einer öffentlichen Verantwortung gewachsene Personal. Außerdem gewährleisteten die Gemeindevertretungen keine wirksame politische Kontrolle gemeindlicher Projekte. Trotz dieser Probleme war in allen untersuchten Ämtern/Verwaltungsgemeinschaften der Ärger, sich nicht intensiver und mit größerem Nachdruck um die Einwerbung von Fördermitteln gekümmert zu haben, weit verbreitet. Für eine aktive Aquisition hatte die Verwaltungskraft der Kommunen nicht ausgereicht. Deutlich wird dabei vor allem, daß die Abhängigkeit kleiner Gemeinden von öffentlichen Fördergeldern auch in Zukunft eine Herausforderung für die Steuerungs- und Kontrollfähigkeit der Landesbehörden und für die Rationalität der kommunalen Akteure darstellen wird.

4.4 Kommune – Land – Bund

Im folgenden Abschnitt geben wir schließlich einige Informationen, die während der Befragung Ende 1993 bzw. Anfang 1994 zum Verhältnis zwischen Kommunen und Landesbehörden seit 1990 ermittelt werden konnten.[80] In einer vergleichenden Perspektive ergaben sich unterschiedlich konflikthafte Verhältnisse in den beiden Untersuchungsregionen Brandenburg und Sachsen-Anhalt. Vor allem die Vertreter der untersuchten Brandenburgischen Kommunen benannten die Unkenntnis der Landesbehörden über die kommunale Situation, Kollisionen zwischen Entscheidungen des Landes und kommunalen Interessen, schließlich auch die Einmischung der Landesbehörden in die kommunale Selbstverwaltung als Probleme des Ver-

---

80 Vgl. Tabellenanhang, Tabelle 52. Ermittelt wurden in diesen Gesprächen auch offene Hinweise der Befragten auf besondere Probleme im Verhältnis der Kommunen gegenüber den Landesbehörden.

hältnisses von Kommunen und Land. Abkoppelung, Etatismus und Interessenkonflikte belasteten damit aus kommunaler Sicht das Verhältnis zu den Landesbehörden. In den Sachsen-Anhaltinischen Kommunen und Kreisen kritisierten die Befragten lediglich zu langsame Entscheidungsprozesse der Landesbehörden. Statt dessen betonten hier einige der Befragten, es gäbe einen guten Einklang zwischen Kommunen und Landesbehörden.

Ein Erklärungsfaktor für die kommunal geäußerte Entkoppelungs- und Etatismusproblematik im Land Brandenburg ist die Abwesenheit einer regionalen Mittelbehörde im zweistufigen Verwaltungsaufbau. Hinzu kamen beim vom institutionell-personellen Umbruch weniger stark erfaßten ländlichen Brandenburger Raum (abgesehen von der Stadt Brandenburg) generell noch stärker wirksame altinstitutionelle Grundorientierungen beim Leitungspersonal in Kommunalpolitik und -verwaltung. Notwendig entstand hier eine Diskrepanz gegenüber den Landesbehörden mit ihrem verwaltungstypisch sozialisierten, überwiegend westdeutschen Leitungspersonal.

Für beide Problemdimensionen, die organisationsstrukturelle wie die spezifisch institutionelle Dimension von Grundorientierungen und typischen Handlungsmustern im Verhältnis von kommunaler und Landesebene, ermittelten wir insbesondere in Brandenburg beispielhafte Hinweise:

Auf dem Gebiet der *Förderpolitik* des Landes kritisierten die Befragten vor allem das finanzielle Volumen der Kofinanzierungen. Durch den impliziten Zwang zur kommunalen Kreditaufnahme hätte dies zur Überschuldung der Kommunen beigetragen. Für Empörung sorgte auch das Umschalten der Zweckzuweisungen des Landes von einem vierteljährlichen auf einen monatlichen Überweisungsmodus ab 1994.[81] Ohnehin, so einige der Befragten, hätte das Land die Zuweisungen an die Kommunen häufig verzögert, was den planmäßigen Mittelabfluß behindert habe. Beklagt wurde der mit den Förderprogrammen verbundene Verwaltungsaufwand. Bei der verspäteten Bewilligung von Fördermitteln oft erst zur Mitte des Haushaltsjahres sei es fast unmöglich gewesen, unter Berücksichtigung der Förderungskriterien und des Haushaltsrechtes, Projektvorbereitung, Gemeinderatsbeschlüsse, Ausschreibungen und Programmumsetzung in der verbleibenden Zeit zu bewältigen. Im Ergebnis entstand bei den Kommunen und Kreisen der Eindruck, das Land wolle sich finanziell auf ihre Kosten entlasten. Ohne Unterschiede parteipolitischer oder gebietskörperschaftlicher Art nannten alle Befragten in der Brandenburger Untersuchungsregion diese Kritikpunkte. Komplementär zu diesen Defiziten der staatlichen Förderungspolitik nannten die Befragten auch Probleme im Bereich der staatlichen *Programmierungs- und Steuerungsleistung*. Während die enge Zweckbindung für die

---

81 Von den Kommunen, durch kurzfristige Anlage überschüssiger Mittelzuweisungen, erzielbare Zinsgewinne gingen zugunsten des Finanzministeriums verloren.

Förderprogramme des Landes die kommunalen Gestaltungsmöglichkeiten einschränkten und wegen rechnerisch falscher Bedarfsannahmen zum Teil ihr Ziel nicht erreichten[82], fehlte es an verläßlichen Förderungszusagen für die Bereiche Altschulden, ÖPNV, Bau und Ausbau von Schulen, für den Aufbau von Infrastrukturen der Abwasserentsorgung und zur Förderung des gewerblichen Mittelstands. Gesetzliche Regulierungsdefizite nannten die Befragten für den Bereich der Planung, wo übergangsweise mit einem „Vorschaltgesetz" gearbeitet werden mußte und überall dort, wo administrative Durchführungsbestimmungen und Verordnungen noch fehlten, etwa für das Landesumwelt-, das Wasser- und das Brandschutzgesetz.

Auch in *Planungs- und Genehmigungsfragen* nannten die Befragten erhebliche Abstimmungsprobleme zwischen kommunaler und Landesebene. Genannt wurde etwa die Raumordnungsbehörde, die kommunale Projekte durch eine „intransparente und restriktive Genehmigungspraxis" behinderte. Seit 1991 sei das Raumordnungsverfahren für den Kreis Brandenburg verschleppt worden. Neben der ablauforganisatorischen Dimension dieser Abstimmungsproblematik erhielten wir Hinweise auf eine schlecht funktionierende inhaltliche Abstimmung kommunaler und staatlicher Planungen. Planerische Schwerpunktsetzungen des Landes, etwa für den Standort des Großflughafens Berlin/Brandenburg bzw. eine ersatzweise angestrebte Großmülldeponie sowie die Frage der Havelbegradigung kollidierten mit regionalplanerischen Schwerpunktsetzungen von Kreis und Gemeinden, etwa im Bereich Tourismus. Dabei, so der Vorwurf, bevormundete und blockierte das Land Kreis und Gemeinden in ihren Kompetenzen und Entwicklungsplanungen. Kritik wurde dabei am Modell der regionalen Planungsgemeinschaften in gemeinsamer Trägerschaft von Land und Kommunen geäußert. Das Modell sei „substanzlos". Seitens des Landkreises hätte man es vorgezogen, regionale Planungsgemeinschaften in kommunaler Trägerschaft zu bilden. Investorenansiedlungsentscheidungen auf Landesebene würden trotz des Fehlens einer Flächennutzungsplanung und gegen die Wirtschafts- und Ansiedlungspolitik der Kommunen vorgenommen. Generell sei die Landesebene „zu weit entfernt". Wir sehen darin einen deutlichen Hinweis auf nachteilige Aspekte der 1990 beschlossenen Zweistufigkeit des Landesaufbaus gegenüber den enormen Umstrukturierungsproblemen der ersten Transformationsphase auf der kommunalen Ebene.

Als weitere strukturelle Grundsatzentscheidungen des Landes wurden auch *Kreisgebietsreform und Funktionalreform* sehr kritisch bewertet. Die Vertreter des untersuchten Kreises monierten den politischen und zeitlichen

---

82 Genannte Beispiele: Kirchendachsanierung aus Mitteln des Aufschwung-Ost-Programms; Programm des Sozialministeriums „Arbeit statt Sozialhilfe", falsche Berechnung von Pflegesätzen für körperlich Behinderte.

Umsetzungsdruck der „von oben" verfügten Kreisgebietsreform. Auf diese Weise sei die Funktionsfähigkeit der Kreise stark beeinträchtigt worden.[83] Die Funktionalreform diente nach Ansicht der Befragten lediglich einer Abwälzung von Landesaufgaben auf die Kommunen.[84] Zweifel an den Plänen der Funktionalreform wurden auch aus den negativen Erfahrungen der Kreise mit der Einrichtung regionaler Wasserwirtschaftsdirektionen heraus geäußert. Unter der Oberfläche der institutionellen Zweistufigkeit des Landes Brandenburg hätten sich Fachpersonalinteressen der früheren Bezirksverwaltungen der DDR durchgesetzt. Auch in Zukunft würden sich die personalpolitischen Interessen der einzelnen Landesressorts einer konsequenten Funktionalreform in den Weg stellen.

Kommunale Kritik richtete sich in Brandenburg auch gegen die *Ministerialorganisation*. Genannt wurden etwa intra- und interministerielle Abstimmungsprobleme zwischen den Abteilungen im Ministerium für Naturschutz und Raumordnung. Ein anderes Beispiel für die Unabgestimmtheit der Verwaltungsabläufe zwischen einzelnen Landesressorts war in der Stadt Brandenburg eine Förderungszusage des Sozialministeriums für eine modellhafte Altenwohnanlage. Durch die Nichtgenehmigung der städtischen Kreditaufnahme im Rahmen ihrer Kofinanzierungsverpflichtung vereitelte die Kommunalaufsicht das Projekt.

Ein weiterer Faktor für das gestörte Verhältnis zwischen den hier untersuchten Gebietskörperschaften und Landesbehörden ergab sich im Land Brandenburg aus *parteipolitischen Unterschieden*. Zwischen den parteipolitischen Standorten der befragten kommunalen Leitungspersonen und den Bewertungen der SPD-geführten Landesregierung konnte ein deutlicher Zusammenhang[85] ermittelt werden. In der Region Bitterfeld zeigt sich ein solcher Zusammenhang gegenüber der CDU-geführten Landesregierung

---

83 Die Entscheidung für den neuen Kreissitz Belzig sei von der Landesregierung gegen eine Zweidrittelmehrheit in den betroffenen Kreistagen, die sich für den Kreissitz Werder entschieden hätten, durchgedrückt worden.
84 Zur Finanzierung von Kitaplätzen und Asylbewerbern.
85 CDU-Anhänger widersprachen dem Einklang von kommunalem Interesse und Tätigkeit der Landesbehörden, betonten die Einmischungstendenz der Landesbehörden und die Unvereinbarkeit von Landesentscheidungen und kommunalen Interessen. Hierzu wurden die Aussagen zur Bewertung der Tätigkeit der Landesregierung mit den parteipolitischen Präferenzen der „Sonntagsfrage" korreliert. Vgl. Tabellenanhang, Tabelle 53.
Parteipolitischer Konflikt in den neuen Bundesländern ist neben vorhandenen Interessendifferenzen immer auch ein impliziter Konflikt bereits in der Nationalen Front vertretener bzw. erst nach 1989/90 entstandener Parteien. Der von uns verfolgte Unterschied zwischen institutionellen Brüchen und Kontinuitäten im Transformationsprozeß gilt auch für das Verhältnis ehemaliger z.B. Blockparteien und 1989/90 neu entstandener Parteien wie der SPD.

nicht ebenso eindeutig.[86] Die CDU stellte in den meisten untersuchten Kommunen entweder Bürgermeister oder Landrat. Wir halten es auch für plausibel, daß die institutionelle Dreistufigkeit in Sachsen-Anhalt einer (Partei-) Politisierung des Verhältnisses von Land und Kommunen stärker entgegenwirkte. Im Untersuchungsraum Brandenburg gingen hingegen die meisten Vertreter des dort untersuchten (damals CDU-geführten) Kreises und der kleinen Gemeinden davon aus, daß die (SPD-geführte) Stadt einen priviligierten Zugang zur Landesregierung habe.[87] Diese parteipolitische Nähe wurde von einigen Befragten der betreffenden Stadt selbst nicht unkritisch gesehen. Zwar erleichtere die parteipolitische Übereinstimmung zum Land einen „guten Draht" zu den Ministerien. Anderseits falle es in dieser Position schwer, gegenüber dem Land einen eigenen politischen Standpunkt zu entwickeln und zu vertreten. Parteipolitische „Interessenharmonie" oder Patronagebezüge überlagerten, so scheint es, gerade im zweistufig aufgebauten Brandenburg das Verhältnis von Land und Kommunen, was als ernstzunehmender Hinweis auf eine noch mangelhafte vertikale Integration des Staates gewertet werden kann.

Als Fazit können wir festhalten: Bei der Vielschichtigkeit der angesprochenen Problemkomplexe ist es schwer, die genannten Problemursachen für das vor allem im Land Brandenburg offenbar prekäre institutionelle Verhältnis von Kommunen und Land genau zu gewichten. Ob sich die Probleme aus einer technokratisch-etatistischen Arbeitsweise der Landesbehörden, aus der koalitionspolitisch und personell verursachten Abstimmungsproblematik der Brandenburgischen Ministerien, aus umbruch- und umbaubedingten Steuerungsdefiziten oder aber vor allem aus den Defiziten der institutionellen Zweistufigkeit ergaben, ob zusätzlich ein altinstitutioneller „Eigensinn" der Kreise und Landgemeinden gegen die aufsichts- und planungsrechtlichen Kompetenzen des Landes wirksam war, ist im einzelnen schwer zu entscheiden. Unbeantwortet bleibt im Rahmen dieser Studie auch, inwiefern die Neuinstitutionalisierung der Kreisebene im Großkreis im Land Brandenburg das Verhältnis von Kommunen und Land verändert hat. Durch die Auflösung des untersuchten Landkreises wurden altinstitutionelle und altparteiliche Kontinuitäten unterbrochen, wodurch die Interessenharmonie gegenüber dem Land potentiell steigen konnte. Zugleich mußte jedoch der gesamte Prozeß der Strukturierung und Verstetigung des Verhältnisses von

---

86 Immerhin aber unterscheiden sich die Aussagen der SPD-Anhänger von denen der CDU-Anhänger im Raum Bitterfeld hinsichtlich der Kritik an landesseitiger Einmischung in die kommunale Selbstverwaltung und möglichen Kollisionen zwischen Landesentscheidungen und kommunalen Interessen.
87 Allerdings wurden die entsprechenden Gespräche im Raum Brandenburg kurz vor den Kommunalwahlen am 5.12.1993 geführt. Eine stärkere Politisierung kommunaler Sichtweisen konnte auch wahlkampfbedingt sein.

(Groß-) Kreis und Land von neuem beginnen. Nötig ist, das lehrt vor allem das Brandenburger Beispiel, eine intensivere Abstimmung und Vermittlung zwischen Land und Kommunen hinsichtlich personellen Orientierungen und Selbstverständnissen, jeweiligen Interessen und institutionellen Kompetenzen. Lediglich eine umfassende verfahrensförmige und eben nicht nur parteipolitisch instrumentierte Verkoppelung von Land und Kommunen könnte helfen, die genannten Konflikte zu reduzieren. So besteht die Herausforderung, regionale Vermittlungsstrukturen zu schaffen, in denen Kommunen und Land sich über das gesamte Spektrum administrativer Zusammenarbeit und regionalpolitischer Schwerpunktsetzung abstimmen können. In der Region Bitterfeld wurde das Verhältnis von Land und Kommunen wegen der Existenz einer vermittelnden Struktur in Form der Regierungspräsidien und wegen größerer parteipolitischer und personeller Übereinstimmungen (Neupersonal in den Kommunen, Westpersonal auf Landesebene) als grundsätzlich unproblematischer beschrieben.

5. Strukturentwicklung der Kommunalverwaltungen

Für den Aufbau der demokratischen Selbstverwaltung in einem System sozialer Marktwirtschaft und Demokratie waren die überkommenen Strukturen der „örtlichen Staatsorgane" gänzlich ungeeignet.[1] Dies vorausgesetzt, wollen wir hier der Frage nachgehen, woran der Aufbau neuer Verwaltungsstrukturen orientiert war, welche Faktoren in unseren Untersuchungsfällen

---

1 Vgl. hierzu z.B. die folgenden Ausführungen des Landrates in Kreis Brandenburg (Aus dem Referat des Landrates auf der konstituierenden Sitzung des *Kreistages Brandenburg* am 29.5.1990 (vgl. Protokolle des Kreistages Brandenburg): „Tatsache ist, daß die ehemaligen Strukturen der Verwaltung unter den heutigen Bedingungen völlig unbrauchbar sind. Auf Grund eines gegenwärtig berichtsfreien Raumes sehen wir uns veranlaßt, entsprechend unseren Bedingungen im Kreis Brandenburg, eigene Strukturen für die Kreisverwaltung zu entwickeln. Ausgangspunkt unserer Überlegungen sind die Rahmenorientierungen des Ministers für kommunale Angelegenheiten, die Kommunalverfassung und Erfahrungen, welche in der Kreisverwaltung Hameln gesammelt wurden. Grundprinzip aller nachfolgenden Ausführungen ist, daß die DDR sich gegenwärtig in einem Übergangsprozeß befindet. Es ist also nicht möglich, bundesdeutsche Strukturen einfach zu übernehmen und andererseits auch schwierig, die Rahmenorientierungen des Ministers in vollem Umfang anzuwenden. Es ist sicher, daß die Kreisverwaltung ein völlig neues Kompetenz- und Aufgabengebiet erhält. Erfahrungen der Verwaltungsreform in Nordrhein-Westfalen besagen, daß ca. 150 Zuständigkeitsverlagerungen von der Kreis- auf die Gemeindeebene zu erwarten sind. Andererseits wird der Kreis, als Träger öffentlicher Einrichtungen und als Fachbehörde in verschiedenen Zuständigkeitsbereichen, planende Funktionen zu übernehmen haben. Als Beispiele: Kreisstraßenplanung, die Abfallbeseitigung, die Krankenhausbedarfsplanung, Bedarfsplanung für soziale Einrichtungen, Katastrophenschutzplanung u.a. Die koordinierende Rolle des Kreises gewinnt zunehmend an Bedeutung. Dazu zählt die Stellung des Landrates als Kommunalaufsicht und Planungsaufsicht, vor allem aber die Lastenausgleichsfunktion. Unter dem Aspekt der Wirtschaftlichkeit gehen wir davon aus, daß die Probleme der vorzunehmenden Reform nicht durch einen Mehreinsatz an Personal zu lösen sind, sondern sie sind mit dem vorhandenen Personal und Lohnfonds zu lösen. Entscheidend für die Beschäftigung in der Verwaltung ist Sachkompetenz."

darauf einwirkten und inwieweit die von Fall zu Fall unterschiedlichen Umbruchintensitäten und Pfadvarianten auch in diesem Punkt relevant waren. Dabei wurde der Aufbau neuer Verwaltungsstrukturen zunächst erst einmal weniger durch endogene, sondern durch übergreifende exogene Faktoren beeinflußt, die wir deshalb vorab kurz umreißen wollen: Zu den entscheidenden Strukturierungsfaktoren zählten anfangs das neue *Kommunalverfassungsgesetz* der DDR vom 17. Mai 1990[2] und die Orientierung an den Erfahrungen westdeutscher (Partner-) Kommunen.[3] Daneben waren die *KGST-Empfehlungen*, die faktisch auf (fast) jedem Tisch der Verwaltungschefs und Hauptamtsleiter lagen, eine wichtige Orientierungshilfe. Diese Strukturierungsvorgaben waren in ihrer Gesamtheit nicht starr, im Gegenteil, sie boten geradezu ein „Warenlager von Strukturangeboten" an und provozierten dazu, das vermeintlich Passende auszusuchen.

Von einer schematischen Übertragung westdeutscher kommunaler Strukturen kann schon deshalb nicht die Rede sein, weil die westdeutschen Erfahrungen ein sehr breites Spektrum unterschiedlicher kommunaler Strukturmodelle offerierten. Im Einzelfall spielten meist schon bestehende Partnerschaftsbeziehungen[4] oder vor Ort tätige westdeutsche Berater die entscheidende Rolle für die ersten Schritte der kommunalen Neustrukturierung. Die allerersten Beratungsleistungen bezogen sich auf die politische Arbeit

---

2 Von vornherein war klar, daß dieses Gesetz nur bis zur Verabschiedung eigener Kommunalverfassungen der neuen Bundesländer Gültigkeit behalten sollte.

3 Anfang 1993 existierten knapp 2.000 Beziehungen zwischen west- und ostdeutschen Städten, Kreisen und Gemeinden. Alle ostdeutschen Städte mit mehr als 20.000 Einwohnern und 95% der Städte mit 10.000 bis 20.000 Einwohnern hatten im Jahre 1992 feste Partner im Westen. Zu den ehemals 189 Kreisen in den neuen Bundesländern (vor den Kreisgebietsreformen) bestanden 323 partnerschaftliche Beziehungen (vgl. Willhöft 1993: 483).

4 Grenzen des partnerschaftlich-horizontalen Kooperationstyps traten dort auf, wo die strukturelle, finanzielle und letztlich auch politische Situation der westlichen Partnerkommune nicht mit der der ostdeutschen Kommune kompatibel war. Die Stadt *Bitterfeld*, die parteipolitisch nicht mit der SPD-geführten Partnerstadt übereinstimmte, aktivierte ihre Beziehungen zur westdeutschen Partnerstadt erst dann wieder, als mit den Wahlen vom Juni 1994 nicht nur ein SPD-Bürgermeister (wie in der Partnerstadt), sondern dazu noch ein ehemaliger „Westbeamter" als Bürgermeister gewählt wurde. Auch zwischen dem *Kreis Bitterfeld* und dem Partnerkreis Aurich wurden, besonders für die Anfangszeit und für die Lehrtätigkeit in der Volkshochschule, zwar gute Beziehungen konstatiert. Diese litten allerdings unter parteipolitischen Differenzen, die ebenfalls erst nach den Wahlen im Juni 1994 (mit der Wahl eines SPD-Landrates) ihre Grundlage verloren. Die Stadt *Brandenburg/Havel*, die strukturell in vielen Fragen nicht mit ihrer Partnerstadt übereinstimmte, bediente sich aufgrund dieser Unterschiede anfangs zwar noch der Strukturierungshilfen ihrer Partnerstadt, besann sich dann aber stärker auf ihre spezifischen Bedingungen und nutzte u.a. bewußter die KGSt-Infos für die Strukturierung ihrer Verwaltung. Haushaltslage und Organisationsstruktur der Partnerstadt entsprachen zu wenig der eigenen Situation.

der in der Kommunalwahl im Mai 1990 neu gewählten Landräte, Bürgermeister und Abgeordneten.[5] In einem zweiten Schritt entsandten die westdeutschen Kommunen in fast allen Fällen einige wenige Führungspersonen, oftmals den Verwaltungschef, den Hauptamtsleiter oder den Kämmerer, um erste administrative Grundstrukturen installieren zu helfen. Diesen West-Schlüsselfiguren wurde in den von uns untersuchten Kommunen[6] ein *großer Einfluß auf eine erste behördliche Grundstrukturierung* zugesprochen. Nur in wenigen Fällen wechselten diese West-Administratoren zu einem späteren Zeitpunkt unbefristet in die Partnerkommune über, in Einzelfällen allerdings (z.B. Stadt Halle, seit 1994 auch Stadt Bitterfeld) wurden vormalige West-Beamte sogar zu Oberbürgermeistern/Bürgermeistern gewählt. Ein generell starker Einfluß von Westdeutschen auf die erste Dezernats- und Ämterstrukturierung wurde darüber hinaus offenbar in den Fällen ausgeübt, in denen Schlüsselpositionen (Beigeordnete, Dezernenten, Amtsleiter) schon zu einem frühen Zeitpunkt mit West-Beamten besetzt wurden, die – anders als die Berater – eine Planstelle innehatten und dort auch volle Ergebnisverantwortung trugen.

Als einer der grundlegenden exogenen Einflußfaktoren hatte schon seit Sommer/Herbst 1990 der *Einigungsvertrag* gravierende indirekte Strukturierungsfolgen. Die Zuordnung ehemals kommunal geleiteter Betriebe zu den Kommunen wurde im „Kommunalvermögensgesetz" der DDR vom Juli bzw. September 1990 festgelegt, das in seinen wesentlichen Bestimmungen vom Einigungsvertrag übernommen wurde. So gingen viele der ehemals kreislich oder gemeindlich unterstellten Betriebe und Einrichtungen (z.B. Heizwerke; Kindertagesstätten), sofern sie nicht gleich privatisiert werden konnten, mit ihrem gesamten Personalbestand in die Zuständigkeit und in die Haushalte der Kommunen über.[7]

Tiefgreifend waren die Auswirkungen, die sich für die Kommunen aus den neuen *verfassungsrechtlichen* Grundlagen und die Einordnung in die *bundesdeutsche Gesetzgebung* in Folge des Beitritts zur Bundesrepublik Deutschland ergaben. Damit erhöhten sich die Eigenverantwortung wie auch das Aufgabenvolumen der Kreise und Kommunen außerordentlich, gleich-

---

5 Nachgefragt wurde hierbei ein grundsätzlicher Überblick über „essentials" der kommunalen Selbstverwaltung: Stellung und Kompetenzen des Bürgermeisters oder Landrats, Zusammenarbeit mit Stadtrat oder Kreistag, Abgrenzung von Kommunalpolitik und -verwaltung, Sinn und Aufgabe von Kommunalverfassungen u.a.m.
6 Nachrecherche von Patrick Diekelmann in 12 Kommunen.
7 Drastisch beschrieb dies ein Dezernent in der Stadtverwaltung Brandenburg hinsichtlich der Übernahme von Wirtschaftseinrichtungen durch die Kommune: „Niemand wußte am Anfang, welche Betriebe eigentlich zur Stadt gehören. Es tauchten von Woche zu Woche neue 'U-Boote' auf. Erst im April 91 war dieser Prozeß abgeschlossen. Erst dann wußte man, welches Personal alles zur Stadt gehört – das waren dann insgesamt 4.000 Leute."

zeitig veränderte sich auch der Inhalt aller kommunalen Aufgaben grundlegend. In der inneren Verwaltung hatte dies ein rasches Anwachsen der Haupt- und Personalämter wie auch der Finanzverwaltung zur Folge. Ordnungs- und Infrastrukturaufgaben gewannen in den ostdeutschen Kommunen eine zentrale Bedeutung. Der Rechtsbereich in den Verwaltungen von Kreisen und Gemeinden mußte aufgebaut werden. Neben die Liegenschaftsverwaltung trat die Einrichtung von Ämtern zur Regelung offener Vermögensfragen bei den Kreisen. Sie nahmen Landesaufgaben war, wurden jedoch den Kreisen zugeordnet. Durch die Anwendung des Baugesetzbuches ergab sich – um ein anderes Beispiel zu nennen – ein wesentlich höherer Planungs- und Regelungsbedarf als dies vorher der Fall war. Gleiches gilt im Bereich der kommunalen Leistungsaufgaben für die Ämter für Wirtschaftsförderung. Die Aufgaben der gemeindlichen Sozial- und Jugendhilfe wuchsen durch die Veränderung der sozialen Situation und die Anwendung der Sozial- und Jugendhilfegesetze deutlich an und wurden neu aufgebaut, wie auch die kommunalen Wohngeldstellen. Hinzu kam die Aufgabe der Betreuung von Aussiedlern und Asylbewerbern durch die Kreise und Gemeinden.

Weitere Strukturierungsfaktoren waren in den Folgejahren die *Gemeindeverwaltungs-* und *Kreisgebietsreformen* sowie die beginnenden *Funktionalreformen*. An dieser Stelle ist es unmöglich, auch nur annähernd die Grundzüge dieser Entwicklungen darzustellen, zumal hierzu bereits eine umfangreiche wissenschaftliche Literatur vorliegt (vgl. Bernet 1992, Franzke u.a. 1995, Knemeyer 1992, Reulen 1996, Schmidt-Eichstaedt 1992, Seibel 1996). Die *Gemeindeverwaltungsreformen* (vgl. auch Kapitel 4) führten im Land Brandenburg zur Bildung von Ämtern, die die Verwaltungsaufgaben kleinerer Gemeinden bündelten und mindestens eine Einwohnerzahl von 5.000 erreichen sollten.[8] In Sachsen-Anhalt wurden mit ähnlichem Inhalt Verwaltungsgemeinschaften gebildet.[9] Die kleineren Gemeinden verloren damit nicht ihre kommunalen Selbstverwaltungsrechte, wohl aber ihre bisher eigenständigen Verwaltungen. Damit wurden faktisch auf dieser Ebene in den Jahren 1992 und 1993 neue Verwaltungen aufgebaut, wobei nicht selten bisherige Bürgermeister der Kleingemeinden die Position des Amtsdirektors (des Leiters der Verwaltungsgemeinschaft) oder eines Amtsleiters einnahmen. Bei den *Kreisgebietsreformen* sollte die Einwohnerzahl der Kreise von durchschnittlich 60.900 auf 100-120.000 im Land Sachsen-Anhalt und im Land Brandenburg von 54.900 auf mindestens 150.000 (im Ausnahmefall 120.000) erweitert werden. Dies hatte selbstverständlich gravierende Strukturierungsfolgen, vor allem im Land Brandenburg, wo in der Regel drei

---

8 Vgl. Amtsordnung für das Land Brandenburg vom Dezember 1991.
9 Vgl. Gesetz über die kommunale Gemeinschaftsarbeit vom 9.10.1992.

Strukturentwicklung und Kommunalverwaltungen

Kreise zu einem Kreis verdichtet wurden. Im Land Sachsen-Anhalt führten weder die Kreisgebietsreform, noch die bisherigen Funktionalreformen zu derart tiefen strukturellen Einschnitten wie im Land Brandenburg.[10] Ursache hierfür sind vor allem die im Land Sachsen-Anhalt bestehenden Regierungspräsidien, die als Landesbehörden institutionelle Steuerungsfunktionen wahrnehmen und zugleich eine vermittelnde Instanz zwischen Städten, Kreisen und Land darstellen. Die *Funktionalreformen* gelten als dritter Schritt der Reformaktivitäten der Länder, ebenfalls mit gravierenden strukturierenden Konsequenzen für Städte, Kreise und Gemeinden. So soll z.B. im Land Brandenburg perspektivisch (bis 1997) eine umfassende Übernahme von Aufgaben der den Ministerien nachgeordneten Landesämter auf die Landkreise und kreisfreien Städte im Rahmen der Funktionalreform erfolgen, was mit der Auflösung von ca. 25 Landesämtern mit 1.800 Beschäftigten verbunden wäre. Grundsätzlich sollen dabei z.B. die Ämter für Kataster- und Vermessungswesen[11], die Veterinär- oder die Grundbuchämter an die Kreise bzw. kreisfreien Städte gegeben werden. Dieser Prozeß hält also noch an, so auch im Land Sachsen-Anhalt. Offen bleibt weiterhin die Frage, ob und in welcher Hinsicht die Aufgabenverlagerung von der Kreisebene auf die Gemeindeebene (bzw. Amts-, Gemeinschaftsverwaltungsebene) vonstatten gehen wird.

Zunehmend strukturierenden Einfluß erlangte die komplizierte *Finanzsituation* der Kreise und Kommunen. Dabei waren die ostdeutschen Kreise und Kommunen von Anfang an auf den Finanztransfer aus Westdeutschland angewiesen, der über die neuen Bundesländer verteilt wurde.[12] Während der Finanztransfer in den Jahren 1990/91 bei vielen kommunalen Akteuren eher noch die Hoffnungen *umfassender* kommunaler Entwicklungsmöglichkeiten nährte[13], wurde in den Folgejahren der Finanzdruck auf die Kommunen immer größer, was sich nachhaltig in strukturellen *Ent*differenzierungsprozessen, in der Abgabe von kommunalen Leistungen und Einrichtungen so-

---

10 So wurde der Landkreis Bitterfeld im Zuge der Kreisgebietsreform lediglich dadurch verändert, daß 4 Gemeinden aus dem benachbarten Landkreis in den Kreis Bitterfeld einbezogen wurden. Vgl. Gesetz zur Kreisgebietsreform vom 13. Juli 1993, GVBl, LSA, 1993(31): 353.
11 Seit Januar 1995 wurden diese Ämter im Land Brandenburg den Kreisen zugegliedert.
12 Die laufenden Zuweisungen lagen im Jahre 1993 bei ostdeutschen Kommunen z.B. bei 183% des Westniveaus. Bei den Investitionszuweisungen standen den ostdeutschen Kommunen je Einwohner sogar mehr als dreimal soviel Mittel zur Verfügung als den westdeutschen Kommunen (vgl. Gemeindefinanzbericht 1994).
13 So wurden beispielsweise im Jahre 1991 als einmalige Zahlung insgesamt 16 Mio DM aus dem Programm „Aufschwung Ost" an die Stadt Bitterfeld ausgereicht. Vgl. Haushaltsplan 1994 der Stadt Bitterfeld.

wie in einem fortschreitendem Personalabbau niederschlug.[14] Insbesondere in den größeren Gebietskörperschaften (so Brandenburg/Havel, Kreis Bitterfeld) wurden die *Kommunalwahlen* und die beginnende zweite Wahlperiode für strukturelle Zusammenfassungen von Verwaltungsbereichen genutzt.

Neben diesen bisher genannten *allgemeinen, exogenen* Rahmenbedingungen spielten auch bei der administrativen Strukturentwicklung *endogene* Faktoren, vor allem *politische und auch personenbezogene Auseinandersetzungen* zwischen einzelnen Dezernenten oder zwischen kommunalem Oberhaupt und Dezernenten eine wichtige Rolle. *Interne Überlegungen personal- und sachpolitischer Art,* die konkret zu übernehmenden Aufgaben und das zur Verfügung stehende Führungspersonal gaben seit 1992 oft den Ausschlag für die eine oder andere Strukturvariante. Zu bedenken ist hierbei immer, daß von den Kreisen und Kommunen in kurzer Zeit derart umfangreiche Aufgaben wahrgenommen werden mußten, wie sie in der Routineverwaltung der alten Bundesländer heute unbekannt sind. Daraus folgt fast zwangsläufig, daß sich die strukturellen Veränderungen nicht immer nach einem „vorgegebenen Plan" vollzogen, der nur umgesetzt zu werden brauchte. Vielmehr erfolgten sie oft auf dem Wege des „trial and error", eines Lernprozesses auf der Suche nach vor Ort geeigneter Verwaltungsstrukturen.

Im folgenden wollen wir nun einzelne Fälle und Varianten der Verwaltungsstrukturierung nachvollziehen. Dabei können wir auch zeigen, wie die endogen bedingten unterschiedlichen Umbruchpfade und Umbruchintensitäten im einzelnen Fall Einfluß auf konkrete Strukturierungsprozesse ausübten. Daneben ist ein dokumentierend-beschreibende Aufbereitung der strukturellen Aufbauprozesse durchaus beabsichtigt.

---

14 Als Beispiel sei die Verschuldungsentwicklung in der Stadt Bitterfeld genannt (vgl. Haushaltplan 1994 der Stadt Bitterfeld): So nahm die Stadt in den Jahren 1991 bis 1993 insgesamt 64,6 Mio DM Kredite auf, darunter allein in den beiden Jahren 1991 und 1992 etwa 50 Mio. Eine weitere Neuaufnahme von Krediten wurde seit 1994 gestoppt, da allein die jährlichen Tilgungsraten von Jahr zu Jahr steigen, im Jahre 1994 z.B. 1,5 Mio DM betrugen und für das Jahr 1997 mit 3,6 Mio DM angegeben werden. Die Kreditverschuldung pro Einwohner betrug im Jahre 1994 ca. dreieinhalb tausend Mark. Investive Maßnahmen sind kaum noch möglich, und im Verwaltungshaushalt muß auf äußerste Sparsamkeit geachtet werden. Der Inanspruchnahme von Krediten muß allerdings das hiermit verbundene Volumen an Fördermitteln und Rückflußmitteln gegenübergestellt werden. Es betrug in den Jahren 1990 bis 1994 36,2 Mio DM, so daß sich ein Investitionseffekt von 1 : 0,6 ergibt (d.h., für 1 DM Kreditaufnahme wurden gleichzeitig 0,6 DM Fördermittel bzw. Rückflußmittel erzielt).

5.1 Variationen der Dezernatsorganisation in der Aufbauphase

Die erste Phase des Aufbaus der Verwaltungen war durch die Expansion und strukturelle Ausdifferenzierung der Verwaltungen geprägt. Die neuen Ordnungs- und Leistungsaufgaben erforderten eine leistungsstarke Verwaltung. Der Optimismus, dies zu lösen und hierbei auch die Finanzhilfe Westdeutschlands bzw. des Bundes in Anspruch nehmen zu können, war groß. Unterstellt werden kann zugleich auch das Interesse der Hauptakteure des kommunalen Umbruchs der Wendezeit, eine „ausreichende" Anzahl anerkannter und finanziell attraktiver Verwaltungsleitungspositionen zu schaffen. In den vier näher untersuchten kommunalen Gebietskörperschaften wurden bis Ende 1990 insgesamt 29 Dezernate gebildet. Dies veranschaulicht die folgende tabellarische Übersicht:

Konstituierung der neuen Dezernate im Jahre 1990

Brandenburg/Havel	Kreis Brandenburg	Bitterfeld	Kreis Bitterfeld
Hauptverwaltung			Hauptverwaltung
Wirtschaft		Wirtschaft, Verkehr, öffentliche Einrichtungen	Wirtschaft, Verkehr, öffentliche Einrichtungen
Finanzverwaltung	Finanzen	Finanzverwaltung	
Recht, Sicherheit, Ordnung	Recht, Sicherheit und verkehr	Rechts-, Sicherheits- und Ordnungsverwaltung	Recht, Sicherheit, Ordnung
Bildung und Kultur	Bildung und Kultur	Schul-, Kultur- und Sportverwaltung	Bildung, Kultur, Jugendverwaltung
Gesundheits- und Sozialwesen	Gesundheit und Soziales	Gesundheit und Soziales	Sozial- und Gesundheitsverwaltung
Bau- und Wohnungswirtschaft	Bau- und Wohnungswesen	Bau- und Wohnungsverwaltung	Bau- und Wohnungsverwaltung
Umweltschutz, Stadtwirtschaftsbetriebe	Umweltschutz und Tourismus		Umweltschutz, Naturschutz, Abfallwirtschaft
	Landwirtschaft und Regionalplanung		Landwirtschaft, Veterinärwesen

Die Anzahl der Beigeordneten und Dezernenten wurde durch „Proporzabsprachen" zwischen den Parteien der am Anfang durchweg vorherrschenden „großen Koalitionen" festgelegt.[15] Bis zur Jahresmitte 1991 oder spätestens

---

15 Hierbei wurden Vertreter der PDS, die auch nicht zu den „großen Koalitionen" gehörten, regelmäßig *nicht* in die Wahl der Beigeordneten und Dezernenten einbezogen. In der Stadt Bitterfeld war z.B. zunächst vorgesehen, 7 Beigeordnete zu wählen, darunter einen PDS-Vertreter. Auf Antrag der Koalitionsparteien (CDU, SPD, BFD) wurden dann je-

Ende 1991 waren die Dezernate in den von uns untersuchten Körperschaften weitgehend *ausdifferenziert*, während ab 1992 ein Prozeß der *Entdifferenzierung* bzw. Zusammenfassung einzelner Dezernatsbereiche eingeleitet wurde. Mit Beginn der zweiten Wahlperiode (Region Brandenburg ab Beginn 1994, Region Bitterfeld ab zweite Jahreshälfte 1994) erhielt diese Entdifferenzierung einen neuen „Schub". Insgesamt verringerte sich die Anzahl der Dezernate in den vier erfaßten Gebietskörperschaften im Zeitraum von Mitte 1991 bis Ende 1994 um ca. ein Drittel: von 29 (Mitte 1991), auf 25 (Mitte 1993) und 20 (Ende 1994).

Die Leitung der neuen Dezernate wurde in vielen Fällen an die gewählten Beigeordneten übertragen.[16] Beigeordnete und Dezernenten waren jedoch nicht in jedem Falle identisch. In der Stadt *Bitterfeld* gab es zum Beispiel drei ehrenamtliche Beigeordnete, die jeweils Dezernaten beratend zugeordnet wurden. Im *Kreis Bitterfeld* wurden 4 Beigeordnete gewählt, die nicht alle selbst Dezernate leiteten, sondern deren Aufgabe es war, über die Leitungsbesetzung der acht Dezernate sowie über jene der Ämter zu entscheiden. Hierin zeigt sich, daß Stadt und Kreis Bitterfeld, deren institutioneller Umbruchpfad – wie wir in Kapitel 2 beschrieben haben – altparteien- und neupersonell bzw. durch eine mittlere Umbruchintensität geprägt waren, durch das organisatorische Hinterland der ehemaligen Blockparteien ein Personalreservoir an Bewerbern für kommunale Spitzenpositionen hatten.[17] Das Gegenbeispiel lieferte die Stadt *Brandenburg/Havel*. Durch die hohe Intensität des Umbruchs und die Dominanz *neuer* politischer Parteien mangelte es hier zunächst an einem Personalreservoir für Verwaltungsspitzenpositionen. So gab es in der Anfangszeit mehr Dezernate als Dezernenten.[18] Außerdem wurden keine ehrenamtlichen Beigeordneten gewählt, sondern die gewählten Beigeordneten übernahmen zugleich die Leitung der Dezernate.

Im strukturellen Vergleich der Konstituierung der Dezernate, wie sie in der voranstehenden Tabelle aufgeführt sind, wurden Variationen sichtbar: In *Bitterfeld-Landkreis* war anfangs nicht der Aufbau eines eigenen Dezernates Finanzen vorgesehen, weil ein dafür geeigneter Bewerber noch nicht in Sicht war und weil man weder auf altpersonelle Mitarbeiter, noch auf eine

---

doch nur 6 Beigeordnete gewählt, wobei der PDS-Kandidat ausgeklammert blieb (vgl. Protokolle der Stadtverordnetenversammlung Bitterfeld, 6.6.1990).
16 In der Kommunalverfassung der DDR vom 17.5.1990 heißt es: „Beigeordnete können Dezernate oder Ämter der Gemeindeverwaltung leiten. ... Beigeordnete sollen hauptamtlich oder ehrenamtlich tätig sein. Näheres bestimmt die Hauptsatzung." (Vgl. Gesetz über die Selbstverwaltung der Gemeinden und Landkreise in der Deutschen Demokratischen Republik vom 17.5.1990, §28).
17 Im Kreis Bitterfeld fehlte allerdings anfangs auch ein/e geeignete/r Finanzdezernent/in.
18 Bis Ende 1991 war ein Dezernent sowohl für die Haupt- als auch für die Finanzverwaltung zuständig.

Person aus den alten Bundesländern zurückgreifen wollte. Das ehemalige Ratsmitglied für Finanzen und Preise war zwar in die neue Verwaltung mit übernommen worden, jedoch ohne Leitungsaufgabe. Haupt- und Finanzverwaltung wurden bis zum Jahresende 1990 als gemeinsamer Dezernatsbereich entwickelt.

Andere Variationen ergaben sich vor allem aus der unterschiedlichen Größe der untersuchten Körperschaften (deshalb in *Bitterfeld* nur 6 Dezernate) und aus regionalen Besonderheiten (deshalb in den Städten kein Landwirtschaftsdezernat). In drei der untersuchten Institutionen wurde ein spezielles Umweltdezernt geschaffen, gekoppelt jeweils mit einer anderen Aufgabe.

Die wichtigsten Variationen ergeben sich jedoch daraus, wie die Neustrukturierung der Verwaltungen selbst verwaltungsorganisatorisch koordiniert wurde. So war die verspätete Bildung von Hauptämtern eine recht verbreitete Erscheinung. Die konkreten Gründe hierfür waren aber unterschiedlich: Im *Kreis Brandenburg* sowie in der *Stadt Bitterfeld* wurden keine Hauptdezernate gebildet. Die Aufgaben der inneren Verwaltung wurden direkt dem Landrat bzw. der Bürgermeisterin unterstellt. Während die direkte Bürgermeister-Zuordnung der inneren Verwaltung der Stadt Bitterfeld noch aus den relativ geringen Dimensionen der Verwaltung erklärt werden könnte, gab es im Kreis Brandenburg andere Gründe. Hier wurden die Aufgaben der inneren Verwaltung einem „Verwaltungsdirektor" unterstellt, der faktisch die Stellvertreterfunktion des Landrates einnahm und dem Büro des Landrates vorstand. Diese Funktion des Verwaltungsdirektors war eine interne Regelung in der Kreisverwaltung Brandenburg, die den Prozeß der gesamten inneren Verwaltungsführung gewährleisten und zentralisieren sollte. Zweifellos war es aber der Landrat selbst, der in diesem Beispiel einer von altinstitutionellen Kontinuitäten geprägten Gebietskörperschaft die Rolle der Integrationsperson spielte.[19] Diese Art der Verwaltungsführung gewährleistete die Funktionsfähigkeit der Kreisverwaltung, deren planmäßige Neustrukturierung und Reduzierung (bis hin zur Auflösung im Zusammenhang mit der Großkreisbildung). Das Gegenbeispiel bildete wiederum die Stadt Brandenburg/Havel. Hier wurde zwar formal eine „Hauptverwaltung" geschaffen, jedoch bis Mitte 1991 noch ohne Hauptamt. Der Umbruch war so drastisch, daß für eine kontinuierlichen Neustrukturierung, die ein Hauptamt hätte vorbereiten können, keine Kapazitäten geschaffen wurden und hierfür anfangs wohl auch die notwendigen Einsichten fehlten. Dies

---

19 Auch der Bereich der Wirtschaft (d.h., die Wirtschaftsförderung, allerdings nicht die Landwirtschaft, die mit der Regionalplanung einen eigenen Dezernatsbereich konstituierte) wurde im Kreis Brandenburg direkt dem Landrat zugeordnet, so daß sich hier insgesamt eine relativ ausgeprägte Zentralisierung der Kreisverwaltung um den Landrat und seinen Stellvertreter abzeichnete.

könnte man als „*fragmentierte Aufbauorganisation im neuparteiendominierten Umbruchmodell*" bezeichnen. Im folgenden sollen einige dieser Aufbauprozesse in den untersuchten Institutionen exemplarisch beschrieben werden, wobei wir vor allem die Wirkung endogener Strukturierungsfaktoren in den Blick nehmen wollen.

5.2 Stadt Brandenburg an der Havel

In der Stadt Brandenburg/Havel entstand um die Jahresmitte 1990 ein siebenköpfiges Führungsgremium (OB und Dezernenten), davon 4 Mitglieder der SPD, 2 Mitglieder der CDU und 1 Mitglied des Neuen Forum. Der gewählte Sozial- und Gesundheitsdezernent wurde vom Neuen Forum aus fachlichen und politischen Gründen abgelehnt. Da die Wahl ohnehin nicht korrekt abgelaufen war, wurde er nur geschäftsführend im Amt belassen und zog seine Kandidatur selbst zurück. In die Führungsebene der Dezernenten bzw. Beigeordneten integrierte man somit kein Altpersonal. Der einzige Kandidat, der aus dem Altpersonal aufgestellt und zunächst sogar gewählt worden war, wurde sehr schnell wieder „gekippt".[20]

Konfliktintensiver Aufbauprozeß der Kernverwaltung

In diesem neuparteiendominierten *und* neupersonell dominierten Umbruchpfad waren der unsystematisch anmutende Aufbauprozeß und das Erfahrungsdefizit der neuen Eliten in den Anfangsstadien besonders deutlich zu spüren. Hinzu kam gerade hier, in einer kreisfreien Industriestadt, die Überlast infrastruktureller Aufgaben, die für die Beteiligten nur mit einem Übermaß an menschlichen Anstrengungen zu bewältigen waren. Beim Neuaufbau *der „inneren Verwaltung"* wurde die Einrichtung eines Hauptamtes anfangs nicht als notwendig erachtet. Im Juni/Juli 1990 wurde das Dezernat Hauptverwaltung mit folgenden Bereichen gebildet: allgemeine Verwaltung, Büro des Rates und Abgeordnetenkabinett, Öffentlichkeitsarbeit, internationale Beziehungen und Stadtfunk, Stadtarchiv, Personalbüro, Rechnungsprüfungsamt. Hierbei wurden im Grunde bisher bestehende Verwaltungsbereiche unter dem Dach eines neuen Namens zusammengeführt. Ein ganzes Jahr lang fehlte ein selbständiges Hauptamt. Dies hätte auch völlig neu aufgebaut werden müssen, weil es derartiges unter den vormaligen Bedingungen nicht gab. Statt dessen wurde der Neuaufbau unmittelbar von der Dezernentene-

---

20 Es handelte sich um den ehemaligen Kreishygienearzt.

bene und vom persönlichen Referenten des Oberbürgermeisters, der zugleich Leiter der Hauptverwaltung war, geleitet. Typisch für die umbruchintensive Variante, wurde der systematisch strukturelle Aufbauprozeß, den nur ein Hauptamt hätte leisten können, in der Anfangszeit unterschätzt. Den radikalen Umbruch in der Verwaltungsspitze mußte man mit dem Preis schwerwiegender Desintegrationserscheinungen und mangelnder Systematik beim Neuaufbau bezahlen. Hierfür war – wie wir noch sehen werden – die Vernachlässigung des Hauptamtes jedoch nur ein Zeichen neben anderen.

Schrittweise wurden die Amtsleiterposten festgelegt[21]: Auch dies dauerte etwa ein Jahr und spricht für die mangelnde Systematik beim Aufbau der Verwaltungsstrukturen. Bis zum September 1990 wurden z.B. die Leitungsposten des Sozialamtes, des Umweltamtes, des Bildungsamtes und die Funktion des Amtsarztes bestätigt, bis zum Dezember 1990 die Leiter des Kulturamtes, des Stadtplanungsamtes, des Jugendamtes, des Stadtgartenamtes, des Tiefbauamtes und die Gleichstellungsbeauftragte. Im Mai 1991 wurde die Stelle eines/einer Ausländerbeauftragten geschaffen.

Bis spätestens Mitte 1991 war – ausgehend von den ein Jahr zuvor beschlossenen Dezernatsstrukturen – eine insgesamt sehr ausdifferenzierte Stadtverwaltung entstanden[22], die zwar in den Folgejahren immer wieder verändert, jedoch nicht prinzipiell umgestoßen wurde. Erst mit dem Jahre 1994 wurden Bemühungen zu einer Reintegration von Verwaltungsbereichen sichtbar, verbunden mit drastischen Personalkosteneinsparungen.

Während sich die Stadtverwaltung in den ersten eineinhalb Jahren stark ausweitete und ausdifferenzierte, gelangte den Funktionsträgern seit 1992 zunehmend der dringende Bedarf zur *Straffung* der Verwaltungsstrukturen und Verwaltungsabläufe ins Bewußtsein. Im September 1992 stellte die Fraktion Neues Forum/Die Grünen den Antrag zur Überprüfung der Struktur der Dezernate der Stadtverwaltung durch unabhängige Wirtschaftsprüfer. Der Vorschlag wurde zwar vom Hauptdezernenten begrüßt, vom Finanzdezernenten jedoch abgelehnt, weil solche Gutachten nicht finanziert werden könnten (vgl. Protokolle der Stadtverordnetenversammlung Brandenburg vom 30.9.1992). Der Unwille gegenüber den zu teuren und ineffektiven Verwaltungsstrukturen nahm indes nicht ab. Die Suche nach Lösungswegen fiel andererseits schwer, weil eine professionelle Vorgehensweise durch die verspätete Einführung eines Hauptamtes kaum möglich war. Im Februar

---

21 So gab es zum Beispiel im März 1991 öffentliche Ausschreibungen für die Amtsleiterstellen des Stadtreinigungsamtes und für das Forstamt, im Mai für das Hauptamt, Wohnungsamt und Rechnungsprüfungsamt (vgl. Amtsblatt der Stadt Brandenburg/Havel, 22.3.1991 und 6.5.1991).
22 Vgl. die nachfolgende Tabelle: Strukturveränderungen in der Stadtverwaltung Brandenburg/Havel im Überblick. Vgl. Verwaltungsgliederungsplan laut Aufgabenverteilungsplan der Stadtverwaltung vom 9.7.1991.

1993 wurde bekanntgegeben, daß an einem Verwaltungsgliederungsplan derzeit noch gearbeitet werde und die Vorarbeiten hierzu noch nicht abgeschlossen seien (vgl. Protokolle der Stadtverordnetenversammlung Brandenburg vom 24.2.1993).

Generell wurden in den Jahren 1991-1994 die Strukturen der Kernverwaltung fortlaufend verändert, wobei die wichtigste Ursache dieser Veränderungen immer in leitungspersonellen Auseinandersetzungen und damit verbundenen Wechseln von Dezernenten- und Beigeordnetenposten begründet lag. Im Jahre 1993 wurde – wie wir in anderem Zusammenhang bereits in Kapitel 3 darstellten – der Dezernent der *Hauptverwaltung* wegen tiefgreifender Unstimmigkeiten mit dem OB bzw. mit anderen Dezernenten aus seiner Position hinausgedrängt. Er erhielt einen „Dezernatsbereich X", der aus fachlich gemischten Ämtern[23] bestand und sowohl neu vom Land übernommene Aufgaben der Verwaltung ungelöster Vermögensfragen, des Kataster- und Vermessungswesens als auch eine Art „Restposten" insbesondere für rechtlich relevante Bereiche beinhaltete. Die bis 1992 bestehende Zuordnung der Hauptverwaltung und des Büros des Oberbürgermeisters zu einer „Allgemeinen Verwaltung", die vom Hauptdezernenten geleitet wurde, wurde mit dessen Ausscheiden hinfällig. Diese Bereiche wurden aufgeschlüsselt und drei anderen Dezernatsbereichen zugeordnet. Personale Fragen bestimmten hier strukturelle Entwicklungen.

Bei dem Dezernenten handelte es sich interessanterweise um einen der wenigen *westdeutschen* Beamten, der aus einem administrativen Schlüsselbereich „ausgelagert" wurde. Hierbei spielten verschiedene Verwaltungsverständnisse eine Rolle. Einerseits ein formalisiertes und arbeitsteiliges Verwaltungsverständnis, das für die westdeutsche Verwaltung typisch ist, andererseits die Forderung nach unkonventioneller, informeller Kooperation zwischen den Verwaltungsbereichen, nach „schnellen Lösungen", die durch die Aufbausituation in den neuen Bundesländern unabdingbar erschienen. Hinzu kamen andere Faktoren, die den Konflikt bestimmten: sowohl Konfliktlagen, die aus unterschiedlichen Persönlichkeitsstrukturen erwuchsen als auch die Tatsache, daß sich hier Erwartungen von ostdeutschen Führungspersonen der neuen Parteien mit den Ansprüchen und Erfahrungen „westdeutsch gelernter" Fachkräfte, hier in der Frage des vom OB favorisierten schnellstmöglichen Personalabbaus im nachgeordneten Bereich, rieben. Trotz der genannten Meinungsverschiedenheiten wurde der ehemalige Hauptdezernent offenbar gerade für speziell rechtlich relevante Fragen für kompetent gehalten, zumindest als Übergangslösung.

---

23 Amt für offene Vermögensfragen, Standesamt, Stadtarchiv, Vermessungs- und Katasteramt.

Im Bereich der „*Ordnungsverwaltung*" gab es etwas mehr Kontinuität. Dies lag zunächst erst einmal daran, daß nur einige Bereiche prinzipiell neu geschaffen werden mußten, bei anderen erfolgten einfach Neuzuordnungen bisher bestehender Bereiche. Hierbei wurde die ehemalige „Abteilung Inneres" aufgelöst. Das bisherige Straßenverkehrsamt (Fahrerlaubnis, Zulassungsstelle) wurde in das neu gebildete Dezernat Recht/Sicherheit/ Ordnung im wesentlichen übernommen. Das Standesamt blieb bestehen. Die ehemalige Abteilung Zivilverteidigung ging in das Amt für Zivil- und Katastrophenschutz über. Die Feuerwehr wurde von der Polizei übernommen. Ein Ordnungsamt wurde mit Aufgaben der Durchsetzung der Stadtordnung, der Überwachung des ruhenden Verkehrs, Umweltschutz, Gewerbepolizei neu aufgebaut, wobei man auch auf Mitarbeiter verschiedener früherer Ratsbereiche zurückgriff. Weiterhin wurde ein Rechtsamt neu aufgebaut.

Die Umweltverwaltung mußte beinahe komplett neu aufgebaut werden. So waren von den 26 Mitarbeitern des *Umweltamtes*, die Ende 1993 dort tätig waren, nur 2 bereits vor Mai 1990 in diesem Bereich. Im Jahre 1992 war das Amt für Umwelt und Naturschutz, das damals noch zur Rechts-, Sicherheits- und Ordnungsverwaltung gehörte, neu strukturiert worden. Es mußten die Aufgaben der unteren Naturschutzbehörde, der unteren Wasserbehörde und der unteren Abfallbehörde vom Land übernommen werden – eine der ersten Auswirkungen der Funktionalreform.

In der *Bauverwaltung* entwickelte sich der Aufbauprozeß äußerst kompliziert. Im Jahre 1992 hatte der Baudezernent auf Grund von schwerwiegenden Kontroversen mit dem Oberbürgermeister und anderen Dezernenten seinen Posten geräumt. Die Auseinandersetzung mit dem Baudezernenten wurde zum wichtigsten Anlaß für das Auseinanderbrechen der Koalition zwischen SPD und CDU[24].

Diese Auseinandersetzung hatte strukturelle Folgen: Am 1.4.1993 wurden sowohl eine neue Geschäftsverteilung als auch eine Neugliederung der Dezernate wirksam. Der auffälligste Schritt dieser Neugliederung bestand darin, daß es kein eigenständiges Baudezernat mehr gab, sondern eine Zuordnung zum Dezernat VI (Umwelt, Naturschutz, Bauordnung, Hochbau, Tiefbau) erfolgte. Dies war allerdings nicht durch ein konzeptionelles Neudurchdenken der Verwaltungsstrukturen, sondern ganz einfach dadurch begründet, daß nach dem Abgang des bisherigen Baudezernenten kein neuer gefunden werden konnte. Personalpolitische Probleme bestimmten strukturelle Veränderungen mit schwerwiegenden Problemen für die Ablauforganisation.[25] Um die Hintergründe dieser Auseinandersetzung sozialwissenschaftlich zu erklären, können wir wiederum auf unsere Ausgangsthese der

---

24 Vgl. auch Kapitel 3.
25 Vgl. Kapitel 4.

hohen Umbruchintensität und der kommunalpolitischen Führung durch Quereinsteiger aus neuen politischen Parteien zurückgreifen. Gerade im Falle der Auseinandersetzung mit dem Baudezernenten rieb sich die „Oberbürgermeister-Fraktion", die auf „schnelle Lösungen" in diesem unter Leistungsdruck stehenden Bereich orientiert war, mit dem prozedural-rechtsförmigen Verwaltungsverständnis des Baudezernenten, der nach Ansicht der Verwaltungsspitze zum „Verjagen" von potentiellen Investoren beigetragen habe. „Schnelle Lösungen" waren ganz sicher gerade in der Anfangszeit sehr gefragt. Es dauerte jedoch in der Regel eine ganze Reihe an Jahren, bis die ostdeutschen Kommunalverwaltungen „Schnelligkeit", Flexibilität und Dynamik auf der Grundlage *rechtsförmig-prozeduralen* Verwaltungshandelns erlernen konnten. Damit war der Konflikt vorprogrammiert, bei dem die einen zu informal-personalen und damit vielleicht auch zu schnelleren Lösungsprozeduren neigten, während sich die anderen lieber – und sei es nur aus Angst vor Risiko – in prozedural-rechtsstaatlichen Verwaltungswegen „einübten". Zusätzliche Brisanz erhielt die Auseinandersetzung dadurch, daß der Baudezernent der CDU, der OB hingegen der SPD angehörte. Damit war ein zweite Konfliktebene gegeben. Und eine dritte Konfliktebene lag schließlich darin, daß offensichtlich persönliche Unstimmigkeiten vorlagen. Wenn ein Verwaltungsmodell jedoch wesentlich auf *personalen* Beziehungen und auf dem *Konsens* der Personen in der Verwaltungsspitze beruhte – und das war für die Handlungsroutinen der kommunalen Akteure in den neuen Bundesländern typisch – dann führte jeder personale Konflikt unweigerlich auch zur Blockade von ganzen Verwaltungsabläufen.

Der Abgang des Baudezernenten zog eine Kette weiterer struktureller Veränderungen nach sich: Das bis 1992 im Baudezernat angesiedelte Stadtgartenamt ging ab 1993 zum Dezernat Bildung/Kultur/Jugend/Freizeit. Und das bis 1992 im Baudezernat angesiedelte Amt für Wohnungswesen ging ab 1993 zum Sozial- und Gesundheitsdezernat. Das Bauverwaltungsamt wurde im Jahre 1993 aufgelöst. Dessen Aufgaben wurden dem Rechtsamt sowie dem neu gebildeten Amt für Kommunale Abgaben zugeordnet.

Im *Wirtschafts- und Finanzbereich* war besonders der Mangel qualifizierter Fachkräfte beim „neupersonell und neuparteiendominierten Umbruchpfad" spürbar. Der Aufbau des Dezernates Wirtschaft und Finanzen begann ab Juli 1990. Auf der Sachbearbeiter- und unteren Leitungsebene konnte noch auf Mitarbeiter der bisherigen Abteilungen Finanzen, Preise, Kasse des Rates der Stadt zurückgegriffen werden. Auf der Dezernentenebene war dies jedoch nicht möglich. Zuerst wurde ein Dezernent für beide Bereiche, also Wirtschaft und Finanzen, beauftragt. Dieser trat jedoch schon im Dezember 1990 wieder von seinem Posten zurück. Der nachfolgende Dezernent war sowohl für die Dezernate Wirtschaft, Finanzen als auch für die Hauptverwaltung zuständig. Erst im Herbst 1991 wurde für die Hauptverwaltung ein Dezernent aus den alten Bundesländern bestellt[26], der – wie bereits beschrieben – eineinhalb Jahre später wieder aus dieser Position verdrängt wurde. Die Haupt- und die Finanzverwaltung wurden daraufhin wieder von *einer* Person geleitet, während für die Wirtschaftsverwaltung eine andere Lösung gefunden wurde: An ihre Spitze trat Anfang 1992 ein Experte aus den alten Bundesländern. Diesmal gelang offenbar ein „guter Griff". Die Übergangsregelungen im Wirtschaftsverwaltungsbereich wurden beendet. Als Aufgaben des neuen Dezernenten legte man vor allem fest: Aufbau der Stadtwerke, Fragen der Energieversorgung und der Wohnungswirtschaft. Aus diesen Betrieben mußten insgesamt 1500 Beschäftigte übernommen werden. Der Wirtschaftsdezernent erarbeitete sich eine Schlüsselstellung in der Stadtverwaltung. 1993 wechselte das Liegenschaftsamt aus der Finanz- in die Wirtschaftsverwaltung. Dies hing sicherlich damit zusammen, daß Fragen der Wirtschaftsförderung in dieser Zeit noch sehr eng mit Liegenschaftsproblemen verknüpft waren. Andererseits resultierte diese Entscheidung aber wiederum aus personellen Gründen (Kompetenz des neuen Wirtschaftsdezernenten; Entlastung des Haupt- und Finanzdezernenten). Das Stadtplanungsamt, das anfangs in der Bauverwaltung war, siedelte sich seit 1993, also im Zusammenhang mit dem Abgang des Baudezernenten, ebenfalls im Wirtschaftsdezernat an. Mit Beginn der zweiten Wahlperiode, also Anfang 1994, wurden unter Leitung des Wirtschaftsdezernenten die Wirtschafts- und die Finanzverwaltung, die bis Ende 1993 getrennt waren, zusammengefügt. Das Amt für kommunale Abgaben wurde neu gebildet und hier integriert. Insgesamt bündelte der Wirtschafts- und nunmehr auch Finanzdezernent immer größere Verwaltungsbereiche. Hierzu trugen nicht nur dessen Sachkompetenz und Persönlichkeit bei, sondern zweifellos auch der Umstand, daß ein gutes Zusammenspiel mit dem OB und Dezernenten der Verwaltungsspitze möglich war.

Ähnliches trifft auf die *Sozialverwaltung* zu. Sie wurde wesentlich neu aufgebaut. In der Abteilung Sozialwesen beim früheren Rat der Stadt waren nur 4 Personen beschäftigt. Das neue Sozialamt begann zunächst mit 7 Beschäftigten (alle ohne Verwaltungserfahrung) und wurde dann durch die zuständige Leiterin „handverlesen" (d.h. vor allem nach deren Persönlichkeitskompetenz – Menschen mit Risikobereitschaft und sozialem Engagement) schrittweise weiter ausgebaut. Da es einen Einstellungsstop gab, arbeitete man zwischenzeitlich mit ABM-Kräften, von denen die engagiertesten dann in feste Anstellungsverhältnisse übernommen werden konnten. Ende 1993 waren dann ca. 50 Mitarbeiter im Dezernat Gesundheit und Soziales

---

26 Er wurde als Beamter auf Lebenszeit als leitender Stadtverwaltungsdirektor eingestellt und auch zum Beigeordneten gewählt (vgl. Protokolle der Stadtverordnetenversammlung Brandenburg, 25.11.1991).

beschäftigt. Dieser Bereich blieb in seinen Grundstrukturen relativ stabil, wenn man von der deutlichen Erweiterung dieses Bereiches und der Aufnahme des Wohnungsamtes, die mit der Auflösung des Baudezernates zusammenhing, absieht. Es gab auch keinen Dezernentenwechsel. Die Dezernentin hatte sich eine anerkannte Position erarbeitet, die auch dadurch gestützt wurde, daß eine gute Zusammenarbeit mit dem OB möglich war. Wo sich die personalen Beziehungen auf der Dezernentenebene kollegial und partnerschaftlich vollzogen, konnten sich auch die Verwaltungsstrukturen kontinuierlich entwickeln – die positive Umkehrung der obengenannten Krisenanfälligkeit derartiger personaler Handlungsgrundlagen.

Im Bereich *Bildung und Kultur* griff man zunächst auf jenes Personal zurück, das in der bisherigen Stadtverwaltung „zur Verfügung" stand. So wurden im Dezernat Bildung und Kultur drei ehemalige Stadtratsbereiche zusammengefaßt, und zwar Jugendfragen, Bildung und Kultur. Weiterhin kamen zu diesem Dezernatsbereich die Krippenverwaltung hinzu (vorher nachgeordnete Einrichtung der Abteilung Gesundheitswesen) und die Berufsausbildung (vorher nachgeordnete Einrichtung bei der Abteilung Volksbildung). Bis Ende Juni 1990 wurden drei Ämter im Dezernatsbereich gebildet: Kulturamt, Schulaufsichtsbehörde, Amt für Jugend und Sport. Wegen des Ausscheidens des Baudezernenten kam seit 1993 zusätzlich das Stadtgartenamt aus dem ehemaligen Baudezernat hinzu. Im Zusammenhang mit dem Aufgabenzuschnitt des neuen Wirtschaftsdezernenten wurde auch das Amt für Freizeit und Tourismus aus dem ehemaligen Dezernat Wirtschaft übernommen. Die Schulhorte wurden organisatorisch aus dem Schulverwaltungsamt herausgenommen und seit 1992 dem Bereich Kindertagesstätten im Jugendamt zugeordnet. Die untere Denkmalschutzbehörde ging im Jahre 1993 als Folge erster Schritte der Funktionalreform an die kommunale Ebene über und „landete" im Kulturamt.

Struktureller Einschnitt mit Beginn der zweiten Wahlperiode

Nach den Kommunalwahlen vom Dezember 1993 wurde die Struktur der Stadtverwaltung vereinfacht und gestrafft. Seit 1994 faßte man verschiedene Dezernatsbereiche zusammen: Von den neun Dezernaten (einschließlich Dezernat Oberbürgermeister) verblieben nur noch fünf. Der Oberbürgermeister übernahm gleichzeitig die Hauptverwaltung[27], der auch noch das Rechtsamt zugeordnet wurde. Finanz- und Wirtschaftsverwaltung wurden, wie bereits erwähnt, zusammengefügt, wobei das Stadtplanungsamt wieder

---

27 Seit 1995 wurde dann doch wieder ein eigenständiger Hauptdezernent eingesetzt (vormals als persönlicher Referent des Oberbürgermeisters tätig).

ausgesondert (zu Bau) und das Amt für Freizeit und Tourismus aus dem ehemaligen Kulturdezernat wieder eingegliedert wurde. Die Bau- und Umweltverwaltung wurden getrennt. Umwelt-, Ordnungs- und Kulturverwaltung wurden zusammengefügt. Gesundheit und Soziales kamen unter ein „gemeinsames Dach" mit Jugend und Sport. Das ehemalige Dezernat X, das ohnehin eine Sonderstellung hatte und dessen Existenz im wesentlichen nur ein Ergebnis personalpolitischer Auseinandersetzungen war, wurde aufgelöst. Die neue Strukturierung der Stadtverwaltung folgte zum *ersten Mal* nun nicht mehr personalpolitischen Gesichtspunkten, sondern den lang angestauten Effektivierungserfordernissen.[28] Gleichwohl war sie auch das Ergebnis von Aushandlungsprozessen zwischen den neu zusammengesetzten Fraktionen bzw. ihren Vertretern im Hauptausschuß und im „Ältestenrat".

Mit dem Stellenplanentwurf für 1994[29] wurden weitere strukturverbessernde Maßnahmen festgelegt: so die (erneute) Bildung eines Bauverwaltungsamtes, die Umwandlung des Kulturamtes in ein Büro Kultur in Verbindung mit einer Ausgliederung von Bibliothek, Musikschule und Museum als eigenständige Ämter, die Verlagerung der Abteilung Denkmalschutz zum Bauordnungsamt, die Verlagerung der Schulpsychologischen Beratungsstelle zum Jugendamt.

Im Zusammenhang mit der Funktionalreform mußten seit Anfang 1995 zusätzliche Aufgaben übernommen werden, so die Aufgaben des Vermessungs- und Katasterwesens (mit 40 Stellen), der Bodenordnung (7 Stellen) und der Widerspruchsangelegenheiten bei Bauordnungfragen. Auch dies hatte entsprechende strukturelle Konsequenzen.

Vor allem vom Wirtschafts- und Finanzdezernenten wurde seit dem Jahre 1994 öffentlich der Übergang von der „klassischen Kameralistik" zu einer „optimierten Kameralistik" mit neuem Verwaltungsmanagement angestrebt. Sie soll sich an Begriffen orientieren wie Leistungskennzahlen, output, Globalbudgets, Haushaltsflexibilisierung, Kalkulation, Kostenrechnung, Vermögensbilanzierung, strategische Projektplanung.[30] Konkrete Schritte oder gar strukturelle Folgen zur Umsetzung dieser Vorstellungen waren daraufhin jedoch kaum erkennbar. Vorerst befaßten sich Arbeitsgruppen mit der Diskussion um die Einführung derartiger Schritte.

---

28 Ob dieses gewünschte Ergebnis auch in jeder Hinsicht eintritt, sei dahin gestellt. So wurde in nachfolgenden Gesprächen, die wir im Jahre 1995 durchführten, mehrfach die Verknüpfung von Wirtschaft und Finanzen in einem Dezernatsbereich kritisiert.
29 Vgl. Haushaltsplan für das Jahr 1994, Juni 1994.
30 Vgl. Haushaltsrede des Beigeordneten für Wirtschaft, Stadtbetriebe und Finanzen am 16. Juni 1994, unveröff. Ms.

Überlast der nachgeordneten Bereiche und Betriebe

Die wohl umfangreichsten strukturellen Erweiterungen resultierten zu Beginn des Neuaufbaus der Stadtverwaltung aus der Übernahme von ehemals stadtgeleiteten Betrieben.[31] Die Beigeordneten (Dezernenten) waren darüber hinaus jeweils bestrebt, die direkt nachgeordneten Strukturen des ehemaligen Rates der Stadt (z.b. Kindereinrichtungen, ambulantes Gesundheitswesen) bzw. ehemalige Strukturen des Innenministeriums (z.b. Feuerwehr, Paß- und Meldewesen) in die Stadtverwaltung zu überführen. Mitunter wurden dabei Eingliederungsabsichten erst an die Hauptverwaltung mitgeteilt, als diese von den Dezernenten schon verwirklicht worden waren (vgl. Ausgewählte Probleme der Personalentwicklung: 3). Dies ist ein weiterer Hinweis auf die damalige Desintegration der Verwaltung im von starken Brüchen und besonderer Konflikthaftigkeit geprägten institutionellen Umbruchpfad.

Bald darauf wurden zahlreiche der Betriebe wieder ausgegründet, in der Regel als GmbH mit 100%iger städtischer Beteiligung. So beauftragte die Stadtverordnetenversammlung am 27.3.91 die Stadtverwaltung, die Technischen Werke Brandenburg GmbH zu bilden. Die Technischen Werke Brandenburg GmbH fungierten ab Mitte 1991 als städtisches Dach-Unternehmen. Im August/September 1991 wurden die ersten größeren Betriebe, die ehemals stadtgeleitet waren, privatisiert. Etwa zu diesem Zeitpunkt wurde die Städtische Entsorgungsgesellschaft in Beteiligung mit einer privaten Firma gebildet. Die Gebäudewirtschaft verwandelte sich in eine Wohnungsbaugesellschaft mbH. Alleiniger Gesellschafter war die Stadt. Bei der Energieversorgung bildeten die Stadt Brandenburg/Havel und die Westfälische Erdgas AG ein Gemeinschaftsunternehmen Energieversorgung Brandenburg/Havel.

Die städtischen Unternehmen erreichten eine Struktur mit drei Bestandteilen: Technische Werke Brandenburg GmbH, Wohnungsbaugesellschaften und Eigenbetriebe. Die Technischen Werke umfaßten die Städtischen Ver-

---

31 In dem „Rückübertragungsbeschluß" der Stadtverordnetenversammlung Brandenburg (vgl. Protokolle der Stadtverordnetenversammlung Brandenburg, 18.9.1990) waren insgesamt 76 Betriebe, Objekte und Einrichtungen aufgeführt, darunter die Energieversorgung Brandenburg, Einzelhandelsbetriebe, Stadtbau Verkehrsbetriebe, Stadtwirtschaft, Textilreinigung, Schülerspeisung, Stadtfunk, Getriebewerk, Produktionsgenossenschaften des Handwerks, Einkaufs- und Liefergenossenschaften, VEB Kinderbekleidung, VEB Bau- und Montagekombinat Ost, VEB Autobahnkombinat, VEB Geflügelwirtschaft, Stadtsparkassen Brandenburg, Objekte der NVA und der sowjetischen Armee, Nationale Mahn- und Gedenkstätte, Bezirkskrankenhaus und Bezirksnervenklinik, Wohngebäude der ehemaligen VEB's und der NVA, Altersheim, wasserwirtschaftliche Anlagen, ehemalige LPG, Städtische Dienstleistung. Maßgebend für das Begehren zur Überführung dieser Betriebe waren sowohl das Interesse an Immobilien als auch arbeitsmarktpolitische Gründe.

kehrsbetriebe GmbH, die Städtische Werke GmbH, die Brawag GmbH (Wasser/Abwasser) und die Städtischen Dienstleistungen GmbH (Straßenbeleuchtung, Betriebsführung für Heizwerk und Stadthafen). Die Wohnungsbaugesellschaften umfaßten die Städtische Wohnungsbaugesellschaft mbH und die Städtische Wohnungsfürsorge GmbH. Zu den Eigenbetrieben gehörten seit 1994 Abwasser, Stadthafen und Heizwerk West. Bei einzelnen dieser Betriebe hatte die Stadt keine 100%igen Anteile. So gehörten die Verkehrsbetriebe zu 25% zum Landkreis und zu 75% zur Stadt. Die Wohnungsfürsorge gehörte nur zu 76,9% zur Stadt. Das Gesamtkonzept zur Führung der städtischen Unternehmen war zweifellos entwicklungs- und erweiterungsfähig. Für 1994 wurde die Inbetriebnahme eines Schlachthofes und der Bau einer Rettungshubschrauber-Station auf dem Marienberg vorgesehen. Eine Städtische Wassergesellschaft mbH wurde gebildet.

Auch im Kultur-, Sozial- und Gesundheitsbereich wurden anfangs zahlreiche Einrichtungen übernommen, bald darauf jedoch schrittweise wieder abgegeben. So wurden bereits im August 1990 das Bezirkskrankenhaus und die Bezirksnervenklinik als wirtschaftliche Eigenbetriebe der Stadt übernommen. Nachfolgend ging der größte Teil des Personals der Polikliniken in freie Niederlassung, ein geringerer Teil verblieb bei der Stadt. Im Januar 1991 beschloß die Stadtverordnetenversammlung, 5 Sozialstationen in der Stadt einzurichten, die von unterschiedlichen Wohlfahrtsverbänden getragen werden, jedoch städtische Zuschüsse erhielten. Bis zur Jahresmitte 1991 wurden insgesamt 85 kommunale und betriebliche Kindereinrichtungen von der Stadt übernommen, sowohl die technischen Kräfte als auch das Fachpersonal.[32] Ab 1.7.1991 wurden auch die Horteinrichtungen an die Kommune übertragen. Weiterhin übernahm die Stadt Sportanlagen einschließlich der Beschäftigten. Anfang 1992 wurde eine erste Kindertagesstätte in freie Trägerschaft übergeben. Zwei Altenheime übertrug man an den Verein „Seniorenbetreuung Brandenburg". Bis zur Jahresmitte wurden 14 Kitas für eine Übergabe in freie Trägerschaft ausgeschrieben. Interesse gab es bei den verschiedenen Wohlfahrtsverbänden. Einrichtungen der Jugendhilfe gingen 1992 an die Wohlfahrtsverbände. Im August 1993 wurden die Übergangsheime für Ausländer, Asylbewerber und Flüchtlinge in die Trägerschaft der Freien Wohlfahrtsverbände übergeleitet[33]. Ebenso wurden die Pflegeheime abgegeben.

Die Schulreinigung ging 1994 in die Privatisierung. Im Kulturbereich wurde für 1994 der Neuaufbau eines Bürgercenters begonnen. Theater und ambulantes Gesundheitswesen wurden als Eigenbetriebe gebildet. Generell

---

32 Vorübergehend wurden die Beschäftigten der Kindertagesstätten über ABM-Maßnahmen getragen.
33 Die Betreiberkosten (Heimleiter, Hausmeister, Sozialarbeiter) erstattete das Land.

versuchte die Stadt jedoch zu jedem Zeitpunkt, ihrer Verantwortung für die Kultur- und Sozialeinrichtungen gerecht zu werden und auch bei einer notwendigen „Entlassung" in die Selbständigkeit, wenn sie aus finanziellen Gründen nicht mehr zu umgehen war, die Fortführung dieser Einrichtungen durch entsprechende Sachzuschüsse zu unterstützen. Die Verwaltungsführung verstand die Wahrung bzw. den verantwortungsvollen Umgang mit den zahlreichen Sozial- und Kultureinrichtungen, wie aus den Interviews hervorgeht, als ein Stück „östlicher Identität" und setzte sich in diesen Punkten auch gegen die Ratschläge von Beratern aus den alten Bundesländern durch. So der Finanzdezernent bei der Begründung des Haushaltplanes 1992 (vgl. Protokolle der Stadtverordnetenversammlung Brandenburg, 27.5.1992):

„Wir brauchen aber auch Museen, Theater, Musikschulen und Volkshochschulen, das sind keine östlichen Kommunalhobbys, wie mancher in wohlmeinender westlicher Ansicht rät, ohne zu bedenken, daß er in seinem kommunalen Umfeld auch nicht darauf verzichten möchte. Auch vermag ich die auf die östlichen kommunalen Verwaltungen überkommenden Aufgaben, wie die Kinderbetreuung in den Kitas und Horten nicht so völlig von den kommunalen Pflichten zu trennen. Nein, Pflichtaufgaben sind das nicht, aber eine Trennung von diesen Aufgaben, ohne in einem planmäßigen Prozeß geeignete Ersatzlösungen geschaffen zu haben, wäre eine nicht zu verantwortende Politik..."

Unter dem zunehmendem Finanzdruck mußte diese Position allerdings in den Folgejahren deutlich modifiziert werden. Im Kulturbereich war im Jahre 1995 der größte Einzelposten z.B. noch die Finanzierung des Theaters (ca. 7 Mio DM), dessen Privatisierung zu diesem Zeitpunkt bereits erwogen wurde. Zunehmend setzt sich eine Auslagerung oder zumindest Reduzierung weiterer Sozial- und Kulturbereiche der Stadt fort. Dabei ist die Stadt darum bemüht, daß es zu keinem Rückgang sozialer und kultureller Leistungen für die Bürger und nach Möglichkeit auch nicht zu einem Verlust von Arbeitsplätzen kommt. Insgesamt gesehen, ist die wahrgenommene Verantwortung für die kulturellen und Sozialeinrichtungen, aber auch für die ehemals oder aktuell städtischen Betriebe wohl eine der größten Leistungen der Stadtverwaltung beim Aufbau eines neuen demokratischen Gemeinwesens. Dies trotz aller komplizierten Aufbaubedingungen und auch der beschriebenen komplizierten Prozesse innerhalb der Stadtverwaltung selbst.

Mit den folgenden Schaubildern stellen wir abschließend die strukturellen Veränderungen der Stadtverwaltung Brandenburg noch einmal im Überblick dar:

Strukturentwicklung und Kommunalverwaltungen

Strukturveränderungen in der Stadtverwaltung Brandenburg/Havel im Überblick

Mitte 1991:

Büro des OB;
Hauptverwaltung: Personalamt, Presse- und Informationsamt, Rechnungsprüfungsamt, Büro für Gleichstellungsfragen, Ortsteilverwaltungen;
Recht, Sicherheit, Ordnung: Rechtsamt, Amt für Umwelt- und Naturschutz, Ordnungsamt, Veterinär- und Lebensmittelüberwachung, Standesamt, Feuerwehr;
Wirtschaft: Stadtplanungsamt, Amt für Wirtschaftsförderung, Amt für Stadtbetriebe, Amt für Freizeit, Erholung u. Touristik;
Finanzverwaltung: Stadtkämmerei, Stadtkasse, Stadtsteueramt, Liegenschaftsamt;
Bau- und Wohnungswirtschaft: Bauverwaltungsamt, Stadtplanungsamt, AG Stadtsanierung, Vermessungs- u. Katasteramt, Bauordnungsamt, Amt f. Wohnungswesen, Hochbauamt, Tiefbauamt, Stadtgartenamt;
Umweltschutz, Stadtwirtschaftsbetriebe und Wohnungswesen: Amt für Stadtreinigung und Abfallbeseitigung;
Gesundheits- und Sozialwesen: Jugendamt, Sportamt, Gesundheitsamt, Krankenhausverwaltung, Poliklinik, Amt f. soziale Dienste;
Bildung und Kultur: Schulverwaltungsamt, Kulturamt (Bücherei, Musikschule, Museum, VHS), Städt. Bühnen, Stadtarchiv.

Mitte 1993:

Dezernat Oberbürgermeister: Büro des OB, Presse- und Informationsamt, Rechnungsprüfungsamt, Büro für Gleichstellungsfragen;
Dezernat I Hauptamt: Hauptamt, Personalamt, Ortsteilverwaltungen;
Dezernat II Finanzverwaltung: Stadtkämmerei, Stadtkasse, Amt für kommunale Abgaben;
Dezernat III Recht, Sicherheit, Ordnung: Rechtsamt, Ordnungsamt, Veterinär- und Lebensmittelüberwachung, Feuerwehr;
Dezernat IV Schule, Kultur, Jugend: Schulverwaltungsamt (und schulpsychologische Beratungsstelle), Kulturamt (Stadtbücherei, Musikschule, Museum, VHS, Städt. Bühnen, Untere Denkmalschutzbehörde), Jugendamt, Sportamt, AG Stadtsanierung, Stadtgartenamt, Amt für Freizeit und Tourismus;
Dezernat V Gesundheit- und Soziales: Sozialamt, Gesundheitsamt, Städtisches Klinikum (Eigenbetrieb), Amt für Wohnungswesen;
Dezernat VI Bau- und Umweltverwaltung: Amt für Umwelt und Naturschutz, Bauordnungsamt, Hochbauamt, Tiefbauamt;
Dezernat VII Wirtschaftsverwaltung: Liegenschaftsamt, Stadtplanungsamt, Amt für Wirtschaftförderung, Stadtwerke (Gas, Fernwärme, Strom, Wasser, ÖPNV, Wohnungsbau GmbH, Wohnungsfürsorge GmbH u.a.);
Dezernat X: Amt zur Regelung offener Vermögensfragen, Standesamt, Stadtarchiv, Vermessungs- und Katasteramt.

Ende 1994:

Dezernat I Stadthauptverwaltung: Büro des OB, Hauptamt, Personalamt, Presse- und Informationsamt, Rechnungsprüfungsamt, Amt für Gleichstellungsfragen, Ortsteilverwaltungen, Rechtsamt;
Dezernat II Finanzen/Wirtschaft, Stadtbetriebe: Stadtkämmerei, Stadtkasse, Amt für kommunale Abgaben, Liegenschaftsamt, Amt zur Regelung offener Vermögensfragen, Amt für Wirtschaftsförderung, Amt für Stadtbetriebe, Amt für Freizeit und Tourismus, Abwasser (Eigenbetrieb), Heizwerk (Eigenbetrieb), Stadthafen (Eigenbetrieb);
Dezernat III Umwelt- und Ordnungsverwaltung/Kultur und Bildung: Amt für Umwelt und Naturschutz, Ordnungsamt, Standesamt, Feuerwehr, Veterinär- und Lebensmittelüberwachungsamt, Schulverwaltungsamt, Kulturamt, Volkshochschule, Städtische Bühnen, Stadtarchiv;
Dezernat IV Gesundheit, Soziales, Jugend und Sport: Sozialamt, Jugendamt, Sportamt, Gesundheitsamt, Städtisches Klinikum (Eigenbetrieb), Amt für Wohnungswesen;
Dezernat V Bauwesen: Stadtplanungsamt, Vermessungs- und Katasteramt, Bauordnungsamt, Hochbauamt, Tiefbauamt, Stadtgartenamt, Stadtsanierung.

5.3 Landkreise Brandenburg und Potsdam-Mittelmark

Auch hier wurden die Dezernate und Ämter seit 1990 auf der Grundlage der zuvor Fachabteilungen gebildet, andere mußten völlig neu aufgebaut werden. Im Unterschied zur Stadtverwaltung Brandenburg wurde jedoch nicht nur auf der Sachbearbeiterebene, sondern auch auf den Leitungsebenen in größerem Umfang Altpersonal einbezogen.[34] Das ist typisch für den bereits mehrfach beschriebenen kontinuierlicheren institutionellen Umbruchpfad im damaligen Kreis Brandenburg. Von den 9 Spitzenpersonen der Verwaltung[35] waren 2 ehemalige Ratsmitglieder. Auch der neu eingesetzte Leiter des Hauptamtes (dem Verwaltungsdirektor unterstellt) sowie der neu eingesetzte Gewerbeamtsleiter waren ehemalige Ratsmitglieder.[36] Neben den beiden ehemaligen Ratsmitgliedern auf Dezernentenebene waren drei weitere der neugewählten Dezernenten langjährig als Abgeordnete der CDU bzw. der LDPD im Kreistag Brandenburg, im Bezirkstag Potsdam bzw. in der Stadtverordnetenversammlung Brandenburg tätig. Es gab damit auf der Führungsebene des Kreises eine ausgeprägte altpersonelle Kontinuität. Dadurch

---

34 Landrat, Stellvertreter, Kreistagspräsident u.a.m. waren allerdings auch bei *diesem* Umbruchpfad *neu*personell.

35 Das betrifft den Dezernenten für Recht, Sicherheit und Verkehr (ehemals Ratsmitglied für örtliche Versorgungswirtschaft, CDU) sowie den im Juli gewählten Baudezernenten (ehemals Ratsmitglied für Wohnungspolitik, NDPD). Vgl. auch Tabellenanhang, Nr. 2: Berufliche und politische Herkunft der im Mai bis Juli neu gewählten Dezernenten im Kreis Brandenburg. Später (1993) wurde als Dezernent der Haupt- und Finanzverwaltung ein ehemals stellvertretender Abteilungsleiter des Rates des Kreises eingesetzt.

36 Der Leiter der Hauptverwaltung war ehemals Ratsmitglied für Jugend und Sport sowie Sekretär des Rates. Der Leiter des Gewerbeamtes war ehemals Ratsmitglied für Handel und Versorgung.

Strukturentwicklung und Kommunalverwaltungen

verliefen auch die Neustrukturierung der Verwaltung, die konkreten Ablaufprozesse und Funktionsmuster der Kreisverwaltung Brandenburg weitaus weniger konflikthaft als in der benachbarten Stadtverwaltung Brandenburg. Gleichwohl war man sich auf der Führungsebene von Anfang an darüber im klaren, daß die Kreisverwaltung völlig neu strukturiert werden mußte.[37]

Die *„innere Verwaltungsführung"* wurde durch den Verwaltungsdirektor, der zugleich als Stellvertreter des Landrates fungierte, gewährleistet. Dazu gehörte vor allem der „Bereich Landrat" (Rechtsamt, Amt für Wirtschaftsförderung, Rechnungsprüfungsamt, Hauptamt, Personalamt). Die Schlüsselbereiche der inneren Verwaltung waren damit unmittelbar an den Landrat und seinen Stellvertreter gekoppelt. Der Finanzbereich wurde in ein gesondertes Dezernat eingeordnet. Im Dezernat Finanzen war zunächst vorgesehen, 5 Ämter zu bilden: Kasse, allgemeine Finanzwirtschaft, Haushalts- und Kassenwesen, Finanzplanung und Finanzstatistik, Wirtschaftsförderung und Liegenschaftsdienst (vgl. Protokolle des Kreistages Brandenburg vom 29.5.1990).

Betrachten wir den Aufbau der *„Ordnungverwaltung"*, zunächst den Aufbau des *Dezernates Recht, Sicherheit und Verkehr*: Hier flossen die bisherigen Aufgaben der Feuerwehr und des Katastrophenschutzes ein. Wenig später wurden Aufgaben, die zuvor das Volkspolizeikreisamt zu lösen hatte – Kfz-Zulassungen, Genehmigungswesen – an die Kreisverwaltung übertragen. Das Gewerbeamt wurde bereits seit Mai 1990 aufgebaut. Es sollte später Aufgaben einer Aufsichtsbehörde wahrnehmen. Die Bildung des Straßenverkehrs- und Ordnungsamtes war Ende Mai bereits geplant und wurde einige Monate später umgesetzt.

Das *Dezernat Bau- und Wohnungswesen* konnte nicht von Anfang an mit einem Dezernenten besetzt werden. Nachdem zunächst beschlossen wurde, eine öffentliche Ausschreibung für dieses Dezernat vorzunehmen (vgl. Protokolle des Kreistages Brandenburg vom 29.5.1990), beschloß der Kreistag Mitte Juli 1990, ein ehemaliges Ratsmitglied, seit Mai in Amtsleiter- bzw. amtierender Dezernentenfunktion tätig, mit dieser Aufgabe zu betrauen. Geplant wurden hier der Aufbau eines Amtes für öffentliche Bauten, dem das Hochbau- und das Tiefbauamt zugeordnet würden. Außerdem wurde der Aufbau eines Straßenamtes vorgesehen, das künftig die Betreuung der Kreisstraßen übernehmen sollte.

Im *Dezernat Bildung und Kultur* sollten in der zweiten Jahreshälfte 1990 ein Amt für Kultur und ein Amt für Jugendfragen/Jugendpflege aufgebaut werden. Im Bildungsbereich beschränkten sich die kreislichen Aufga-

---

37 Vgl. hierzu das Referat des Landrates auf der Kreistagssitzung vom 29.5.1990: „Tatsache ist, daß die ehemaligen Strukturen der Verwaltung unter den heutigen Bedingungen völlig unbrauchbar sind." (Archivmaterial des Büro des Kreistages).

ben wesentlich auf die Erhaltung von Schulgebäuden, Schülerbeförderung, Schulspeisung und Beschaffungsaufgaben. Angestrebt wurde, zwei Einrichtungen (Pädagogisches Kreiskabinett, Station „Junger Naturforscher"), die bei der Volksbildung (als noch staatlicher Institution) lagen, zum Kreis überzuführen.

Im *Dezernat Gesundheit und Soziales* war insbesondere der Aufbau eines Sozialamtes in kurzer Zeit zu leisten. Das bisherige Fachorgan Gesundheits- und Sozialwesen wurde in ein Gesundheitsamt umgewandelt.

Im *Dezernat für Umweltschutz und Tourismus* wurde erst einmal die Bildung eines Amtes für Tourismus beschlossen. Und im *Dezernat für Landwirtschaft, Regionalplanung und Abfallbeseitigung* waren drei Ämter vorgesehen: Landwirtschaft, Veterinärwesen, Regionalplanung.

In der Diskussion der konstituierenden Kreistagssitzung vom 29.5.90 wurde auch der Aufbau eines *Dezernates Wirtschaft* erwogen. Es kam jedoch nicht zu dessen Konstituierung, und die Aufgaben der Wirtschaftsförderung wurden in der Folgezeit – wie bereits erwähnt – direkt dem Landrat unterstellt.

Anfang Mai 1991 wurde aus Gründen der Verwaltungsvereinfachung[38] eine neue Struktur der Kreisverwaltung festgelegt.[39] Ausschlaggebend für die Straffung der Strukturen waren hier also nicht – wie in der Stadt Brandenburg/Havel – personalpolitische Auseinandersetzungen, sondern Effektivitätsüberlegungen. Die Reduzierung der Dezernate verlief ohne ernsthafte konflikthafte Auseinandersetzungen. Das konsensuale Umbruchmodell des Landkreises Brandenburg erwies sich in einer solchen Situation, die in anders geprägten Verwaltungen allemal für Konflikte gesorgt hätte, als funktionsfähig. Statt sieben Dezernate blieben nur noch vier. Die Stelle des Verwaltungsdirektors wurde aufgelöst. Die 4 Dezernenten und der Landrat leiteten gleichzeitig jeweils noch ein Amt. Die überzähligen Dezernenten übernahmen Amtsleiterfunktionen. Bisherige Amtsleiter degradierten zum Sachbearbeiter. Positionale Interessen und erst erworbene Leitungs- und Sachkompetenz wurden dem Bestreben nach Verwaltungsvereinfachung im Vorfeld der Großkreisbildung untergeordnet.

Von Mitte 1991 bis Ende 1993 änderten sich die skizzierten Strukturen kaum. Im Zuständigkeitsbereich des Landrates wurden das Haupt- und das Personalamt zusammengefügt. Kleinere Modifikationen gab es durch die Zusammenfügung von Ordnungs- und Gewerbeamt im Dezernat II – wie-

---

38 Der Landrat begründet dies in der Kreistagssitzung vom 2.5.1991 mit 5 Punkten: 1. Straffung der Aufgabenerfüllung, 2. Verhinderung von Doppelarbeit, 3. Verkürzung von Informationswegen, 4. Stärkung der Verantwortung des einzelnen Mitarbeiters, 5. Bildung angemessener Leitungsspannen (vgl. Protokolle des Kreistages, Archivmaterial des Büro des Kreistages Brandenburg).
39 Vgl. Haushaltsplan des Kreises Brandenburg 1991.

derum ein Schritt zur organisationsstrukturellen Entdifferenzierung. Das Landwirtschaftsamt befand sich zwischenzeitlich (1992) im Dezernat II (gemeinsam mit Naturschutz). Die Ämter für öffentliche Einrichtungen sowie für Wasser und Abfall (beides 1992 im Dezernat II plaziert) wurden wieder aufgelöst, ihre Aufgaben übernahmen andere Struktureinheiten. Im Dezernat III unterstanden das Kultur- und das Schulamt zeitweilig (1992) einer gemeinsamen Leitung. Mitte 1992, nach dem Auslaufen des ABM-Projektes Wohngeldstelle, konnten 23 ABM-Kräfte als Teilzeitarbeitskräfte in die Verwaltung übernommen werden. Im Baudezernat wurden ein Bauaufsichtsamt eingerichtet und das Wohnungsförderungsamt aufgelöst.

Mitte 1993 erreichte die Kreisverwaltung eine Struktur, die sich nur unwesentlich von jener der Jahresmitte 1991 unterschied.[40] Die Stabilität der bewußt „schlank" gewählten Verwaltungsstrukturen wurde durchgehalten, obwohl es auch hier den Weggang von Dezernenten gab. Das hing nicht zuletzt mit der bevorstehenden Großkreisbildung zusammen, in die man mit einem schlanken, dafür aber „haltbaren" Personalbestand eintreten wollte. Allerdings hat sich diese Hoffnung später nur partiell erfüllt.[41]

Betrachtet man die *nachgeordneten Strukturen*, so vollzog sich hier wenig Spektakuläres. In weitaus geringeren Dimensionen als in der Stadt ging es um Übernahmen und Abgaben von Verwaltungsbereichen bzw. von Einrichtungen und Betrieben. Im November 1990 wurde die VEB Gebäudewirtschaft Ziesar in eine Kapitalgesellschaft „Kreiswohnungsbaugesellschaft Brandenburg" umgebildet. Im Januar 1991 beteiligte sich der Kreis als Gesellschafter der Schlachthof-Pritzerbe-Projektierungs-GmbH. Im Februar übernahm die Kreisverwaltung die Kreisvolkshochschule in ihre Obhut. Im gleichen Monat beschloß der Kreistag die Übernahme der Entsorgung des Siedlungsmülls der kreisangehörigen Gemeinden. Damit ging die Entsorgungsverantwortung von den Gemeinden auf den Kreis über, während die Kommunen eine Anschlußpflicht an dieses Entsorgungssystem hatten. Im März formulierte der Kreistag einen Brief an den Präsidenten der Treuhandanstalt, in dem die zügigere Rückführung kommunalen Eigentums an die Kreise und Gemeinden verlangt wurde. Nachdem ein Zweckverband der Sparkassen zunächst nur mit der Stadt Brandenburg/Havel eingegangen wurde, trat der Kreis im März 1991 (ebenso auch die Stadt), einem größeren Zweckverband der Sparkassen (mit Landkreis Belzig, Landkreis Nauen, Landkreis Oranienburg, Stadt Potsdam, Landkreis Potsdam) bei. Die Kreis-

---

40 Vgl. Material der Kreisverwaltung Brandenburg, August 1993.
41 Nach der erfolgten Großkreisbildung fühlten sich die Vertreter des ehemaligen Landkreises Brandenburg bei der Besetzung von Leitungspositionen und bei der Einbeziehung des Personals gegenüber den anderen zwei ehemaligen Altkreisen eher als benachteiligt. Dies mag auch mit den parteipolitischen Konstellationen zusammenhängen (Altkreis Brandenburg CDU-dominiert, neuer Großkreis Potsdam-Mittelmark SPD-dominiert).

bibliothek ging Ende Mai 1991 direkt in die Obhut der Kreisverwaltung über. Die Berufsschulen und die ehemaligen Sonderschulen wurden dem Kreis zugeordnet. Der Kreistag beschloß ein Konzept zur Verteilung von Grundschulen, Sekundarstufe I und gymnasialer Oberstufe.[42] Nach wie vor trug der Kreis die Verantwortung für vier Alten- und Pflegeheime. Weiterhin gehörten zum Kreis Einrichtungen des Bildungswesens (Kindertagesstätten). Diese strukturellen Verantwortungsbereiche der Kreisverwaltung blieben im wesentlichen bis zur Kreisgebietsreform bestehen.

Je näher die Wahlen im Dezember 1993 kamen, desto stärker beeinflußte die bevorstehende Kreisgebietsreform die Verwaltungs- und Vertretungstätigkeit. Wie überall im Land Brandenburg entstanden Arbeitsgruppen der drei Landkreise zur Vorbereitung der Kreisgebietsreform. Mit Blick auf den neuen Großkreis wurde bereits gemeinsam von den drei Altkreisen eine Wirtschaftsförderungsgesellschaft „Potsdam-Mittelmark – e.V." gegründet.

Landratsamt Potsdam-Mittelmark

Seit der Konstituierung des Großkreises Potsdam-Mittelmark entstand eine völlig neue Situation: Die drei Kreise Brandenburg, Potsdam-Land und Belzig waren im Zuge der Kreisgebietsreform zu einem einheitlichen Kreis zusammengeführt worden.[43] Zuvor hatten Arbeitsgruppen der drei Kreise gemeinsame Richtlinien über Struktur und Aufgaben ausgearbeitet, die jedoch der Entscheidung des neuen Kreistages und des neuen Landrates nach dem 5. Dezember 1993 oblagen. Bis zum Dezember 1993 konnten durch die Arbeitsgruppen jedoch weder die Struktur noch die Besetzung der Amtsleiterposten festgelegt werden.

Der Aufbau der neuen Verwaltungsstruktur verlief überaus kompliziert und verhinderte anfangs faktisch die Arbeitsfähigkeit der neuen Kreisverwaltung. Wiederum hatte man es – wenngleich in völlig anderer Qualität als andernorts im Jahre 1990 – mit einer Umbruchsituation relativ hoher Intensität zu tun. Die Zuordnung der Ämter zu den Dezernaten wurde per Koalitionsvereinbarung festgelegt, nicht aber die personelle Besetzung der Amtsleiterstellen. Noch bis zum April 1994 gab es entsprechend der Altkreise je *drei* Amtsleiter in den einzelnen Verwaltungsbereichen. Ab Mai 1994 wur-

---

42 Protokolle des Kreistages Brandenburg vom 30.5.1991: Errichtung von Grundschulen und Sekundarstufe I, Weiterführung der Abiturausbildung in Ziesar und Eröffnung der 11. Klasse in Amt Lehnin, Errichtung der gymnasialen Oberstufe in Ziesar und Amt Lehnin, Errichtung der kommunalen Berufsschule mit kreisübergreifenden Klassen in Amt Lehnin, Errichtung der Föderschule für lernbehinderte Schüler in Amt Lehnin, einschließlich Internat.

43 Der neue „Großkreis" hat 171.000 Einwohner und eine Fläche von 2.650 km2.

den die neuen Amtsleiter auf der Grundlage einer internen Ausschreibung durch die Beigeordneten ausgewählt. Die Entscheidung der Beigeordneten wurde dann auch (außer beim Bauamtsleiter) vom Kreistag bestätigt. Die Hauptebene der struktur- und personalpolitischen Auseinandersetzung war also jene der Dezernenten bzw. Beigeordneten. Hierbei ging es vor allem um die Dezernate I und II, z.B. um die Frage, ob das Hauptamt zum Dezernat II (Finanzen) geht und das Dezernat I damit rein ordnungsrechtliche Aufgaben zu lösen hätte. Ob dies allerdings allein aus sachlich-konzeptionellen Gründen zum Streitpunkt wurde, bleibt zu bezweifeln. Personale Gründe spielen zumindest partiell eine Rolle.

In einigen Punkten erschien die Struktur des neuen Landratsamtes Potsdam-Mittelmark[44], die aus dem Bereich Landrat und vier Dezernaten bestand, willkürlich, wenn man zum Beispiel den Standort des Umweltamtes im Dezernat I oder die Ämter für Verkehrswesen sowie für Veterinär- und Lebensmittelüberwachung im Dezernat II betrachtet. Deutlich ist schon in der Struktur zu erkennen, daß die konkrete Zusammensetzung und Zuordnung der Verwaltungsbereiche einem Aushandlungsprozeß zwischen den neugewählten Beigeordneten bzw. Dezernenten wie auch zwischen den Mehrheitsparteien im Kreistag geschuldet war. Die schrittweise Umbildung zu einer Verwaltungsstruktur nach auschließlichen Rationalitätskriterien ist noch ein längerer Weg.

Das resultiert nicht zuletzt auch daraus, daß eine dezentrale Standortverteilung des neuen Landratsamtes an den ehemaligen drei Kreissitzen und deren Nebenstellen vorläufig beibehalten wurde. Jedes der vier Dezernate hat noch bestimmte Verwaltungsbereiche an den drei ehemaligen Kreissitzen. Eine gewisse Konzentration gab es zum Beispiel bei den Sachgebieten Personal und Organisation sowie beim Rechnungsprüfungs- und Gemeindeprüfungsamt im Kreissitz, beim Amt zur Regelung offener Vermögensfragen und beim Bauaufsichtsamt (größtenteils) in einer der ehemaligen Kreisstädte, beim Schulverwaltungs- und Kulturamt in einer ihrer Nebenstellen. Die Sachgebietsleiter des Sozialamtes sollten zwar auch im Kreissitz konzentriert werden (nach Fertigstellung eines neuen Verwaltungsgebäudes), die sechs Leistungsstellen für die Bürger würden allerdings vernünftigerweise an ihren bisherigen Standorten verbleiben.

Drei der vier Dezernenten waren gleichzeitig Beigeordnete, die nach der Landkreisordnung für das Land Brandenburg (§ 58) auf Vorschlag des Landrates und mit Wahl des Kreistages für acht Jahre in das Beamtenverhältnis auf Zeit berufen wurden. Von den neu gewählten Dezernenten stammten zwei einem der ehemaligen Kreise, einer sowie der Landrat aus dem Altkreis beim neuen Kreissitz Belzig und einer aus Magdeburg. Aus

---

44 Vgl. die nachfolgende Strukturtabelle.

dem ehemaligen Kreis Brandenburg, dem einzigen CDU-geführten Landkreis von den genannten drei ehemaligen Landkreisen, stammte *keiner* der Dezernenten. Auf Amtsleiterebene kamen *nur zwei der insgesamt 17 Amtsleiter aus dem ehemaligen Kreis Brandenburg*. Es scheint daher nicht verwunderlich, wenn sich ehemalige Mitarbeiter des Brandenburger Landkreises als Verlierer der Großkreisbildung sehen.

Insgesamt waren somit die *politischen* – verknüpft mit *personellen* – Strukturierungsfaktoren bei der Bildung der neuen Kreisverwaltung entscheidend. Die neuen Verwaltungsstrukturen erwuchsen trotz anderer allgemeiner Absicht nicht kontinuierlich aus den bisher bestehenden drei Kreisverwaltungen, was schon allein die relative Ergebnislosigkeit der Arbeitsgruppentätigkeit im Vorfeld der Großkreisbildung zeigte. Inbezug auf den ehemaligen CDU-geführten Kreis Brandenburg war dabei der Bruch am stärksten.

Der Großkreis übernahm auch die *nachgeordneten Einrichtungen* der ehemaligen Kreise mit etwa 400 Beschäftigten. Das waren zum Beispiel drei Kinderheime, ein Jugendfreizeitzentrum in Belzig (alle zum Jugendamt gehörig), ein REHA-Heim (Sozialamt) und andere.

Im folgenden zeigen wir in einer Übersicht die strukturellen Veränderungen der Kreisverwaltung Brandenburg bzw. die neu gebildete Grundstruktur des Landratsamtes Potsdam-Mittelmark.

Strukturveränderungen Kreisverwaltung Brandenburg bzw. Kreis Potsdam-Mittelmark im Überblick

Mitte 1991 (Kreis Brandenburg):

Bereich Landrat: Rechtsamt, Amt für Wirtschaftsförderung, Rechnungsprüfungsamt, Hauptamt, Personalamt;
Dezernat Finanzen: Kämmerei (Grundstücksamt), Kreiskasse/Vollstrecker, Amt für offene Vermögensfragen;
Dezernat Ordnung, Sicherheit, Verkehr und Umwelt: Ordnungs- und Gewerbeamt, Straßenverkehrsamt, Feuerwehr, Zivilschutz, Umweltschutz, Veterinäramt;
Dezernat Bildung, Kultur, Gesundheit und Soziales: Jugendamt, Kulturamt und Volkshochschule, Bibliothek, Archiv, Sozialamt, Gesundheitsamt, Schulverwaltungsamt;
Dezernat Bau- und Wohnungswesen: Hoch- und Tiefbauamt, Landwirtschaftsamt, Bauverwaltungsamt, Bauleitplanung, Wohnungsförderungsamt.

Mitte 1993 (Kreis Brandenburg):

Bereich Landrat:: Rechtsamt, Wirtschaftsförderungsamt, Rechnungsprüfungsamt, Haupt- und Personalamt, Pressesprecher;
Dezernat I Finanzen: Kämmerei, Kreiskasse, Amt für offene Vermögensfragen;
Dezernat II Ordnung, Sicherheit, Verkehr und Umwelt: Ordnungs- und Gewerbeamt, Straßenverkehrsamt, Umweltamt, Lebensmittel- und Veterinäramt;
Dezernat III Bildung, Kultur, Gesundheit und Soziales: Jugendamt, Kulturamt, Sozialamt, Gesundheitsamt, Schulverwaltungsamt;
Dezernat IV Bau- und Wohnungswesen: Bauaufsichtsamt, Raumordnung und Regionalplanung, Hoch- und Tiefbauamt, Landwirtschaftsamt, Bauverwaltungsamt.

Ende 1994 (Kreis Potsdam-Mittelmark):

Bereich Landrat: Büro, Öffentlichkeitsarbeit, Kreistagsbüro, Kommunalaufsicht;
Dezernat I Hauptverwaltung: Hauptamt, Rechnungsprüfungs- und Gemeindeprüfungsamt, Umweltamt, Ordnungsamt;
Dezernat II Finanzen: Kämmerei, Amt zur Regelung offener Vermögensfragen, Amt für Verkehrswesen, Veterinär- und Lebensmittelüberwachungsamt;
Dezernat III Schule, Soziales, Jugend und Gesundheit: Schulverwaltungs- und Kulturamt, Sozialamt, Jugendamt, Gesundheitsamt;
Dezernat IV Bau und Wirtschaft: Bauverwaltungsamt, Bauaufsichtsamt, Planungsamt, Vermessungs- und Katasteramt, Amt für Landwirtschaft und Wirtschaftsförderung.

5.4 Landkreis Bitterfeld

In den ersten Monaten nach Konstituierung des neuen Kreistages wurden die beschlossenen Dezernatsstrukturen schrittweise durch den Aufbau von Ämtern untersetzt. Die Arbeitsfähigkeit der Verwaltung war bis zum Jahresende 1990 zwar noch nicht in allen Bereichen voll hergestellt[45], jedoch ging der Aufbau der Grundstrukturen vergleichsweise schnell vonstatten. Der Umbruch, der sich mit den Mai-Wahlen vollzogen hatte, verlief nur in einer mittleren Intensität. Der dominierende Einfluß der ehemaligen Blockparteien blieb, und man konnte an die bereits im April konzipierten Verwaltungsstrukturen anknüpfen.

Im Bereich der *inneren und Ordnungsverwaltung* wurde das Dezernat Recht/Sicherheit/Ordnung gebildet, das im Oktober in 5 Ämter untergliedert werden sollte: Rechtsamt, Ordnungsamt, Straßenverkehrsamt, Amt für Brand- und Katastrophenschutz, Rettungswesen. Später wurde in diesen Dezernatsbereich auch das Personalamt eingeordnet. Nachdem zunächst

---

45 Protokolle des Kreistages Bitterfeld, 8. Tagung des Kreistages am 20.12.90, Beitrag des Landrates: „Es wurden mit jedem Dezernenten persönliche Gespräche geführt. Dabei wurde sichtbar, daß noch nicht alle Dezernate und Ämter arbeitsfähig sind. Das resultiert aus der personellen Fehlbesetzung und aus dem fehlenden Arbeitskräftepotential."

nicht vorgesehen war, ein Dezernat Finanzen aufzubauen[46], wurde in den Folgemonaten doch ein Dezernat mit der Bezeichnung Haupt- und Finanzverwaltung aufgebaut. Es beinhaltete bis zum Jahresende die Ämter Hauptamt, Rechnungsprüfungsamt und Amt für Finanzangelegenheiten. Die für die Umbruchverwaltung typische Verspätung des Aufbaus der Z-Bereiche nahm hier nicht so deutliche Ausmaße an.

Das Dezernat Umwelt/Natur/Abfallwirtschaft wurde im Kreis Bitterfeld angesichts der scherwiegenden Umweltschäden, die durch die chemische Industrie der DDR verursacht worden waren, als ein besonderer Schwerpunkt angesehen. Dieses Dezernat bestand bereits im September 1990 und beinhaltete drei Ämter: Umweltschutz, Umweltkontrolle und Naturschutz/Landschaftsgestaltung.

Der Aufbau eines eigenständigen Amtes für Vermögensverwaltung war zu diesem Zeitpunkt noch in Vorbereitung. Seine Bildung wurde im Februar 1991 auf der Grundlage eines entsprechenden Auftrages der Landesregierung beschlossen.[47] Im April 1991 wurde das Dezernat Landwirtschaft/Veterinärwesen auf der Grundlage einer Verfügung der Landesregierung aufgelöst, weil diese Aufgaben im Land Sachsen-Anhalt Landwirtschaftskammern übernehmen sollten.[48] Es erfolgte schrittweise eine Umstrukturierung, wobei die Mitarbeiter dieses Dezernates in andere Bereiche umgesetzt wurden. Ende Dezember wurden die Kreishygieneinspektion, die Arbeitshygieneinspektion und der Fürsorgebereich geschlossen. Die Modalitäten der Überführung der Arbeitskräfte in den Stellenbestand des Landratsamtes standen noch offen, ebenso die Modalitäten zur Übernahme von Bediensteten der Polizei (Meldewesen, Kfz-Zulassung).

Bis Mitte 1991 war die Grundstruktur des Landratsamtes Bitterfeld erreicht. Nach dem Aufbau der Grundstrukturen des Landratsamtes gab es in den nachfolgenden Jahren einige strukturelle Veränderungen, jedoch ohne desintegrierende Wirkungen anzunehmen. Bei der Diskussion des Entwurfes für den Haushalt 1992 wurde fraktionsübergreifend darauf gedrungen, die Personalkosten zu reduzieren. Möglichkeiten zur Privatisierung öffentlicher Dienstleistungen seien zu nutzen. Die öffentliche Verwaltung müsse überprüft und rationalisiert werden. Die Bürokratie sei überzogen, Subventionen dürften nicht der Konservierung überholter Strukturen dienen.[49]

---

46 Vgl. Protokolle des Kreistages Bitterfeld, Beschluß des Kreistages Nr. 10-2-90 vom 28.6.1990.
47 Im Januar 1991 lagen bereits 3.800 vermögensrechtliche Ansprüche vor. Vgl. Protokolle des Kreistages Bitterfeld, Protokoll der 9. Tagung des Kreistages am 31.1.1991.
48 Der Kreis Bitterfeld wurde der Landwirtschaftskammer Bernburg zugeordnet.
49 Vgl. Protokolle des Kreistages Bitterfeld, Protokoll der 18. Tagung des Kreistages Bitterfeld am 16.1.1992.

In der *inneren Verwaltung* wurde für das Rechtsamt, das Personalamt und die Kommunalaufsicht personengebunden eine neue Konstruktion entwickelt: Alle drei Ämter wurden einem Rechts- und Verwaltungsexperten zugeordnet, der sich aus den alten Bundesländern in der Region angesiedelt hatte. Hierfür wurde die Position eines „leitenden Kreisrechtsdirektors" geschaffen. Während das Personalamt (bzw. -abteilung) und die Kommunalaufsicht dem Dezernenten der Haupt- und Finanzverwaltung unterstanden, verblieb das Rechtsamt (-abteilung) im Dezernat Rechts-, Sicherheits- und Ordnungsverwaltung. Der leitende Kreisrechtsdirektor unterstand somit formell zwei Dezernenten, hatte real jedoch auf Grund seiner Fachkompetenzen eine relativ selbständige Position. Offensichtlich sollte, wie auch im Beispiel der Dezernatsbesetzung „X" in der Stadt Brandenburg/Havel, die besondere Kompetenz des Westbeamten formell auf den Bereich von Rechtsprüfung und -aufsicht beschränkt bleiben, aber auch von allen Verwaltungsbereichen bewußt genutzt werden können. Das Rechnungsprüfungsamt wurde direkt dem Landrat zugeordnet. Die Bürgerberatungsstelle und die Position der Gleichstellungsbeauftragten gingen ins Dezernat III. Aus dem Ordnungsamt wurde seit Ende März 1992 schrittweise das Sachgebiet Paß- und Meldewesen ausgelagert und in Folge von Funktionalreformen auf die Kommunen übertragen.[50] Das Veterinäramt (aus dem aufgelösten Dezernat Landwirtschaft) ging ebenfalls ins Ordnungsamt über. Im weiteren wurde im gleichen Dezernat ein gesondertes Veterinär- und Lebensmittelamt geschaffen. Zusätzlich kam das Waffenwesen aus dem Zuständigkeitsbereich der Polizei in die Ordnungsverwaltung des Kreises. Darüber hinaus erfüllte der Kreis noch Aufgaben, die bereits in den Zuständigkeitsbereich der Kommunen gehören müßten (z.B. Beseitigung wilder Mülldeponien und Autowracks, auch Aufgaben im Sozialbereich).[51]

Im *Dezernat Bau- und Wohnungsverwaltung* wurden 5 Ämter zu 3 Ämtern zusammengefaßt (Bauplanungsamt, Bauordnungsamt, Hoch-, Tief- und Gartenbauamt). Auch *das Dezernat Umwelt, Naturschutz und Abfallwirtschaft* wurde im Jahre 1992 in seiner Struktur gestrafft, indem die 3 Ämter zu 2 Ämtern „kondensierten" (Amt für Umweltschutz, Amt für Naturschutz und Landschaftspflege). Nachdem bereits im Jahre 1991 das Landwirtschaftsdezernat aufgelöst worden war, wurde im weiteren die Auflösung des *Dezernates für Wirtschaft, Verkehr und öffentliche Einrichtungen* (Ende Juni 1992) zur wichtigsten strukturellen Veränderung seit dem Jahre 1992. Während einige der Aufgaben dieses Dezernates in einem Amt für

---

50 In der Bitterfeld wird eine Meldestelle beispielsweise seit 1.1.1993 geführt.
51 Protokolle des Kreistages Bitterfeld, Protokoll der Tagung des Kreistages vom 15.10.1992. Allerdings gibt es in diesem Bereich auch unterschiedliche Auffassungen hinsichtlich der Abstimmung zwischen kreislicher und kommunaler Ebene.

Wirtschafts- und Verkehrsplanung (direkt dem Landrat unterstellt) verblieben, übertrug man größtenteils die Aufgaben dieses Dezernates an die Wirtschaftsförderungsgesellschaft EWG, die seit September 1990 mit 100%iger Kreisbeteiligung bestand. Einige Aufgaben (jene aus dem Gewerbeamt) gingen als Sachgebiet ins Ordnungsamt über.

Im *Gesundheits- und Sozialbereich* gab es zunächst Übernahmen, dann schrittweise Auslagerungen: Durch das Landratsamt wurde 1990/91 die Trägerschaft für die Poliklinik Bitterfeld sowie für die Betriebspolikliniken der Chemie AG und der Filmfabrik AG übernommen. Hierbei zeichneten sich Personalreduzierungen ab. Aus der Poliklinik Bitterfeld wurden z.B. die Fürsorgebereiche herausgenommen. Mit Stand November 1991 befanden sich in der Poliklinik der Film-AG Wolfen noch 4 kreislich angestellte Arbeitskräfte, in der Poliklinik der Chemie-AG Bitterfeld noch 8 Arbeitskräfte und in der Poliklinik Bitterfeld 49 Arbeitskräfte. Die Stadtverwaltung Bitterfeld hatte zum 1.7.1991 nicht – wie ursprünglich vorgesehen – die Poliklinik übernommen.[52] Sie war dazu weder bereit noch in der Lage. Gleichzeitig begann die Niederlassung von Ärzten in private Praxen. Bei den *Alten- und Pflegeheimen* wurden Vorbereitungen für deren Übergabe an freie Träger getroffen. Hierbei ging es um 5 Alten- und Pflegeheime.[53] *Im Bereich des öffentlichen Nahverkehrs* bildete das Landratsamt gemeinsam mit den Kommunen Wolfen und Bitterfeld sowie mit einer privaten Firma eine Gesellschaft zur Sicherung des öffentlichen Personennahverkehrs. Damit wurde auch die Zuständigkeit für den ehemaligen VEB Kraftverkehr Bitterfeld an die neue Gesellschaft übertragen.

Generell wurde die Privatisierung bislang kommunaler Aufgaben immer wieder angesprochen, ohne daß es hierbei zu grundsätzlichen Durchbrüchen kam. Grundsätzliche Position der Kreisverwaltung war es, bei Privatisierungen von kreislichen Einrichtungen eine Mehrheitsbeteiligung der öffentlichen Hand zu sichern.

Wenn man insgesamt diese strukturellen Veränderungen wertet, so waren sie – anders als in der Stadtverwaltung Brandenburg – nicht durch personalpolitische Auseinandersetzungen, sondern eher durch Rationalitätsüberlegungen (Auflösung des Wirtschaftsdezernats) und äußere Einflüsse (Auflösung Landwirtschaftsdezernat; Abgang eines Dezernenten wegen „Gauck"-Überprüfung) verursacht. Lediglich in einem Falle mußte ein Dezernent (Recht, Ordnung, Sicherheit) wegen „Vertrauensbruchs" gehen. *All diese Veränderungen auf der Dezernentenebene und die damit zusammenhängenden strukturellen Veränderungen wurden ohne größere Konflikte vorge-*

---

52 Vgl. Protokolle des Kreistages Bitterfeld, Protokoll der 18. Tagung des Kreistages am 16.1.1992.
53 Jesnitz, Priorau, Pauschbusch, Wolfen/Nord, Bitterfeld.

nommen. Im Unterschied zur Kreisverwaltung Brandenburg lag dieser Entwicklung jedoch nicht eine „*altpersonell-altparteiendominierte*" d.h. altinstitutionelle Kontinuität zugrunde, sondern eine „*neupersonell-altparteiendominierte*" Kontinuität des in Kapitel 2 beschriebenen institutionellen Umbruchpfades.[54] Dabei gab es auch im Landratsamt Bitterfeld – ähnlich wie im Altkreis Brandenburg – eine ausgeprägte Zentralisierung der Verwaltungsabläufe. Man könnte sie als den Preis dafür ansehen, daß schwerwiegendere Desintegrationserscheinungen vermieden wurden, jedoch auch als Hindernis für den Aufbau einer modernen Verwaltungsführung.

Nach den *Kommunalwahlen, im Juni 1994,* wurde die Struktur des Landratsamtes zunächst nur leicht modifiziert: Abgesehen vom Wechsel des Landrates – Wahl eines SPD-Landrates, der zuvor stellvertretender Landrat war – fiel die Sonderposition des leitenden Kreisrechtsdirektors fiel weg, da die betreffende Leitungsperson den Bürgermeisterposten in der Stadt Bitterfeld übernahm. Die von ihm geleiteten Ämter (Personalabteilung, Rechtsabteilung, Kommunalaufsicht) wurden in den Dezernaten I und III den jeweiligen Dezernenten direkt unterstellt. In der zweiten Jahreshälfte 1994 strebte die Kreisverwaltung eine Vereinfachung bzw. Zusammenfassung ihrer Verwaltungsstruktur an, nach der die Dezernate IV und V (also Bildung, Kultur, Jugend sowie Gesundheits- und Sozialverwaltung) zusammengefaßt werden sollten (außer dem Kulturbereich, der dem neuen Landrat direkt zugeordnet wurde). Diese Veränderung war auch dadurch unproblematisch, da die bisherige Dezernentin für Bildung, Kultur und Jugend aus Altersgründen ausschied und die Gesundheits- und Sozialverwaltung vom ehemaligen Landrat übernommen wurde. Neben der Zusammenfassung der beiden genannten Dezernate standen per 1995 noch weitere Veränderungen an: Kommunalaufsicht und Bürgerberatung, Kulturbereich (Kreisvolkshochschule, Musikschule, Archiv, Museum, Galerie – nicht aber der Denkmalschutz, dieser gehörte zum Bauplanungsamt) sowie Rechts- und Versicherungsamt sollten in die direkte Zuordnung beim Landrat. Statt dessen „wanderten" das ehemals dem Landrat unterstellte Rechnungsprüfungsamt zur Haupt- und Finanzverwaltung und das ehemals dem Landrat zugeordnete Amt für Wirtschafts- und Verkehrsentwicklungsplanung zum Umwelt-/Wirtschaftsdezernat. Weiterhin wurden das Haupt- und das Personalamt zusammengefaßt.

Im folgenden zeigen wir eine Übersicht der genannten Strukturveränderungen:

---

54 Anzunehmen ist, daß der größere institutionelle Integrationsgrad in diesem Fall dem Weiterbestehen persönlicher Bezüge (z.B. Landrat und Stellvertreter) des aus der Industrie stammenden Leitungspersonals zu verdanken war.

Strukturveränderungen Landratsamt Bitterfeld im Überblick

Mitte 1991:

Bereich Landrat: Gleichstellungsbeauftragte, Bürgerberatung, untere Schulaufsichtsbehörde;
Dezernat Haupt- und Finanzverwaltung: Hauptamt, Rechnungsprüfungsamt, Kommunalaufsicht, öffentliche Einrichtungen, Amt für Finanzangelegenheiten (Kasse, Kämmerei), Amt für Vermögensansprüche;
Dezernat Wirtschaft, Verkehr, öffentliche Einrichtungen: Regionalplanungsamt, Wirtschaftsförderung, Gewerbeamt;
Dezernat Recht, Sicherheit, Ordnung: Rechtsamt, Personalamt, Ordnungsamt, Straßenverkehrsamt, Amt für Brand- und Katastrophenschutz/Rettungswesen;
Dezernat Bildung, Kultur, Jugendverwaltung: Schulamt, Kulturamt, Jugendamt, (Kreisvolkshochschule);
Dezernat Sozial- und Gesundheitsverwaltung: Sozialamt, Gesundheitsamt;
Dezernat Bau- und Wohnungsverwaltung: Verwaltungsamt , Planungsamt, Bauordnungsamt, Wohnungsverwaltungsamt, Hoch-Tief-und Gartenbauamt;
Dezernat Umweltschutz, Naturschutz, Abfallwirtschaft: Umweltschutz, Umweltkontrolle, Naturschutz/Landschaftsgestaltung.

Mitte 1993:

Bereich Landrat: Büro Landrat, Rechnungsprüfungsamt, Amt für Wirtschafts- und Verkehrsplanung, Pressesprecher;
Dezernat I Haupt- und Finanzverwaltung: Personalabteilung und Abteilung Kommunalaufsicht (beides dem leitenden Kreisrechtsdirektor unterstellt), Hauptamt (einschließlich Liegenschaften), Amt für Finanzangelegenheiten (Kasse, Kämmerei), Amt zur Regelung offener Vermögensfragen;
Dezernat III Rechts-, Sicherheits- und Ordnungsverwaltung: Rechtsabteilung (dem leitenden Kreisrechtsdirektor unterstellt), Ordnungsamt, Straßenverkehrsamt, Amt für Brand- und Katastrophenschutz/Rettungswesen, Amt für Veterinär- und Lebensmittelüberwachung, Bürgerberatung, Gleichstellungsbeauftragte;
Dezernat IV Bildung, Kultur, Jugendverwaltung: Schulverwaltungsamt, Kulturamt (Kreisvolkshoch- schule, Musikschule), Jugendamt;
Dezernat V Gesundheits- und Sozialverwaltuung: (Betreuungsbehörde), Sozialamt, Gesundheitsamt;
Dezernat VI Bau- und Wohnungsverwaltung: Bauplanungsamt, Bauordnungsamt, Hoch- und Tiefbauamt;
Dezernat VII Umwelt, Naturschutz und Abfallwirtschaft: Amt für Umweltschutz, Amt für Naturschutz und Landschaftspflege.

Ende 1994:

Bereich Landrat: Büro Landrat, Bürgerberatung/Arbeitssicherheit, Gleichstellungsbeauftragte, Pressesprecher, Abt. Kommunalaufsicht, Kultur, Rechts- und Versicherungsamt, Kreisvolkshochschule, Musikschule;
Dezernat I Haupt- und Finanzverwaltung: Haupt- und Personalamt, Rechnungsprüfungsamt, Amt für Finanzangelegenheiten (Kämmerei, Kasse), Amt zur Reglung offener Vermögensfragen;
Dezernat II Rechts-, Sicherheits- und Ordnungsverwaltung: Ordnungsamt, Straßenverkehrsamt, Amt für Brand- und Katastrophenschutz/Rettungswesen, Amt für Veterinär- und Lebensmittelüberwachung;
Dezernat III Schul-, Sozial-, Jugend und Gesundheitsverwaltung: Schulverwaltungsamt, Sozialamt, Jugendamt, Gesundheitsamt, Krankenhaus;
Dezernat IV Bau- und Wohnungsverwaltung: Bauplanungsamt, Bauordnungsamt, Hoch- und Tiefbauamt;
Dezernat V Umwelt- und Wirtschaftsentwicklungverwaltung: Amt für Umweltschutz, Amt für Naturschutz und Landschaftspflege, Amt für Wirtschafts- und Verkehrsentwicklungsplanung.

5.5 Städte Bitterfeld und Wolfen

Stadt Bitterfeld

Im Juli 1990 wurden von der Stadtverordnetenversammlung vier Dezernatsleiter berufen: 1. Gesundheit, 2. Wirtschaft und Verkehr, 3. Finanzverwaltung, 4. Bau- und Wohnungsverwaltung. Bereits ein Vierteljahr später, also im Oktober 1990, beriet die Stadtverordnetenversammlung einen neuen Struktur- und Stellenplan mit sieben Dezernaten und einem Bereich Bürgermeister.[55] Er sah insgesamt 103 Stellen vor. Man plante den Aufbau einer Verwaltung mit stark ausdifferenzierter Leitungsspanne, faktisch noch „ungebremst" von Bedenken über deren Leistungsfähigkeit und Effizienz. Schließlich mangelte es auch nicht an Interessenten für attraktive Dezernenten- und Amtsleiterstellen. Tatsächlich wurden jedoch die geplanten Dezernate IV und VII als Bau-, Wirtschafts- und Umweltverwaltung zusammengefaßt, so daß letztlich aber immerhin noch 6 Dezernate entstanden. Bis Mitte 1991 war die Grundstruktur der Stadtverwaltung erreicht.[56] Aber auch danach gab es faktisch noch zu viele Amtsleiterstellen, die abzubauen waren.[57] Die anfängliche „Aufschwungeuphorie", die zunächst auf eine umfas-

---

55 Vgl. Protokolle der Stadtverordnetenversammlung der Bitterfeld, 17.10.1990, Haushaltsplan für das 2. Halbjahr 1990.
56 Vgl. die nachfolgende tabellarische Übersicht; rekonstruiert aus dem Stellenplan 1991 sowie aus Materialien des Büros der Stadtverordnetenversammlung.
57 Sicher überzogen, aber das Problem verdeutlichend, formulierte einer der Gesprächspartner: „Wir hatten fast nur noch Amtsleiter."

send ausgebaute Stadtverwaltung setzte[58], war wohl überwiegend durch endogene Faktoren bedingt, aber auch dadurch, daß der unkritische Aufbaueifer der dominierenden Altpartei CDU mit den Versprechungen „blühender Landschaften" wie auch mit den anfangs sehr umfangreichen Sonderförderprogrammen für die Region seitens der Bundesebene in Einklang standen.

Erst notgedrungen, nicht durch eigene konzeptionelle „Verschlankungsabsichten", jedoch die äußeren Einflüsse für derartige „Verschlankungen" nutzend, wurden seit dem Jahre 1992 Schritt um Schritt Integrationsprozesse von Verwaltungseinheiten hergestellt: So wurde im Februar 1992 der Dezernent der Rechts-, Sicherheits- und Ordnungsverwaltung im Zusammenhang mit der Stasi-Regelanfrage bei der „Gauck-Behörde" entlassen. Ein neuer Dezernent wurde für diesen Bereich aber nicht gesucht, statt dessen legte man die Rechts-, Sicherheits- und Ordnungsverwaltung mit der Finanzverwaltung zusammen. Das war der erste Schritt zu einer „Verschlankung" der Verwaltungsstruktur. Sie war durch personell bedingte Umstände hervorgerufen. Mitte 1992 wurde dann das Rechnungsprüfungsamt aufgelöst, diesmal als Ausdruck exogener Strukturierungswirkungen, denn die Aufgaben des Rechnungsprüfungsamtes gingen in Folge von Funktionalreformen zum Kreis. Schließlich wurde im September 1992 der Dezernent der Schul- und Kulturverwaltung entlassen und ebensowenig neu besetzt. Die Kündigung des Schul- und Kulturdezernenten im Jahre 1992 war Ausdruck des seitdem offen ausgebrochenen Streits zwischen den alt- und neuparteilichen Vertretern in der bisherigen großen Koalition[59]. In deren Folge fusionierten die Dezernate der Schul- und Kulturverwaltung sowie der Sozialverwaltung. Im Unterschied zur Stadtverwaltung Brandenburg war der Anlaß für das Auseinanderbrechen der Koalition also nicht die Verdrängung eines Dezernenten der konkurrierenden Koalitionspartei, sondern vielmehr ging die Aufkündigung der Koalition der Verdrängung eines der Dezernenten des ehemaligen Koalitionspartners voraus. Personal- und Parteipolitik bildeten auch in diesem Fall eines institutionellen Umbruchpfades mittlerer Stärke einen wichtigen, endogenen Strukturierungsfaktor. Wie im dritten Kapitel mehrfach gezeigt, basierte die Funktionsfähigkeit der untersuchten Kommunen noch ganz überwiegend auf dem persönlichen Vertrauen und einem informellen Arrangement der kommunalen Schlüsselpersonen. Der informelle Konsens von Schlüsselpersonen wurde in der Turbulenz gravierender Umbrüche innerhalb und außerhalb der Verwaltung immer wieder belastet, durch formalisierte Regelungen und Strukturen bisher kaum entlastet. Eine stabile, rechtsstaatlich und effektiv funktionierende Verwaltung bedarf der

---

58   In diesem Zusammenhang ist auch der Neubau des Rathauses zu sehen.
59   Vgl. Kapitel 3.1.

Strukturentwicklung und Kommunalverwaltungen 163

Unpersönlichkeit der Funktionsmechanismen, der *Rationalität und Vernunft, d.h. einer gewissen Objektivierung ihrer Handlungsprozesse.* Erst wenn dies gesichert ist, könnten subjektive Funktionalitätskriterien einen *zusätzlichen, wichtigen* „Zugewinn" für die Funktionsweise der Verwaltungen bringen. Der Bruch der Koalition in der Stadt Bitterfeld war weniger durch einen Parteien- als einen Personenkonflikt bedingt. Die Führungspersonen der bisherigen Koalition in der Stadt konnten infolge ihrer Vorerfahrungen nicht mehr kooperieren. Die Führungskräfte der *neuen* politischen Parteien waren schon zu DDR-Zeiten nicht an politische „Großtrends" angepaßt, sie reflektierten seit jeher die gesellschaftlichen Verhältnisse kritischer, setzten weniger auf Autoritäten und strukturelle Machtverfestigungen als dies bei vielen traditionellen Mitgliedern der *Altparteien* der Fall war. Diese personalsozialisatorischen Unterschiede hatten natürlich eine politische Dimension, sie blieben indes *personal-sozialisatorische* Unterschiede, die letztlich die Ursachen für den Bruch hervorbrachten. Auf Kreisebene waren diese personalen Unterschiede nicht so groß wie in der Stadt, sie wurden außerdem durch andere Faktoren kompensiert[60] und führten daher, obwohl die gleichen Parteien eine große Koalition gebildet hatten, *nicht* zum Bruch.

Es entstand mit diesen Veränderungen eine strukturell gestraffte Stadtverwaltung. Seit 1993 verblieben von den sechs Dezernaten nur noch vier sowie der Bereich der Bürgermeisterin. Im Rahmen dieser neuen Grundstruktur wurden weitere Straffungen angestrebt. Eine Erweiterung gab es hingegen mit der Übernahme des Paß- und Meldewesens vom Kreis seit Anfang 1993.[61] Dies war jedoch wiederum eine Folge von Funktionalreformen, die von der Stadt selbst nicht beeinflußt werden konnten.

Interessant ist auch die Entwicklung in den *nachgeordneten Bereichen* der Stadtverwaltung: Im September 1990 beschloß die Stadtverordnetenversammlung Bitterfeld, die Übernahme von volkseigenem Vermögen in kommunales Eigentum zu beantragen. Dazu gehörten: öffentliche Gebäude, Betriebe, Grundstücke und örtliche Versorgungssysteme. Das Kraftwerk sollte wegen des hohen Investitionsbedarfs nicht übernommen werden. Weiterhin beschloß die Stadtverordnetenversammlung am 17.10.1990 einen Übernahmeantrag für das Kultur- und Informationszentrum in kommunales Ei-

---

60 So u.a. dadurch, daß Landrat (CDU) und stellvertretender Landrat (SPD) durchaus miteinander auskamen. Beide waren zu DDR-Zeiten im gleichen Betrieb tätig und kannten sich daher. Zusätzlich gab es eine wichtige objektive gemeinsame Interessenlage zwischen CDU und SPD im Landkreis: Dies war das gemeinsame Interesse an Finanzierungen über das „Nationale Aufbauprogramm" (für die Region Bitterfeld), das eine gemeinsame Interessenvertretung des Kreises gegenüber der Bezirks- und Landesregierung erforderte.
61 Anfangs wurden durch die Meldestelle auch Aufgaben der sich bildenden Verwaltungsgemeinschaft Mulde-Stausee mit übernommen.

gentum.[62] Im März 1991 etablierte sich schließlich ein Abwasserzweckverband.

Bis etwa zur Jahresmitte 1991 trug die Stadt für folgende Einrichtungen Verantwortung: acht Schulen (wirtschaftlich-technisch zu betreuen)[63], ein Polytechnisches Zentrum, eine Betriebshandwerkerbildungseinrichtung, sieben Kindergärten, sechs Kinderkrippen (Kindergärten und Kinderkrippen sowohl mit technischem als auch mit Fachpersonal), Kulturhaus, Bibliothek, Volksschwimmhalle, Sommerbad, Hallenbad, drei Sportplätze, Tiergehege, Friedhof, Blumenpavillon. Gegenüber der DDR-Zeit waren somit bei den Einrichtungen die Kindergärtnerinnen und Krippenschwestern neu hinzugekommen (ehemals beim Kreis), während die Gemeindeschwestern nicht mehr zur Kommune gehörten.

Ab Oktober 1991 erfolgte die Zuordnung aller Kitas zum Dezernat V, Gesundheits- und Sozialverwaltung. Das heißt, die noch aus der DDR-Zeit herrührende Zuordnung der Kindergärten zum Bereich Bildung wurde damit beendet.[64]

Von den insgesamt 34 Objekten und Einrichtungen, die Mitte 1991 in Zuständigkeit der Stadtverwaltung standen[65], verblieben Mitte 1992 noch 29[66], Mitte 1993 noch 21[67] und 1994 noch 17[68]. Zu diesen 17 Einrichtungen gehören vor allem Kindereinrichtungen, weiterhin die Bibliothek, der Friedhof, die Bädereinrichtung und die Grünanlagenbewirtschaftung. Die Kindereinrichtungen mußten vorläufig nicht weiter reduziert werden, da eine „innerbetriebliche" Vereinbarung in der Stadtverwaltung getroffen worden war, die u.a. eine Reduktion der Stundenzahl der Erzieherinnen auf 32 Wochenstunden vorsah.

---

62   Allerdings ist das Kultur- und Informationszentrum eine kreisliche Einrichtung und befand sich im Frühjahr 1994 noch in Treuhandverwaltung.
63   Für die Bewirtschaftung der Grundschulen war immer die Gemeinde zuständig. Für die Bewirtschaftung der Sekundarschulen war bis zum Jahre 1991 die Gemeinde zuständig, dann der Kreis, seit Mitte 1994 wieder die Gemeinde. Für die Bewirtschaftung der Gymnasien und Sonderschulen war von Anfang an der Kreis zuständig.
64   Insgesamt waren Anfang 1992 12 Kitas vorhanden, davon 7 Kindergärten und 5 Krippen. Die Kinderkrippen waren zu diesem Zeitpunkt bis auf eine voll ausgelastet, die Kindergärten jedoch nicht. Das Land trug die Personalkosten zu 60% (vgl. Protokolle der Stadtverordnetenversammlung Bitterfeld, 22.1.1992).
65   Vgl. Strukturübersicht der Stadtverwaltung Bitterfeld (Hauptamt). Von den 34 Objekten/Einrichtungen gehörten 24 zur Schul- und Kulturverwaltung (vor allem Kindergärten), 7 zur Sozialverwaltung (vor allem Kinderkrippen) und 3 zur Wirtschafts- und Bauverwaltung.
66   Davon 12 in der Schul- und Kulturverwaltung, 14 in der Sozialverwaltung (Kinderkrippen und -gärten) sowie 3 in der Wirtschafts- und Bauverwaltung.
67   Davon 19 in der Schul- und Sozialverwaltung, 2 in der Wirtschafts- und Bauverwaltung.
68   Geplante Zahl, davon 15 in der Schul- und Sozialverwaltung und 2 in der wirtschafts- und Bauverwaltung.

Nach den Wahlen im Juni 1994 wurde die Struktur der Stadtverwaltung nicht verändert. Der neue Bürgermeister, dessen Wahl gleichzeitig mit einem Machtwechsel von der CDU zur SPD verbunden war, vertrat die Auffassung, daß weitere strukturelle Veränderungen vorläufig nicht notwendig seien, vielmehr *qualitative* Veränderungen in der Tätigkeit der Stadtverwaltung *innerhalb* der bestehenden Strukturen anstünden. Nach seiner Einschätzung galt es vor allem, die Ablaufprozesse der Verwaltungstätigkeit zu verstetigen. Dazu gehören zum Beispiel „basics" wie eine gewissenhafte und effiziente Aktenführung, Posteingangsstempel, geregelte Aktenumlaufverfahren, die Einhaltung von Bearbeitungsfristen, klare arbeitsteilige Zuständigkeitsordnungen, funktionierende Informationswege, die selbständige Wahrnehmung von Entscheidungskompetenzen auf der Grundlage eindeutiger Regelungen. Derartige Ablaufprozesse waren in der bisherigen Verwaltungstätigkeit nur mangelhaft ausgeprägt. In den Mittelpunkt der strukturellen Veränderungen der Stadtverwaltung traten somit nicht mehr formale Neuzuordnungen zwischen einzelnen Verwaltungseinheiten, sondern eine Neuordnung der inneren Verwaltungsablaufprozesse.

Lediglich im Hinblick auf die Verbesserung der interkommunalen Zusammenarbeit im regionalen Rahmen waren strukturelle Veränderungen insbesondere im Bereich der Wirtschaftsförderung herangereift. Die Aufgaben der Wirtschaftsförderung wurden der regionalen Wirtschaftsförderungsgesellschaft EWG übertragen. Damit sollten wirtschaftsfördernde Kompetenzen regional gebündelt und koordiniert werden. Im Sinne dieser regionalen Koordinierung wurde Ende 1994 auch eine *„Interessengemeinschaft westliche Mulde"* gebildet. An ihr sind die kreisangehörigen Gemeinden Bitterfeld und Wolfen und zwei weitere Gemeinden beteiligt. Gemeinsam mit der EWG soll sie die regionale Entwicklung steuern helfen und einen Zusammenschluß der genannten Gemeinden, die alle durch das Gelände der chemischen Werke verbunden sind, vorbereiten. Eine solche neue Großgemeinde hätte dann etwa 70.000 Einwohner und würde das Verhältnis zum Landkreis völlig neu bestimmen, die bisherige Form seiner Existenz möglicherweise sogar in Frage stellen. Obwohl dies so abzusehen ist, gab es seitens des Kreises Zustimmung zum Vorhaben der Interessengemeinschaft. Übereinstimmende parteipolitische Mehrheiten in den beteiligten Gemeinden und dem Kreis erleichterten dies.

Strukturveränderungen Stadtverwaltung Bitterfeld im Überblick

Geplante (nicht verwirklichte) Struktur vom Oktober 1990:

Bereich Bürgermeister: 5 Stellen (Bürgermeisterin, Sekretärin, Pressesprecher, Gleichstellungsbeauftragte, Fahrer);
Dezernat I Hauptverwaltung: 33 Stellen (Dezernent, Referent, Amtsleiter, Sekretärinnen, Sachbearbeiter, Leiter des Stadtarchivs, Leiter des Büros des Stadtvorstehers, Reinigungskräfte, Tierpfleger);
Dezernat II Finanzverwaltung: 10 Stellen (Stadtkämmerei, Stadtkasse, Amtsleiter Steuer- und Liegenschaftsdienst);
Dezernat III Rechts-, Sicherheits- und Ordnungsamt: 14 Stellen (u.a. Amtsleiter Ordnungsamt, Amtsleiter Einwohnermeldeamt, Leiter des Standesamtes);
Dezernat IV Bau- und Wohnungsverwaltung: 12 Stellen (Amtsleiter Planungsamt, Amtsleiter Bauordnungsamt, Amtsleiter Wohnungsamt);
Dezernat V Gesundheits- und Sozialverwaltung: 9 Stellen (Dezernent und Amtsleiter);
Dezernat VI Dezernat Bildung, Kultur, Sport: 9 Stellen (Dezernent, Amtsleiter Schulverwaltung, Amtsleiter Kultur- und Sport);
Dezernat VII Verwaltung der öffentlichen Einrichtungen: 12 Stellen (Dezernent, Amtsleiter Gewerbeamt und Wirtschaftsförderung, Kinderkrippen, Gemeindeschwestern, Sozialversicherung.

Mitte 1991:

Bereich Bürgermeister: Rechtsamt;
Dezernat I Hauptverwaltung: Hauptamt, Rechnungsprüfungsamt;
Dezernat II Finanzverwaltung: Kämmerei, Kasse, Liegenschaften;
Dezernat III Rechts-, Sicherheits- und Ordnungsverwaltung: Gewerbeamt, Ordnungsamt, Standesamt;
Dezernat IV Dezernat Schul-, Kultur- und Sportverwaltung: Schulverwaltung, Kultur- und Sportamt (und Kindergärten, Kultur- und Sporteinrichtungen);
Dezernat V Sozialverwaltung: Sozialamt (und Kinderkrippen);
Dezernat VI Bau- und Wirtschaftsverwaltung: Planungsamt, Bauordnungsamt, Wohnungsamt, Grünflächenamt, Friedhof, Grünanlagenbau, Blumenpavillion, Wirtschaftsförderung, Umweltschutz.

Mitte 1993:

Hauptverwaltung: (Leitung Bürgermeister), Hauptamt, Rechtsamt;
Ordnungs- und Finanzverwaltung: Kämmerei/Kasse, Ordnungsamt;
Schul- und Sozialverwaltung: Schulamt, Kultur- und Sportamt, Sozialamt;
Bau- und Wirtschaftsverwaltung: Bauplanungsamt, Bauordnungsamt, Wirtschaftsförderung.

Neue Überlegungen/alte institutionelle Muster in der Stadtverwaltung Wolfen

Die Stadt Wolfen ist – gemessen an ihrer Einwohnerzahl von 42.000 – die größte im Landkreis. An dieser Stelle können nicht alle strukturellen Veränderungen seit der Wende beschrieben werden.

Interessant waren jedoch die seit dem Jahre 1994 einsetzenden und nach den Juni-Wahlen 1994 deutlich intensivierten Bemühungen, eine völlig neuartige Struktur zu schaffen, die sich im Trend der „New-public-management-Diskussion" befand. Zusätzlich interessant waren diese Bestrebungen auch deshalb, weil – gegenwärtig noch unverbindlich, jedoch immer weniger überhörbar – die Diskussion über die Bildung eines neuen Mittelzentrums im Raum steht, wobei die kreisangehörigen Gemeinden Wolfen, Bitterfeld und einige kleinere andere zu einer einheitlichen Gemeinde zusammengeführt würden.

Zunächst hatte sich – ebenso wie in den anderen untersuchten Kommunalverwaltungen – über mehrere Zwischenschritte, aber ohne ganz grundsätzliche Veränderungen in den Jahren 1991-94, eine Verwaltungsstruktur herausgebildet, die im Jahre 1994[69] wie folgt aussah:

Struktur der Stadtverwaltung Wolfen (März 1994):

Bereich Bürgermeister: Referent, Pressesprecher, Öffentlichkeitsarbeit, Amt für Wirtschaftsförderung, Gleichstellungsbeauftragte, Rechnungsprüfungsamt, Personalrat, Personalamt, Parlamentsbüro der SVV;
Dezernat I: Hauptamt, Rechtsamt, Ordnungsamt, Amt für Kommunalwirtschaft, Amt für Wirtschaftsförderung/Industriepark;
Dezernat II: Stadtkasse und Steueramt, Stadtkämmerei, Amt für Liegenschaften;
Dezernat III: Kultur- und Schulamt, Sozialamt;
Dezernat IV: Bauverwaltungsamt, Hochbauamt, Tiefbauamt, Planungsamt, Umwelt- und Grünflächenamt.

Vor allem auf Initiative des Hauptamtleiters und des Kämmerers, aber auch mit Unterstützung des bis Juni 1994 tätigen Bürgermeisters und des zu diesem Zeitpunkt neu gewählten Oberbürgermeisters, wurde im Jahre 1994 eine neue Verwaltungsstruktur mit dem Ziel der Formierung einer modernen Verwaltung vorbereitet. Der tieferliegende Anstoß hierfür lag in der engen Finanzsituation der Kommune, die zu neuen Überlegungen hinsichtlich einer effizienteren Verwaltungsarbeit zwang. Die Anstöße resultierten aber auch aus KGSt-Informationen, neueren Literaturbeiträgen, in nur geringem Umfang auch aus dem Erfahrungsaustausch mit anderen auf kommunalem Gebiet tätigen Institutionen. Die Umgestaltung sollte gleitend, über mehrere Etappen erfolgen.

Kern der neuen Strukturüberlegungen war die Teilung der Verwaltung einerseits in eine „innere Verwaltung" (Finanzen, Hauptamt, Personalamt, Rechtsamt, Personalrat, Gleichstellungsbeauftragte, Ratsbüro, Rechnungsprüfung), andererseits in „Dienstleistungsbereiche" (Baudezernat, Ordnungsamt, Sozialamt sowie Kultur/Sport/Schule). Die „Vermittlung" und

---

69 Im wesentlichen bestand diese Struktur so schon im Jahre 1993.

Steuerung sollte eine „Controllingstelle" übernehmen.[70] Einige „technisch arbeitende" Bereiche sollten privatisiert, ansonsten aber auch Eigenbetriebe der Stadt gehalten werden. Insgesamt handelte es sich um das weitreichendste Konzept der schrittweisen Entwicklung einer modernen Verwaltung, das in den untersuchten Regionen anzutreffen war. In der folgenden Skizze werden diese Überlegungen noch einmal zusammengefaßt:

Geplante (nicht verwirklichte) Struktur der Stadtverwaltung Wolfen (1995/96):

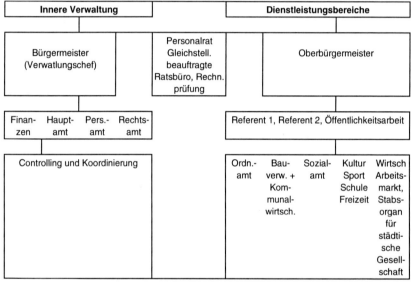

Tatsächlich wurden diese geplanten Änderungen bei weitem nicht in diesem Ausmaß umgesetzt. Die neue Struktur sollte seit Januar 1995 schrittweise eingeführt werden, beginnend mit Budgetierungen, im weiteren dann unter Nutzung der gesamten „Palette" des neuen Steuerungsmodells. Es kam jedoch bislang höchstens rudimentär zur Einführung dieses Modells. Dafür gibt es zwei Gründe:

Erstens erwiesen sich personale Motivationen und Spannungen im Leitungspersonal als gewichtiger als technisch-rationale Gründe der Verwaltungsumstrukturierung. Derartige Gründe spielten z.B. eine wichtige Rolle

---

70 Vgl. Grobkonzept zur Umgestaltung der Stadtverwaltung Wolfen, unveröff. Ms. des Hauptamtes.

dabei, daß der Betriebshof nicht dem Baudezernat, sondern dem Dezernat 1 (Bereich des Bürgermeisters) zugeordnet wurde. Personelle Beziehungen spielten auch dabei eine Rolle, daß der Finanzbereich nicht, wie oben vorgesehen, in den Bereich des Bürgermeisters ging, sondern direkt zum Oberbürgermeister. Damit wurde das Grundmodell der ursprünglich geplanten Neustrukturierung weitgehend verlassen. Weiterhin wechselte die Wirtschaftsförderung auf Wunsch des neuen Bürgermeisters in dessen Zuständigkeitsbereich (vorher beim Oberbürgermeister bzw. auch so bei Neustrukturierungsmodell geplant). Schließlich gab es Diskussionen um die Plazierung des Ordnungsamtes – letztlich gelangte es, anders als im obengezeigten Modell geplant, in die Zuordnung des Bürgermeisters.

Der *zweite* Grund ist ebenso tiefliegend: Eigentlich scheute man radikale Veränderungen, von denen man nicht genau wußte, ob sie konkrete Kosten- bzw. Personaleinsparungen oder nur neue Verunsicherungen in einer ohnehin schon angespannten Verwaltungssituation bringen.

Die nunmehr neue Struktur des Jahres 1995 war eher das Ergebnis personal motivierter Aushandlungsprozesse denn das Produkt rationaler Strukturierungsüberlegungen. Im folgenden wollen wir diese Struktur darstellen:[71]

Struktur der Stadtverwaltung Wolfen, Anfang 1995:

Bereich Oberbürgermeister: Referent, Amt für Wirtschaftsförderung, Gleichstellungsbeauftragte, Rechnungsprüfungsamt, Personalrat, Amt für Öffentlichkeitsarbeit mit Büro Stadtrat, Kultur- und Schulamt mit Kinderatgesstätten;
Dezernat I: Bürgermeister und 1. Beigeordneter, Referent, Hauptamt, Ordnungsamt, Betriebsamt für Kommunalwirtschaft, Personalamt, Rechtsamt;
Dezernat II: Stadtkasse und Steueramt, Stadtkämmerei, Amt für Liegenschaften, Sozialamt;
Dezernat III: Bauverwaltungsamt, Hochbauamt, Tiefbauamt, Planungsamt, Umwelt- und Grünflächenamt.

Im Ergebnis erwiesen sich also endogene Faktoren, hier insbesondere personelle Macht- und Kompetenzansprüche als ausschlaggebend für die Neustrukturierung der Stadtverwaltung. Welche Leistungsfähigkeit hiermit erlangt werden kann, bleibt abzuwarten.

* * *

Wenn wir die bisherigen Darlegungen zur strukturellen Entwicklung der untersuchten Kommunalverwaltungen *zusammenfassen*, muß noch einmal hervorgehoben werden, daß die Grundstrukturen der neuen kommunalen

---

71 Vgl. Vorläufiger Dezernatsverteilungsplan der Stadtverwaltung Wolfen vom 2.2.1995.

Verwaltungen entsprechend der rechtlichen (exogenen) Rahmenbedingungen, die durch Bund und Länder gesetzt worden sind, ähnlich aufgebaut wurden und daß auf Grund weiterer exogener Faktoren (besonders hinsichtlich der Finanzsituation) auch ähnliche strukturelle Integrations- bzw. Reduktionsprozesse der Verwaltungseinheiten seit dem Jahre 1992 stattfanden. Die spezifische Umsetzung der strukturellen Veränderungsprozesse erklärt sich aber in erster Linie durch die jeweils vorherrschenden *endogenen* Bedingungen, vor allem durch die jeweiligen *Umbruchintensitäten* und die damit verbundenen *Konstellationen der maßgeblichen Akteure vor Ort*. Während im Falle höchster institutionell-personeller Umbruchintensität (Brandenburg/Havel) die wichtigsten strukturellen Veränderungen jeweils durch personalpolitische Auseinandersetzungen ihren Anlaß fanden, spielten derartige Auseinandersetzungen für die strukturellen Entwicklungen im Falle des Kontinuitätsmodells (Brandenburg-Kreis) so gut wie keine Rolle. Im Raum Bitterfeld, den wir als Weg „mittlerer Umbruchintensität" einstuften, konnten die durchaus vorhandenen konflikthaften personalen und politischen Auseinandersetzungen in der Regel zumindest soweit in einem Gleichgewicht gehalten werden, daß sie nur wenig auf die unmittelbaren Verwaltungsstrukturen Einfluß ausübten.[72] Mit Beginn der zweiten Wahlperiode wirkten diese jeweils unterschiedlichen endogenen Faktoren fort. Politische und personelle Faktoren[73] waren bei der Neufestlegung der Verwaltungsstrukturen eindeutig wirksamer als reine Rationalitätskriterien. Hierbei lassen sich jedoch nur noch abgeschwächt die Unterschiede zwischen den Umbruchpfaden der Anfangszeit erkennen. Auch ist der Spielraum struktureller „Experimente" geringer geworden. Die Anzahl der Dezernate ist inzwischen soweit reduziert, daß „Zusammenfassungen" im Rahmen der herkömmlichen Verwaltungsstrukturen kaum noch möglich sind. Variationsmöglichkeiten beschränken sich nur noch auf die „Verteilung" der Ämter. Weniger die Strukturen, mehr die Ablaufprozesse treten in den Mittelpunkt der Effizienzüberlegungen. Zunehmend greift an diesem Entwicklungsabschnitt mit „pro" und „contra" zugleich eine neue Debatte um sich, die schrittweise Umstrukturierungen nach Maßgabe betriebswirtschaftlicher Steuerungsmodelle vorsieht. Reale Veränderungen sind diesbezüglich jedoch noch kaum zu erkennen.[74]

---

72 So selbst in der Stadtverwaltung Wolfen, in der es im letzten Jahr der ersten Wahlperiode fortwährende und zugespitzte Auseinandersetzungen um den damaligen Bürgermeister gab.
73 So die Aushandlung der Dezernats- und Ämterzuordnung durch die kommunalen „Oberhäupter", Dezernenten und Politikerfraktionen.
74 Vgl. hierzu auch unseren letzten, zusammenfassenden Abschnitt unserer Studie.

6. Personalentwicklung und kommunale Leitungspersonen

6.1 Entwicklung des Personalbestandes

Das zu DDR-Zeiten in den Stadt- und Kreisverwaltungen angestellte Personal wurde bis auf prozentual geringfügige Ausnahmen (Spitzenpositionen, Stasi-Belastungen, besondere politische Belastungen) in den Aufbau der neuen Verwaltungen einbezogen. Hierzu gab es auch keine sinnvolle Alternative. Dennoch blieb hinsichtlich der Personalzusammensetzung nicht alles beim alten. Seit dem Jahre 1990 vollzogen sich in den Kreisen und Kommunen tiefgreifende und aufregende Personalveränderungen. Sie betrafen in erster Linie die Besetzung der *Leitungspositionen*, weiterhin die *Gesamtbeschäftigungszahlen*, das *Verhältnis zwischen Kernverwaltungen und Einrichtungen* und die *Proportionen zwischen den einzelnen Verwaltungsbereichen*, die Proportionen im Verhältnis zwischen *Arbeitern, Angestellten und Beamten u.a.m.* (Abschnitt 6.1). Ein großer Teil dieser Veränderungen wurde durch die Rahmenbedingungen[1] verursacht (also durch „exogene Faktoren"). Inwieweit in den Untersuchungsfällen Varianten *endogener* Faktoren und die skizzierten institutionellen Umbruchpfade eine Rolle spielten, wollen wir auch in diesem Kapitel wieder aufgreifen. Vor allem aber sollen in diesem Kapitel die bislang immer wieder *integral* einbezogenen Leitungspersonalgruppen, ihre personellen Zirkulationsprozesse auf den Leitungsebenen (Abschnitt 6.2) sowie ihre Sozialisations- und Orientierungsmuster (Abschnitt 6.3) *systematisch anhand von Datenbefunden* beschrieben werden.

---

1   Vgl. hierzu Kapitel 5. Eine wichtige Rolle spielte auch der drastische Geburtenrückgang mit entsprechenden Konsequenzen für die kinderbetreuenden Einrichtungen.

Personalstandsentwicklung

Wenn wir hier eingangs die allgemeine Personalstandsentwicklung und andere Merkmale der Beschäftigtenstruktur darstellen, so deshalb, um im Nachtrag an die bisherigen Kapitel noch einmal einen systematischen Eindruck davon zu vermitteln, welche großen personellen Integrationsprobleme die Kreise und Kommunen in nur wenigen Jahren zu bewältigen hatten. Dabei beziehen wir uns nicht allein auf die von uns untersuchten Kommunen, sondern beziehen, wo möglich, auch generalisierbare Daten aus den neuen Bundesländern mit in die Betrachtung ein.

In allen untersuchten Kommunen entwickelte sich der Personalbestand seit 1990 wellenartig mit einer *Expansionsphase* und einer *Reduktionsphase*, die noch nicht beendet ist, aber inzwischen in „geregeltere Bahnen"[2] gelangt ist. Der Scheitelpunkt dieser Kurve lag in der zweiten Jahreshälfte 1991. Setzt man die Summe der Beschäftigten des Jahres 1991 (also dem Zeitpunkt mit der Amplitude der Beschäftigungskurve) in den untersuchten Körperschaften[3] gleich 100 Prozent, so ging die Beschäftigtenzahl bis zum Jahre 1993 auf 75% und bis zum Jahre 1995 auf 61% zurück. Fast 40% aller Stellen wurde in diesen vier Jahren reduziert, und diese Tendenz setzt sich weiter fort.

Die Analysen des Deutschen Städtetages bestätigen auf einer weitaus vollständigeren Datengrundlage – allerdings nur bezogen auf die Städte – dieses Bild: Bei den kreisfreien Städten verminderte sich in den neuen Bundesländern der Personalbestand von 1991 bis 1994 um 35,1%, bei den kreisangehörigen Städten im gleichen Zeitraum um 40,1% (vgl. Personalstandsdaten des Deutschen Städtetages 1995).

Die *Expansionsphase* 1990/91 wurde zunächst in Folge des Kommunalvermögensgesetzes und des Einigungsvertrages ausgelöst, nachdem die Möglichkeit zur Eigentumsübernahme ehemals nachgeordneter kommunaler Strukturen bestand. Dabei drängten die Dimensionen einer Großstadt, wie Brandenburg an der Havel, von vornherein viel stärker auf die Aufnahme von Personal aus ehemals stadtgeleiteten Betrieben als dies bei einer kleine-

---

2   Gemeint sind weitere personelle Abbauprozesse, denen tarifliche bzw. „betriebliche" Vereinbarungen zugrundeliegen, darunter auch Arbeitszeitverkürzungen in den Einrichtungen (Kindertagesstätten), private Ausgründungen (z.B. Reinigungskräfte) mit Zuschußfinanzierungen sowie „natürliche" Abgänge.
3   In den Vergleich zwischen den Jahren 1991 und 1993 sind in diese Berechnung die Stadt Brandenburg/Havel, Landkreis Brandenburg, Stadt Bitterfeld und Landkreis Bitterfeld einbezogen, in den Vergleich zwischen 1991 und 1995 alle genannten außer Landkreis Brandenburg (weil 1995 nicht mehr existent).

ren Stadt, wie Bitterfeld, der Fall war.[4] Ähnliches muß von den ehemals nachgeordneten oder bei den Betrieben angesiedelten Kinder-, Sozial-, Gesundheits-, Sport- und Kultureinrichtungen gesagt werden.

Das konkrete Herangehen der einzelnen kommunalen Körperschaften an diese Frage war durchaus unterschiedlich. So übernahm die Stadtverwaltung Brandenburg an der Havel im Zeitraum bis Mitte 1991 prinzipiell zunächst erst einmal *alle* ehemals nachgeordneten Strukturen, was zu einer Zahl von ca. 4.000 Beschäftigten bei der Stadt führte. Hierfür spielten verschiedene Gründe eine Rolle, nicht zuletzt das kommunale Interesse an Immobilien, auch politische bzw. Werteorientierungen einer sozialdemokratisch geführten Stadtverwaltung (so die Tatsache, daß die Beschäftigten bei Nichtübernahme durch die Stadt zum großen Teil arbeitslos geworden wären), aber auch die Tatsache einer *ungesteuerten* Übernahme, die weitgehend *dezentral* von den einzelnen Fachdezernenten vollzogen wurde und die zum Teil erst *nach* geschehener Eingliederung an die Hauptverwaltung „mitgeteilt" wurden (vgl. Ausgewählte Probleme der Personalentwicklung 1995).

Letzteres war Ausdruck der weiter oben beschriebenen Umbruchintensität, Unerfahrenheit und faktischen Desintegration der neuen Verwaltungsführung in Brandenburg/Havel in der Anfangszeit. Ein eigenständiges Hauptamt wurde – wie im Kapitel 5 beschrieben – erst im Jahre 1992 offiziell gebildet, und das Personalamt war zeitgleich im Jahre 1991 mit der Einführung neuer Systeme der Gehalts- und Lohnberechnung (BAT/O etc.), der Steuern und Sozialabgaben befaßt. Allein diese „laufenden" Aufgaben erforderten große Anstrengungen der damit befaßten Angestellten, so daß eine „strategische Steuerung" der Beschäftigungsentwicklung seitens der Haupt- und Personalverwaltung aus diesen Gründen nicht erfolgte. Dennoch muß festgehalten werden, daß die im Jahre 1991 CDU-geführten Städte Bitterfeld und Wolfen – auch wenn sie vergleichsweise kleiner sind – bedeutend weniger Personal aus ehemals nachgeordneten Strukturen übernahmen, sei es wiederum teils aus politischen und Werteorientierungen heraus („Vertrauen" auf Marktkräfte), aber auch, weil diese Stadtverwaltungen weniger interne strukturelle Brüche zu bewältigen hatten. So hatte beispielsweise die Stadtverwaltung Bitterfeld im Jahre 1991 *nicht*, wie ursprünglich geplant,

---

4   Die Stadtverwaltung Brandenburg/Havel wurde in der ersten Hälfte der 90er Jahre zum größten Arbeitgeber der Stadt, nachdem der monostrukturelle Haupterwerbszweig in der Stadt (metallurgische Industrie) nach der Wende fast gänzlich zusammengebrochen war. Die drei umfangreichsten Stellenzahlen des Jahres 1991 in der Stadt Brandenburg/Havel verbergen sich hinter dem Jugendamt (1.415 Stellen, hier eingeschlossen Arbeiter und Angestellte der Kindereinrichtungen), dem Schulamt (742 Stellen, hier eingeschlossen Internate, Heime, Bildungsstelle, Reinigungskräfte) und den Städtischen Bühnen (269 Stellen). Demgegenüber hatten die Städte Bitterfeld und Wolfen von vornherein bedeutend weniger Beschäftigte in derartigen ehemals nachgeordneten Strukturen.

die städtische Poliklinik übernommen, delegierte diese Aufgabe an den Kreis, wo das Personal dann auch sehr schnell reduziert wurde bzw. in freie Niederlassungen ging.[5]

Auch die *Reduktionsphasen* seit dem Jahre 1992 variierten durch jeweils unterschiedliche Herangehensweisen: Die Reduktionsphase in der Stadt Brandenburg/Havel verlief u.a. dadurch langsamer als generell in der Region Bitterfeld[6], weil die kreisfreie Stadt Brandenburg/Havel im Zuge der Funktionalreformen des Landes Brandenburg bedeutend mehr ehemals staatliche Bedienstete übernehmen mußte als dies in der Regel für die Kreise und Städte im Land Sachsen-Anhalt geschah.[7] Subjektiv-endogene Momente kamen aber zusätzlich ins Spiel: So wurden Ende 1992, nach Ablaufen der ABM, etwa 190 Beschäftigte Mitarbeiter/-innen auf der Grundlage eines Beschlusses der Stadtverordnetenversammlung aus den Kindertagesstätten in ein Anstellungsverhältnis der Stadt Brandenburg/Havel übernommen. Damit wurde eine Möglichkeit der Stellenreduzierung versäumt, was der Landesrechnungshof als „fahrlässigen Umgang mit Steuergeldern" beanstandete (vgl. Ausgewählte Probleme der Personalentwicklung 1995). Eine beabsichtigte Privatisierung des technischen und Küchenpersonals in den Kindereinrichtungen konnte Anfang 1993 wegen des Widerstandes der Verwaltung in den Kindertagesstätten und zwischenzeitlicher Bedenken der Stadtverwaltungsführung nicht in vollem Umfang durchgesetzt werden. Die Kündigung von 90 Erzieherinnen und 250 technischen Kräften in den Jahren 1993/94 sorgte für erhebliche soziale Spannungen und Aufruhr in der Stadt, was auch mit der Art des Abbauverfahrens zusammenhing. Später (1994) wurden hierfür tarifliche Lösungen (u.a. Teilzeitbeschäftigungen) gesucht

---

5   Vgl. hierzu auch Kapitel 4.
6   Nach dem steilen Anwachsen der Beschäftigtenzahlen in der Stadtverwaltung Bitterfeld bis in die 2. Jahreshälfte 1991 sanken diese deutlich von Jahr zu Jahr. In der Kernverwaltung scheint dabei zumindest vorübergehend ein Stand erreicht worden, bei dem es in der Tendenz keine weiteren Reduzierungen mehr geben kann. Die nachgeordneten Einrichtungen werden weiter reduziert.
7   Im Land Sachsen-Anhalt wird die Übertragung von staatlichen Aufgaben an die Kreise schon allein dadurch abgebremst, weil hier noch eine staatliche „Mittelbehörde" (Regierungsbezirke) besteht. In der Stadt Brandenburg/Havel wurden beispielweise folgende Stellen neu geschaffen, die nicht von der Stadt selbst beeinflußt werden konnten, also exogen bedingt waren: 40 Stellen im Kataster- und Vermessungswesen, Bodenordnung (7 Stellen), Widerspruchsangelegenheiten bei Bauordnung (mehrere Stellen), Rückübertragung kommunaler Forsten (10 Forstarbeiter), Übernahme Sozialwohnraum vom Bundesvermögensamt (5 Sachbearbeiter), Wirtschaftsförderung (1 Stelle im Zusammenhang mit Kreisgebietsreform), Ordnungsverwaltung (30 Stellen, darunter auch durch Funktionalreform im Bereich Umweltschutz/Abwasser). Insgesamt sind durch Rechtsnormen des Bundes und des Landes im Zeitraum 1991 bis 1995 ca. 200 Stellen in der Stadt neu geschaffen worden (vgl. Ausgewählte Probleme der Personalentwicklung 1995).

(vgl. ebenda). Demgegenüber ging der Abbau von Beschäftigten der Kindertagesstätten in den Städten Bitterfeld und Wolfen etwas reibungsloser vor sich, weil frühzeitig tarifliche Lösungen und sozialverträgliche Maßnahmen gesucht wurden.

Leichter hatten es die Landkreise, die erst einmal eine Reihe von Aufgaben abgeben konnten, so z.b. durch die gesetzliche Übertragung der Kindereinrichtungen (Mitte 1991) an die Kommunen. Ähnliches traf auf die Lehrer zu, die zu Bediensteten des Landes wurden. Die Auflösung der kreislichen Landwirtschaftsdezernate erledigte sich im Land Sachsen-Anhalt auf Beschluß der Landesregierung. Andererseits mußten auch die Landkreise neue Aufgabenbereiche übernehmen oder vorherige erheblich ausbauen (z.b. Ämter zur Regelung offener Vermögensfragen; Übernahme ehemaliger Bediensteter der Polizei im Bereich Meldewesen – ab 1993 z.T weiter an größere Kommunen delegiert –, Kfz-Stelle, Rechts- und Ordnungsverwaltung, Kommunalaufsicht u.a.m.). Unter dem Strich gab es in den Landkreisen erhebliche personelle Reduzierungen und Umstrukturierungen, worauf wir weiter unten noch eingehen. Nach Untersuchungen in drei Landkreisen der neuen Bundesländer (vgl. KSPW-„follow-up")[8] reduzierte sich zum Beispiel dort das Personal im Zeitraum von 1991 (eingeschlossen die ehemaligen „Altkreise") bis 1995 um 40%.

Ein komplizierter Einschnitt der Personalentwicklung vollzog sich in den Landkreisen mit den Kreisgebietsreformen. Während es im Landkreis Bitterfeld hierbei lediglich zu Veränderungen bei kleineren Gemeinden des Landkreises kam, fusionierte der Landkreis Brandenburg mit den Landkreisen Belzig und Potsdam-Land zum Landkreis Potsdam Mittelmark. Hier wurde zunächst der weitaus größte Teil des Personals aus den drei „Quellkreisen" übernommen. Dadurch entstand ein Überhang von mindestens 220 Personen allein in der Kernverwaltung. Etwa 50 kündigten von sich aus im Laufe des ersten Halbjahres 1994, darunter nicht wenige Fachleute aus den Bauverwaltungen, die in die private Wirtschaft abwanderten. Für weitere 120 Beschäftigte, vor allem ältere Mitarbeiter zwischen 55 und 65 Jahren (Kernverwaltung und nachgeordnete Einrichtungen), wurde im Rahmen eines Sozialplanes (mit Abfindungen) ein „freiwilliges" Ausscheiden aus dem öffentlichen Dienst vereinbart. Jüngere Mitarbeiter sollten „zwischenzeitlich" in eine andere Beschäftigung überführt werden. Allerdings ist damit zu rechnen, daß die Personalreduzierung des neuen Landkreises bei weitem nicht abgeschlossen ist. Bislang nimmt man an, bis zum Jahre 1998

---

8 Im Oktober/November 1995 führten M. F. Alamir und F. Berg unter Leitung von H. Wollmann (Humboldt-Universität zu Berlin) eine von der KSPW geförderte Nacherhebung zu Personal und Führungskräften durch (Quelle vgl. Alamir/Berg 1996; im folgenden zitiert als „KSPW-'follow-up'"). Hierbei wurden die 92 Landkreise (Stand bis Ende 1995) und 24 kreisfreien Städte in den neuen Bundesländern einbezogen.

noch 15% des Personals reduzieren zu müssen, wobei betriebsbedingte Kündigungen vermieden werden sollen. Zu berücksichtigen ist, daß in der Region nur wenig neue Arbeitsstellen entstanden (außer z.T. im Baugewerbe), die eine „natürliche" Abwanderung anreizen könnten. Noch hat der öffentliche Dienst in den Kreisen und Kommunen eine entlastende „Pufferfunktion" für den Arbeitsmarkt.

Zusammenfassend zeigen wir graphisch die Beschäftigtenentwicklung in den untersuchten Einrichtungen. Um zumindest eine bedingte Vergleichbarkeit herzustellen, werden die Beschäftigtenzahlen pro 1000 Einwohner als Quotient graphisch dargestellt.[9]

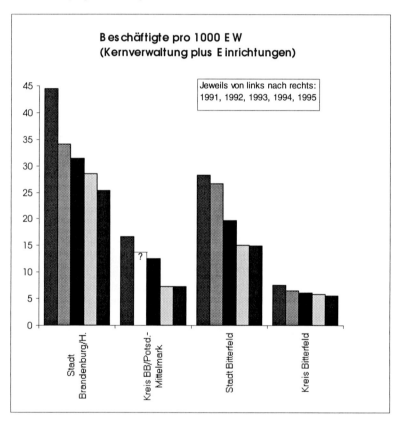

---

9 Vgl. Tabellenanhang, Tabelle 58.

Sichtbar wird, daß der Index der Beschäftigtenzahlen seit 1991 in allen untersuchten Einrichtungen eine rückläufige Tendenz auweist.[10] Die Schwierigkeit eines Vergleiches zwischen den Kommunen ergibt sich daraus, daß es durchaus im Sinne kommunaler Selbstverwaltung sein kann, wichtige soziale, kulturelle und andere Einrichtungen im Rahmen kommunaler Institutionen selbst zu halten. Schließlich kann für einen solchen Index – wenngleich von den Innenministerien der Länder so gebraucht – nicht allein die Einwohnerzahl zugrundegelegt werden. Einwohnerdichte und Dichte der Gewerbeansiedlungen müßten ebenso berücksichtigt werden, denn in strukturschwachen Regionen müssen die Verwaltungen zwangsläufig einen Teil jener Arbeit kompensieren, die ansonsten freie Träger und andere Organisationen übernehmen könnten.

Ungeachtet all dessen fällt trotzdem auf, daß die Indizes in der Region Bitterfeld niedriger als in der Region Brandenburg ausfallen. Besonders die Kreisverwaltung Bitterfeld hat einen relativ niedrigen Index, auch im Vergleich zur ehemaligen Kreisverwaltung Brandenburg. Das liegt offenbar auch daran, daß zum Landkreis Bitterfeld zwei größere kreisangehörige Städte mit eigenen ausgebauten Verwaltungen (z.B. eigenen Meldestellen etc.) gehören, während der Landkreis Brandenburg, vor allem bis zum Abschluß der Ämterbildung, mehr Aufgaben für die kleinen und Kleinst-Gemeinden übernehmen mußte, ebenso dann auch der Landkreis Potsdam-Mittelmark, dessen vorübergehender Personalüberhang zudem aus der Großkreisbildung resultiert. Das zeigt sich auch, wenn man allein die *Kernverwaltungen* der betreffenden Einrichtungen miteinander vergleicht:[11]

---

10   1992 gaben die ostdeutschen Kommunen durchschnittlich noch 145% der durchschnittlichen Personalausgaben je Einwohner in den alten Bundesländern aus (Gemeindefinanzbericht 1994: 140).
11   Vgl. Tabellenanhang, Tabelle 59.

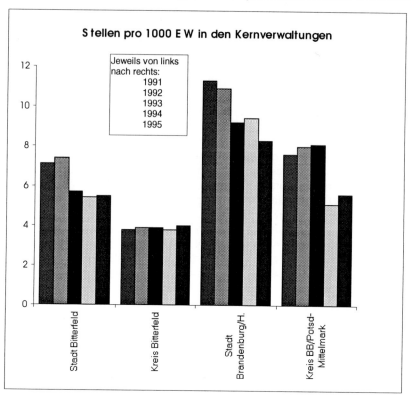

Ein leichter Anstieg der Kernverwaltungen der Kreise Bitterfeld und Potsdam-Mittelmark im Vergleich der Jahre 1994/95 erklärt sich insbesondere durch die Übernahme von ehemaligen Landesaufgaben, im Landkreis Potsdam-Mittelmark z.B. durch die Übernahme des Katasteramtes mit 65 Personen. Generell zeigt sich aber die Tendenz, daß die Kernverwaltungen (mit Ausnahme der Stadt Brandenburg/Havel, die tatsächlich überbesetzt war) nur noch wenig oder gar nicht in ihrem Bestand sinken.

Proportionen zwischen den Verwaltungsbereichen

Welche Bereiche der Verwaltungen wurden besonders stark ausgebaut oder auch abgebaut? Um den Vergleich zwischen den einzelnen Verwaltungsbereichen deutlicher hervorzuheben, gehen wir beim Jahr 1991 von der Zahl 100 aus und stellen im folgenden graphisch dar, um wieviel Prozentpunkte

Personalentwicklung und kommunale Leitungspersonen 179

sich die Stellenzahl der einzelnen Verwaltungsbereiche (Kernverwaltung und Einrichtungen) seit 1991 erhöht oder gesenkt hat. Dies tun wir am Beispiel der Stadtverwaltung Bitterfeld:

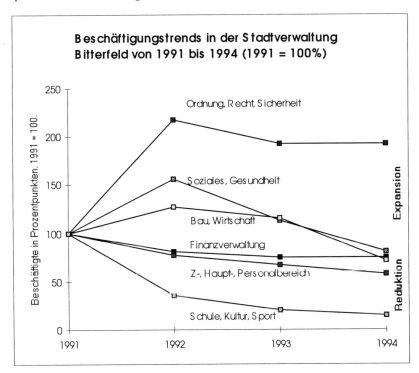

Obwohl generell in der zweiten Jahreshälfte 1991 – so auch in der Stadt Bitterfeld – der Höchststand kommunaler Beschäftigungsverhältnisse erreicht war, ging seit 1991 die Anzahl der Beschäftigten im Vergleich der Verwaltungsbereiche *nicht gleichmäßig* zurück. Am auffälligsten sind die beiden Pole: der prozentual besonders starke Anstieg der Rechts-, Sicherheits- und Ordnungsverwaltung auf der einen Seite und die vergleichsweise starke Abnahme im Bereich der Verwaltung von Schule/Kultur/Sport. Hierbei spiegeln sich die bereits mehrfach erwähnten Folgen der Übertragung des bundesdeutschen Rechtssystems und der Personalüberhang aus ehemals betrieblichen Sozialeinrichtungen wider. Die anderen Verwaltungsbereiche pegelten sich nach der einen oder anderen „Kurve" im Jahre 1994 auf ein Niveau von etwa 60 bis 80 Prozent der Beschäftigtenzahlen von 1991 ein. Natürlich sagt dies nichts über die *absolute* Höhe der Beschäftigtenzahlen in den einzelnen Verwaltungsbereichen aus, sondern spiegelt deren *relative Entwicklung zueinander* wider. Diese Entwicklung war auch für andere Städte und Kreise typisch.

In der Grundtendenz haben wir es also mit einem Rückgang der typischen „Leistungsbereiche" der Verwaltung zu tun, während sich die Ordnungs- und Innenverwaltungen quantitativ weniger veränderten. Dennoch waren laut Angaben des Deutschen Städtetages Mitte 1995 noch 37,2% der Beschäftigten (kreisfreie Städte) bzw. 40,3% der Beschäftigten (kreisangehörige Städte) in den neuen Bundesländern im *Bereich sozialer Sicherung* angesiedelt. Darunter entfielen allein 13% (kreisfreie Städte) bzw. 21% (kreisangehörige Städte) aller Beschäftigten auf die Kindertageseinrichtungen (Schulhorte nicht einbezogen) – und dies, obwohl gerade in den Kinderbetreuungseinrichtungen allerorts in den letzten Jahren bereits starke Reduzierungen stattgefunden hatten. (Personalstandsdaten des Deutschen Städtetages 1995)

Betrachtet man allgemein das Verhältnis von *Kernverwaltungen und Einrichtungen,* so waren Ende 1995 nach Erhebungen in 6 Landkreisen und 7 kreisfreien Städten bei den *kreisfreien Städten* 45,7% aller Beschäftigten in den Kernverwaltungen tätig und 54,3% in den Einrichtungen. Bei den *Landkreisen* betrugen die Anteile 72,4% (Kernverwaltungen) und 27,6% (Einrichtungen) (vgl. Alamir/Berg 1996). Der Anteil der beschäftigten Personen in den Einrichtungen der kreisfreien Städte lag somit über der Hälfte, während bei den Landkreisen dieser Anteil nur ein reichliches Viertel betrug. Hier schlägt sich vor allem die Verantwortung der kreisfreien Städte für die Kindertagesstätten sowie für zahlreiche andere soziale und kulturelle Einrichtungen nieder.[12]

Einige weitere Merkmale der Beschäftigtenstruktur

Wir wollen hierbei auch statistische Erkenntnisse wiedergeben, die über den Bereich unserer beiden Untersuchungsregionen hinausgehen. Der Anteil *weiblicher* Beschäftigter an den Gesamtbeschäftigtenzahlen liegt in den neuen Bundesländern bei etwa 70%, in den kreisfreien Städten bei 72%

---

12 Allerdings stehen die genannten Zahlen unter einem gewissen Vorbehalt, da es bei der Erhebung z.T. eine unterschiedliche Abgrenzung der Bereiche „Kernverwaltung" und „Einrichtungen" gab. Teilweise gibt es hierzu auch Diskussionen zwischen kommunaler und Landesebene (z.B. Sachsen). Pragmatisch werden an dieser Stelle- die Abgrenzungen für „Einrichtungen" pragmatisch so gezogen, daß hierunter Organisationsbereiche verstanden werden, die gegenüber der Ämterstruktur relativ eigenständig geleitet werden und mit der Bewältigung sozialer, wirtschaftlicher, ökologischer, kultureller oder sportlicher Kommunalaufgaben betraut sind.

(Standardabweichung = 4,2) und in den Landkreisen bei 68% (Standardabweichung =5,2).[13] Beim Verwaltungs*leitungspersonal* (ab Amtsleiter „aufwärts") beträgt der Anteil weiblicher Beschäftigter in den kreisfreien Städten 22,2% und in den Landratsämtern 25,6%.[14] Der geringe Frauenanteil in den Leitungsebenen steht somit vehement im Widerspruch zum hohen Anteil weiblicher Beschäftigter. Generell war beispielsweise vor der Wende in den von uns untersuchten Regionen der Frauenanteil in den Leitungspositionen der Kommunalverwaltungen höher. Von den 70 Leitungspersonen unterer, mittlerer und höherer Ebene in der Stadtverwaltung Brandenburg waren laut Telefonverzeichnis der damaligen Stadtverwaltung etwas über 50% weiblich, von den 19 Ratsmitgliedern waren immerhin 7 (= 37%) weiblich. In der Kreisverwaltung Bitterfeld waren von den 20 Ratsmitgliedern im Jahre 1989 allerdings nur 5 (=25%) weiblich. In den Vertretungsorganisationen der DDR war der Frauenanteil ohnehin quotiert.

In einer Studie am Wissenschaftszentrum Berlin für Sozialforschung (Projekt „Lokale Demokratie"[15]) wurde – repräsentativ für die deutschen Städte – u.a. der Anteil von Frauen in verschiedenen kommunalen Leitungspositionen ermittelt. In der folgenden Tabelle werden die Ergebnisse im Vergleich der alten und neuen Bundesländer wiedergegeben:

---

13 Zugrunde liegen Erhebungen Ende 1995 in 8 kreisfreien Städten und 6 Landkreisen (vgl. Alamir/Berg1996).
14 Zugrunde liegen Vollerhebungen des Leitungspersonals Ende 1995 in 7 Landkreisen und 9 kreisfreien Städten (vgl. ebenda).
15 Das Projekt „Lokale Demokratie" wurde am Wissenschaftszentrum Berlin für Sozialforschung (WZB) in Kooperation mit der Humboldt-Universität zu Berlin durchgeführt (im folgenden zitiert: „WZB-Projekt Lokale Demokratie"). Im Rahmen des KSPW-„followup"-Projektes (vgl. FN 8 dieses Kapitels), das an den Erhebungskosten beteiligt war, wurden von Frank Berg Zusatzauswertungen vorgenommen (im folgenden zitiert: „KSPW-Zusatzauswertung"). Das „WZB-Projekt Lokale Demokratie" wurde als repräsentative Befragung im Mai 1995 in 37 ostdeutschen und 40 westdeutschen Städten in der Größenordnung zwischen 25.000 und 250.000 Einwohnern unter Einbeziehung 1: der Mitglieder der Kommunalvertretungen, 2. der Fraktionsvorsitzenden, 3. der örtlichen Parteivorstände, 4. der „Verwaltungsspitzen" sowie 5. der Amtsleiter durchgeführt (zur Methode und zu den Ergebnissen vgl. Cusack 1995, Cusack 1996, Cusack 1996a, Cusack/Weßels 1996).

Geschlechtsverteilung in % → (gerundet) für kommunale
Leitungspositionen in Städten:*

	Neue Bundesländer		Alte Bundesländer	
	weiblich	männlich	weiblich	männlich
Ratsmitglieder**	22	78	19	81
Fraktionsvorsitzende	25	75	12	88
Amtsleiter	30	70	6	94
politische und Verwaltungsspitzen***	13	87	13	87

*   Quelle: WZB-Projekt „Lokale Demokratie"
** Abgeordnete der Stadtvertretungen
*** Oberbürgermeister, Bürgermeister, Beigeordnete, Dezerneten, Stadtdirektoren

Daraus geht hervor, daß der Frauenanteil – besonders auf der Amtsleiterebene – in den alten Bundesländern weitaus geringer ist als in den neuen Bundesländern.

Auch die *Proportionen zwischen Arbeitern, Angestellten und Beamten* haben sich in den Jahren 1991 bis 1995 erheblich verändert. Während zum Beispiel in der Kreisverwaltung Bitterfeld die Zahl der Angestellten in diesem Zeitraum (1991 = 100) bis zum Jahre 1995 auf 71,6% sank, wurde die Anzahl der beschäftigten Arbeiter auf 41,5% reduziert. Beamte gab es in dieser Kreisverwaltung bis zum Jahre 1992 gar nicht, in den Jahren 1993/94 insgesamt 3 und ab 1995 dann 87. Am stärksten sank also – durchaus typisch auch für die anderen untersuchten Institutionen – die Beschäftigtenzahl bei den *Arbeitern*, die vor allem in den nachgeordneten Einrichtungen tätig sind und aus den weiter oben genannten Gründen reduziert wurden.

Der Anteil der *Teilzeitarbeit* hat in den letzten beiden Jahren deutlich zugenommen. Während in den kreisfreien Städten im Jahre 1995 17,4% aller beschäftigten Personen (ohne ABM) in einem Teilzeitverhältnis standen, waren es in den kreisangehörigen Städten bereits 24,9% (berechnet nach Personalstandsdaten des Deutschen Städtetages 1995). Die Hälfte aller Teilzeitbeschäftigten in den (kreisfreien wie auch kreisangehörigen) Städten entfielen im Jahre 1995 auf die Kindertageseinrichtungen (vgl. ebenda). In den Landkreisen lag der Anteil der Teilzeitarbeitskräfte an der Gesamtzahl der beschäftigten Personen Ende 1995 etwa bei 10% (vgl. Alamir/Berg 1996).[16] Das ist deutlich weniger als in den kreisfreien und kreisangehörigen Städten.

---

16 Hierbei wurden 8 Fälle untersucht. Der angegebene Durchschnittswert (genau: 10,8%) ist als Mittelwert der jeweiligen Anteile der Teilzeitbeschäftigten in den 8 untersuchten Landkreisen zu verstehen.

Die ostdeutschen kommunalen politisch-administrativen Eliten haben durchschnittlich öfter *Universitäts- bzw. Hochschulabschlüsse*[17] als jene in den westlichen Bundesländern. Nach der repräsentativen Befragung in *Städten* liegt dieser Anteil in den *neuen* Bundesländern[18] bei 67,2% (Amtsleiter), 77,6% bei den Verwaltungsspitzen (also OB, BM, Dezernenten, Beigeordnete, Stadtdirektoren), 51,4% bei den Ratsmitgliedern. In den *alten* Bundesländern sind es 47,0% (Amtsleiter), 58,3% (Verwaltungsspitzen) und 41,6% (Ratsmitglieder) (WZB-Projekt „Lokale Demokratie"). Während der Hauptteil diese Personen mit Universitäts- bzw. Hochschulabschluß in den *neuen* Bundesländern in technisch-naturwissenschaftlichen, medizinischen und agrarischen Fachrichtungen liegt (bei Amtsleitern und Verwaltungsspitzen z.B. 35-37%) und der Anteil mit rechtlichen, wirtschaftlichen und politologischen Qualifikationen relativ gering ist (9-12%), ist dies in den *westdeutschen* Stadtverwaltungen genau umgekehrt: Hier sind technisch-naturwissenschaftliche Hochschulqualifikationen mit nur 15-17% vertreten, jedoch rechtlich-wirtschaftliche bzw. politologische mit 35-39%.

Rein quantitativ kann aus diesen Ausbildungsprofilen eine starke Ausprägung ingeneur-technischer und eine Unterrepräsentation explizit administrativer, politischer und sozialer Handlungsrationalitäten der Eliten in den ostdeutschen Kommunen gefolgert werden. Bekanntlich waren außerdem juristische oder politologisch-gesellschaftswissenschaftliche Ausbildungen in der DDR in vielerlei Hinsicht unzulänglich und zudem systemspezifisch (vgl. Bernet/Lecheler 1991: 69). Die starke Ausprägung ingeneurtechnischer Ausbildungsprofile könnte als spezifische berufliche Sozialisationsvoraussetzung für Innovationsprozesse in den ostdeutschen Kommunen gesehen werden. Andererseits wurde durch unsere Untersuchungen jedoch auch bestätigt[19], daß die langjährig in verwaltungsfernen, wenig formalisierten Tätigkeitszusammenhängen sozialisierten Politiker und Verwalter vor allem in der Anfangszeit durchaus Probleme mit den seit 1990 eingeführten rechtsstaatlichen Handlungsgrundlagen und formalen Organisationsprinzipien hatten. Diese professionellen und sozialisatorischen Defizite zu überwinden, war ganz offenbar der *tiefgreifendste Umbruch im Übergang zu neuen kommunalen Institutionen.*

---

17 In der DDR zählten zu diesen Abschlüssen: Universität, Hochschule, Ingenieurhochschule. In den alten Bundesländern bzw. im heutigen Deutschland zählen zu diesen Abschlüssen: Universität, Hochschule, Fachhochschule.
18 Bei der Berechnung wurden Personen ausgeklammert, die seit 1990 von West- nach Ostdeutschland gezogen sind (also „Westpersonal" in Kreisen und Kommunen der neuen Bundesländer).
19 Vgl. Kapitel 6.

6.2 Wechsel von Führungspersonal

Seit der Konstitutierung der neuen demokratischen Kommunalverwaltungen im Mai 1990 vollzogen sich permanent Veränderungen auf den Verwaltungsleitungsebenen. Sie hingen sowohl mit den strukturellen Wandlungen zusammen als auch mit konfliktualen personalen und politischen Konstellationen. Notwendig dauerte es einige Jahre, bevor sich eingespielte Verwaltungsleitungsteams etablieren konnten, und dieser Prozeß ist auch heute noch nicht abgeschlossen. Der mit den ständigen Veränderungen verbundene Integrationsaufwand war enorm und konnte – wie wir nachgewiesen haben – vielfach auch nicht bewältigt werden.

In der KSPW-follow-up-Studie, die Ende 1995 durchgeführt wurde (vgl. Alamir/Berg 1996), entstanden auf relativ breiter Datengrundlage einige Zahlen, die eine allgemeine Vorstellung über den Wechsel von Verwaltungsführungspositionen ermöglichen: Demnach kann (Erhebungszeitpunkt: Ende 1995) von 57% der *Oberbürgermeister* der kreisfreien Städte gesagt werden, daß sie bereits seit den ersten freien Kommunalwahlen im Mai 1990 im Amt sind, 26% seit dem Jahre 1994 (die anderen seit 1992, 1993).[20] Ähnlich ist das Amtseintrittsdatum der heutigen *Landräte*[21]: Von ihnen sind 56% seit dem Jahre 1990 im Amt und 26% seit 1994 (oder 1995).[22] Anders gesagt, sind von den heutigen Oberbürgermeistern und Landräten etwa 43% später als 1990 erstmals in ihr Amt eingetreten. Es gab also seit 1990 auf dieser Ebene beachtliche Veränderungen. Auf der Ebene der *Dezernenten* waren diese Veränderungen ähnlich gravierend: 63% der heutigen Dezernenten in den kreisfreien Städten und Landkreisen sind seit 1990/91 im Amt, 37% traten somit später in ihr Amt ein.[23] Der Anteil der *Amtsleiter*, die seit 1990/91 in einer Amtsleiter-Position sind, liegt mit 69,5% etwas höher.[24]

In unseren Untersuchungsregionen Brandenburg und Bitterfeld gab es innerhalb der *ersten Wahlperiode*[25] in den untersuchten Körperschaften keinerlei Veränderungen bei den kommunalen Spitzenpolitikern (Landräte, Oberbürgermeister, Bürgermeister), allerdings mehrfache Ab- und Zugänge

---

20 Dieses Ergebnis resultiert aus Angaben von 23 (bei insgesamt 24) kreisfreien Städten der neuen Bundesländer.
21 Als Eintrittsdatum in das Amt wurde gerechnet, seit wann der heutige Landrat in der Position eines Landrates in den neuen Bundesländern tätig ist, also gegebenenfalls auch in einem der „Altkreise" vor den Kreisgebietsreformen.
22 Dieses Ergebnis resultuiert aus Angaben von 89 (bei insgesamt 92) Landkreisen in den neuen Bundesländern.
23 Datengrundlage: 78 Landkreise und kreisfreie Städte.
24 Datengrundlage: 69 Landkreise und kreisfreie Städte.
25 Sie dauerte im Land Brandenburg bis Dezember 1993, im Land Sachsen-Anhalt bis Juni 1994.

Personalentwicklung und kommunale Leitungspersonen 185

auf der Dezernentenebene. In der folgenden Tabelle wird dies zusammenfassend dargestellt, zusätzlich auch die weiteren Veränderungen bis Oktober 1994), wobei nur die hauptamtlichen Beigeordneten und Dezernenten[26] erfaßt werden.

Personenanzahl, Abgänge und Zugänge von hauptamtlichen Beigeordneten und Dezernenten (außer Verwaltungsoberhaupt) innerhalb der ersten Wahlperiode (Spalten 2 bis 5) und im Oktober 1994:

Institution	bis Ende 1990 gewählte Anzahl	Abgänge innerhalb der 1. WP	Zugänge innerhalb der 1. WP	Bestand am Ende der 1. WP, darunter seit 1990	Bestand Oktober 1994, darunter seit 1990
Stadtverwaltung Brandenburg	6	2	3	7 (4) – Anm. 1	4 (1)
Kreisverwaltung Brandenburg	8	5	1	4 (3) – Anm. 2	4 (0)
Landratsamt Bitterfeld	9	4	0	5 (5) – Anm. 3	5 (4)
Stadtverwaltung Bitterfeld	6	5	2	3 (2) – Anm. 4	3 (2)
Gesamtzahl	29	16	6	19 (14)	16 (7)

Anm. 1: Abgänge: 1 im Zusammenhang mit Diskrepanzen über Leitungsbefähigung (Bau), 1 durch Rücktritt bzw. Befähigungsgrad (Wirtschaft/Finanzen).
Zugänge: 1 durch Wahl der Sozialdezernentin (vorher vom OB wahrgenommen), 1 (Wirtschaftsdezernent) durch Einstellung einer Person aus den alten Bundesländern, 1 Einstellung eines Beamten als leitender Stadtverwaltungsdirektor (September 91, Umsetzung und Abberufung als Beigeordneter im April 1993 wegen Diskrepanzen über Leitungsbefähigung).
Anm. 2: Abgänge: 1 im Zusammenhang mit Überprüfung Unterlagen des ehemaligen Staatssicherheitsdienstes (Schule/Kultur/Soziales), 1 aus Befähigungsgründen (Finanzen), 3 wegen Strukturreduzierung (Landwirtschaft/Regionalplanung, Gesundheit/Soziales, Umwelt/Tourismus, später Abgang des ehemaligen Dezernenten Landwirtschaft wegen Unregelmäßigkeiten).
Zugänge: Dezernent Haupt- und Finanzverwaltung wurde aufgrund seiner Befähigung eingesetzt, war im ehem. Rat des Kreises stellvertretender Abteilungsleiter Finanzen.
Anm. 3: Abgänge: 2 durch Auflösung Dezernate (Landwirtschaft, Wirtschaft/Verkehr), 1 durch Vertrauensbruch (Recht/Ordnung), 1 im Zusammenhang Überprüfung „Gauck" (Gesundheit/Soziales).
Anm. 4: (hier nur Dezernenten, nicht Beigeordnete, die ohne Dezernatsbereich angestellt oder ehrenamtlich waren)
Abgänge: 1 im Zusammenhang Überprüfung „Gauck" (Recht/Ordnung), 1 im Zusammenhang Koalitionsbruch, kurz darauf verstorben (Schule/Kultur), 2 im Zusammenhang

---

26 In der Stadt Bitterfeld waren den hauptamtlichen Dezernenten auch ehrenamtliche Beigeordnete zugeordnet. Hierbei gab es mehrfach Wechsel.

Strukturkonzentration und Leitungskompetenz (Wirtschaft,Bau/Wohnung), 1 nicht bekannt (Hauptdezernent).
Zugänge: 1 durch vorübergehende Erweiterung Struktur (Hauptdezernent), 1 durch Einstellung eines Beamten aus den alten Bundesländern (Wirtschaft/Bau).

14 der anfangs 29 gewählten hauptamtlichen Beigeordneten und Dezernenten waren auch am Ende der Wahlperiode noch hauptamtlich als Beigeordneter bzw. Dezernent tätig. Das sind rund 48%. Damit hatten 52% der ursprünglich gewählten Dezernenten im Laufe der Wahlperiode ihr Amt verloren. Wenn hier also etwa die Hälfte geblieben und die andere Hälfte gegangen (oder in untere Leitungspositionen versetzt worden) ist, so ergab sich doch keineswegs eine neue Zusammensetzung der Dezernenten. Bemerkenswert ist vielmehr, daß 14 von 19 (= 74%, also rund drei Viertel) der am Ende der ersten Wahlperiode noch tätigen hauptamtlichen Dezernenten bzw. Beigeordneten zum „alten Stamm" gehörten, also seit der zweiten Jahreshälfte 1990 im Amt waren.

Bei jenen 5 Dezernenten, die erst im Verlaufe der Wahlperiode als Dezernent eingesetzt wurden und sich bis zum Ende der Wahlperiode auch „hielten", ist hervorzuheben, daß 3 von diesen 5 Personen aus den alten Bundesländern stammten. 4 Von diesen 5 Personen konzentrierten sich auf die Dezernatsbereiche Wirtschaft/Finanzen/Hauptverwaltung. Also jene „harten" Bereiche, die in der inneren Verwaltung, wie in der Kommunalpolitik als Schlüsselpositionen gelten können.

Mit Beginn der *zweiten Wahlperiode* traten zum Teil erhebliche Strukturveränderungen in Kraft, die auch entsprechende Auswirkungen auf die Dezernentenebene hatten, kaum allerdings auf die Amtsleiterebene. Von den 29 im Jahre 1990 gewählten hauptamtlichen Beigeordneten und Dezernenten verblieben jetzt nur noch insgesamt 7 in Position (bei insgesamt 16 Dezernenten). Über die Hälfte der Dezernenten, die im Oktober 1994 im Amt waren, kamen später als 1990 ins Amt.

In der *Stadt Brandenburg/Havel* ergab sich eine Reduzierung der Dezernentenanzahl schon deshalb, weil die Struktur von 9 auf 5 Dezernate reduziert wurde. Von den sieben Dezernenten[27] verließen vier die Stadtverwaltung (3 Mitglieder der SPD, 1 Mitglied Freie Wähler, 1 Mitglied Neues Forum). Es verblieben der Oberbürgermeister (gleichzeitig Leiter Dezernat I), der Wirtschaftsdezernent (nunmehr einschließlich Finanzen) und die Sozialdezernentin (nunmehr einschließlich Jugend und Sport). Alle drei sind Mitglieder der SPD. In Absprache mit den Fraktionen der FDP und der Bürgerliste wurden als neue Dezernenten eingesetzt: der Baudezernent (FDP;

---

27 Es gab zwar neun Dezernate, aber nur sieben Dezernenten: Der Oberbürgermeister leitete das „Dezernat OB". Die Haupt- und Finanzverwaltung (Dezernate I und II) wurden vom gleichen Dezernenten geleitet.

vorher in der Kreisverwaltung Brandenburg tätig) und die Dezernentin für Umwelt, Ordnung, Kultur, Bildung (Bürgerliste; vorher Beigeordnete in einem Landkreis). In der *Stadt Bitterfeld* wechselte neben dem Bürgermeister (vorher CDU, jetzt SPD) auch der Wirtschaftsdezernent (vorher CDU, jetzt SPD). Im *Landratsamt Bitterfeld* gab es neben dem Wechsel des Landrates (vorher CDU, jetzt SPD) weitere Veränderungen auf Dezernentenebene. Die bisherige Dezernentin für Bildung, Jugend und Kultur schied aus Altersgründen aus. Der bisherige Sozialdezernent (gleichzeitig vorheriger Landrat) übernahm die Rechts-, Sicherheits- und Ordnungsverwaltung. Die Stelle des Dezernatsleiters für die ab 1995 neu zu bildende (aus ehemals zwei Dezernaten zusammengefaßte) Schul-, Sozial-, Jugend- und Gesundheitsverwaltung ging an eine neue Person. Insgesamt verblieben somit 4 von 6 Dezernenten. In der *Stadt Wolfen* blieben drei von vier Dezernenten (Dezernat III wurde aufgelöst bzw. zusammengelegt). Es wechselte der Bürgermeister (seit Juni 1994 mit der Bezeichnung „Oberbürgermeister"). Ein neuer Bürgermeisterposten für die innere Verwaltung (ähnlich einem „Stadtdirektor") wurde ausgeschrieben und durch eine Person besetzt, die eine entsprechende parteipolitische Mehrheit im Stadtrat hinter sich bringen konnte.

In allen beschriebenen Fällen gab es somit auf der Dezernentenebene Veränderungen, die im Zusammenhang mit dem Wechsel der kommunalen Oberhäupter (außer in Stadt Brandenburg/Havel), mit den Wahlergebnissen überhaupt, aber auch mit strukturellen Zusammenfassungen stehen. Deutlich nahmen die neu gewählten kommunalen Oberhäupter und die sie „tragenden" Fraktionen Einfluß auf die veränderten Dezernentenzusammensetzungen. Allerdings wurden in allen Fällen auch die Optionen anderer Parteien berücksichtigt. Der verbleibende, noch kleiner gewordene „Stamm" von bereits *vormals* tätigen Dezernenten zeichnet sich in der Regel einerseits durch besondere öffentliche Akzeptanz und Kompetenz aus, andererseits handelt es sich ganz offenbar um jene Leitungspersonen, die gut „miteinander können", während andere nicht selten gerade aus eben diesem Grunde gehen mußten. Funktionalität, Akzeptanz oder Wirtschaftlichkeit spielten nicht die alleinige Rolle, teilweise litt gar die Ablauforganisation unter diesen Fusionierungen.[28]

---

28 Vgl. Kapitel 5.

6.3 Kommunale Leitungspersonen: Sozialisation, Einstellungs- und Orientierungsmuster

Die Untersuchung von Herkunftswegen, Einstellungen und Orientierungen des von Fall zu Fall unterschiedlich zusammengesetzten Leitungspersonals war für die Beurteilung der endogenen Handlungsmuster und Handlungspotentiale in den Institutionen der kommunalen Selbstverwaltung der neuen Bundesländer besonders wichtig. Denn in der wenig strukturierten und verfestigten institutionellen Umbruch- und Aufbausituation zu Anfang der 90er Jahre waren es vor allem die *Leitungspersonen* in Kommunalpolitik und -verwaltung, die wir als *Schlüsselpersonen*, als *Träger spezifischer institutioneller Entwicklungen* betrachtet haben. Die an anderer Stelle[29] beschriebenen und bewerteten Entwicklungen der neuen Kommunalinstitutionen hingen im starken Maße davon ab, welche Kontinuitäten und Brüche sich im *kommunalen Führungspersonal*, seinen Werten und Handlungsmustern seit 1990 manifestierten. Woher kamen die neuen Führungskräfte, welche soziodemographischen und sozialisatorischen Merkmale wiesen sie auf? Welche politischen und Werteorientierungen vertraten sie? In welchem Verhältnis stehen ihre Einstellungen zu jenen in der ostdeutschen Bevölkerung insgesamt? Diese Fragen wollen wir an dieser Stelle in einer bestimmten *Systematik* aufbereiten, gleichwohl sie bereits durchgängig in allen vorangegangenen Kapiteln eine Rolle spielten.

Leitendes Altpersonal, Neupersonal, Westpersonal in den Untersuchungsfällen

Während es auf der Spitzenebene (Landräte der beiden untersuchten Landkreise, Oberbürgermeister der kreisfreien Stadt Brandenburg/Havel, Bürgermeister der kreisangehörigen Städte Bitterfeld und Wolfen) seit Mai 1990 einen vollständigen Wechsel gab, traf dies – wie wir weiter unten noch sehen werden – auf andere kommunale Funktionsträger nicht in diesem Ausmaß zu.

Der Oberbürgermeister der *Stadt Brandenburg/Havel* war promovierter Biologe, zuletzt im Bereich der Arbeitshygiene tätig. Im *Landkreis Brandenburg* war der Landrat von seiner beruflichen Herkunft Diplomlandwirt. Inbezug auf beide Gebietskörperschaften hatten wir bereits im Kapitel 5 die

---

29 Vgl. die Kapitel 3, 4 und 5.

völlig unterschiedliche Einbeziehung von Altpersonal auf der Dezernenten- und Amtsleiterebene beschrieben.

Im *Landkreis Bitterfeld* kam der neu gewählte Landrat aus dem Bereich der Wirtschaft. Bis auf eine Ausnahme[30] waren alle neugewählten Dezernenten vor der Wende in Bereichen außerhalb des ehemaligen staatlichen Dienstes tätig. Ehemalige Führungskräfte des Kreises wurden auf Dezernentenebene nicht einbezogen.[31] Andererseits war, wie auch in den anderen Gebietskörperschaften, eine generelle Entlassung der vormaligen Ratsmitglieder schon aus arbeitsrechtlichen Gründen nicht möglich. Von den 19 Mitgliedern des Rates des Kreises, also der ehemaligen kreislichen Verwaltungsspitze, wurden Anfang Juli 6 entlassen.[32] Die anderen verblieben im Beschäftigungsverhältnis, jedoch ohne herausgehobene Position. Beispielsweise wurden der Direktor des Amtes für Arbeit und das Mitglied des Rates für Finanzen und Preise übernommen.

In der *Stadt Bitterfeld* war die im Juni 1990 gewählte CDU-Bürgermeisterin im vorherigen Rat der Stadt Ratsmitglied für Handel und Versorgung sowie eine der stellvertretenden Bürgermeister(-innen). Im Juli 1990 wurden vier Dezernatsleiter berufen, darunter eine Person mit Leitungserfahrungen im vorherigen staatlich-kommunalen Verwaltungsdienst.

Faßt man die bisherigen Erkenntnisse zusammen, so gab es in den Verwaltungsspitzen („Oberhäupter" und Dezernenten) der kreisfreien Stadt Brandenburg und des Kreises Bitterfeld einen vollständigen personellen Bruch, während es in der Stadt Bitterfeld und vor allem im Landkreis Brandenburg auch Momente der personellen Kontinuität gab. Diese Erkenntnisse lagen bereits den voranstehenden Kapiteln zugrunde. Sie reichen aber im Grunde noch nicht aus, um tatsächlich Aussagen über die institutionelle Umbruchintensität der Verwaltungen treffen zu können. Vor allem wollen

---

30 Die Kulturdezernentin war ehemals Schulleiterin einer Polytechnischen Oberschule.
31 Im *Landkreis Bitterfeld* sowie den kreisangehörigen Städten Bitterfeld *und* Wolfen überwogen eindeutig neupersonell besetzte Leitungspositionen. Ein altpersoneller Zusammenhang zeigte sich zwischen Landkreis und Stadt Bitterfeld vor allem im Schul-, Kultur- und z.T. auch im Sozialbereich. Der Ausschußvorsitzende für Gesundheit und Soziales des Kreises, die Amtsleiterin des Schulverwaltungsamtes der Stadt, die Dezernentin für Schule und Soziales der Stadt und die Ausschußvorsitzende für Bildung, Jugend und Kultur der Stadt gehörten zum leitenden Altpersonal. In den Interviews wurde von allen Seiten eine gute Kommunikation (z.B. per Telefon) bestätigt. Die altpersonellen Zusammenhänge zeigten sich hier offensichtlich als Ressource „kurzer Drähte" zwischen Stadt- und Kreisverwaltung.
32 So der Vorsitzende des Rates, der Stellvertreter für Handel und Versorgung, der Vorsitzende der Kreisplankommission, der Kreisschulrat. Vgl. Protokoll des Kreistages vom 20.12.1990, Material des Büro des Kreistages.

wir genauer nach den beruflichen Vorerfahrungen[33] und politischen Sozialisationsmustern[34] der neuen Leitungspersonen, einschließlich der Amtsleiter, fragen. Nur aus diesem Gesamtbild ergaben sich die in Kapitel 2 abstrahierten unterschiedlichen Umbruchpfade, die für die Stadt Brandenburg/Havel eine hohe, für die Region Bitterfeld eine mittlere und für den Landkreis Brandenburg eine geringe institutionell-personelle Umbruchintensität bezeichneten. Gehen wir zunächst zur Analyse beruflicher Sozialisationsprägungen über:

Berufliche Sozialisation

Insgesamt arbeiteten 59,2% der 103 befragten Kommunalverwalter und -politiker bis 1989 in der DDR-Wirtschaft.[35] Betrachtet man nur die Leitungspersonen der Verwaltung, gehörten 25,8% zum Altpersonal[36], 59,7% zum Neupersonal und 14,5% zum Westpersonal. Über die Hälfte der neuen Verwalter, nämlich 56,5%, kamen aus der DDR-Wirtschaft und waren dort zumeist in betrieblichen Planungs- und Projektierungs-, Leitungs- und Organisationsprozessen tätig.[37]

In anderen Studien sollten zu dieser Frage *generalisierbare* Daten ermittelt werden. So ergaben sich in der KSPW-„follow-up"-Studie folgende Ergebnisse:

---

33 Wichtig ist zum Beispiel, ob die neuen Leitungspersonen früher in Wirtschaftsbetrieben tätig waren oder in anderen gesellschaftlichen Bereichen (vgl. hierzu auch die Einleitung).
34 So zum Beispiel, ob die betreffenden Leitungspersonen früher der SED oder einer der Blockparteien angehörten oder eher einem Dissidentenmilieu zuzuordnen waren.
35 Vgl. Tabellenanhang, Tabelle 6.
36 Als *Altpersonal* auf den Verwaltungsleitungsebenen bezeichnen wir jene Verwaltungspersonen, die bereits vor 1990 in der kommunalen Kernverwaltung oder in sonstigen Institutionen des Staatsapparates (z.B. Rat des Bezirkes, Armee, Polizei, Gericht, Verwaltung nachgeordneter Einrichtungen, z.B. Krippenverwaltung, aber nicht Krippenschwestern, auch Schuldirektoren, aber nicht Lehrer oder „technische Kräfte" in der Schule) tätig waren; als *Neupersonal* jene Verwaltungspersonen, die seit 1990 aus den verschiedensten anderen Gesellschaftsbereichen neu zum kommunalen Verwaltungsdienst kamen (vgl. auch Wollmann, H./Berg, F. 1994). Alt- und Neupersonal unterscheiden sich in wichtigen Aspekten ihrer politischen und beruflichen Sozialisation, etwa hinsichtlich *Systemnähe bzw. -ferne und Verwaltungsnähe bzw. -ferne* und damit bestimmten *beruflichen Routinen und Orientierungsmustern*. Wir gehen also davon aus, daß eine langjährige, berufliche Tätigkeit in jedem Falle prägende Orientierungen hinterläßt, die Situation und Handlungsweisen im neuen institutionellen Kontext der kommunalen Selbstverwaltung stark beeinflußen können.
37 Vgl. Tabellenanhang, Tabelle 8.

Personalentwicklung und kommunale Leitungspersonen

Anteile von Alt-, Neu- und Westpersonal am Gesamtverwaltungsleitungspersonal (Vollerhebung in 19 Landkreisen und kreisfreien Städten):

	Altpersonal %→	Neupersonal %→	Westpersonal %→
Landkreise (8)	34,3	53,2	12,4
kreisfreie Städte (11)	26,7	56,8	16,5
Gesamt (19)	29,1	55,7	15,2

Ein ähnlicher Befund resultiert aus der bereits genannten *repräsentativen Untersuchung*, die im Jahre 1995 am Wissenschaftszentrum Berlin für Sozialforschung durchgeführt wurde (Vgl. Cusack 1995, 1996) und in die nur (kreisfreie sowie kreisangehörige) *Städte* einbezogen wurden. Die Kriterien für die Zuordnung zu Alt-, Neu-, Westpersonal variieren hier etwas[38] und führten zu folgenden Ergebnissen:

Anteile von Alt-, Neu-, Westpersonal in der Verwaltungsspitze, auf der Amtsleiterebene und bei den Ratsmitgliedern in den Städten der neuen Bundesländer – repräsentative Erhebung[39]

	Altpersonal %→	Neupersonal %→	Westpersonal %→	n
Verwaltungsspitze[40]	17,6	71,4	11,0	91
Amtsleiter	24,7	58,0	17,3	81
Ratsmitglieder	34,8	63,0	2,2	322

In den von uns als Fallbeispiele untersuchten Regionen zeigten sich dabei die in den voranstehenden Kapiteln erläuterten Unterschiede und Umbruchpfade. Betrachten wir allein die *Verwaltungs*leitungsebenen, so lag der Anteil des leitenden Neupersonals in der Stadtverwaltung Brandenburg und im Landratsamt Bitterfeld (auch in den zum Landkreis Bitterfeld gehörenden Städten Bitterfeld und Wolfen) unter den Befragten bei knapp *zwei Dritteln*, während es in der Verwaltung des Landkreises Brandenburg *weniger als ein*

---

38 *Altpersonal*: diejenigen Befragten, die von sich angaben, bereits vor 1990 in politischen oder öffentlichen Positionen tätig gewesen zu sein und die vor 1990 in der DDR lebten.
Neupersonal: diejenigen Befragten, die von sich angaben, seit 1990 oder seit einem kürzeren Zeitraum in politischen oder öffentlichen Positionen tätig zu sein und die vor 1990 in der DDR lebten.
Westpersonal: diejenigen Befragten, die nach der „Wende" von West- nach Ostdeutschland gezogen sind.
39 Projekt „Lokale Demokratie" 1995/96 (WZB in Kooperation mit HUB); vgl. Cusack 1995, 1996 in diesem Projekt.
40 Oberbürgermeister, Bürgermeister, Dezernenten bzw. Beigeordnete.

Drittel leitendes Neupersonal gab.[41] Die folgende Graphik veranschaulicht noch einmal die genannten Proportionen:[42]

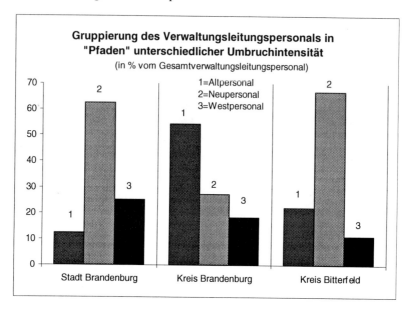

Um die Herkunftswege der befragten *Verwaltungs*leitungspersonen in unseren Untersuchungsregionen noch anschaulicher darzustellen, listen wir die folgende Tabelle auf. Befragt wurden jeweils Dezernenten und Amtsleiter aus wesentlichen Schlüsselbereichen der Verwaltung:

---

41 Auch in den kommunal*politischen* Leitungsfunktionen (Ausschuß- und Fraktionsvorsitzende) gab es im Landkreis Brandenburg eine altpersonelle Kontinuität: so von Blockparteifunktionären der Bauernpartei, die auch in LPG's und Kreisbauernverband aktiv waren und heute in den Agrargenossenschaften erneut Leitungspositionen einnehmen. Eine ähnliche Kontinuität fanden wir auch bei der ehemaligen Blockpartei CDU.
42 Vgl. Tabellenanhang, Tabelle 9.

Personalentwicklung und kommunale Leitungspersonen 193

Berufliche Tätigkeit vor 1990 bei befragten Verwaltungsleitungspersonen in einigen der untersuchten Gebietskörperschaften (Befragungszeitraum IV/93-I/94):

	Tätigkeit vor 1990	Partei 1994
Stadt Brandenburg		
Dezernent(in) Hauptverwaltung	Dipl.-Mathematiker; Datenverarbeitung im Bereich chemische Forschung und Entwicklung (Wirtschaft)	SPD
Dezernent(in) Recht/Ordnung	Dipl.-Ing. Maschinenbau; Technologe in betrieblichen Konstruktionsabteilung (Wirtschaft)	SPD
Dezernent(in) Wirtschaft/Finanzen	Wirtschaftskaufmann in Westdeutschland; zuletzt tätig in einer Stadtverwaltung	SPD
Dezernent(in) Bauverwaltung	Bau.-Ing.; Leiter Investitionsabteilung Stahlwerk (Wirtschaft)	NF
Dezernent(in) Gesundheit/Soziales	Leiter Rehabilitationszentrum, promoviert; vorher Universitätsdozent	SPD
Amtsleiter(in) Umwelt	Dipl.-Biologe (Promotion); Mitarbeiter Ordnungsverwaltung in einer westdeutschen Stadt	SPD
Amtsleiter(in) Stadtplanung	Dipl.-Architekt; Stellv. Stadtarchitekt	-
Amtsleiter(in) Kämmerei	Ökonom (FS); Stadtdirektion Straßenwesen, Abteilungsleiter Planung, Rechnung	-
Kreis Brandenburg		
Dezernent(in) Haupt- und Ordnungsverwaltung	Meister Maschinenbau und Ing. (FS) Betriebs- und Verkehrstechnik; Dispatcher Betriebs- und Verkehrstechnik bei Deutscher Reichsbahn	CDU
Dezernent(in) Finanzen	Dipl.-Finanzwirtschaftler; stellv. Abteilungsleiter Finanzen beim Rat des Kreises	-
Dezernent(in) Gesundheit/Soziales/Kult	Dipl.-Mathematiker; Prozeßautomatiker Stahlwerk, dann Abteilungsleiter Handel und Versorgung beim Rat des Kreises	CDU
Dezernent(in) Bau, Regionalplanung, Landw	Ing. (FS) Maschinen-/Anlagenbau und Dipl.-Ing. Bau; tätig im Tiefbau, dann Mitglied des Rates des Kreises für Wohnungspolitik und Wohnungswirtschaft	FDP
Amtsleiter(in) Ordnung	Dipl.-Ökonom; Direktor Ökonomie Holzindustrie (Wirtschaft)	SPD
Amtsleiter(in) Recht	Dipl.-Jurist; Assesor in Amtsverwaltung einer westdeutschen Stadt	-
Amtsleiter(in) Wirtschaftsförderung	Stellv. Gruppenleiter im Wirtschaftsamt einer westdeutschen Stadt	-
Amtsleiter(in) Regionalplanung	Dipl.-Staatsrechtler; Abteilungsleiter Regionalplanung beim Rat des Kreises	-
Amtsleiter(in) Umwelt	Dipl.-Ing. Maschinenbau; Leitungsebene Stahlwerk, dann Mitglied des Rates des Kreises für Umwelt, Wasser, Energie und Landwirtschaft	FDP
Amtsleiter(in) Kreiskasse	Finanzökonom (FS); Bereichsleiter gesellschaftliche Konsumtion (Abteilung Finanzen) beim Rat des Kreises	-

Kreis Bitterfeld		
Dezernent(in) Hauptverwaltung/Finanz.	Dipl.-Ing. (Promotion) Elektrotechnik; stellv. Abteilungsleiter Datentechnik, Projektierung von Datenanlagen (Wirtschaft)	k.A.
Dezernent(in) Recht, Ordnung	Ing. chemischer Apparatebau und Dipl.-Ing. Datenverarbeitung; Abteilungsleiter Standardisierung Rohrleitungsbau (Wirtschaft)	SPD
Dezernent(in) Bau- und Wohnungsverwaltung	Ing. Bergbau und Dipl.-Ing. Maschinenbau; Investingenieur im Braunkohlenkombinat (Wirtschaft)	FDP
Dezernent(in) Gesundheit/Soziales	Dipl.-Ing. im technischen Bereich (Wirtschaft)	CDU
Dezernent(in) Umwelt, Abfallwirtschaft	Dipl.-Physiker (Promotion); Technologe Filmfabrik Wolfen (Wirtschaft)	SPD
Leitende(r) Kreisrechtsdirektor(in)	Rechts- und Personalamtsleiter in einer westdeutschen Stadt	SPD
Amtsleiter(in) Schulverwaltung	Dipl.-Fachlehrer Geographie/Astronomie; stellv. Kreisschulrat für Planung, Haushalt, Organisation	-
Amtsleiter(in) Soziales	Dipl.-Ökonom; ökonomischer Abteilungsleiter Kreiskrankenhaus	-
Amtsleiter(in) Bauplanung	Dipl.-Ing. Stadtplanung/Architektur; Chefstadtplaner im Büro für Städtebau und Architektur	-

Sehr deutlich geht aus dieser Tabelle das Vorherrschen technisch-naturwissenschaftlicher Berufsqualifikationen hervor, selbst beim Altpersonal, bei dem allerdings stärker auch ökonomische bzw. finanzökonomische Ausbildungsrichtungen vertreten waren. Die aus Westdeutschland stammenden Verwaltungsleitungspersonen verfügten demgegenüber eher über eine juristische oder kaufmännische Ausbildung.

Eine spezielle Frage ist die nach dem *Anteil des Westpersonals* in den Verwaltungsleitungsebenen. Nach der bereits genannten Studie am Wissenschaftszentrum Berlin für Sozialforschung (Cusack 1995; Cusack 1996: Table 3.2) lebten 15,1% der heutigen Amtsleiter in den *Städten* der neuen Bundesländer und 10,1% der Verwaltungsspitze (Oberbürgermeister, Bürgermeister, Dezernenten, Beigeordnete) vor der Wende in Westdeutschland. Unsere eigenen Erhebungen beziehen sich nicht auf die Städte allgemein, sondern auf die kreisfreien Städte und auch auf die Landkreise. Deshalb weichen die Ergebnisse ein wenig von den vorgenannten ab (vgl. KSPW- „follow-up", Alamir/Berg 1996):

Personalentwicklung und kommunale Leitungspersonen

Anteil des Westpersonals am Leitungspersonal auf den verschiedenen Verwaltungsleitungsebenen:

Verwaltungsleitungssebene	kreisfreie Städte	Landkreise
OB bzw. Landräte[43]	12,5%	9,8%
Dezernenten[44]	32,7%	15,0%
Amtsleiter[45]	15,5%	10,1%

Nicht nur auf den Leitungsebenen, sondern überhaupt hinsichtlich der Anzahl der fest (unbefristet) eingestellten westdeutschen Personen gibt es sehr große Varianzbreiten. In den kreisfreien Städten schwankt diese Anzahl zwischen 3 und 120 Personen (Durchschnitt = 30)[46], in den Landkreisen zwischen 0 und 25 (Durchschnitt = 5)[47] (vgl. KSPW-„follow-up", Alamir/ Berg 1996).

Im Rahmen der KSPW-Studien wurde eine spezielle, vertiefende Analyse zum Einsatz des festangestellten Westpersonals durchgeführt.[48] Hierbei wurden in einer Stichprobe die Personalämter von zwölf Kommunen (vier kreisfreie Städte, acht Landkreise) in Brandenburg und Sachsen-Anhalt befragt. Mit weniger als zehn Prozent stellten ehemalige Leihbeamte, die nach Ablauf ihrer befristeten Abordnung geblieben sind, erwartungsgemäß nur einen kleinen Teil des fest eingestellten Westpersonals. Es gab im Untersuchungsbereich in nur vier von zwölf Kommunen überhaupt solche Fälle. Über 90% der Westdeutschen waren regulär, ohne vorherigen Verwaltungshilfeeinsatz, in die ostdeutsche Kommunalverwaltung über den Weg von Bewerbungen gekommen. Das Westpersonal im Untersuchungsbereich kam zu jeweils etwa einem Drittel aus den westdeutschen Partnerkommunen, aus den unterschiedlichsten anderen Städten der Altbundesländer und schließlich aus dem Westteil Berlins (dies insbesondere bei den berlinnahen Brandenburger Kreisen). Es überwogen die jüngeren (Berufsanfänger) und mittleren Jahrgänge. Ältere, insbesondere solche mit langjähriger Verwaltungserfahrung in westdeutschen Kommunen, waren deutlich in der Minderheit. Bei den Einsatzorten dominierten ganz deutlich die Rechtsämter, wo ca. 28% aller West-Neueinstellungen arbeiteten, und die Ämter zur Rege-

---

43 Bei kreisfreien Städten und Landkreisen der neuen Bundesländer wurde hierzu eine Vollerhebung der Grundgesamtheiten durchgeführt. Es handelte sich um 3 von 24 Oberbürgermeistern und um 9 von 92 Landräten, die aus den alten Bundesländern stammten.
44 Datengrundlage: Vollerhebung in 18 kreisfreien Städten und 69 Landkreisen.
45 Datengrundlage: Vollerhebung in 16 kreisfreien Städten und 67 Landkreisen.
46 Dieses Ergebnis resultiert aus Angaben von 18 (bei insgesamt 24) kreisfreien Städten der neuen Bundesländer.
47 Dieses Ergebnis resultuiert aus Angaben von 61 (bei insgesamt 92) Landkreisen in den neuen Bundesländern.
48 Die Untersuchung wurde im Mai/Juni 1995 von Patrick Diekelmann durchgeführt.

lung offener Vermögensfragen (ca. 25%). Der Rest der Westdeutschen verteilte sich auf Ordnungsämter (ca. 7%), Planungsämter (ca. 6%), Hauptämter (ca. 5%), Jugendämter (ca. 4%), Katasterämter (ca. 3%) und einige weitere, allerdings jeweils nur vereinzelt frequentierte Ämter, Behörden und Stäbe (insgesamt ca. 22%). Überraschend waren zum Zeitpunkt der Untersuchung kaum noch Westdeutsche in der Bau- und Bauordnungsverwaltung tätig, einem der ehemaligen Leihbeamten-Schwerpunkte. Durchaus nicht zu erwarten war auch, daß Westverwalter in den Kämmereien nicht nennenswert vertreten waren. Von Interesse war weiterhin ein Blick auf die Stellungen der Westdeutschen in der Verwaltungshierarchie und auf ihren Anteil an kommunaladministrativen Führungspositionen. Von den insgesamt 144 Westdeutschen im Untersuchungsbereich bekleideten 39 einen Amtsleiterposten (27%), weitere 15 waren Dezernenten (10%). Insgesamt hatten also mehr als ein Drittel aller dort tätigen Westdeutschen kommunaladministrative Führungspositionen inne. Die 39 West-Amtsleiter leiteten vorrangig Rechtsämter und Ämter zur Regelung offener Vermögensfragen (jeweils acht), wie überhaupt die Westdominanz in diesen Organisationseinheiten signifikant war. West-Juristen, insbesondere die Berufsanfänger, haben dabei nicht selten Karrieresprünge gemacht. Daß Berufsanfänger sogleich mit Führungsaufgaben betraut wurden oder innerhalb weniger Jahre z.B. vom AROV-Mitarbeiter zum Amtsleiter aufgestiegen waren, war keine Ausnahme. Die West-Dezernenten leiteten hauptsächlich Wirtschafts-, Finanz- oder Hauptamtsdezernate. Auf diese Weise sollte der Mangel an westdeutschen Verwaltungsexperten in den Kämmereien und Wirtschaftsförderungsämtern zumindest teilweise kompensiert werden.

Politische Sozialisationsmerkmale, Einstellungsmuster und Werteorientierungen der Befragten

Um die in den vorangegangenen Kapiteln beschriebenen Handlungsmuster der kommunalen Eliten noch besser einordnen zu können, erscheint uns eine systematische Darstellung deren politischer Sozialisations- und Orientierungsmerkmale sinnvoll.

Beginnen wir mit den *konfessionellen Bindungen*. Hierbei fragten wir nicht nach den formellen Bindungen, sondern inwieweit man sich einer Konfession *zugehörig fühlt*. 52,5% der Befragten in unseren beiden Untersuchungsregionen fühlten sich einer Konfession zugehörig, 4% mehr oder weniger und 43,6% der Befragten nicht. Auffällige Unterschiede ergaben sich sowohl zwischen den beiden Regionen als auch zwischen Alt- und

Neupersonal.[49] So ermittelten wir beim Altpersonal rund 31%, beim Neupersonal jedoch rund 57% sich religiös gebunden fühlender Personen. Religiös ungebunden erklärten sich beim Altpersonal 63% und beim Neupersonal 38% der Befragten. Einerseits läßt sich die stärkere konfessionelle Bindung des Neupersonals zweifellos aus den offiziellen Rekrutierungsbedingungen für öffentliche und politische Ämter in der DDR erklären. Andererseits hatten die konfessionellen Bindungen ihrerseits oft die Funktion, Freiräume gegenüber dem Staatssystem zu ermöglichen. In vielen Fällen dokumentierten sie das Weiterexistieren tradierter Sozialmilieus, auch in der DDR-Gesellschaft. Dabei spielen auch regionalgeschichtliche Traditionen eine Rolle. Während in der Region Brandenburg erwartungsgemäß fast ausschließlich evangelische Zugehörigkeiten erklärt wurden, waren in der Region Bitterfeld Bekenntnisse zur römisch-katholischen Kirche verbreiteter.

55,4% der befragten Ostdeutschen (Verwaltung und Vertretungen) waren vor 1990 *Mitglied einer der fünf DDR-Parteien* und 43,7% nicht (1,1% Enthaltungen). Bei den Angehörigen der Verwaltung liegt der Prozentsatz der Parteimitgliedschaften in der DDR noch etwas höher (61,2% Mitglied, 36,7% nicht Mitglied, 2,0% Enthaltungen). Vergleicht man beide Regionen, bildeten in den untersuchten Verwaltungen der Region Brandenburg ehemalige SED-Mitglieder und in den Verwaltungen der Region Bitterfeld Alt-CDU-Mitglieder die größten Gruppen.

Bei der Unterscheidung von Alt- und Neupersonal der untersuchten Kommunalverwaltungen ermittelten wir sehr deutliche Unterschiede, was den Grad sowie die Art und Weise der parteipolitischen Organisation der beiden Gruppen vor 1990 betrifft. Waren 93,3% des Altpersonals vor 1990 Mitglied einer DDR-Partei, belief sich der entsprechende Anteil beim Neupersonal auf nur 47,1%. Dieser Befund ist wenig spektakulär, bedenkt man die offiziellen Rekrutierungsbedingungen für öffentliche Ämter zu DDR-Zeiten. Alt- und Neupersonal sind somit nach organisierter Systemnähe und -ferne zu DDR-Zeiten unterschiedlich geprägte Gruppen. Allerdings bedurfte auch die Einnahme einer Leitungsposition in der volkseigenen Wirtschaft meistens parteimitgliedschaftlich dokumentierter Systemnähe. Neuverwalter waren vor allem Mitglieder der Blockparteien, weniger der SED. Wenn der Parteieintritt karrierebedingt nicht mehr zu umgehen war, suchte man sich doch eher eine Blockpartei, die in irgendeiner Weise mit der persönlichen oder auch familiären Vorgeschichte korrespondierte. Lediglich eine kleinere Anzahl von Vertretern des Neupersonals kam als vormals „politische Außenseiter" in die Verwaltung. So ist die Gruppe des Neupersonals in sich nach „Blockparteilern" und soziopolitischen „Außenseitern" oder Umbruchsaktivisten der DDR-Gesellschaft zu differenzieren. Erstere dürften

---
49 Vgl. Tabellenanhang, Tabelle 5.

ähnlich systemnah geprägt worden sein, wie das Altpersonal. Ebenso Differenzierungen gab es beim heute leitenden Altpersonal, so u.a. unter dem Gesichtspunkt parteipolitischer Aspekte: Mehrheitlich handelte es sich um ehemalige SED-Mitglieder, die heute zumeist parteilos sind und zu etwa einem Drittel um Personen, die ehemals Mitglied einer der Blockparteien waren und zumeist heute Mitglied der CDU oder der FDP sind. Allerdings war das heute leitende Altpersonal in aller Regel während der SED-Herrschaft eher in der zweiten als in der ersten Reihe kommunalpolitischer Verantwortung oder anderer öffentlicher Verantwortungsbereiche tätig. Der größere Teil von ihnen hatte leitende fachspezifische Verwaltungsaufgaben[50] zu erfüllen, nur ein kleinerer Teil politische Aufgaben.

Mit der Frage nach ihren *rückblickenden Selbstbildern zum politischen Verhalten in der DDR* sollten bei Alt- und Neupersonal vermutete Unterschiede hinsichtlich Systemnähe und sonstiger Prägung zu DDR-Zeiten weiter untersucht werden. Wenn die Antworten allein im Verwaltungspersonal und hier in der Unterscheidung von Alt- und Neupersonal analysiert werden, ergeben sich sehr deutliche Unterschiede: So z.B. hinsichtlich des Umgangs mit offiziellen politischen Aktivitäten, wonach über 60% des Altpersonals angaben, offizielle politische Aktivitäten *nicht* gemieden zu haben, während das Neupersonal mit etwa gleich hohem Prozentsatz genau das Gegenteil angab.[51] Auch hinsichtlich einer damaligen generellen Befürwortung der DDR-Gesellschaft differierten die Aussagen von Altpersonal mit einer Zustimmung von 93% und Neupersonal mit einer Zustimmung von lediglich 39%. Während die Gesellschaft der Bundesrepublik für nur 40% des Altpersonals besser erschien als jene der DDR, waren es beim Neupersonal 67%. Kritik am DDR-Regime im *kleineren* Bekanntenkreis hatten – soweit sich die Befragten richtig erinnerten – Alt- und Neupersonal in ähnlichem Umfang geäußert. Für Kritik im *größerem* Kreis gilt dies beim Altpersonal nur zu 53%, für das Neupersonal jedoch zu 72%. Der Aussage, vor der Wende eine sozialistische Gesellschaft, jedoch mit Reisefreiheit etc. prinzipiell befürwortet zu haben, stimmten 67% des Alt-, jedoch nur 44% des Neupersonals der Kommunalverwaltungen zu. Berufliche oder persönliche Nachteile durch das Regime konstatierten lediglich 20% des Altpersonals, jedoch 69% des Neupersonals.

Das Neupersonal nahm nach eigener Bewertung vor der Wende eine deutlich kritischere Position zur DDR-Gesellschaft und dem damals herrschenden Regime ein. Demgegenüber war die Identifikation des Altpersonals mit der ehemaligen DDR zum Zeitpunkt der Befragung durchaus meß-

---

50 Ungeachtet dessen hatten in der DDR-Realität und im Selbstverständnis der SED alle Verwaltungsaufgaben eine ausgeprägte politische Sinngebung.
51 Vgl. Tabellenanhang, Tabelle 14.

bar. Außerdem drückten Vertreter des Neupersonals – anders als beim Altpersonal – häufiger aus, sich schon vor der Wende am gesellschaftspolitischen Vorbild Westdeutschlands orientiert zu haben.[52] Aus dieser eindeutigen Differenz der soziopolitisch-historischen Entwicklungen von Neu- und Altpersonal kann angenommen werden, daß dies auch Auswirkungen auf ein entweder mehr „altinstitutionelles" Beharrungsstreben bzw. eine „neuinstitutionelle" Umbauorientierung bei den konkret zu lösenden Aufgaben in der Kommunalverwaltung hatte. Gleichwohl kann dies nicht „mechanisch" interpretiert werden, zumal, wie das oben schon anklang, innerhalb des Alt- wie auch des Neupersonals noch einmal differenziert werden muß.

Die Frage nach der *Bewertung des deutschen Einigungsprozesses* schien uns in diesem Zusammenhang sehr wichtig, um Rückschlüsse auf die Grundorientierungen der Befragten im Jahre vier der deutschen Einheit zu ziehen. Zwar konstatierten alle Befragten, zumindest im Großen und Ganzen, die Richtigkeit des bisherigen Einigungsprozesses. Nach Auffassung der meisten Befragten *aller* Verwaltungspersonalgruppen (Alt-, Neu- und Westpersonal) sowie auch der Politiker fand jedoch die Identität der Ostdeutschen im Einigungsprozeß zu wenig Beachtung. Dieser Aussage widersprachen nur etwa 20% der Befragten. Fast alle Befragten gingen weiterhin davon aus, daß der Vereinigungsprozeß auch in Westdeutschland Anlaß zu Reformen geben sollte.[53] Die Zustimmung zum bisherigen Weg der deutschen Einheit war in der Region Brandenburg geringer als in der Region Bitterfeld.[54] Durchaus möglich ist, daß die in der Region Brandenburg kritischere Bewertung des Einigungsprozesses neben der stärkeren SPD-Präsenz auch mit der größeren Konfliktintensität zwischen Kommunen und Landesregierung zusammenhing.[55] In vielen Fragen war es die Landesregierung, die gegenüber den Kommunen als Träger und Promotor des Einigungsprozesses auftrat. Auch in der Frage vernachlässigter, ostdeutscher Identität waren die Befragten aus der Region Brandenburg kritischer als jene aus der Region Bitterfeld. Offensichtlich schien man hier stärker an einem wiedererwachten, ostdeutschen „Wir-Gefühl" festzuhalten. Besonders auffällig war die geringe Zustimmung der Altersgruppe ab 51 Jahre zum Einigungsprozeß. Ebenso hinsichtlich der Beachtung der Identität der Menschen in Ostdeutschland äußerte sich die mittlere und ältere Generation „einheitskritischer" als die jüngere. Zweifellos sind schon die Dauer der gelebten DDR-Existenz und die damit erfahrenen Prägungen ein Indikator für institutionelle und politische Orientierungen im Transformationsprozeß. Schließlich, und auch das

---

52 Vgl. hierzu die Tabellen weiter unten in diesem Kapitel.
53 Vgl. Tabellenanhang, Tabelle 15.
54 Vgl. Tabellenanhang, Tabelle 16.
55 Vgl. Kapitel 6.4.

bestätigt die bisherigen Erkenntnisse der Untersuchung, betonten die Vertreter des Verwaltungsaltpersonals stärker als ihre neupersonellen Kollegen, daß ostdeutsche Identitäten im Einigungsprozeß zu wenig beachtet würden und daß der Einigungsprozeß auch in Westdeutschland Anlaß zu Reformen geben sollte.

Welche parteipolitischen Bindungen gingen die Befragten nach der Wende ein? Zum Zeitpunkt der Befragung gehörten von den interviewten Angehörigen der Verwaltung 56,9% einer Partei an und 43,1% nicht. Bei diesem hohen Anteil von Parteimitgliedschaften muß berücksichtigt werden, daß die Dezernenten jeweils die Unterstützung politischer Parteien benötigten und in der Regel auch Mitglied einer Partei waren.

Der Anteil von SPD-Mitgliedern im leitenden Verwaltungspersonal der Region Brandenburg war wesentlich höher als in der Region Bitterfeld, wo wiederum CDU und FDP höhere Anteile hatten.[56] Lediglich die im Wählerspektrum relativ stark vertretene PDS war bis auf eine Ausnahme unter den Verwaltungsleitungspersonen kaum repräsentiert, was Resultat der personal- und parteipolitischen Isolierung gegenüber der PDS sein dürfte.

Befragt nach den *gegenwärtigen parteipolitischen Präferenzen,* erwiesen sich die Verwalter als grundsätzlich distanzierter gegenüber parteipolitischen Optionen und Äußerungen als die Politiker. Da bei den Verwaltern auch die Dezernenten eingerechnet sind, die in der Regel durchaus über ein parteipolitisches Profil verfügen, kann man davon ausgehen, daß die parteipolitische Distanz der Verwalter vor allem auf die *Amtsleiterebene* zutrifft.[57] Die parteipolitische Distanz wird auch bei dem folgenden Phänomen sichtbar: Befragt danach, ob die Mitgliedschaft in einer Partei bzw. die Ausübung einer parteipolitischen Funktion für das berufliche Fortkommen im Verwaltungsbereich förderlich sei, stimmten 67,9% aller Probanden stark oder eher zu[58], 32% eher nicht oder überhaupt nicht (n = 81). Gleichzeitig kritisierten sowohl Kommunalverwalter als auch -politiker ganz überwiegend (zu zwei Dritteln) diese Förderung von Verwaltungskarrieren durch Parteimitgliedschaften. Nur eine Minderheit vertrat eine parteipolitisch vermittelte personelle Verkoppelung von Verwaltung und Politik.

Über die Frage zu den Mitgliedschaften unserer Befragten in *Vereinen, Verbänden* etc. ermittelten wir weitere Hinweise für die soziopolitische Einbindungsweise der kommunalen Eliten der Transformationsphase 1990- 94. Diese Einbindung in entsprechende örtliche bzw. auf sozioökonomische Interessenorganisation zurückzuführende Kontexte erwies sich beim Verwal-

---

56 Vgl. Tabellenanhang, Tabelle 18.
57 Vgl. Tabellenanhang, Tabelle 17.
58 In den Begründungen wurde oft gesagt, daß diese „Förderlichkeit" nur zutreffe, wenn es die „richtige" Partei sei, d.h., jene, die in Übereinstimmung mit der parteipolitischen Mehrheit in der kommunalen Institution stehe.

tungspersonal mit etwa 15% als recht gering, beim Altpersonal noch geringer als beim Neupersonal. Bei den Kommunalpolitikern trafen wir in etwas stärkerem Maße auf Mitgliedschaften in Vereinigungen und Verbänden. So waren 33,3% des befragten Führungspersonals der Vertretungen Mitglied von Gewerkschaften, 28,2% von Berufsverbänden, 41,0% von Kultur-, Sport- und Freizeitvereinigungen und 17,9% von Wohlfahrtsverbänden (n = 39). Der qualitativen Auswertung von Äußerungen unserer Befragten in den Interviews konnten wir entnehmen, daß die Befragten der *Vertretungsinstitutionen* eher über solche Mitgliedschaften als durch formelle Parteizugehörigkeit zur örtlichen Bevölkerung in Kontakt standen.

Hinsichtlich der geringen parteipolitischen und verbandlichen Einbindung der *Verwalter* entstehen Zweifel an deren strukturellen Vermittlungsfähigkeit und -bereitschaft, d. h. der Offenheit der ostdeutschen Kommunalverwaltung gegenüber z.b. ökonomischen Interessengruppen und Parteien. Unsere qualitativen Untersuchungen und Prozeßbeobachtungen stützen diese Zweifel.[59] Von einer ihrer sozialen und ökonomischen Umwelt offen und moderierend gegenüberstehenden Verwaltung, wie sie heute als zeitgemäß und funktional erachtet wird, scheinen die deutschen Kommunen teilweise noch ein ganzes Stück entfernt zu sein.

Weiterhin versuchten wir mittels einer speziellen „Fragebatterie" eine *Typisierung von Politikverständnissen* vorzunehmen. Hierzu wurde eine in 15 inhaltliche Unterpunkte aufgegliederte, geschlossene Fragebatterie vorgelegt, deren Items in gleicher oder ähnlicher Form schon in früheren Untersuchungen zur politischen und Verwaltungskultur zur Anwendung kamen.[60] Auf dieser Grundlage wurden von uns Typisierungen entwickelt, die keinesfalls einander ausschließen, sondern sich bei den einzelnen Personen überlagern.[61]

Den fünf am häufigsten genannten Aussagekomplexen (staatsinterventionistische, konkordanzdemokratische, partizipatorisch-inputorientierte, paternalistisch-exekutive und dezentrale Politikverständnisse) entnahmen wir einerseits eine gewisse Orientierung an einer paternalistisch verwalteten und durch umfassende soziale Staatsinterventionen legitimierten Gesellschaft.[62] Die ebenso sehr häufig genannten, partizipativen und zugleich konkordanzdemokratisch charakterisierten Orientierungen in bezug auf den

---

59 Vgl. Kapitel 3.2.
60 Vgl. Derlien/Mayntz 1988, Schröter 1992 sowie Tabellenanhang, Tabellen 19 bis 21.
61 Vgl. Tabellenanhang, Tabellen 19 und 20. Hier wird auch der Weg zur Abstrahierung der verschiedenen Typen beschrieben.
62 Auf eine verbalisierende Darstellung der Differenzierungen zwischen den verschiedenen Gruppierungen der Befragten muß an dieser Stelle verzichtet werden. Einschränkend kann die Dominanz staatsinterventionistischer Sichtweisen auch situativer Ausdruck der sozialen Härten des Umbruchsprozesses sein.

Input-Prozeß des Politischen könnten als Reflex auf den demokratischen Aufbruch und die Zeit der Runden Tische gedeutet werden. Die Distanz der Befragten gegenüber organisierter Parteipolitik wie auch gegenüber Konkurrenzdemokratie reflektiert ein stärker informelles, personenorientiertes Politikverständnis geringer Komplexität und Formalität.

Wenn bei dieser Typisierung von Politikverständnissen verschiedene Gruppen unterschieden werden, ergeben sich interessante Befunde[63]: Beim Vergleich der Führungspersonen in *Verwaltungs- und Vertretungsinstitutionen* fällt auf, daß die Politiker wesentlich stärker staatsinterventionistisch und zentralistisch orientiert waren als die Verwalter. Zugleich erwiesen sie sich als weniger konkordanzdemokratisch, jedoch stärker parteipolitisch orientiert als diese. Vorherrschend schien bei dieser Gruppe ein konflikthafteres Verständnis von Politik zu sein, allerdings im Rahmen eines von oben herab steuernden Politikmodells, von dem wirtschaftliche und Sozialleistungen erwartet werden.[64]

In der *Wertewandelforschung* wird vielfach nach der Konzeption von Inglehart (vgl. Inglehart 1989) eine Unterscheidung zwischen Materialisten und Postmaterialisten vorgenommen. Hierzu stehen bestimmte Fragevorgaben zur Verfügung, die bereits in anderen Arbeiten verwendet wurden (vgl. Schröter 1992: 45). Obwohl wir Zweifel daran haben, daß das methodische und begriffliche Instrumentarium dieses für die westlichen Gesellschaften entwickelten Ansatzes auch für die ostdeutsche Transformationssituation geeignet ist, geben wir einige Befunde wieder: Im Ergebnis ermittelten wir bei 37,1% der Befragten Materialisten, 32,6% Mischtyp-Materialisten, 19,1% Mischtyp-Postmaterialisten und 11,2% Postmaterialisten (n=89).[65] Zunächst einmal ergibt die quantitative Verteilung der Nennungen das Bild einer zu zwei Dritteln noch eher materialistisch eingestellten kommunalen politisch-administrativen Elite.[66] Der Anteil der „Materialisten" war beim *Neu*personal sogar wesentlich höher als beim *Alt*personal. [67] Anderseits

---

63 Vgl. Tabellenanhang, Tabelle 21.
64 Vgl. Kapitel 3.
65 Vgl. Tabellenanhang, Tabelle 25.
66 Die Befragung von Verwaltungsführungskräften des (Ost-)Berliner Magistrats (1990/91), bei der die gleichen Items eingesetzt wurden, ergab ein anderes Bild: 37% Mischtyp-Materialisten, 28% Mischtyp-Postmaterialisten, 22% Materialisten, 13% Postmaterialisten. (Vgl. Schröter, E. 1992: 45) Offensichtlich schlägt sich in diesen Zahlen nicht nur der urbane und „intellektuell angereicherte" Charakter der Metropole Berlin wider, sondern auch stärker noch die Umbruchzeit am Ende der DDR-Ära, die von den Ideen endlich freier Meinungsäußerung und demokratischer Mitentscheidung getragen war. Dennoch war bei diesen Untersuchungen der Anteil von Mischtyp-Postmaterialisten und Postmaterialisten unter den befragten (West-)Berliner Verwaltungsführungskräften des Senats *noch wesentlich höher* als bei den Ost-Berliner Kollegen.
67 Vgl. Tabellenanhang, Tabelle 26.

gingen 80% der Nennungen des leitenden Altpersonals in die beiden Mischtypbereiche. Auch in den persönlichen Eindrücken der Gespräche mit den Altverwaltern konnte man eine gewisse Neigung verspüren, eigene Aussagen zu entschärfen und zu relativieren. Das hat gewiß mit der dauerhaft unberechenbaren Handlungssituation in den DDR-Kommunalverwaltungen, einem mit den Turbulenzen der Umbruchzeit möglicherweise nur größer gewordenen Werterelativismus dieser Personengruppe zu tun. Beim Neupersonal waren die Mischtypnennungen zusammengenommen nur halb so groß wie beim Alpersonal. Bevorzugt wurde von dieser Personengruppe eine eindeutigere Stellungnahme.

Um die *individuellen Wertvorstellungen* der Befragten aus einer anderen Sicht zu analysieren, führten wir für die Befragungsrunde in der Region Bitterfeld eine zusätzliche Fragebatterie aus dem Kontext von Klages (Forschungsinstitut für Öffentliche Verwaltung, Speyer) ein.[68] Zum Vergleich zogen wir auch eine repräsentative Befragung in den neuen Bundesländern aus der Zeit Januar und Februar 1993 heran, die am genannten Institut erstellt worden ist.[69]

Gemäß dieser Konzeption können fünf Wertetypen unterschieden werden.[70] Im Vergleich zum repräsentativen Schnitt der ostdeutschen Bevölkerung war der Anteil der „Realisten" unter unseren Befragten so gut wie gleich. „Resignierte" und „Konventionalisten" waren gegenüber dem Durchschnitt der Ostdeutschen weniger vertreten, „Hedomats" und vor allem „Idealisten" hingegen anteilig mehr. Insgesamt zeigt sich ein Bild überwiegend gesellschaftlich engagierter kommunaler politisch-administrativer Eliten, wobei traditionelle Werte („Gesetz und Ordnung", „Fleiß und Ehrgeiz", „Sicherheit") keineswegs für sich stehen oder im Gesamtwertespektrum

---

68 Vgl. Klages/Gensicke 1993 sowie Tabellenanhang, Tabelle 22.
69 Vgl. Tabellenanhang, Tabellen 23 und 24.
70 Vgl. Klages 1991 sowie Gensicke 1994. 1. Ordnungsliebende Konventionalisten (Kurzform „Konventionalisten": schätzen traditionelle Werte wie „Gesetz und Ordnung", „Fleiß und Ehrgeiz", „Sicherheit", können oder wollen aber nicht mit der Entwicklung moderner Selbstentfaltungswerte Schritt halten); 2. Perspektivlos Resignierte („Resignierte": Rückzug, Passivität, Erwartung, sich von anderen bzw. vom Staat versorgen zu lassen); 3. Aktive Realisten („Realisten": pragmatischer und anpassungsfähiger Menschentyp; „Fleiß und Ehrgeiz", „Engagement" und „Konsumgesellschaft" sind für ihn keine Gegensätze); 4. Hedonistische Materialisten („Hedomats":Teilhabe an den Genüssen der Konsumgesellschaft hat deutlich Priorität vor anderen Zielen, z.B. vor den Bedürfnissen, sich politisch oder sozial zu engagieren oder fleißig und ehrgeizig zu sein); 5. Nonkonforme Idealisten („Idealisten": engagementbereites Werte- und Protestpotential, das dem „Realisten" und dem „Resignierten" weitgehend fehlt, z.B. sich politisch zu engagieren oder Benachteiligten zu helfen).

dominant sind[71], sondern mit gesellschaftlichem Engagement und individualistischen Lebensvorstellungen kombiniert sind. Teils überwiegen hierbei, in der Kombination mit aktiv-gesellschaftszugewandten Motivationen, eher idealistische, teilweise auch konsumorientierte bzw. arbeitsplatzsichernde Motivationen.

Zusammenfassende Darstellung von Orientierungs- und Handlungsmustern verschiedener Personalgruppen

Zusammenfassend wollen wir einen Vergleich zwischen den sozialisatorischen Merkmalen der verschiedenen Personalgruppen in der Verwaltung und in den Kommunalvertretungen vermitteln. Hierzu geben wir zunächst einen tabellarischen Überblick zu den einzelnen Personalgruppen hinsichtlich ihrer soziodemographischen Daten, ihrer politischen und Werteorientierungen und auch hinsichtlich ihrer kommunalen Handlungsmuster. Dabei sind wir uns durchaus der dünnen Datenbasis bewußt. In Verbindung mit unseren qualitativen Analysen erscheinen uns – wenngleich mit einem gewissen Vorbehalt – dennoch eine Reihe von Aussagen zur „Typisierung" der Personalgruppen möglich. Der genannte Vorbehalt bezieht sich nicht nur auf die dünne Datenbasis, sondern auch darauf, daß die Unterschiede zwischen „Alt-" und „Neupersonal" vor allem in den ersten Jahren des Neuaufbaus der Kommunalinstitutionen eine Rolle spielten, im Verlaufe der Zeit jedoch an Bedeutung abnahmen und statt dessen andersbegründete verwaltungssoziologische Gruppierungsmerkmale, deren Inhalte weiterer Forschungen bedürfen, in den Vordergrund treten.

---

71 Dies allerdings im Gegensatz zu den Befunden überwiegend materialistischer Werteorientierungen nach der bereits erwähnten „Fragebatterie" entsprechend der Inglehartschen Konzeption.

Personalentwicklung und kommunale Leitungspersonen

Soziodemographische Merkmale der verschiedenen Personalgruppen im Vergleich (Gesamt n = 103):

Merkmalsgruppe		Verwaltungen			Vertretungen	
		Alt-personal (16)	Neu-personal (37)	West-personal (9)	Alt-personal (11)	Neu-personal (30)
Altersdurchschnitt (Mean)		46,2	44,6	41,7	49,7	49,2
Geschlecht	weiblich	37,5	27,0	0,0	9,1	13,3
	männlich	62,5	73,0	100,0	90,9	86,7
Familienstand	ledig	0,0	2,7	33,3	0,0	3,3
	verheiratet	81,3	89,2	55,6	90,9	80,0
	feste Partnerschaft	6,3	8,1	0,0	0,0	13,3
	geschieden	12,5	0,0	11,1	9,1	3,3
Konfession	ja	31,3	56,8	50,0	45,5	62,1
	mehr oder weniger	6,3	5,4	12,5	0,0	0,0
	nein	62,5	37,8	37,5	54,5	37,9
höchster Schulabschluß	8. Klasse	0,0	5,6	0,0	27,3	16,7
	10. Klasse	31,3	47,2	0,0	54,5	33,3
	Abitur	68,8	47,2	100,0	18,2	50,0
höchster Berufsabschluß	ohne	0,0	2,7	0,0	0,0	0,0
	Facharbeiter	6,3	0,0	0,0	18,2	10,0
	Meister	6,3	5,4	0,0	0,0	6,7
	Fachschule	25,0	54,1	50,0	45,5	40,0
	Hochschule	62,5	37,8	50,0	36,4	43,3
Mitglied einer Partei vor 1990 in der DDR (nur Ostdeutsche)	ja	93,3	47,1	-	90,0	32,1
	nein	6,7	50,0	-	10,0	67,9
	Enthaltung	0,0	2,9	-	0,0	0,0
Welche Partei vor 1990 in der DDR (nur Ostdeutsche)	SED	57,1	23,5	-	62,5	25,0
	CDU	14,3	35,3	-	25,0	50,0
	LDPD	14,3	17,6	-	0,0	12,5
	NDPD	14,3	5,9	-	0,0	12,5
	DBD	0,0	5,9	-	12,5	0,0
	Enthaltung	0,0	11,8	-	0,0	0,0
Mitgliedschaft heute in einer Partei	ja	40,0	61,8	66,7	70,0	70,0
	nein	60,0	38,2	33,3	30,0	30,0

Wenn nicht anders angegeben, Angaben in Spaltenprozent der jeweiligen Merkmalsgruppe.

Politische und Wertorientierungen der verschiedenen Personalgruppen
(Gesamt n = 103):

Merkmalsgruppe		Verwaltungen			Vertretungen	
		Alt-personal (16)	Neu-personal (30)	West-personal (9)	Alt-personal (11)	Neu-personal (30)
Selbstbild	wollte sozialistische Gesellschaft	2,2	2,7	-	1,9	2,3
Verhalten in der DDR (Mean)[1]	Bundesrepublik erschien mir besser	2,7	2,2	-	3,0	2,4
	Nachteile auf mich genommen	3,0	2,1	-	3,0	2,7
Bewertung des deutsch. Einigungsprozesses (Mean)[2]	bisherige Weg richtig	1,6	1,4	1,7	2,1	2,1
	Ostdt. Identität zu wenig beachtet	1,8	2,1	1,6	1,4	1,7
	auch in Westdeutschl. Reformen notw.	1,3	1,4	1,4	1,4	1,6
Politikverständnisse[3]	staatsinterventionistisch	71,4	64,7	71,4	55,6	84,6
	konkordanzdemokratisch	86,7	78,8	42,9	77,8	57,1
	partizipatorisch-inputorientiert	85,7	51,5	66,7	42,9	63,0
	paternalistisch-exekutiv	26,7	51,5	28,6	33,3	50,0
	dezentral	46,7	39,4	42,9	22,2	36,0
	parteipolitisch distanziert	57,1	45,5	28,6	11,1	22,2
	technokratisch-fachprofessionell	0,0	33,3	0,0	50,0	22,2
	liberalistisch	0,0	18,8	28,6	22,2	19,2
	leistungs-outputorientiert	13,3	12,1	16,7	11,1	8,0
	zentralistisch	0,0	6,1	0,0	11,1	12,0
	konkurrenzdemokratisch	0,0	0,0	14,3	0,0	4,0
Wertorientierungen nach Klages	Konventionalisten	0,0	10,0	-	-	-
	Resignierte	20,0	15,0	-	-	-
	Realisten	40,0	45,0	-	-	-
	Hedomats	0,0	15,0	-	-	-
	Idealisten	40,0	15,0	-	-	-
Wertorientierungen nach Inglehart	Materialisten	20,0	50,0	33,3	40,0	32,1
	Mischtyp-Materialisten	46,7	23,3	0	30,0	42,9
	Mischtyp-Postmaterialisten	33,3	20,0	33,3	20,0	7,1
	Postmaterialisten	0,0	6,7	33,3	10,0	17,9

Wenn nicht anders angegeben: Spaltenprozente in den jeweiligen Merkmalsgruppen. Die wörtlichen Formulierungen der Fragen können im Tabellenanhang nachgeschlagen werden.
Anm. 1: Mittelwert auf Skala von 1 bis 4 (trifft stark zu ... eher zu ... eher nicht zu ... gar nicht zu).
Anm. 2: Mittelwert auf Skala von 1 bis 4 (stimme stark zu ... eher zu, ... eher nicht zu ... gar nicht zu).

Personalentwicklung und kommunale Leitungspersonen

Anm. 3: nicht Spaltenprozent, sondern Anteil der Befragten in der jeweiligen Personengruppe, für die das betreffende Merkmal zutrifft (Mehrfachzuordnung von Merkmalen).

Politisch-administrative Handlungsmuster verschiedener Personalgruppen (Gesamt n=103):

Merkmalsgruppe		Verwaltungen			Vertretungen	
		Alt-personal (16)	Neu-personal (37)	West-personal (9)	Alt-personal (11)	Neu-personal (30)
Anforderungen an Verwaltungsleitungs-position[1]	Entscheidungsfreiräume lassen	66,7	77,1	88,9	60,0	65,5
	strikte Anweisungen	6,7	22,9	11,1	50,0	31,0
	direkter Bürgerkontakt	40,0	48,6	22,2	40,0	55,2
	Verständnis örtliche Situation	53,3	37,1	44,4	40,0	34,5
	Einfühlungsvermögen Mitarbeiter	40,0	25,7	33,3	30,0	24,1
	Verwaltungserfahrung	26,7	5,7	22,2	30,0	6,9
	rechtliche Qualifikation	26,7	25,7	11,1	30,0	10,3
Handlungskriterien für leitenden Verwaltungsmit-arbeiter[1]	Handlungsspielräume nutzen	73,3	76,5	77,8	60,0	85,2
	Kosten/Nutzen/Arbeitsziel	53,3	70,6	77,8	40,0	63,0
	strikt nach gesetzl. Vorschriften	60,0	61,8	33,3	100,0	40,7
	bürgerfreundl. Einzelentscheidung	53,3	52,9	66,7	40,0	48,1
	Weisung des Vorgesetzten	13,3	11,8	11,1	40,0	7,4
	Tradition u. Stimmungslage im Ort	20,0	5,9	11,1	20,0	11,1
Alternative „fester Standpunkt" oder „Kompromiß"[2]	Standpunkt	37,5	42,9	44,4	44,4	60,7
	Kompromiß	62,5	57,1	55,6	55,6	39,3
Bewertung der neuen Rechtsregeln (Mean)[3]	flexibel arbeiten	2,0	2,1	2,2	1,8	2,4
	zu starr	2,5	2,2	2,6	2,8	2,3
	Gewinn für Arbeit	1,9	2,0	2,8	2,2	2,3
	nicht zurechtkommen	3,1	2,9	3,0	2,5	2,5
	entspricht nicht neuen Bundesländern	2,3	2,0	1,8	2,0	1,9
Kontakthäufigkeiten (Mean)[4]	einzelne Bürger	2,1	1,9	1,6	1,4	1,8
	örtliche Interessengruppen	3,6	3,1	2,3	2,9	3,4
	Wirtschaftsunternehmen	4,3	2,9	3,0	3,0	3,4

Die wörtlichen Formulierungen der Fragen können im Tabellenanhang nachgeschlagen werden.

Anm. 1: Anteil der Befragten in der jeweiligen Personengruppe, für die das betreffende Merkmal zutrifft (Mehrfachantworten möglich)

Anm. 2: Spaltenprozent innerhalb der Merkmalsgruppe

Anm. 3: Mittelwert auf einer Skala von 1 bis 4 (trifft stark zu, trifft eher zu, trifft eher nicht zu, trifft gar nicht zu).

Anm. 4: Mittelwert auf einer Skala von 1 (wöchentlich) bis 5 (so gut wie überhaupt nicht).

Zusammenfassende Aussagen ergeben sich natürlich nicht allein aus den voranstehenden Tabellen, deren Datenbasis hierfür zu dünn wäre. Auch die *qualitativen* Beobachtungen und Analysen beziehen wir hierbei ein. Im folgenden wollen wir tabellarisch einen Vergleich zwischen den beiden Gruppen des *ostdeutschen Verwaltungsleitungspersonals* wagen:

Merkmale des ostdeutschen kommunalen Verwaltungsleitungspersonals im Vergleich von Alt- und Neupersonal in den untersuchten Regionen (Untersuchungszeitraum bis Anfang 1994)

Altpersonal	Neupersonal
in der DDR zu 93% Mitglied einer Partei (zumeist SED)	in der DDR zu 47% Mitglied einer Partei (zumeist Blockpartei)
31% fühlen sich religiös gebunden	57% fühlen sich religiös gebunden
relativ geringe soziopolitische Einbindung in Parteien, Verbände, Vereine	etwas stärkere soziopolitische Einbindung in Parteien, Verbände, Vereine
eher kompromißorientierte Einstellungs- und Handlungsmuster	eher entschiedene bis hin zu autoritären Handlungsmustern
kritischere Positionen zum Weg des deutschen Einigungsprozesses	anfangs euphorische, später zum Teil kritische Positionen zum Weg des deutschen Einigungsprozesses
Informal-personale Handlungsroutinen, verbunden mit Arbeitsplatzangst und Skepsis gegenüber dem neuen Institutionenmodell	Informal-personale Handlungsroutinen, verbunden mit Aufgeschlossenheit gegenüber dem neuen Institutionenmodell
Skepsis gegenüber dem neuen Recht, aber pragmatischer Umgang mit Recht und formellen Verwaltungsregeln	Besonders am Anfang Aufgeschlossenheit gegenüber dem neuen Recht, aber nicht sozialisierter Umgang mit Recht und formellen Verwaltungsregeln
eher institutionelle Binnenorientierung	politische Rückbindung und soziale Außenorientierung

Die unterschiedlichen Einstellungs- und Sozialisationsmuster von Alt- und Neupersonal sind noch besser einzuordnen, wenn hierzu jene des „*Westpersonals*" in Bezug gesetzt werden, das völlig andere Sozialisationswege durchlaufen hat. Eigene Prägungen, die sich weder jenen des Alt- noch des Neupersonals nähern, finden wir beim Westpersonal hinsichtlich liberalistisch-pluralistischer, weniger konkordanzdemokratischer Politikeinstellungen. Typische Merkmale des Verwaltungshandelns waren – zumindest nach ihren Selbstbildern – ihre ausgeprägten Bürgerkontakte, ihre Resultats-(Output-)Orientierung und moderne Leitungsvorstellungen (Entscheidungsfreiräume). „Outputorientierung" bedeutet allerdings beim Westpersonal nicht (wie etwa beim Neupersonal) „technokratische Orientierung", vielmehr ein dienstleistungsbezogenes Verwaltungsverständnis. Die Westverwalter wiesen häufigere Außenkontakte als Alt- und Neupersonal auf. Dies alles spricht für Handlungsmuster, die für die Entwicklung einer modernen, effizienten und bürgerfreundlichen Verwaltung unabdingbar sind.

Das Leitungspersonal in den *Vertretungsinstitutionen* war gegenüber der Gruppe der Verwalter durchschnittlich etwas älter, hatte niedrigere Schul- und Berufsbildungsabschlüsse (wenngleich auch hier über 80% Hoch- und Fachschulabschlüsse) und war vor der Wende weniger parteipolitisch, statt dessen stärker konfessionell gebunden. Zugleich dokumentierte die Gruppe der Kommunalpolitiker rückblickend eine stärkere Bindung an die DDR und bewertete den deutschen Einigungsprozeß kritischer. Das dominierende Politikverständnis war staatsinterventionistisch, weniger dezentral und weniger konkordanzdemokratisch, vor allem aber viel weniger parteipolitisch distanziert als jenes der Verwalter. Die Konfliktzunahme in der Kommunalpolitik ist besonders in den größeren Kommunen bereits stärker zu einer Realität geworden.[72] Letztlich, auch das entspricht den Erkenntnissen und Schilderungen in Kapitel 3, waren die politischen Orientierungen der Kommunalpolitiker aber noch uneindeutig und ungefestigt. So waren etwa Kompromißorientierungen bei den Politikern nach wie vor deutlicher spürbar als bei den Verwaltern. Der offene Ausbruch von Interessenkonflikten ist damit noch kein Indiz für die Übernahme differenzierter, politischer Rollenverständnisse, wird vielmehr noch von personal-informalen Handlungsroutinen überlagert. Dieser Schwebezustand einer fehlenden Orientierungsbasis für den Bereich des Politischen in den Kommunen äußert sich nicht zuletzt in einer empirischen Bandbreite zwischen konflikt- und blockadeanfälligen kommunalpolitischen Institutionen und dem Verbleiben der Kommunalpolitiker beim vertrauten informal-personalen Handlungsmuster altinstitutioneller Prägung. Unterscheidet man schließlich wieder zwischen „Alt-" und „Neupersonal" bei den kommunalen Politikern, so zeigen sich ähnliche Differenzen wie auch zwischen Verwaltungsalt- und Neupersonal.

---

72 Vgl. Kapitel 3.1.

7. Zusammenfassung

Ziel unserer Studie war es, den 1989/90 einsetzenden Wandel der ostdeutschen kommunalen Institutionen vor allem auf seine *endogenen* Bedingungen und Probleme hin zu untersuchen. Dieser Blickwinkel erschien uns besonders wichtig, weil die Entwicklung und Stabilisierung rechtsstaatlicher und demokratischer Selbstverwaltungsinstitutionen in den neuen Bundesländern nur von den Akteuren *vor Ort* geleistet werden kann. Zwar wurden die (verfassungs-) rechtlichen, organisatorischen, ordnungspolitischen und fiskalischen Rahmenvorgaben für den kommunalen Institutionenwandel seit 1990 aus den alten Bundesländern übernommen. Realisiert werden sie aber nur durch die Menschen in den ostdeutschen Verwaltungen und Kommunalvertretungen gemeinsam mit der örtlichen Bevölkerung.

Um ein Verständnis von den historischen Ausgangsbedingungen des kommunalen Institutionenwandels zu gewinnen, blicken wir zunächst zurück auf die Situation der *Städte, Kreise und Gemeinden unter den Bedingungen der ehemaligen DDR* (Kapitel 1). Im Einklang mit anderen Autoren (vgl. Neckel 1992) beschränkten wir uns nicht auf die Beschreibung der offiziellen, „demokratisch-zentralistischen" und planwirtschaftlichen Einbindung und Organisationsweise. Parallel dazu hatten sich – teils als Kompensation, teils auch als intendierter Bestandteil des Gesamtsystems – interpersonale Beziehungsnetze zwischen den örtlichen Schlüsselpersonen aus Verwaltung, Partei und Betrieben entwickelt. Die informellen Bezüge und Abstimmungen dieser personenvermittelten Beziehungsnetze hatten häufig den Charakter einfacher Austauschbeziehungen. Die gemeinsame Wertebasis, dieser „altinstitutionellen" Handlungsmuster beinhaltete kleinräumig-lokalistische Orientierungen, ideologische Leitbilder des Regimes und einen unbeirrbaren Pragmatismus. Die informelle Arbeitsweise der kommunalen Institutionen eignete sich insbesondere zur improvisierten Lösung von Einzelproblemen. Anstelle eines durchorganisierten „demokratischen Zentralismus" vor Ort in den „Staatsorganen" herrschten in den Kommunen der DDR tatsächlich informelle Beziehungsnetze zwischen Schlüsselpersonen in

Verwaltung, Partei und Betrieben. Informelle Personenbezüge waren auch innerhalb und zwischen den Verwaltungen, die sich als „Arbeitskollektive" verstanden, von erheblicher Bedeutung.

Solche noch in der alten DDR entwickelte „altinstitutionellen" Orientierungen und Handlungsmuster reichten – wenngleich in modifizierter Form und unter neuen strukturellen, politischen und rechtlichen Bedingungen – weit in den Aufbau der neuen Kommunalinstitutionen seit 1990 hinein. Als Kontinuitätsfaktor wirkte das bereits vor der Wende 1989 in den Verwaltungen und Vertretungen tätige *alte* Leitungspersonal. Wichtige Aspekte des altinstitutionellen Handlungsmusters im neuen institutionellen Rahmen waren beispielsweise die Nichtberücksichtigung formaler Organisationsabläufe, improvisierende Problemlösungsverfahren, personalisierte Akteursbeziehungen und eine fehlende demokratische und rechtsstaatliche Rückbindung des Handelns. Nur dort, wo auch nach den Wendemonaten und nach den Kommunalwahlen von 1990 noch altpersonelle Beziehungsnetze existierten, kann von einer altinstitutionellen Kontinuität gesprochen werden. Solche Beziehungsnetze zeichneten sich intern durch ein überraschendes Maß an Stabilität und Handlungsfähigkeit im Umbruchprozeß aus. Es handelt sich eben um mit der Zeit gewachsene und eingespielte Handlungszusammenhänge. Mit dem neuen rechtsstaatlichen und demokratischen Handlungsrahmen sind sie allerdings wenig kompatibel.

Durch den demokratischen Umbruch, der im Herbst 1989 begann und seinen Abschluß in den ersten freien Kommunalwahlen vom Mai 1990 fand, kam es in den untersuchten Gebietskörperschaften zu unterschiedlich starken institutionell-personellen Brüchen. Mit den neuen politischen Kräften, die sich fast überall in der einen oder anderen Form am Umbruchmanagement beteiligten, gelangte *neues* Leitungspersonal in Kommunalverwaltung und Politik. Zu einem Teil aus Kreisen der örtlichen Bürgerbewegung und neuer Parteien, vor allem aber aus den ehemaligen Kombinaten stammend, entwickelte dieses Personal ein neuinstitutionelles Selbstverständnis. Es handelt sich dabei weniger um ein geschlossenes Leitbild oder eine bereits eingespielte Handlungsroutine als um eine Gemengelage aus Elementen altinstitutioneller Prägung, die auch in den Kombinaten existiert hatten, und einer z.T. äußerst gewissenhaften Ausrichtung an Demokratie, Markt und Rechtsstaat als den neuen institutionellen Rahmenbedingungen. Neuinstitutionelle Orientierungen und Handlungsmuster stehen in den Beispielen unserer Untersuchung für einen Lern- und Eingewöhnungsprozeß des neuen Leitungspersonals, der in sich durchaus widersprüchlich und konflikthaft war. Wie wir zeigen konnten, bestand für diese Gruppe keine Möglichkeit, an noch bestehende altinstitutionelle Handlungszusammenhänge anzuknüpfen, die auf bereits eingespielte Personennetze beschränkt blieben.

Zusammenfassung 213

In den untersuchten Fällen entstanden infolge der *institutionell-personellen Umbruchentwicklungen zwischen Herbst 1989 und Mai 1990* (Kapitel 2) unterschiedliche Konstellationen von Neuem und altem Leitungspersonal. Folgende *Umbruchpfade* konnten von uns in den untersuchten Regionen ermittelt werden:[1]

1. In der Stadt Brandenburg bestand zunächst eine enge Zusammenarbeit zwischen alten Kräften, insbesondere dem Rat der Stadt und Vertretern der politischen Wende am Runden Tisch und in der SVV. Erst durch die Kommunalwahlen im Mai 1990 erfolgte ein weitgehender institutionell-personeller Umbruch. Überwiegend gelangten nun neue Leitungspersonen aus neuen Parteien (SPD, Neues Forum) an die Spitze von Verwaltung und Politik. Wir bezeichnen diesen Pfad als *neupersonell-neuparteiengeprägt*.

2. In der Region Bitterfeld (Kreis Bitterfeld, auch Städte Bitterfeld und Wolfen) wurde der institutionelle Umbruch von den Vertretern der Blockparteien über die Leitung der aufgewerteten Kommunalvertretungen in Angriff genommen. Neben Vertretern der Blockparteien wurden hier auch solche der neuen Parteien (SPD) einbezogen. Die unbelasteten Leitungspersonen des alten Rates führten ihre Aufgabe geschäftsführend fort. Nach den CDU-Wahlsiegen in der Region wurde dieser Weg in Form von großen Koalitionen mit der SPD fortgeführt. Dieser Umbruchpfad mittlerer Intensität brachte neues und vor allem aus der ehemaligen Blockpartei auch altes Leitungspersonal an die Verwaltungsspitze. In beiden kreisangehörigen Städten galt dies auch für die Besetzung der kommunalen Spitzenämter (Oberbürgermeister). Wir nennen diese Umbruchpfad als *neupersonell-altparteiengeprägt*.

3. Im Altkreis Brandenburg beobachteten wir schließlich einen Umbruchpfad, der vor allem durch institutionelle und personelle Kontinuitäten gekennzeichnet war. Im politischen Umbruch seit 1989 war der politische Beteiligungsanspruch sowohl der ehemaligen Blockparteien wie auch der neuen politischen Kräfte eher schwach gewesen. Während der Zeit bis zu den Mai-Wahlen managte der geschäftsführende alte Rat den Umbruch. Auch nach den Kommunalwahlen, bei dem die ehemalige Blockpartei CDU als Wahlsieger hervorging, blieb es bei diesem Pfad geringer Umbruchintensität. Über das überwiegend noch alte Leitungspersonal wirkten hier altinstitutionelle Orientierungen und Handlungs-

---

1 Bei der potentiellen Vielfalt möglicher institutioneller Umbruchpfade in den ostdeutschen Städten, Kreisen und Gemeinden verfolgen wir jedoch keine „Umbruchpfadtypologie". Im Vordergrund steht das Unterscheidungskriterium der institutionell-personellen Umbruch*intensität* zur Bestimmung der leitungspersonellen Konstellationen, die den Um- und Aufbau der neuen Institutionen vor Ort maßgeblich bestimmten.

muster in Politik und Verwaltung am deutlichsten weiter. Wir bezeichnen diesen Pfad als im wesentlichen *altpersonell-altparteiengeprägt*. Ähnliche Konstellationen ermittelten wir auch in den kleinen kreisangehörigen Gemeinden dieses Landkreises.

Diese im Umbruch entstandenen Personalkonstellationen hatten in den untersuchten Kommunen direkte Auswirkungen auf *den Prozeß kommunalpolitischen Aushandelns und Entscheidens* (Kapitel 3), seinen Integrationsgrad und seine Konflikthaftigkeit im Spannungsfeld von altinstitutionellen Politikverständnissen und einer institutionell noch nicht gefestigten neuinstitutionellen Ausrichtung.

Nach den Wahlen von 1990 hatten zunächst in allen untersuchten Fällen „große Koalitionen" unter Ausschluß der PDS für konsensuale Geschlossenheit in den Kommunalvertretungen gesorgt. Wichtige politische Entscheidungen wurden im informellen Zirkel der Schlüsselpersonen aus Politik und Verwaltung vorbereitet und getroffen. Aber nur in den beiden Landkreisen und in den kleinen ländlichen Gemeinden überdauerte dieses in der altinstitutionellen Tradition stehende kommunalpolitische Handlungsmuster die gesamte erste Wahlperiode. Im ersten (Stadt Brandenburg) und zweiten Pfadmodell (Städte Bitterfeld und Wolfen), also im Falle starker und mittelstarker institutionell-personeller Umbrüche, erwies es sich nicht als tragfähig genug und zerbrach. In der Regel waren es personalpolitische und kompetenzielle Konflikte im Leitungspersonal, die in personalisierter Weise ausgetragen wurden. Letztlich handelte es sich in allen Fällen um „Interpretationskonflikte" hinsichtlich der angemessenen Ausfüllung administrativer und politischer Leitungsverantwortung im Spannungsfeld von Effizienz und Rechtsstaatlichkeit, von Demokratie und Partikularimus. Neben der fachlichen Überforderung des Leitungspersonals im Umbruchstreß war es das Fehlen einer gemeinsamen institutionellen Werte- und Vertrauensbasis, die in allen Fällen zur kommunalpolitischen Desintegration geführt hatte. Konflikte entstanden zwischen altinstitutionellen und neuinstitutionellen Orientierungen in den Fällen mittlerer Umbruchintensität (Bitterfeld und Wolfen). Konflikte prägten auch den Fall großer Umbruchintensität, weil das neue Leitungspersonal bei noch kaum gefestigten neuinstitutionellen Orientierungen nicht über eine gemeinsame Werte- und Vertrauensbasis für das kommunalpolitische Zusammenhandeln verfügte. In beiden Kontexten wurde kommunalpolitischer Streit zum Personenkonflikt und umgekehrt. Eine sachliche Klärung gegenseitiger Vorwürfe oder gar die Verbesserung von Verwaltungsabläufen erfolgten in der Regel nicht. Entweder gelang es den Vertretern des altinstitutionellen Poltikmodells, ihre engen Personenzirkel nach Ausschluß des Streitgegners wieder zu stabilisieren (Stadt Bitterfeld bis 1994) oder der aufgebrochene Konflikt schwelte immer weiter und lähmte

Zusammenfassung 215

das kommunalpolitische Geschehen (Wolfen und Stadt Brandenburg). Wir sprechen in diesem Zusammenhang von einem schwach strukturierten, personalisierten Politikmuster. Parteien, Fraktionen, Kommunalvertretung und Ausschüsse spielten in allen genannten Konfliktfällen nur eine nachgeordnete Rolle, wenn überhaupt. Auch die Öffentlichkeit wurde häufig nur zur Diffamierung des Gegners informiert. Ohnehin fehlte eine lokalpolitische Öffentlichkeit, hatten Neuparteien wie SPD und Bündnis90/Die Grünen noch keine Wurzeln in der örtlichen Bevölkerung geschlagen. Auch Ansätze zu verbandlicher Interessenvertretung fehlten noch weitgehend. In der Bevölkerung gab es nach übereinstimmender Aussage der befragten Politiker und Verwalter kaum ein über direkte „Betroffenheiten" hinausgehendes Interesse an der Kommunalpolitik.

Auch die *Einschätzungen der befragten Verwalter zu zentralen Aspekten ihrer Tätigkeit* (Abschnitt 4.1) bewegten sich im prekären Spannungsfeld von altinstitutionellen und neuinstitutionellen Orientierungen und Handlungsmustern. Rückblickend skizzierten die befragten Leitungspersonen das altinstitutionelle Handlungsmuster als orientiert am „Verwaltungskollektiv" und als geprägt durch personenvermittelte Formen der Zusammenarbeit zur improvisierenden Erreichung von Einzelzielen. Demgegenüber zeichnete sich das neue Institutionenmodell durch klare Rechtsbindung, formale Strukturen und Verfahren und eine Rückbindung an Kommunalpolitik und Bürgerschaft vor Ort aus. Ähnlich wie die oben charakterisierten kommunalpolitischen Akteure befanden sich auch die befragten Verwalter noch in einem Prozeß des institutionellen Umlernens und der institutionellen Neuanpassung. Sie störten sich fast alle an der zunehmenden Formalisierung ihrer Tätigkeitsprofile und sahen vielfältige Unvereinbarkeiten zwischen neuem Recht und örtlichen Problemen. Wir fanden auch Anhaltspunkte für ein Gerechtigkeitsempfinden, das sich stärker am materialen Ergebnis als am rechtsstaatlich einwandfreien Vorgehen orientiert. Dabei ist zu berücksichtigen, daß das administrative Leitungspersonal häufig gegenüber einer dem Rechtsstaat verständnislos gegenüberstehenden lokalen Bevölkerung vermitteln und ausgleichen mußte.

Bei der Untersuchung typischer Handlungsorientierungen des administrativen Leitungspersonals konnten erneut stärker altinstitutionelle oder stärker neuinstitutionelle Umbruchvarianten unterschieden werden. Kollektiv- und stärkere Innenorientierung, Personalisierung und Informalität des Verwaltungshandelns ermittelten wir vor allem im Falle altinstitutioneller Kontinuität. In den von institutionell-personellen Brüchen geprägten Fällen dominierte hingegen ein neuinstitutioneller Handlungsmodus, der neben noch vorhandenen informellen Handlungsmustern eine deutlich stärkere Orientierung an formalen und demokratischen Handlungskriterien erkennen ließ. Wegen der bestehenden Unsicherheit im neuinstitutionell orientierten

Handeln war die Konflikt- und Blockadeanfälligkeit der Organisationsabläufe in diesen Verwaltungen allerdings größer als in den altinstitutionell nach „bewährtem" Muster funktionierenden Fällen. Unsicherheit und Konfliktanfälligkeit, das zeigen diese Hinweise zum Institutionenwandel in den untersuchten Verwaltungen, war offensichtlich der Preis einer konsequenten institutionellen Neuorientierung.

Die Problematik der Personalintegration in den untersuchten Verwaltungen bestand darin, daß sowohl die Gruppe der Altverwalter aus der Sicht der Neuverwalter als auch die Gruppe der Westverwalter aus der Sicht von Alt- und Neuverwaltern bei ihren Kollegen fast ausschließlich über eine *funktionale* Akzeptanz verfügte. Das Verwaltungspersonal der meisten Untersuchungsfälle bildete keine integrierte Gruppe. Besonders schwierig war hier das Verhältnis von ostdeutschem und westdeutschem Verwaltungspersonal, vor allem im Hinblick auf das Hochhalten unterschiedlicher Organisations- und Professionalitätskriterien.

Unser Brandenburger *Fallbeispiel zur kommunalen Wirtschaftsförderungspolitik* (Abschnitt 4.2) bildet eine Art Synthese der bisher beschriebenen endogenen Bedingungen und Probleme des kommunalen Institutionenwandels. Hier konnte vor allem die *Wechselwirkung* der institutionellen Integrationsprobleme zwischen Verwaltung, Politik, gesellschaftlichem Umfeld und institutionellem Umland aufgezeigt werden. Mangelte es in der Verwaltung an struktureller und ablauforganisatorischer Integration, fehlte seitens der städtischen Politik die Fähigkeit und Bereitschaft zur Setzung strategischer Entwicklungsziele. Neben fachlichen Fähigkeiten mangelte es dem neuen administrativen und politischen Leitungspersonal vor allem an einer gefestigten institutionellen Werte- und Vertrauensbasis, die zur Verstetigung der alltäglichen Zusammenarbeit hätte beitragen können. Neuinstitutionelles Handeln war in diesem Fall erneut konflikthaftes Handeln. Zusätzlich war der gesellschaftliche Kontext, in dem die kommunalen Institutionen operierten, von Passivität und Resignation einer alten (überwiegend arbeitslosen) Industriearbeiterschaft geprägt. Ansätze zur Entwicklung von Strukturen verbandlicher Interessenbündelung und -vermittlung konnten nur vereinzelt beobachtet werden. Stattdessen dominierten in der kommunalpolitischen Öffentlichkeit kurzfristige „Betroffenheiten". Schließlich war die zu DDR-Zeiten noch enge personelle Vernetzung von Stadt und Umland in einen Zustand der Desintegration und eines überpersonalisiert ausgetragenen Konflikts umgeschlagen. Altinstitutionelle Kontinuität im Landkreis und institutionell-personelle Brüche in der Stadt markierten die Konfliktlinie, entlang welcher Landrat und Oberbürgermeister unversöhnlich um Investoren, Einwohner und Infrastrukturen konkurrierten.

Mit dem Ende des demokratisch-zentralistischen SED-Regimes und dem Erhalt der kommunalen Selbstverwaltungsgarantie zerbrach in vielen

Zusammenfassung

der untersuchten Fälle der altinstitutionelle Zusammenhang zwischen *kleinen kreisangehörigen Gemeinden* (Abschnitt 4.3) und allzuständiger Kreisebene. Auf sich allein gestellt und angespornt durch Mittel aus Bundes- und Landesförderungen, nahmen die neugewählten Gemeindebürgermeister Infrastrukturprojekte in Angriff, die sich später häufig als Fehlentwicklungen herausstellten. Die Vorabstimmung mit benachbarten Gemeinden (Gewerbegebiete, Kläranlagen, Abwasserzweckverbände etc.). fehlte meistens. Nur in einem Beispiel fortbestehender altinstitutioneller Bezüge wurde eine sinnvolle Abstimmung unterschiedlicher Entwicklungsmaßnahmen erreicht. Dies erschien als ein weiterer Hinweis für die noch wirksame altinstitutionelle Integration altpersoneller Personenbezüge.

Mit der Schaffung von Ämtern und Verwaltungsgemeinschaften setzte in beiden Untersuchungsregionen der institutionelle Reintegrationsprozeß der kleinen Gemeinden ein, der allerdings nicht spannungsfrei verlief. Die bewußt verfolgte Mischung gemeindlicher Selbstverwaltungsrechte und professioneller Gemeinschaftsverwaltungen hatte für Gemeindepolitiker wie Gemeinschaftsverwalter dilemmatische Folgen. Zwar begrüßten die Gemeindevertreter die Entlastung und letztlich auch Aufwertung ihrer politischen Arbeit durch die professionellen Verwaltungen, zugleich aber befürchteten sie den Verlust ihrer Selbstverwaltungskompetenzen und hielten daran um so hartnäckiger fest. In den Amts- und Gemeinschaftsverwaltungen litt man unter dem hohen Koordinationsaufwand, der durch den Lokalismus der Einzelgemeinden entstand. Niemand zweifelte auf lange Sicht daran, daß die Gemeinschaftsverwaltungen nur ein Zwischenschritt auf dem Wege zu Einheitsgemeinden sind.

Im Verhältnis von neuer Amts- und alter Kreisverwaltung in der Brandenburger Untersuchungsregion erwiesen sich erneut altinstitutionelle Bezüge als gut und störungsfrei, auch wenn es ablauforganisatorische Probleme in der Zusammenarbeit gab. Zwischen einem anderen, von einem westdeutschen Amtsdirektor geleiteten Amt entstanden hingegen erhebliche Kompetenzkonflikte mit der altinstitutionell geprägten Kreisverwaltung.

Im Zuge der Großkreisbildung im Land Brandenburg verschlechterte sich das Verhältnis der untersuchten Gemeinden und Ämter gegenüber der Kreisebene. Mangelnde Abstimmung in der Regionalentwicklung, die zu große Entfernung der neuen Kreisverwaltung und Probleme in der ablauforganisatorischen Zusammenarbeit wurden genannt. Zusätzlich wurden durch die Großkreisbildung auch altinstitutionelle Bezüge zwischen (Alt-) Kreis und Gemeinden gekappt.

Das interinstitutionelle *Verhältnis von Kommunen und Land* (Abschnitt 4.4) in Brandenburg war nach Aussage der Befragten in mehrfacher Hinsicht gestört. Beklagt wurde die Abkoppelung der Landesebene von den Kommunen, das Setzen von Planungs- und Ansiedlungsprioritäten ohne Vorabstimmung mit den Kommunen, Mängel in der Zusammenarbeit der Ministerien, außerdem der mit den Kommunen offenbar wenig abgestimmte finanzielle und inhaltliche Zuschnitt von Landesprogrammen. Offenbar funktionierten die regionalpolitischen Vermittlungsstrukturen (z.B. regionale Aufbaustäbe, regionale Landesplanung), in denen Kommunen und Land sich stetig über das gesamte Spektrum administrativer Zusammenarbeit und regionalpolitischer Schwerpunktsetzung hätten austauschen können, nicht sehr gut. In der Region Bitterfeld wurde das Verhältnis von Land und Kommunen möglicherweise wegen der Existenz einer vermittelnden Struktur in Form der Regierungspräsidien als grundsätzlich unproblematischer beschrieben. Allerdings bestand zum Zeitpunkt der Befragung in der Bitterfelder Region eine parteipolitische Übereinstimmung.

Bei der *Entwicklung der administrativen Strukturen* (Kapitel 5) in den untersuchten Gebietskörperschaften, konnten exogene und endogene Einflußfaktoren deutlich unterschieden werden. Exogene Einflußfaktoren waren Einigungsvertrag und Kommunalvermögensgesetz, der Transfer des gesamten Rechtssystems, der Finanztransfer, westdeutsche Verwaltungshilfe, KGSt-Empfehlungen und die Reformaktivitäten der Landesebene (Gemeindeverwaltungs-, Kreisgebiets-, Funktionalreform). Unter diesem Einfluß kam es in allen Fallbeispielen ab 1990 zu einer *Ausdifferenzierung* der Strukturen von Kernverwaltung und kommunalen Einrichtungen und Betrieben. Die nachgeordneten wirtschaftlichen, kulturellen und sozialen Einrichtungen der volkseigenen Betriebe mußten von den Kommunen übergangsweise weiterbetrieben werden. Durch den Ausbau der Kernverwaltungen entsprach man den vielfältigen neuen Aufgaben der kommunalen Selbstverwaltung. Nicht zuletzt unter dem Eindruck knapper Kassen setzte bereits 1992 eine Phase der *Entdifferenzierung* ein, die sich mit Beginn der zweiten Wahlperiode noch verstärkte. Insgesamt sank dabei in unseren Untersuchungsfällen die Anzahl der Dezernate um fast ein Drittel. Zugleich erfolgten häufige *Umstrukturierungen*, beeinflußt durch die Funktionalreformen, in einzelnen Fällen zusätzlich vor allem durch endogene Einwirkungen (vgl. unten).

Endogene Strukturierungsfaktoren wirkten ebenfalls in mehrfacher Hinsicht bei der Organisationsentwicklung der untersuchten Kommunen und Kreise. So wurden in den Untersuchungsfällen mit größerer institutionell-personeller Kontinuität schon vor den Mai-Wahlen 1990 neue Organisationsstrukturen vorbereitet. Im neupersonell-neuparteiendominierten Fall der Stadt Brandenburg erfolgte durch die Wahl im Mai 1990 ein deutlicher Bruch mit der bisherigen institutionell-personellen Kontinuität und den seit Herbst 1989 entstandenen Kooperationsformen von alten und neuen Kräften, Gremien und Institutionen. Der Verwaltungsaufbau erfolgte verspätet und unkoordiniert. Fachverwaltungen entstanden vor der Bildung der Quer-

Zusammenfassung

schnittsverwaltungen. Die ab 1992 einsetzenden kommunalpolitischen Querelen schlugen sich direkt in der administrativen Kompetenzverteilung und ständigen organisatorischen Veränderungen nieder. Notwendig folgten daraus allgemeine Integrationsprobleme der Kommunalverwaltung, die auch von den Querschnittsbereichen verwaltungstechnisch nicht bewältigt werden konnten. Während im Falle stärkster Umbruchintensität (Stadt Brandenburg) die wichtigsten strukturellen Veränderungen jeweils durch personalpolitische Auseinandersetzungen ihren Anlaß fanden, spielten derartige Auseinandersetzungen im Falle des Kontinuitätsmodells (Altkreis Brandenburg) keine Rolle für die strukturellen Entwicklungen. In den Untersuchungsfällen „mittlerer Umbruchintensität" im Raum Bitterfeld hatten Konflikte keinen unmittelbaren Einfluß auf die Entwicklung der Verwaltungsstrukturen.

Zu Beginn der zweiten Wahlperiode erwiesen sich erneut endogene Faktoren als prägend für die adminstrative Strukturentwicklung. So wurden Dezernats- und Ämterverteilung durch die kommunalen „Oberhäupter", Dezernenten und Politiker im engen Kreiss ausgehandelt. Hierbei lassen sich jedoch nur noch abgeschwächt die Unterschiede zwischen den Umbruchpfaden der Anfangszeit erkennen. Auch ist der Spielraum struktureller „Experimente" geringer geworden. Die Anzahl der Dezernate ist inzwischen soweit reduziert, daß „Zusammenfassungen" im Rahmen der herkömmlichen Verwaltungsstrukturen kaum noch möglich sind. Variationsmöglichkeiten beschränken sich nur noch auf die „Verteilung" der Ämter. Weniger die Strukturen, mehr die Ablaufprozesse treten seit 1995 in den Mittelpunkt von Überlegungen zur Steigerung der Effizienz der Verwaltungen. Erwogen werden dabei z.T. auch betriebswirtschaftlicher Steuerungsmodelle und Kostenrechnung. Reale Veränderungen sind diesbezüglich jedoch noch kaum zu erkennen.

Auch bei der *Entwicklung des Personalbestandes* (Kapitel 6) wurden die grundlegenden, allgemein feststellbaren Trends durch *exogene* Faktoren bedingt. Dies betrifft sowohl die Gesamtbeschäftigungszahlen, das jeweilige Verhältnis zwischen Kernverwaltung und Einrichtungen, die Proportionen zwischen den einzelnen Verwaltungsbereichen wie auch die Proportionen im Verhältnis zwischen Arbeitern, Angestellten und Beamten. Analog zu den Ausdifferenzierungs- und Entdifferenzierungsprozessen der Verwaltungsstrukturen entwickelte sich der Personalbestand quantitativ seit 1990 in Form einer Expansions- und einer Reduktionsphase. Der Scheitelpunkt dieser Kurve lag in der zweiten Jahreshälfte 1991. Setzt man die Summe der Beschäftigten des Jahres 1991 in den untersuchten Körperschaften gleich 100 Prozent, so ging die Beschäftigtenzahl bis zum Jahre 1993 auf 75% und bis zum Jahre 1995 auf 61% zurück. Fast 40% aller Stellen wurde in diesen vier Jahren reduziert bei fortwirkender Tendenz. Besonders betroffen vom Personalabbau waren die nachgeordneten Sozial- und Kultureinrichtungen, hier wiederum die Arbeiter relativ stärker als die Angestellten. Während der Bestand der Kernverwaltungen quantitativ derzeit nur noch wenig reduziert wird, sinkt der Personalbestand in den nachgeordneten Einrichtungen zumeist weiter.

Parallel zu diesen allgemeinen Trends ermittelten wir Besonderheiten in der Personalentwicklung der Untersuchungsfälle, die aus den institutionell-personellen, endogenen Bedingungen des Institutionenwandels erklärt werden können. So wurden in den Jahren 1990/91 Strukturen und Personal ehemals betrieblicher Einrichtungen in sehr unterschiedlichem Umfang übernommen. Vor allem in der Stadt Brandenburg hatte die unkoordiniert stattfindende Organisationsentwicklung der ersten Jahre zu einer starken Aufblähung der Beschäftigtenzahlen geführt. Die Handlungsfähigkeit der Institutionen von Kommunalpolitik und Verwaltung war in diesem Fall offensichtlich zu gering gewesen. Auch der Personalabbau vollzog sich hier konflikthafter als in anderen Fällen, wo dies relativ planmäßig gelang. Was die Ergebnisse des Personalabbaus betrifft, so weichen noch heute die Beschäftigungsindizes (Beschäftigte pro 1000 Einwohner) der untersuchten Verwaltungen deutlich voneinander ab. Besonders die Kreisverwaltung Bitterfeld hat einen relativ niedrigen Index, die Stadtverwaltung Brandenburg immer noch einen relativ hohen. Unterschiedlich konflikthafte Institutionell-personelle Ausgangskonstellationen und Handlungsfähigkeit in der Personalpolitik, auch dadurch wird die These der Untersuchung gestützt, bilden einen Bedingungszusammenhang. Auch Veränderungen auf der Dezernentenebene können als Indiz für diesen Zusammenhang gelten. Zunächst ist als allgemeiner Trend festzuhalten, daß in den untersuchten Körperschaften nur 14 der anfangs 29 hauptamtlichen Beigeordneten und Dezernenten am Ende der ersten Wahlperiode noch im Amt waren (= 48%). Fünf neue Dezernenten/Beigerdnete kamen hinzu. Somit haben 52% der ursprünglich gewählten hauptamtlichen Beigeordneten und Dezernenten im Laufe der ersten Wahlperiode ihr Amt verloren. In der zweiten Wahlperiode verblieben von den 29 im Jahre 1990 gewählten hauptamtlichen Beigeordneten und Dezernenten nur noch insgesamt 7 in Position (bei insgesamt 16 Dezernenten). Über die Hälfte der Dezernenten, die heute im Amt sind, kamen später als 1990 ins Amt. Diese beträchtlichen Reduzierungen und Zirkulationen hängen sowohl mit den genannten Strukturvereinfachungen zusammen als auch mit den Ergebnissen der zweiten Kommunalwahl oder mit personalpolitischen Entscheidungen. Auffällig war auch hier, daß konflikthafte Auseinandersetzungen im „Kontinuitätspfad" des Altkreises Brandenburg keine Rolle bei der Reduzierung der Dezernentenposten spielten, durchaus aber beim Pfad hoher Umbruchintensität in der Stadt Brandenburg (zumindest in den Jahren 1992/93).

Bei allen hier aufgeführten Problemen erkannten wir in unseren Untersuchungsregionen immer auch das Bemühen um eine Verbesserung von inneren Verwaltungsabläufen und um die Qualifizierung einer demokratischen Politikpraxis. Für die ostdeutschen Kommunalinstitutionen bleibt das Ringen und Effizienzsteigerungen, um die Zunahme administrativer Problemverarbeitungskompetenz und um die Verbesserung soziopolitischer Integrationsleistungen eine wichtige Aufgabe. Bei ihrer Lösung können sie sich mittlerweile auf einen umfangreichen Erfahrungshintergrund stützen, müssen sich jedoch auch Anforderungen stellen, die im Vergleich zur Anfangszeit im Jahre 1990 wesentlich anspruchsvoller und komplizierter geworden sind.

Tabellenanhang zu den Befragungen

Inhaltsverzeichnis – Gliederungspunkte und Tabellennummern

1.	Überblick über die Zusammensetzung der Befragten	224
2.	Soziodemographische Daten	225
3.	Berufliche Tätigkeit vor 1990	226
4.	Politische Orientierungen im früheren Staatssozialismus	228
5.	Politische Orientierungen in der Gegenwart	231
6.	Politikverständnisse	233
7.	Werteorientierungen	235
8.	Anforderungen an Leitungsposition und Sachbearbeiter	237
9.	Handlungs- und Entscheidungskriterien	239
10.	Verwaltungshilfe	241
11.	Umgang mit neuen Rechtsregeln	242
12.	Verwaltungshandeln vor und nach der Wende	243
13.	Handlungshindernisse	245
14.	Soziopolitische Einbettung / Einflüsse / Kontakte / Informationen	246
15.	Verhältnis Vertretung – Verwaltung	251
16.	Beziehungen Kreis – Amt / Verwaltungsgemeinschaft – Gemeinde	252
17.	Bewertung der Landesbehörden	254
18.	Strukturen und Personal (ausgewählte Beispiele)	256

1. Überblick über die Zusammensetzung der Befragten

Tabelle 1: Gesamtüberblick über die Zusammensetzung der Befragten
(Leitungspersonal in kommunalen Verwaltungen und Räten)

Unterscheidung nach ...	n	darunter...	n´	% von n
Region	103	Brandenburg	55	53,4
		Bitterfeld	48	46,6
Institutionell-kommunale Ebene	103	Landkreis	34	33,0
		kreisfreie Stadt	16	15,5
		kreisangehörige Gemeinde	26	25,2
		amts-(VG-)angehör. Gemeinde	27	26,2
Soziokommunale Ebene	103	Landkreis	34	33,0
		Städte (über 15.000 EW)	42	40,8
		Gemeinden (unter 15.000 EW)	27	26,2
Verwaltung / Räte	103	Verwaltungsangehörige	62	60,2
		Ratsangehörige	41	39,8
Verwaltungsgruppen i	62	Altpersonal	13	21,0
		Neupersonal	35	57,0
		Westpersonal	9	15,0
Ratsgruppen	41	Altpersonal	11	26,8
		Neupersonal	30	73,1
Altersdurchschnitt	103	Verwaltungsangehörige	62	M=44,6
		Ratsangehörige	41	M=49,3
Geschlecht	103	weiblich	21	20,4
		männlich	82	79,6
Familienstand	103	ledig	5	4,9
		verheiratet	85	82,5
		feste Partnerschaft	8	7,8
		geschieden	5	4,9
einer Konfession zugehörig fühlen?	101	ja	53	52,5
		mehr oder weniger	4	4,0
		nein	44	43,6
Mitglied einer der 5 DDR-Parteien vor 1990 (nur Ostdeutsche)?	94	ja	48	51,1
		nein	38	40,4
		Enthaltung, keine Angabe	8	8,5

Bei den Angaben mit „M =..." werden nicht die Prozentzahlen, sondern die Mittelwerte angegeben.

2. Soziodemographische Daten

Tabelle 2: Altersgruppen der Befragten

Altersgruppe	n	%
bis 40 Jahre	25	24,3
41 – 50 Jahre	33	32,0
ab 51 Jahre	45	43,7
Gesamt	103	100,0

Tabelle 3: Anteile der männlichen und weiblichen Befragten nach verschiedenen Bezugsebenen

Bezugsebene	n	% weiblich	% männlich
Region Brandenburg	55	18,2	81,8
Region Bitterfeld	48	22,9	77,1
Ebene Kreis	34	14,7	85,3
Ebene Stadt	42	31,0	69,0
Ebene Gemeinde	27	11,1	88,9
Führungspersonen der Verwaltung	62	25,8	74,2
Führungspersonen der Vertretungsinstitutionen	41	12,2	87,8
Altpersonal Verwaltung	13	37,5	62,5
Neupersonal Verwaltung	35	27,0	73,0
Westpersonal Verwaltung	9	0,0	100,0
Alle Befragten	103	20,0	80,0

Tabelle 4: Familienstand der Befragten

Vorgabe	Alle	Alterskohorten			Verwaltungspersonalgruppen	
		bis 40	41-50	ab 51	Altpersonal	Neupersonal
ledig	4,9	20,0	0,0	0,0	0,0	2,7
verheiratet	82,5	56,0	90,9	91,1	81,3	89,2
feste Partnerschaft	7,8	20,0	3,0	4,4	6,3	8,1
geschieden	4,9	4,0	6,1	4,4	12,5	0,0
n	103	25	33	45	16	37

Angaben in % von n

Tabelle 5: Fühlen Sie sich einer Konfession zugehörig?

Vorgabe	Alle	Region Brandenburg	Region Bitterfeld	Verwaltungs-altpersonal	Verwaltungs-neupersonal
ja	52,5	46,3	59,6	31,3	56,8
mehr oder weniger	4,0	3,7	4,3	6,3	5,4
nein	43,6	50,0	36,2	62,5	37,8
n	101	54	47	16	37

3. Berufliche Tätigkeit vor 1990

Tabelle 6: Berufliche Tätigkeit der Befragten vor 1990

Vorgabe	n	%
nicht in der DDR, sondern in den alten Bundesländern	9	8,7
Kernverwaltung auf kommunaler Ebene	15	14,6
sonstige staatliche Organe	1	1,0
nachgeordnete kommunale bzw. staatliche Verwaltung	5	4,9
Wirtschaft	61	59,2
Volksbildung	4	3,9
Hoch-/Fachschulwesen	2	1,9
Gesundheitswesen	3	2,9
Parteien /gesellschaftliche Organisationen	2	1,9
kirchliche Bereiche	0	0,0
Anderes (ohne Anstellung)	1	1,0
Gesamt	103	100,0

Tabelle 7: Berufliche Herkunft der im Mai ... Juli 1990 neu gewählten Dezernenten am Beispiel des Kreises Brandenburg

Position	berufliche Tätigkeit vor der Wende
Landrat	Diplomlandwirt
Finanzen	Betriebsleiter in der Textilindustrie
Umweltschutz und Tourismus	Angestellter beim Rat des Kreises, Bereich Umweltschutz
Bildung und Kultur	Lehrer Chemie und Biologie
Landwirtschaft und Regionalplanung	Diplomlandwirt in der landwirtschaftlichen Produktion
Recht, Sicherheit und Verkehr	Mitglied des Rates des Kreises für örtliche Versorgungswirtschaft
Gesundheit und Soziales	Lehrerin an der Medizinischen Fachhochschule
Bau- und Wohnungswesen	Mitglied des Rates des Kreises für Wohnungspolitik
Verwaltungsdirektor	Reichsbahn (Technik, Absatz, Finanzen)

Tabellenanhang

Tabelle 8: Berufliche Tätigkeit vor 1990 (nur Leitungspersonen aus Verwaltung)

Personalgruppe	Vorgabe	n	%
Altpersonal	Kernverwaltung auf kommunaler Ebene	13	21,0
	sonstige staatliche Organe	0	0,0
	nachgeordnete kommunale bzw. staatliche Verwaltung	3	5,0
Neupersonal	Wirtschaft	35	57,0
	Volksbildung	0	0,0
	Hoch-/Fachschulwesen	1	2,0
	Gesundheitswesen	1	2,0
	Parteien /gesellschaftliche Organisationen	0	0,0
	kirchliche Bereiche	0	0,0
	Anderes (ohne Anstellung)	0	0,0
Westpersonal	Verschiedene Bereiche der Verwaltung, der Wirtschaft und freier Berufe	9	15,0
Gesamt		62	100,0

Tabelle 9: Anteile von Alt-, Neu- und Westverwaltungspersonal in ausgewählten Verwaltungen

Institution	Altpersonal	Neupersonal	Westpersonal	n
Stadtverwaltung Brandenburg	12,5	62,5	25,0	8
Kreisverwaltung Brandenburg	54,5	27,3	18,2	11
Kreisverwaltung Bitterfeld	22,2	66,7	11,1	9
Stadtverwaltungen Bitterfeld und Wolfen	23,5	64,7	11,8	17

Angaben in % von n

Tabelle 10: Anteile von Verwaltungsalt- und -neupersonal, unterteilt nach Positionsinhabern

Institutionelle Position	n	Altpersonal	Neupersonal
Landräte, Oberbürgermeister, Bürgermeister Städte	5	0,0	100,0
Bürgermeister kleiner Gemeinden (ehrenamtlich)	6	33,3	66,7
Dezernenten, Beigeordnete	14	28,6	71,4
Amtsleiter, Amtsdirektoren, Leiter Verwaltungsgemeinschaft	35	28,6	71,4
Ausschuß- und Fraktionsvorsitzende, Gemeindevorsteher	35	22,9	77,1

Angaben in % von n. Bei n sind Befragte aus den alten Bundesländern ausgeklammert.

4. Politische Orientierungen im früheren Staatssozialismus

Tabelle 11: Parteimitgliedschaften bei den kommunalen Verwaltungsführungskräften (nur Ostdeutsche) vor 1990 in einer der 5 DDR-Parteien

Bezugsebene	Mitglied ja	Mitglied nein	keine Angabe	n
Alle befragten ostdt. Verwalter	61,2	36,7	2,0	49
Region Brandenburg	54,5	45,5	0,0	22
Region Bitterfeld	66,7	29,6	3,7	27

Angaben in % von n

Tabelle 12: Vergleich der parteipolitischen Bindungen in der DDR-Zeit zwischen Verwaltungsalt- und neupersonal

Partei	Altpersonal	Neupersonal
SED	57,1	23,5
CDU	14,3	35,3
LDPD	14,3	17,6
DBD	0,0	5,9
NDPD	14,3	5,9
Enthaltung bei der konkreten Bezeichnung der Partei	0,0	11,8
n	14	17

Angaben in % von n

Tabellenanhang

Tabelle 13: Wir möchten sehr gern einen Eindruck von den damaligen vielfältigen Verhaltensweisen in der DDR erhalten und bitten Sie deshalb, bei jeder der folgenden Vorgaben zu kennzeichnen, inwieweit dies für Sie zutrifft (Gesamtbefragte)

Vorgabe / (n)	trifft stark zu	trifft eher zu	trifft eher nicht zu	trifft gar nicht zu
Ich habe damals meine beruflichen Pflichten erfüllt und habe möglichst offizielle politische Aktivitäten gemieden (z.B. 1.-Mai-Demonstration) (87)	21,8	33,3	34,5	10,3
Ich habe die damalige DDR-Gesellschaft insgesamt befürwortet, weil ich etwas Gutes wollte (84)	15,5	40,5	27,4	16,7
Damals erschien mir die Gesellschaft der Bundesrepublik besser als jene der DDR (83)	19,3	33,7	32,5	14,5
Im kleinen Bekanntenkreis habe ich damals die SED-Politik oft kritisiert (85)	45,9	48,2	4,7	1,2
Ich habe damals auch in größerem Kreis gesagt, daß grundsätzliche Veränderungen in der DDR notwendig sind (84)	31,0	31,0	27,4	10,7
Ich wollte, daß eine sozialistische Gesellschaft bleibt, jedoch in Verbindung mit Demokratie, Meinungs- und Reisefreiheit (82)	19,5	40,2	22,0	18,3
Ich habe wegen meiner damaligen kritischen Haltung berufliche bzw. persönliche Nachteile auf mich genommen (84)	20,2	26,2	29,8	23,8

Angaben in % von n

Tabelle 14: Wir möchten sehr gern einen Eindruck von den damaligen vielfältigen Verhaltensweisen in der DDR erhalten und bitten Sie deshalb, bei jeder der folgenden Vorgaben zu kennzeichnen, inwieweit dies für Sie zutrifft (Befragte aufgeschlüsselt)

Vorgabe / n	Verwaltungs-altpersonal		Verwaltungs-neupersonal	
	ja	nein	ja	nein
Ich habe damals meine beruflichen Pflichten erfüllt und habe möglichst offizielle politische Aktivitäten gemieden (z.B. 1.-Mai-Demonstration) (87)	33,3	62,6	60,6	39,4
Ich habe die damalige DDR-Gesellschaft insgesamt befürwortet, weil ich etwas Gutes wollte (84)	93,4	6,7	39,4	60,6
Damals erschien mir die Gesellschaft der Bundesrepublik besser als jene der DDR (83)	40,0	60,0	66,6	33,3
Im kleinen Bekanntenkreis habe ich damals die SED-Politik oft kritisiert (85)	93,3	6,7	96,8	3,2
Ich habe damals auch in größerem Kreis gesagt, daß grundsätzliche Veränderungen in der DDR notwendig sind (84)	53,3	46,6	71,9	28,2
Ich wollte, daß eine sozialistische Gesellschaft bleibt, jedoch in Verbindung mit Demokratie, Meinungs- und Reisefreiheit (82)	66,6	33,3	43,8	56,3
Ich habe wegen meiner damaligen kritischen Haltung berufliche bzw. persönliche Nachteile auf mich genommen (84)	20,0	80,0	68,8	31,3

Angaben „trifft stark zu" und „trifft eher zu" als „ja" zusammengefaßt, Antworten „trifft eher nicht zu" und „trifft gar nicht zu" als „nein" zusammengefaßt. Angaben in Prozent von n.

5. Politische Orientierungen in der Gegenwart

Tabelle 15: Bewertung des bisherigen deutschen Einigungsprozesses (alle Befragten)

Vorgabe / (n)	stimme stark zu	stimme eher zu	stimme eher nicht zu	stimme gar nicht zu
Der bisherige Weg der deutschen Einheit war zwar kompliziert, aber im großen und ganzen war es der richtige Weg (94)	50,0	33,0	10,6	6,4
Die Identität der Menschen in Ostdeutschland fand im bisherigen Vereinigungsprozeß viel zu wenig Beachtung (94)	42,6	36,2	18,1	3,2
Die Art und Weise sowie die bisherigen Ergebnisse der deutschen Vereinigung sind unbefriedigend (93)	18,3	30,1	37,6	14,0
Der Vereinigungsprozeß sollte auch in West-deutschland Anlaß zu Reformen geben (94)	61,7	31,9	5,3	1,1

Angaben in % von n

Tabelle 16: Bewertung des deutschen Einigungsprozesses (aufgeschlüsselt)

Vorgabe	Altersgruppen			Regionen		Verwaltungspersonalgruppen		
	bis 35	36-50	ab 51	BB	BF	Alt	Neu	West
Der bisherige Weg der deutschen Einheit war zwar kompliziert, aber im großen und ganzen war es der richtige Weg	6,1	6,7	3,6	4,8	6,3	6,7	7,4	6,4
Die Identität der Menschen in Ostdeutschland fand im bisherigen Vereinigungsprozeß viel zu wenig Beachtung	3,0	5,0	6,3	5,8	3,8	5,7	3,3	7,1
Die Art und Weise sowie die bisherigen Ergebnisse der deutschen Vereinigung sind unbefriedigend	-1,7	0,8	0,7	1,7	-1,8	-1,0	-0,9	-1,4
Der Vereinigungsprozeß sollte auch in Westdeutschland Anlaß zu Reformen geben	6,7	7,3	8,1	7,2	7,6	8,3	7,7	7,1
n	27	36	31	50	44	15	35	7

Angaben der Mittelwerte: -10 (stimme gar nicht zu), -5 (stimme eher nicht zu), 5 (stimme eher zu), 10 (stimme stark zu).

Tabelle 17: Parteipolitische Präferenzen nach der „Sonntagsfrage" im Vergleich zwischen Führungskräften der Verwaltungen und der Vertretungen in den Regionen Brandenburg und Bitterfeld

Partei	Region Brandenburg		Region Bitterfeld	
	Verwaltung	Vertretung	Verwaltung	Vertretung
CDU	19,2	26,9	33,3	46,2
SPD	30,8	34,6	16,7	30,8
FDP	7,7	0,0	10,0	0,0
Bü90/Gr.	7,7	7,7	3,3	7,7
PDS	0,0	15,4	3,3	7,7
weiß nicht	19,2	7,7	26,7	0,0
Enthaltung	15,4	0,0	6,7	7,7
wähle nicht	0,0	7,7	0,0	0,0
n	26	26	30	13

Angaben in % von n

Tabelle 18: Parteimitglieder im leitenden Verwaltungspersonal, Verteilung auf die verschiedenen Parteien

Partei	Region Brandenburg	Region Bitterfeld
CDU	28,6	44,4
SPD	50,0	16,7
FDP	14,3	27,8
PDS	0,0	5,6
Sonstige	7,1	0,0
ohne Angabe der Partei	0,0	5,6
n	14	18

Angaben in % von n

Tabellenanhang

6. Politikverständnisse

Tabelle 19: Wir haben hier eine Liste mit kurzen Thesen zum politischen Gesamtsystem im allgemeinen. Bitte kreuzen Sie jeweils an, inwieweit Sie damit übereinstimmen.

Nr	Vorgabe	n	M
2	Die moderne Welt ist so kompliziert, daß es nicht sinnvoll ist, eine stärkere Kontrolle der Arbeit des Staates durch den einfachen Bürger zu erwägen	91	-3,1
4	Die Regierung sollte an nichts anderem gemessen werden als an der konkreten Umsetzung ihrer Programme	93	3,2
5	In sozialen und wirtschaftlichen Angelegenheiten muß heutzutage fachlich-technischen Überlegungen stärkeres Gewicht zukommen als politischen Faktoren	90	4,2
7	Letztendlich ist es die Regierung, die für die Politik zuständig und verantwortlich sein muß	92	1,6
8	Stabilität und Kontinuität in der politischen Führung sind für die Bundesrepublik wichtiger als eine möglichst hohe Chance der Ablösung einer Regierung durch die Opposition	82	2,1
9	Demokratie sollte nur soviel wie nötig staatliche Zentralisierung, jedoch soviel wie möglich Selbstverwaltung und Selbstorganisation bedeuten	91	6,9
10	Die Regierungspolitik sollte durch die politischen Prozesse (Parteien, demokratische Öffentlichkeit) mehr beeinflußt werden	90	5,2
11	Man sollte bei politischen Kontroversen eher den Kompromiß suchen als auf der eigenen Position zu beharren	94	6,0
12	Man wird ein paar starke, fähige Persönlichkeiten brauchen, die das Steuer in die Hand zu nehmen wissen	94	1,8
13	Der Staat sollte seine Aktivitäten für die wirtschaftliche Entwicklung und für die soziale Fürsorge der Menschen wesentlich ausbauen	95	5,8
14	Wenn Parteien in der Demokratie auch eine wichtige Rolle spielen, so werden doch oft durch sie politische Konflikte unnötig verschärft	94	4,0
16	Wenn jemand einer politischen Partei beitritt, gibt er etwas von seiner persönlichen Unabhängigkeit auf	95	-2,0
17	Politiker denken oft mehr an den Vorteil ihrer Partei oder an ihre persönliche Karriere als an das Wohlergehen der Bürger	90	3,7
18	Der Staat sollte seine Tätigkeit eher auf die Gewährleistung von Recht und Ordnung beschränken als eigenständig in wirtschaftlichen und sozialen Dingen aktiv zu werden	91	-3,9
19	Meinungs- und Redfreiheit müssen dort ihre Grenzen haben, wo der bestehende demokratische Verfassungsstaat in Frage gestellt wird	89	2,0

M = Mittelwerte: -10 (stimme gar nicht zu), -5 (stimme eher nicht zu), 5 (stimme eher zu), 10 (stimme stark zu).
Auf der Grundlage dieser Fragebatterie wurden folgende Politikverständnisse abstrahiert:
Technokratisch-fachprofessionelles Politikverständnis: 2 (Zustimmung), 5 (Zustimmung); *Partizipatorisch-inputorientiertes Politikverständnis:* 10 (Zustimmung), 2 (Ablehnung); *Leistungs-outputorientiertes Politikverständnis:* 4 (Zustimmung), 10 (Ablehnung); *Paternalistisch-exekutives Politikverständnis:* 7 (Zustimmung), 12 (Zustimmung); *Zentralistisches Politikverständnis:* 7 (Zustimmung), 9 (Ablehnung);

Dezentrales Politikverständnis: 9 (Zustimmung), 7 (Ablehnung); *Staatsinterventionistisches Politikverständnis:* 13 (Zustimmung), 18 (Ablehnung); *Konkordanzdemokratisches Politikverständnis:* 11 (Zustimmung), 14 (Zustimmung); *Konkurrenzdemokratisches Politikverständnis:* 11 (Ablehnung), 8 (Ablehnung); *Parteipolitisch distanziertes Politikverständnis:* 16 (Zustimmung), 17 (Zustimmung); *Liberalistisches Politikverständnis:* 16 (Ablehnung), 19 (Ablehnung) – vgl. nachfolgende Tabelle.

Tabelle 20: Typisierung von Politikverständnissen (vgl. auch Tabelle 19)

Priorität	Typ des Politikverständnisses	n	%
1	staatsinterventionistisch	90	71,1
2	konkordanzdemokratisch	92	70,7
3	partizipatorisch-inputorientiert	87	60,9
4	paternalistisch-exekutiv	90	43,3
5	dezentral	89	38,2
6	parteipolitisch distanziert	90	35,6
7	technokratisch-fachprofessionell	86	23,3
8	liberalistisch	89	16,9
9	leistungs-outputorientiert	88	11,4
10	zentralistisch	89	6,7
11	konkurrenzdemokratisch	80	2,5

Anm.: Es wird davon ausgegangen, daß eine Person jeweils *mehrere* Politikverständnisse haben kann, z.b. sowohl ein staatsinterventionistisches als auch ein paternalistisch-exekutives. Die Prozentzahlen geben an, wieviel Prozent der Befragten das jeweilige Politikverständnis aufweisen.

Tabelle 21: Typisierung von Politikverständnissen (aufgeschlüsselt)

Typ des Politikverständnisses	Altersgruppen			Regionen		Institution		Verwaltung	
	bis 40	41-50	ab51	BB	BF	Verw	Vertr	Altp	Neup
staatsinterventionistisch	55,6	76,5	79,3	72,9	69,1	67,3	77,1	71,4	64,7
konkordanzdemokratisch	72,0	71,4	68,8	68,0	73,8	76,4	62,2	86,7	78,8
partizipatorisch-inputorientiert	48,0	70,6	60,7	66,7	54,8	62,3	58,8	85,7	51,5
paternalistisch-exekutiv	48,0	36,1	48,3	43,8	42,9	41,8	45,7	26,7	51,5
dezentral	38,5	47,1	27,6	34,0	42,9	41,8	32,6	46,7	39,4
parteipolitisch distanziert	42,3	42,9	20,7	38,8	31,7	46,3	19,4	57,1	45,5
technokratisch-fachprofessionell	20,0	20,6	29,6	15,9	31,0	20,8	27,3	0,0	33,3
liberalistisch	16,7	17,7	16,1	22,9	9,8	14,8	20,0	0,0	18,8
leistungs-outputorientiert	24,0	8,8	3,5	10,9	11,9	13,0	8,8	13,3	12,1
zentralistisch	3,9	5,9	10,3	8,5	4,8	3,6	11,8	0,0	6,1
konkurrenzdemokratisch	4,2	0,0	3,9	2,8	2,3	2,0	3,2	0,0	0,0
n	26	34	29	48	42	55	34	15	33

Angaben in % von n

Tabellenanhang   235

7. Werteorientierungen

Tabelle 22: Jeder Mensch hat ja bestimmte Vorstellungen, die sein Leben und Verhalten bestimmen. Wenn Sie einmal daran denken, was Sie in ihrem Leben eigentlich anstreben: Wie wichtig sind dann die folgenden Dinge für Sie persönlich?

Vorgabe	Altersgruppen			Geschlecht		Institution		Verwaltung	
	bis 40	41-50	ab 51	w	m	Verw	Vertr	Altp	Neup
Fleißig und ehrgeizig sein	2,2	2,2	1,6	1,8	1,8	1,7	1,9	1,7	2,0
Die guten Dinge des Lebens genießen	0,7	0,7	0,2	0,8	0,2	0,8	-0,8	1,0	0,6
Sich und seine Bedürfnisse gegen andere durchsetzen	-0,9	0,0	-1,1	-0,6	-1,0	-0,9	-1,0	-0,2	-1,0
Sich politisch engagieren	1,2	1,1	1,9	-0,3	1,7	1,0	2,1	1,0	0,9
Seine eigene Phantasie und Kreativität entwickeln	2,3	1,2	1,3	1,4	2,2	2,1	2,0	2,2	2,2
Gesetz und Ordnung respektieren	1,9	1,7	2,0	1,4	1,9	1,7	2,0	1,0	2,0
Sozial benachteiligten Gruppen helfen	1,6	1,3	1,5	0,9	1,8	1,6	1,7	1,2	1,7
Nach Sicherheit streben	1,7	1,3	1,3	1,5	1,3	1,1	1,8	1,5	1,2
Auch solche Meinungen tolerieren, denen ich eigentlich nicht zustimmen kann	1,6	1,4	1,5	1,5	1,7	1,6	1,8	1,0	1,8
Macht und Einfluß haben	-0,4	-0,3	-0,2	-0,4	-0,4	-0,6	0,0	-1,3	-0,4
Einen hohen Lebensstandard haben	0,8	1,0	-0,3	0,1	0,1	0,3	-0,3	0,6	0,4
Eigenverantwortlich leben und handeln	2,5	1,7	1,1	2,0	2,3	2,3	2,2	2,6	2,2
n	13	15	14	8	34	29	13	6	20

Angabe der Mittelwerte auf einer 7-gliedrigen Skala von 3 (sehr wichtig) bis -3 (völlig unwichtig). Nur Befragte in der Region Bitterfeld.

Tabelle 23: Wertetypen nach Klages (Region Bitterfeld)

Wertetyp	Gesamt	Geschlecht		Alter			Instituion		Religion	
		w	m	bis 40	41-50	ab 51	Verw	Vertr	ja	nein
Konventionalisten	17,1	28,6	14,7	15,4	7,1	14,3	14,3	15,4	12,5	6,3
Resigniserte	7,3	14,3	8,8	15,4	14,3	7,1	10,7	7,7	4,2	18,8
Realisten	34,1	42,9	35,3	30,8	35,7	21,4	39,3	23,1	29,2	43,8
Hedomats	17,1	0,0	20,6	23,1	14,3	21,4	10,7	30,8	29,2	18,8
Idealisten	24,4	14,3	20,6	15,4	28,6	35,7	25,0	23,1	25,0	12,5
n	41	7	34	13	14	14	28	13	24	16

Angaben in Prozent von n. Die Berechnung der Wertegruppen erfolgte nach einem Konzept der Arbeitsgruppe um H. Klages, Th. Gensicke u.a. (Speyer).

Tabelle 24: Wertetypen nach Klages, repräsentative Befragung in den neuen Bundesländern, Januar/Februar 1993

Wertetyp	%
Konventionalisten	21
Resigniserte	16
Realisten	34
Hedomats	13
Idealisten	17
Gesamt	100

Erstellt am Forschungsinstitut für Öffentliche Verwaltung in Speyer (n = 2056).

Tabelle 25: Wertetypen nach Inglehart (alle Befragten)

Wertetyp	n	%
Materialisten	33	37,1
Mischtyp-Materialisten	29	32,6
Mischtyp-Postmaterialisten	17	19,1
Postmaterialisten	10	11,2
Gesamt	89	100,0

Tabelle 26: Wertetypen nach Inglehart (aufgeschlüsselt)

Wertetyp	Altersgruppen			Geschlecht		Institution		Verwaltung	
	bis 40	41-50	ab 51	w	m	Verw	Vertr	Altp	Neup
Materialisten	44,0	32,3	36,7	50,0	34,3	39,2	34,2	20,0	50,0
Mischtyp-Materialisten	24,0	35,5	36,7	31,3	32,9	27,5	39,5	46,7	23,3
Mischtyp-Postmaterialist.	24,0	22,6	12,1	18,8	19,2	25,5	10,5	33,3	20,0
Postmaterialisten	8,0	9,7	15,2	0,0	13,7	7,8	15,8	0,0	6,7
n	25	31	33	16	73	51	38	15	30

Angaben in % von n

8. Anforderungen an Leitungsposition und Sachbearbeiter

Tabelle 27: Welche Anforderungen sind Ihrer Auffassung nach für die Ausübung einer Leitungsposition in der Verwaltung besonders wichtig?

Vorgabe	Alle	Region		Institution		Verwaltung	
		BB	BF	Verw	Vertr	Altp	Neup
Sachkompetenz	79,6	81,8	76,7	81,4	76,9	86,7	77,1
Bereitschaft, den Mitarbeitern Gestaltungs- und Entscheidungsfreiräume zu überlassen	71,4	69,1	74,4	76,3	64,1	66,7	77,1
Bereitschaft, die Mitarbeiter an wichtigen Entscheidungen teilhaben zu lassen	59,2	61,8	55,8	66,1	48,7	73,3	62,9
den direkten Kontakt mit den Bürgern suchen	45,9	40,0	53,5	42,4	51,3	40,0	48,6
Verständnis für die besondere örtliche Situation	39,8	41,8	37,2	42,4	35,9	53,3	37,1
Einfühlungsvermögen für die persönliche Situation der Mitarbeiter	28,6	25,5	32,6	30,5	25,6	40,0	25,7
Politisches Fingerspitzengefühl, politische Toleranz	27,6	21,8	34,9	23,7	33,3	20,0	28,6
Improvisationsfähigkeit	27,6	27,3	27,9	32,2	20,5	26,7	28,6
Fähigkeit, die Mitarbeiter nach genauen Vorgaben und strikten Anweisungen zu führen	24,5	23,6	25,6	16,9	35,9	6,7	22,9
Qualifikation in rechtlichen Fragen	20,4	25,5	14,0	23,7	15,4	26,7	25,7
Politische Unbelastetheit (Stasi)	20,4	16,4	25,6	16,9	25,6	13,3	22,9
Verwaltungserfahrung	13,3	14,5	11,6	13,6	12,8	26,7	5,7
Politische Unbelastetheit (SED)	7,1	7,3	7,0	5,1	10,3	0,0	8,6
Beachtung der eingespielten Denk- und Verhaltensweisen der Kollegen und Mitarbeiter	5,1	7,3	2,3	5,1	5,1	6,7	2,9
n	98	55	43	59	39	15	35

Maximal 5 Nennungen von 14 möglichen. Angaben in % von n.

Tabelle 28: Welche Anforderungen sind Ihrer Meinung nach für einen guten Verwaltungssachbearbeiter besonders wichtig?

Vorgabe	Alle	Region		Institution		Verwaltung	
		BB	BF	Verw	Vertr	Altp	Neup
Sachkompetenz	86,5	88,7	83,7	86,4	86,5	80,0	88,6
Fähigkeit zu eigenverantwortlichem Handeln	71,9	69,8	74,4	76,3	64,9	80,0	74,3
Bereitschaft zu kritischem Mitdenken und zu Widerspruch	66,7	62,3	72,1	78,0	48,6	86,7	74,3
Lernfähigkeit	56,3	56,6	55,8	59,3	51,4	66,7	57,1
Arbeitsdisziplin	56,3	60,4	51,2	52,5	62,2	33,3	62,9
Engagement für den einzelnen Bürger	39,6	34,0	46,5	42,4	35,1	46,7	42,9
Verständnis für die besondere örtliche Situation	30,2	28,3	32,6	23,7	40,5	20,0	25,7
Improvisationsfähigkeit	24,0	22,6	25,6	28,8	16,2	26,7	22,9
Politische Unbelastetheit (Stasi)	17,7	11,3	25,6	13,6	24,3	6,7	20,0
Verwaltungserfahrung	10,4	15,1	4,7	6,8	16,2	6,7	5,7
Politische Unbelastetheit (SED)	2,1	1,9	2,3	0,0	5,4	0,0	0,0
Bereitschaft, Hinweisen des Leiters strikt zu folgen	2,1	1,9	2,3	3,4	0,0	13,3	0,0
Verständnis für eingespielte Denk- und Verhaltensweisen der Kollegen	1,0	1,9	0,0	0,0	2,7	0,0	0,0
Anzahl der gültigen Fälle	96	53	43	59	37	15	35

Maximal 5 Nennungen von 13 möglichen. Angaben in % von n.

9. Handlungs- und Entscheidungskriterien

Tabelle 29: Nur für Angehörige der Vertretungsinstitutionen: Woran richten Sie Ihre Mandatstätigkeit in erster Linie aus? Bitte kennzeichnen Sie die erstwichtigste und die zweitwichtigste Vorgabe.

Vorgabe	Erstwichtigstes						Zweitwichtigstes					
	Alle	Region		Soziokomm. Ebene			Alle	Region		Soziokomm. Ebene		
		BB	BF	LK	St	Ge		BB	BF	LK	St	Ge
an den Vorstellungen Ihrer Partei /politischen Vereinigung	7,3	3,8	13,3	7,1	11,1	0,0	7,3	7,7	6,7	7,1	11,1	0,0
an Ihren Wählern	14,6	23,1	0,0	7,1	11,1	33,3	7,3	7,7	6,7	7,1	5,6	11,1
an der Bürgerschaft insgesamt	29,3	19,2	46,7	28,6	33,3	22,2	7,3	7,7	6,7	0,0	11,1	11,1
an Ihrer eigenen Überzeugung	36,6	34,6	40,0	35,7	38,9	33,3	19,5	23,1	13,3	21,4	22,2	11,1
an dem politisch Machbaren in der Gemeindevertretung	4,9	7,7	0,0	0,0	5,6	11,1	17,1	19,2	13,3	14,3	16,7	22,2
an rein sachlichen Erwägungen	7,3	11,5	0,0	21,4	0,0	0,0	41,5	34,6	53,3	50,0	33,3	44,4
n	41	26	15	14	18	9	41	26	15	14	18	9

Angaben in % von n. LK = Landkreise, St = Städte, Ge = kleine Gemeinden (Ämter, Verwaltungsgemeinschaften).

Tabelle 30: Von welchen Kriterien sollte sich die Entscheidungsfindung der leitenden Verwaltungsangehörigen in erster Linie leiten lassen? Bitte nummerieren Sie das 1.-Wichtigste und das 2.-Wichtigste.

Vorgabe	1.-wichtigste	2.-wichtigste
Bemühen um sachgerechte Entscheidungen	68,6	21,6
Bemühen um Entscheidungen, die als Kompromiß von den verschiedenen Interessengruppen im kommunalen Bereich akzeptiert werden können	11,8	11,8
Bemühen um Entscheidungen, die von der politischen Mehrheitsmeinung in der Kommunalvertretung akzeptiert werden können	-	17,6
Bemühen um das Wohl der eigenen Kommune(n)	19,6	49,0

Angaben in % von n. n = 52. Nur bei der 1. Befragungsrunde in der Region Brandenburg erhoben.

Tabelle 31: Von welchen Kriterien sollte sich Ihrer Ansicht nach ein leitender Verwaltungsmitarbeiter bei *Entscheidungen* in erster Linie leiten lassen?

Vorgabe	Alle	Region BB	Region BF	Institution Verw	Institution Vertr	Personalgruppe Altp	Personalgruppe Neup
Eigenverantwortliche Suche und Nutzung von Handlungsspielräumen	76,8	80,8	72,1	75,9	78,4	73,3	76,5
Orientierung am Resultat (Kosten /Nutzen /gestelltes Arbeitsziel)	63,2	55,8	72,1	67,2	56,8	53,3	70,6
Strikte Einhaltung der gesetzlichen Vorschriften	56,8	63,5	48,8	56,9	56,8	60,0	61,8
Bemühen um möglichst „bürgerfreundliche" Einzelentscheidung	51,6	40,4	65,1	55,2	45,9	53,3	52,9
Weisung des Vorgesetzten	13,7	13,5	14,0	12,1	16,2	13,3	11,8
Orientierung an Tradition und entsprechender Stimmungslage im Ort	11,6	15,4	7,0	10,3	13,5	20,0	5,9
n	95	52	43	58	37	15	34

Maximal 3 Nennungen von 6 möglichen. Angaben in % von n. Vergleich zwischen Regionen (Brandenburg, Bitterfeld), Institutionen (Verwaltungen, Vertretungen) und Verwaltungspersonalgruppen (leitendes Verwaltungsalt- und -neupersonal).

Tabelle 32: Wie handeln Sie tatsächlich bei komplizierten Einzelentscheidungen, die in Ihren Zuständigkeitsbereich fallen?

Vorgabe	Gesamt	Alt-personal	Neu-personal	West-personal
Nehme meine Entscheidungsmöglichkeiten voll wahr	5,0	3,6	4,7	8,3
Berate mich als Leiter mit meinen Fachkollegen des Amts- (Dezernats)bereiches	6,9	7,1	7,3	5,0
Berate mich mit Kollegen auch anderer Bereiche der Verwaltung	5,2	6,4	5,2	3,3
Sichere mich lieber durch die Meinung des Vorgesetzten bzw. der Aufsichtsbehörde ab	-4,3	-2,9	-5,0	-3,9
Berate mich mit Ausschußmitgliedern der Kommunalvertretung	1,6	3,6	2,1	-3,8
n	54	14	32	9

Frage nur an leitendes Verwaltungspersonal gestellt. Angabe der Mittelwerte: +10 (trifft stark zu), +5 (trifft eher zu), -5 (trifft eher nicht zu), -10 (trifft gar nicht zu).

Tabellenanhang

Tabelle 33: Wie sollte sich ein Mitglied der kommunalen Verwaltung / der kommunalen Vertretung bei Entscheidungen verhalten? Bitte nur eine der beiden Möglichkeiten nennen.

Vorgabe	Alle	Institution		Verwaltung		
		Verw	Vertr	Altp	Neup	Westp
Er (sie) sollte klare Ziele und Standpunkte verfechten und für deren Durchsetzung kämpfen	47,4	41,7	56,8	37,5	42,9	44,4
Er (sie) sollte den Kompromiß suchen und Verhandlungslösungen anstreben	52,6	58,3	43,2	62,5	57,1	55,6
n	97	60	37	16	35	9

Angaben in % von n. Leitungspersonal in den genannten Institutionen.

10. Verwaltungshilfe

Tabelle 34: Welche Formen der Verwaltungshilfe betrachten Sie auf Grund Ihrer Erfahrungen als die geeignetsten? Bitte stellen Sie eine Rangfolge her.

Vorgabe	Rangfolge
(Mindestens mehrwöchiges) Praktikum von Angehörigen einer Verwaltung aus den neuen Ländern in einer Verwaltung der alten Länder	1.
Für befristete Zeit in der Verwaltung tätiger Westbeamter	2.
Möglichkeit, einen Kollegen in westdeutscher Verwaltung telefonisch zu konsultieren	3.
Auf Dauer eingestellter „Westbeamter"	4.

Angaben der Rangfolgen. n = 89.

Tabelle 35: Verwaltungshilfe aus der Sicht der unterschiedlichen Regionen, Institutionen und Verwaltungspersonalgruppen

	Alle	Region		Institution		Verwalt.-personal	
		BB	BF	Verw	Vertr	Altp	Neup
Für befristete Zeit in der Verwaltung tätiger Westbeamter	279	291	263	259	309	262	263
(Mindestens mehrwöchiges) Praktikum von Angehörigen einer Verwaltung aus den neuen Ländern in einer Verwaltung der alten Länder	303	306	300	294	317	294	309
Möglichkeit, einen Kollegen in westdeutscher Verwaltung telefonisch zu konsultieren	256	251	263	272	232	275	278
Auf Dauer eingestellter „Westbeamter"	167	163	173	183	143	175	167
n	89	49	40	54	35	16	33

1. Priorität = 4 Punkte ... 4. Priorität = 1 Punkt. Summe der Punkte = S. Angaben in % S von n.

11. Umgang mit neuen Rechtsregeln

Tabelle 36: Wenn Sie Ihre kommunalen Arbeitserfahrungen hinsichtlich der neuen rechtlichen Regelungen überdenken, wie beurteilen Sie die folgenden Aussagen?

Vorgabe / n	Alle	Region		Institution		Verwaltung	
		BB	BF	Verw	Vertr	Altp	Neup
Wenn man die neuen rechtlichen Regelungen erst mal durchschaut hat, dann kann man damit auch flexibel arbeiten (94)	2,7	3,5	1,9	3,2	2,0	3,8	3,1
Die neuen Rechtsregeln sind zu starr (93)	0,8	0,9	0,6	1,1	0,1	-0,3	1,9
Die neuen Rechtsregeln sind ein Gewinn für unsere Arbeit, weil wir damit mehr Rechtssicherheit haben (94)	3,0	2,9	3,2	3,9	1,7	5,0	4,1
Die neuen Regelungen sind so umfangreich und kompliziert, daß wir trotz intensiver Einarbeitung damit noch nicht zurecht kommen (93)	-1,9	-1,5	-2,4	-3,2	0,0	-4,4	-2,6
Es wäre besser gewesen, für das kommunale Handeln einige rechtliche Regelungen aus der ehemaligen DDR beizubehalten (93)	-1,6	0,7	-4,1	-3,3	1,1	-3,4	-3,1
Einige der neuen rechtlichen Regelungen entsprechen nicht den realen Problemen der Gemeinden in den neuen Bundesländern (92)	3,9	3,8	4,0	3,5	4,4	2,0	3,9

Trifft stark zu = 10, trifft eher zu = 5, trifft eher nicht zu = -5, trifft gar nicht zu = -10; Mittelwerte der Antworten. Frage nur an Ostdeutsche (Verwalter und Politiker) gerichtet.

Tabellenanhang

Tabelle 37: Wenn Sie Ihre kommunalen Arbeitserfahrungen hinsichtlich der neuen rechtlichen Regelungen überdenken, wie beurteilen Sie die folgenden Aussagen? (Nur ostdeutsche Verwaltungsführungspersonen)

Vorgabe / (n)	Alle	Region BB Alt		Region BB Neu	
		Alt	Neu	Alt	Neu
Wenn man die neuen rechtlichen Regelungen erst mal durchschaut hat, dann kann man damit auch flexibel arbeiten (57)	3,2	5,0	4,2	2,1	2,5
Die neuen Rechtsregeln sind zu starr (57)	1,1	1,1	2,5	-2,1	1,7
Die neuen Rechtsregeln sind ein Gewinn für unsere Arbeit, weil wir damit mehr Rechtssicherheit haben (58)	3,9	4,4	3,9	5,7	4,2
Die neuen Regelungen sind so umfangreich und kompliziert, daß wir trotz intensiver Einarbeitung damit noch nicht zurecht kommen (56)	-3,2	-3,3	-1,3	-5,7	-3,3
Es wäre besser gewesen, für das kommunale Handeln einige rechtliche Regelungen aus der ehemaligen DDR beizubehalten (57)	-3,3	-1,1	-1,2	-6,4	-4,2
Einige der neuen rechtlichen Regelungen entsprechen nicht den realen Problemen der Gemeinden in den neuen Bundesländern (56)	3,5	4,4	3,1	0,7	4,4

Trifft stark zu = 10, trifft eher zu = 5, trifft eher nicht zu = -5, trifft gar nicht zu = -10. Mittelwerte der Antworten.

12. Verwaltungshandeln vor und nach der Wende

Tabelle 38: Erweisen sich die Erfahrungen von Kolleginnen und Kollegen, die bereits vor 1990 in der Verwaltung tätig waren, als nützlich?

Vorgabe	Alle	Region Brandenburg	Region Bitterfeld
nützlich	48,4	40,0	52,4
sowohl nützlich als auch hemmend	16,1	10,0	19,0
weder nützlich noch hemmend	12,9	10,0	14,3
hemmend	12,9	20,0	9,5
weiß ich nicht	9,7	20,0	4,8
n	31	10	21

Frage nur an ostdeutsches leitendes Verwaltungsneupersonal gerichtet. Angaben in % von n.

Tabelle 39: Wenn Sie im Rückblick das Verwaltungshandeln vor der „Wende" mit dem heutigen Verwaltungshandeln vergleichen, worin sehen Sie die Unterschiede?

Vorgabe	M
Pflichterfüllung	0,0
Arbeitswille	3,8
Beachtung rechtlicher Vorgaben	4,1
Arbeitsüberlastung	6,2
Umfangreiche Aktenführung	7,3
Strikte Unterordnung unter fachliche Anweisung „von oben"	-6,2
Möglichst im Einzelfall unbürokratische Regelungen finden	-1,9
Kooperation mit anderen Verwaltungsabteilungen über den „Dienstweg"	4,6
Kooperation mit anderen Verwaltungsabteilungen über direkte, persönliche Kontakte	-2,3
Kritikbereitschaft gegenüber Anweisungen „von oben"	3,2
Konkurrenzudenken gegenüber Kollegen	6,5
Kollegialer Umgang mit dem Vorgesetzten	-2,0
Motivation im Interesse des Gemeinwohls	1,4
Freundlicher Umgang mit den Bürgern	1,8
Eingespielter Teamgeist unter den Kollegen	-1,5
Orientierung am Wohl der Kommune	1,9
Auf Gegenseitigkeit beruhende Zusammenarbeit mit der Wirtschaft	0,0

Frage nur an diejenigen gerichtet, die bereits vor 1990 in der DDR-Verwaltung tätig waren. Angabe der Mittelwerte: Vor der Wende stärker ausgeprägt = -10, gleich ausgeprägt = 0, nach der Wende stärker ausgeprägt = +10. Gültige Fälle: 22. Negative Zahlen kennzeichnen einen stärker *vor*, positive Zahlen einen stärker *nach* der Wende ausgeprägten Aspekt.

13. Handlungshindernisse

Tabelle 40: Welches sind die größten Handlungshindernisse, auf die Ihrer Meinung nach die Kommunalvertretung bei der Lösung dieser Probleme stößt?

Vorgabe / n	Alle	Region		Soziokomm. Ebene		
		BB	BF	LK	Stadt	Gem
fehlende Finanzmittel	80,2	79,6	80,9	78,8	80,5	81,5
ungelöste Eigentums- und Vermögensfragen	73,3	68,5	78,7	63,6	73,2	85,2
schleppende Bearbeitung von Aufgaben durch übergeordnete Behörden	47,5	51,9	42,6	51,5	34,1	63,0
Treuhandanstalt	46,5	46,3	46,8	51,5	36,6	55,6
Unverständnis für örtliche Problemwahrnehmung bei übergeordneten Behörden	34,7	44,4	23,4	51,5	17,1	40,7
Informationsdefizite	32,7	25,9	40,4	33,3	39,0	22,2
fehlende Investoren	28,7	31,5	25,5	24,2	26,8	37,0
fehlendes bzw. unzureichend qualifiziertes Personal	26,7	29,6	23,4	18,2	39,0	18,5
Unsicherheit über Personalveränderungen	25,7	25,9	25,5	42,4	22,0	11,1
mangelhafte Ablauforganisation in der eigenen Verwaltung	24,8	18,5	31,9	15,2	34,1	22,2
alte „Seilschaften" (Verwaltung? Politik? Wirtschaft?)	21,8	18,5	25,5	24,2	22,0	18,5
lokale Parteiinteressen	15,8	13,0	19,1	18,2	24,4	0,0
Verständigungsschwierigkeiten zwischen Verwaltungsressorts	14,9	16,7	12,8	12,1	24,4	3,7
Verständigungsschwierigkeiten zwischen „Ost-" und „West"-personal	11,9	13,0	10,6	12,1	17,1	3,7
Druck wirtschaftlicher Interessengruppen	10,9	9,3	12,8	15,2	9,8	7,4
partikulare Bürgerinteressen	8,9	7,4	10,6	3,0	12,2	11,1
Verständigungsschwierigkeiten zwischen „Alt-" und „Neu"-Personal	7,9	3,7	12,8	0,0	9,8	14,8
n	101	54	47	33	41	27

Maximal 7 Nennungen von 17 möglichen. Vergleich zwischen Regionen (Brandenburg, Bitterfeld), Soziokommunalen Ebenen (Landkreis, Städte über 15.000 EW, Gemeinden). Angaben in % von n.

14. Soziopolitische Einbettung / Einflüsse / Kontakte / Informationen

Tabelle 41: Von wem erhalten Sie für Ihre Initiativen in der Kommunalvertretung bzw. in der Kommunalverwaltung Anregungen und Denkanstöße?

Vorgabe	Alle	Institution	
		Verwaltung	Vertretung
aus Ihrer Partei bzw. politischen Vereinigung	-2,4	-3,5	-1,2
aus Vereinen	-2,0	-2,3	-3,5
aus Berufs- und Interessenverbänden	-3,5	-2,5	-4,6
aus Wohlfahrtsorganisationen	-5,6	-5,7	-5,2
aus Presse bzw. Medien	-1,7	-1,7	-1,7
von Bürgern	3,3	1,8	5,2
aus der eigenen Kommunalvertretung	3,2	2,9	3,6
aus der eigenen Verwaltung	2,5	4,3	0,4
aus der Kirche	-6,3	-5,7	-6,9
von Unternehmen	-1,5	-2,0	-1,0
n	52	28	24

Mittelwerte der Antworten: Stimme stark zu = 10, stimme eher zu = 5, stimme eher nicht zu = -5, stimme gar nicht zu = -10. Nur bei der ersten Befragungsrunde in der Region Brandenburg erhoben. Unterscheidung nach Institutionen (Verwaltung, Vertretung).

Tabellenanhang

Tabelle 42: Wie beurteilen Sie den Einfluß folgender Akteure auf die kommunale Entscheidungstätigkeit?

	Alle	Region		Ebene			Institution		Pers.gr.	
		BB	BF	LK	S	G	VW	VT	Alt	Neu
Kommunalvertretung insgesamt	3	3	4	2	3	4	3	3	2	4
Verwaltung als Ganzes	5	4	6	5	5	5	6	4	6	5
politisches „Oberhaupt" der Verwaltung (z.B. BM, OB, LR)	3	3	4	3	4	2	3	4	1	3
Hauptverwaltungsbeamter (nur für Ämter, Verwaltungsgemeinschaften)	-	-	-	-	-	5	-	-	-	-
wichtigste Ausschüsse der Kommunalvertretung	3	3	3	2	4	3	3	3	2	4
Wirtschaftsunternehmen / Wirtschaftsverbände	-2	-2	-2	-1	0	-6	-2	-2	-3	-2
Bürgervereine und soziale Gruppen	-3	-2	-4	-5	-3	-3	-3	-4	-5	-2
Wohlfahrtsverbände	-5	-5	-6	-5	-4	-8	-5	-6	-6	-5
Parteien bzw. deren lokale Führungsgruppen	-2	-3	0	0	-1	-5	-1	-2	-2	-2
Gewerkschaften	-7	-6	-8	-6	-7	-8	-7	-8	-7	-7
Bauunternehmen /Bauplanungsbüros o.ä.	-3	-3	-2	-2	-2	-4	-3	-2	-5	-2
Rechtsanwälte /Juristen außerhalb der Kommunalverwaltung	-6	-5	-6	-4	-5	-7	-6	-5	-6	-5
lokale Presse	-2	-2	-3	-2	0	-7	-2	-2	-3	-2
Kirche	-6	-6	-6	-5	-6	-8	-6	-6	-5	-7
n	90	48	41	29	35	26	54	36	13	33

Sehr stark = 10, eher stark = 5, eher schwach = -5, sehr schwach = -10. Angabe der Mittelwerte. Unterscheidung nach Regionen (Brandenburg, Bitterfeld), soziokommunalen Ebenen (Landkreis, Stadt, Gemeinde), Institutionen (Verwaltung, Vertretung) und Personalgruppen der Verwaltung (Alt- und Neupersonal).

Tabelle 43: Sind die Bürger nach Ihren Erfahrungen an der Arbeit der Kommunalvertretungen interessiert?

sehr interessiert	etwas interessiert	eher nicht interessiert	so gut wie überhaupt nicht interessiert
9,3	14,0	55,8	20,9

Frage nur an Führungspersonen in Vertretungsinstitutionen gestellt. Angaben in % von n. n = 41.

Tabelle 44: Glauben Sie, daß die Bevölkerung die Arbeit der Kommunalvertretung im großen und ganzen schätzt?

ja, ganz bestimmt	eher ja	eher nein	nein, ganz bestimmt nicht
4,8	31,0	64,3	0,0

Frage nur an Führungspersonen in Vertretungsinstitutionen gestellt. Angaben in % von n. n = 41.

Tabelle 45: Welche Informationsquellen nutzen Sie vorrangig für Ihre kommunale Tätigkeit? (Max. 5 Nennungen)

Vorgabe	Gesamt	Verwaltung	Vertretung
Informationswege der eigenen Verwaltung	77	77	77
Informationsmaterial von Landesministerien	52	73	31
Bürgergespräche	39	27	50
Fachzeitschriften	35	42	27
Fachseminare in West- oder Ostdeutschland	31	46	15
westdeutsche Partnerkommune	29	35	23
kommunale Spitzenverbände (z.B. Städtetag; Landkreistag)	29	35	23
Informationsmaterial von Bundesministerien	29	31	27
Fachinformationen von Parteien	29	15	42
KGSt-Informationen	21	23	19
westdeutsche Kollegen in der eigenen Verwaltung	17	15	19
ostdeutsche Kollegen, die bereits vor 1990 im Dienst standen	12	8	15
ostdeutsche Kollegen, die seit 1990 neu im Dienst standen	12	4	19
Informationen der örtlichen Interessengruppen bzw. Vereine	12	15	8
Information und Beratung durch Private (z.B. Ingeneurbüros)	12	15	8
Sonstige	2	4	0
n	52	26	26

Nur bei der 1. Befragungsrunde in der Region Brandenburg erhoben. Angaben in % von n.

Tabelle 46: Wie häufig haben Sie (direkten oder telefonischen) Kontakt zu den folgenden Personen und Institutionen?

Vorgabe / (n)	fast täglich	ca. wöchentlich	ca. monatlich	ca. viertel- oder halbjährl.	so gut wie überhaupt nicht
Fraktionsvorsitzende der Kommunalvertretung(en) (89)	5	26	**42**	11	17
Ausschußvorsitzende der Kommunalvertretung(en) (94)	1	32	**50**	9	9
Bürger im individuellen Gespräch (95)	**56**	23	8	7	5
Bürger bei Veranstaltungen und Gesprächsrunden (95)	2	15	**42**	*31*	11
Örtliche Interessengruppen, Vereine, Verbände (93)	3	19	**44**	*24*	10
Nur für Kreisebene: Verwaltungen kreisangehöriger Gemeinden (13)	15	*31*	15	*31*	8
Nur für Kreisebene: Abgeordnete kreisangehöriger Gemeinden (13)	15	23	23	**39**	0
Nur für Gemeindeebene: Mitarbeiter der Kreisverwaltung (23)	13	**48**	*26*	13	0
Nur für Gemeindeebene: Abgeordnete des Kreistages (20)	0	15	*30*	10	**45**
Nur für Gemeindeebene: Abgeordnete bzw. Verwaltungen anderer Gemeinden im Kreis (19)	0	*21*	*21*	**53**	5
Mitarbeiter der Landesbehörden (42)	0	10	*26*	**33**	*31*
Abgeordnete des Landtages (42)	0	14	14	*31*	**41**
Wirtschaftsunternehmen (42)	12	**26**	14	*24*	*24*
Medien (39)	5	*21*	*23*	**33**	18

Angabe in % von n. Felder mit höchstem Zeilenprozent = fett, weitere Felder über 20 Zeilenprozent = kursiv.

Tabelle 47: Kontakthäufigkeit, differenziert nach Institution (Verwaltung, Vertretung) und Verwaltungspersonalgruppen (Altpersonal, Neupersonal)

Vorgabe / n	Alle	Institution		Verwaltungsgruppen	
		Verw	Vertr	Altp	Neup
Fraktionsvorsitzende der Kommunalvertretung(en) (89)	3,1	3,5	2,4	4,0	3,4
Ausschußvorsitzende der Kommunalvertretung(en) (94)	2,9	3,1	2,7	3,1	3,1
Bürger im individuellen Gespräch (95)	1,8	1,9	1,7	2,1	1,9
Bürger bei Veranstaltungen und Gesprächsrunden (95)	3,3	3,4	3,3	3,5	3,4
Örtliche Interessengruppen, Vereine, Verbände (93)	3,2	3,1	3,3	3,6	3,1
Nur für Kreisebene: Verwaltungen kreisangehöriger Gemeinden (13)	2,9	(2,8)	(3,0)	(2,0)	(3,2)
Nur für Kreisebene: Abgeordnete kreisangehöriger Gemeinden (13)	2,9	(3,4)	(2,0)	(4,0)	(3,4)
Nur für Gemeindeebene: Mitarbeiter der Kreisverwaltung (23)	2,4	2,3	(2,7)	(2,3)	2,3
Nur für Gemeindeebene: Abgeordnete des Kreistages (20)	3,9	4,1	(2,8)	(4,3)	4,2
Nur für Gemeindeebene: Abgeordnete bzw. Verwaltungen anderer Gemeinden im Kreis (19)	3,4	3,3	(4,0)	(3,7)	3,3
Mitarbeiter der Landesbehörden (42)	3,9	3,8	4,0	(3,8)	4,0
Abgeordnete des Landtages (42)	4,0	4,3	3,2	(4,7)	4,4
Wirtschaftsunternehmen (42)	3,2	3,2	3,3	(4,3)	2,9
Medien (39)	3,4	3,6	3,0	(3,7)	3,5

Angaben der Mittelwerte: 1 = fast täglich, 2 = ca. wöchentlich, 3 = ca. monatlich, 4 = ca. vierteljährlich, 5 = so gut wie überhaupt nicht. Angabe der Mittelwerte. Bei Fallzahlen unter 10 sind die Mittelwerte eingeklammert. Je geringer jeweils die Zahl in der Tabelle ist, desto höher die Kontaktdichte.

15. Verhältnis Vertretung – Verwaltung

Tabelle 48: Wie beurteilen Sie die Entscheidungstätigkeit in Kommunalvertretung und -verwaltung?

Vorgabe	Alle	Region		Ebene			Institution		Persgr.	
		BB	BF	LK	S	Ge	VW	VT	Alt	Neu
Entscheidungsfindung wird zu sehr von parteipolit. Konflikten u.Interessen bestimmt	-3	-4	-1	-3	2	-8	-2	-4	-2	-1
Beratungen in der Kommunalvertretung sind nur noch Formsache, weil die Entscheidungen bereits in den Ausschüssen gefallen sind	-3	-3	-2	-2	0	-7	-4	-1	-4	-4
Kommunalvertretung kümmert sich zu wenig um spezifisch örtliche Interessen und Stimmungen	-5	-5	-6	-6	-3	-6	-6	-4	-8	-6
In wichtigen Fragen findet sich in der Kommunalvertretung ein Zusammenspiel zwischen Mehrheits- und Minderheitsfraktionen	4	3	5	6	1	4	5	3	5	4
Kommunale Verwaltung arbeitet gut mit kommunaler Vertretung zusammen	6	6	6	6	5	7	6	5	6	6
Die Verwaltung trifft zum Teil Entscheidungen im „Alleingang" und stellt die Kommunalvertretung vor vollendete Tatsachen	-4	-4	-3	-3	-2	-6	-4	-3	-4	-5
Eigentlich gibt es höchstens 2 od. 3 Personen, die die Entscheidungen der Kommune prägen	0	0	1	-2	2	2	0	1	-2	-1
n	93	51	44	33	34	27	54	38	14	33

Stimme stark zu = 10, stimme eher zu = 5, stimme eher nicht zu = -5, stimme gar nicht zu = -10. Mittelwerte der Antworten. Unterscheidung nach Regionen (Brandenburg, Bitterfeld), soziokommunalen Ebenen (Landkreis, Stadt, Gemeinde), Institution (Verwaltung, Vertretung) und Personalgruppen der Verwaltung (leitendes Alt- und Neupersonal).

16. Beziehungen Kreis – Amt / Verwaltungsgemeinschaft – Gemeinde

Tabelle 49: Bewerten Sie bitte die folgenden Aussagen zur Tätigkeit der Kreisverwaltung:

Vorgabe	Alle	Region		Institution	
		BB	BF	Verw	Vertr
In der Regel gibt es einen guten Einklang zwischen unseren kommunalen Interessen und der Tätigkeit der Kreisverwaltung	3,9	5,3	3,1	4,3	3,1
In Fragen der kommunalen Selbstverwaltung mischt sich die Kreisverwaltung oft zu stark ein	-2,1	-1,1	-2,7	-1,7	-2,8
Kreisverwaltung weiß oftmals gar nicht, was in den Kommunen los ist	-5,8	-4,5	-6,6	-5,7	-5,9
Kommunen müssen oftmals viel zu lange auf Entscheidungen der Kreisverwaltung warten	-0,6	1,1	-1,7	-0,3	-1,3
Einige Entscheidungen der Kreisverwaltung stehen im Gegensatz zu unseren kommunalen Interessen	-1,8	-3,7	0,6	-2,3	0,6
n	51	19	32	35	16

Angabe der Mittelwerte: +10 =stimme stark zu, +5 = stimme eher zu, -5 = stimme eher nicht zu, -10 = stimme gar nicht zu. Frage nur an Verwalter und Politiker kreisangehöriger Gemeinden /Ämter /Verwaltungsgemeinschaften gestellt. Aufgeschlüsselt nach Regionen (Brandenburg, Bitterfeld) und Institutionen (Verwaltung, Vertretung).

Tabelle 50: Bewerten Sie bitte die folgenden Aussagen zur Tätigkeit der kreisangehörigen Gemeinden:

Vorgabe	Alle	Region		Institution	
		BB	BF	Verw	Vertr
In der Regel gibt es einen guten Einklang zwischen den Interessen des Kreises und der Tätigkeit der Gemeinden	3,8	3,8	3,6	3,1	4,6
Zur Ausübung der bestehenden Rechte kommunaler Selbstverwaltung (z.B. Bebauungspläne, Flächennutzungspläne) sind die Gemeinden vielfach nicht im Stande	2,2	1,9	2,8	3,8	0,4
Gemeinden /Ämter /Verwaltungsgemeinschaften wollen oft noch durch den Kreis „an die Hand genommen" werden	1,0	1,7	-0,5	1,2	0,7
Einige Entscheidungen von Gemeinden stehen im Gegensatz zu den Interessen des Kreises	-0,5	-2,3	3,3	0,0	-1,2
Gemeinden brauchen oft zu lange, um notwendige Entscheidungen zu treffen	-1,6	-1,3	-2,2	-0,3	-3,1
n	30	20	10	16	14

Angabe der Mittelwerte: +10 =stimme stark zu, +5 = stimme eher zu, -5 = stimme eher nicht zu, -10 = stimme gar nicht zu. Frage nur an Verwalter und Politiker der Kreisverwaltungen / der Kreistage gestellt. Aufgeschlüsselt nach Regionen (Brandenburg, Bitterfeld) und Institutionen (Verwaltung, Vertretung).

Tabelle 51: Welchen Einfluß übt die Bildung des Amtes / der Verwaltungsgemeinschaft auf die Wahrnehmung der kommunalen Selbstverwaltung aus?

Vorgabe	Alle	Region		Institution	
		BB	BF	Verw	Vertr
erleichtert die Lösung von Problemen der Gemeinde	5,6	6,4	3,8	4,1	8,0
hilft, die eigene Gemeinde als Ansprechpartner der dort lebenden Menschen zu erhalten	2,3	2,8	1,3	0,9	4,5
erschwert eher die Lösung örtlicher Probleme	-5,2	-6,4	-2,5	-3,8	-7,5
Die Selbstverwaltung der Gemeinde(n) wird eigentlich ausgehöhlt, da die Entscheidungen ja woanders getroffen werden	-3,7	-3,9	-3,1	-2,8	-5,0
Das Amt /die VG bestimmt letztlich weitgehend, was in den angehörigen Gemeinden zu tun ist	-5,2	-6,1	-2,9	-5,3	-5,0
Die Gemeinden bestimmen letztlich weitgehend, was die Amtsverwaltung /Verwaltung der VG zu tun hat	2,4	2,5	2,1	4,0	0,0
n	26	18	8	16	10

Angaben der Mittelwerte (+10 = stimme stark zu, +5 = stimme eher zu, -5 = stimme eher nicht zu , -10 = stimme gar nicht zu. Frage an Ämter und amtsangehörige Gemeinden bzw. Verwaltungsgemeinschaften und deren Gemeinden gestellt. Aufschlüsselung nach Regionen (Brandenburg und Bitterfeld), Institutionen (Verwaltungen, Vertretungen).

17. Bewertung der Landesbehörden

Tabelle 52: Bewerten Sie bitte die folgenden Aussagen zur Tätigkeit der Landesbehörden:

Vorgabe	Alle	Region		Soziokomm. Ebene			Institution	
		BB	BF	LK	S	Ge	VW	VT
In der Regel gibt es einen guten Einklang zwischen unseren kommunalen Interessen und der Tätigkeit der Landesbehörden	-0,2	-1,5	1,7	-1,6	1,5	-0,6	0,6	-1,5
In Fragen der kommunalen Selbstverwaltung mischen sich Landesbehörden oft zu stark ein	0,1	1,6	-1,9	1,1	-2,0	1,3	-0,1	0,5
Landesbehörden wissen oftmals nicht, was in den Kommunen los ist	2,3	3,8	0,1	3,2	0,5	3,1	2,5	1,9
Kommunen müssen oftmals viel zu lange auf Entscheidungen von Landesbehörden warten	5,6	6,3	4,7	4,3	5,3	7,5	5,7	5,6
Einige Entscheidungen von Landesbehörden stehen im Gegensatz zu unseren kommunalen Interessen	1,9	3,5	0,6	3,8	1,0	0,6	2,6	0,8
n	88	51	37	31	31	26	54	34

Angabe der Mittelwerte: Stimme stark zu = 10, stimme eher zu = 5, stimme eher nicht zu = -5, stimme gar nicht zu = -10. Aufschlüsselung nach Regionen (Brandenburg, Bitterfeld), soziokommunaler Ebene (Landkreis, Stadt, Gemeinde), Institution (Verwaltung, Vertretung).

Tabelle 53: Bewerten Sie bitte die folgenden Aussagen zur Tätigkeit der Landesbehörden (Unterscheidung von CDU- und SPD-Anhängern):

Vorgabe	Alle	Region BB CDU	Region BB SPD	Region BF CDU	Region BF SPD
In der Regel gibt es einen guten Einklang zwischen unseren kommunalen Interessen und der Tätigkeit der Landesbehörden	-0,2	-2,9	0,3	1,4	3,0
In Fragen der kommunalen Selbstverwaltung mischen sich Landesbehörden oft zu stark ein	0,1	3,3	0,0	-3,2	2,5
Landesbehörden wissen oftmals nicht, was in den Kommunen los ist	2,3	3,8	3,8	-1,1	0,0
Kommunen müssen oftmals viel zu lange auf Entscheidungen von Landesbehörden warten	5,6	5,9	4,7	6,4	0,8
Einige Entscheidungen von Landesbehörden stehen im Gegensatz zu unseren kommunalen Interessen	1,9	6,3	2,1	0,4	1,7
Mittlere Anzahl der gültigen Fälle	88	12	17	14	6

Angabe der Mittelwerte: Stimme stark zu = 10, stimme eher zu = 5, stimme eher nicht zu = -5, stimme gar nicht zu = -10. Unterscheidung von SPD-orientierten und CDU-orientierten Befragten gemäß der „Sonntagsfrage" in den Regionen Brandenburg und Bitterfeld.

18. Strukturen und Personal (ausgewählte Beispiele)

a) Strukturen und Personal bis 1989:

Tabelle 54: Struktur der Stadtverwaltung Bitterfeld und jeweilige Anzahl der Beschäftigten (Kernverwaltung) im Jahre 1984

Nr.	Bereich	Beschäftigte
1	Bürgermeister	4
2	Sekretär des Rates	12
3	Stellv. des BM für Inneres	6
4	Finanzen und Preise	6
5	Stellv. des BM für Planung	2
6	Bauwesen	4
7	Wohnungswirtschaft	4
8	Umweltschutz und Wasserwirtschaft	2
9	Verkehr und Energie	2
10	Handel und Versorgung	2
11	Örtliche Versorgungswirtschaft	2
12	Volksbildung, Kultur, Körperkultur und Sport	7
13	Gesundheits- und Sozialwesen	2
Gesamtzahl		55

Tabelle 55: Nachgeordnete Einrichtungen der Stadt Bitterfeld in den 80er Jahren

Nachgeordnete Einrichtung	Anzahl derVbE
ÖVW Komplexbrigade Bedürfnisanstalt	8
Kindergärten (technisches Personal)	14
Schulen, Internate (technisches Personal, Küchen)	98
Klubhaus der Jugend	8
Stadt- und Kreisbibliothek	12
Volksschwimmhalle	19
Sommerbad	7
Kegelbahn	1
Stadion	2
Sportlerheim	3
Gemeindeschwestern	5
SV-Bad	8
Gesamt VbE (Vollbeschäftigteneinheiten)	185

Tabellenanhang 257

Tabelle 56: Struktur der Stadtverwaltung Brandenburg und jeweilige
Anzahl der Beschäftigten (Kernverwaltung, ohne Verwaltungen
der Einrichtungen) im Jahre 1989

Nr.	Bereich	Beschäftigte
1	Oberbürgermeister (u.a. Stab der Zivilverteidigung)	17
2	1. Stellv. des Oberbürgermeisters (u.a. Abt. Kader und Bildung, Instrukteurabteilung, Informationszentrale)	13
3	Stadtplankommission (Standortplanung, Plankoordinierung, gesellschaftliches Arbeitsvermögen, soz. Gemeinschaftsarbeit, Berufsausbildung, Unterricht und Erziehung, Berufs-, Studienberatung und Ökonomie)	23
4	Innere Angelegenheiten (Genehmigungsangelegenheiten, Wiedereingliederung, kriminell gefährdete Bürger, Stadtarchiv, Kirchenfragen, Brandschutz)	34
5	Handel und Versorgung	11
6	Sekretär des Rates (Öffentlichkeitsarbeit, Allgemeine Verwaltung, BPO, BGL, Kraftfahrzeuge, Poststelle, Hausinspektor)	25
7	Finanzen und Preise (Staat.Eigentum, Gehaltsstelle, Volkseigene Wirtschaft, Staatshaushalt, ges. Konsumtion, Steuern, Gewerbetreibende, Buchhaltung, Preise)	62
8	Stadtbauamt (Stadtbaudirektor, Bevölkerungs- bauwerke, Eigenheimbau, , Grünplanung, komplexer Wohnungsbau, Stadtplanung)	23
9	Wohnungspolitik/Wohnungswirtschaft (Außenstellen, Wohnungstauschzentrale)	29
10	Amt für Arbeit (Arbeitskräftedatei, Bürgerberatung, Einkommens- und Sozialpolitik)	18
11	Örtliche Versorgungswirtschaft (Planung, Bilanzierung, Ökonomie, Sekundärrohstoffe, Stadtfunk, Stadtinspektion)	21
12	Energie	5
13	Verkehrs- und Nachrichtenwesen (Nachrichtenwesen, Verkehrswesen, Transport)	8
14	Umweltschutz und Wasserwirtschaft ((Wasser wirtschaft, Naturschutz, Landwirtsch.	7
15	Erholungswesen	3
16	Volksbildung (Schulinspektoren, Vorschulerziehung, Lehrerbildung, Jugendhilfe, Pädagogisches Kreiskabinett)	29
17	Kultur	11
18	Jugendfragen, Körperkultur und Sport	8
19	Gesundheits- und Sozialwesen (Ökonomie, Mutter und Kind, Gesundheitsschutz, kinderreiche Familien, medizinalstatistisches Büro)	19
Gesamtzahl		366

b) Vergleich Kernverwaltungen Vor- und Nachwendezeit:

Tabelle 57: Beschäftigtenzahl kommunaler Kernverwaltungen im Vergleich der Jahre 1989 und 1993

Kommunale Institutionen (nur Kernverwaltung)	1989	1993
Kreisverwaltung Bitterfeld	315 (1)	457 (2)
Stadtverwaltung Bitterfeld	55 (3)	97 (4)
Kreisverwaltung Brandenburg	273 (5)	288 (6)
Stadtverwaltung Brandenburg	366 (7)	1290 (8)

1 Laut Referat des Landrates, Kreistagssitzung am 20.12.90. Die Zahlenangabe von 315 bezieht sich auf den 31.5.1990.
2 Laut Haushaltsplan 1993.
3 Laut Stellenplan der Stadtverwaltung von 1984. Dieser ist zeitlich der jüngste, der im Zeitraum vor 1990 vorliegt. Aus den Archivunterlagen ist jedoch erkennbar, daß die Stellenzahl der Stadtverwaltung in den 70er und 80er Jahren kaum verändert wurde.
4 Stand vom 30.6.93 laut Aufstellung des Hauptamtes. Von den damals 342 Beschäftigten der Stadt insgesamt sind hier nur jene Beschäftigte erfaßt, die in den Bereich der Kernverwaltung gehören.
5 Laut Referat des Landrates, Kreistagssitzung vom 18.7.90.
6 Stand vom 1.7.93 laut Auskunft Pressesprecher
7 Berechnet nach dem damaligen Telefonbuch der Stadtverwaltung. Verwaltungen der nachgeordneten Einrichtungen nicht einbezogen.
8 Geschätzte Zahl; Verwaltungen der nachgeordneten Einrichtungen sind einbezogen.

c) Zeitreihen Stellenindizes:

Tabelle 58: Stellen pro 1000 Einwohner in den einzelnen Verwaltungen, einschließlich ihrer nachgeordneten Einrichtungen (ohne ABM)

Instit.	EW	1991		1992		1993		1994		1995	
		Stellen	Index	Stellen	Index	Stellen	Index	Stellen	Index	Stellen	Index
Stadt BB	88750	3952	44,5	3002	34,1	2804	31,4	2531	28,5	2255	25,4
Kreis BB	35383	586	16,6	-	-	446	12,6	-	-	-	-
Kreis PM	171000	-	-	-	-	-	-	1245	7,3	1250	7,3
Stadt BF	17470	495	28,3	466	26,7	342	19,6	263	15,1	261	14,9
Kreis BF	117593	884	7,5	770	6,5	713	6,1	683	5,8	651	5,5

BB = Brandenburg, BF = Bitterfeld, PM = Potsdam-Mittelmark, Instit. = Institution, EW = Einwohner, Index = Stellenzahl pro 1000 EW

Tabellenanhang

Tabelle 59: Stellen pro 1000 Einwohner in den einzelnen Kernverwaltungen

Instit.	EW	1989		1991		1992		1993		1994		1995	
		St	Ind	St	Ind	St	Ind	St	Ind	St	Ind	St	Ind
Stadt BB	88750	366	4,1	999*	11,3	958	10,9	817	9,2	830	9,4	740	8,3
Kreis BB	35383	273	7,7	269	7,6	283	8,0	288	8,1	-	-	-	-
Kreis PM	171000	-	-	-	-	-	-	-	-	874	5,1	964	5,6
Stadt BF	17470	55	3,1	124	7,1	129	7,4	100	5,7	95	5,4	96	5,5
Kreis BF	117593	278	2,4	446	3,8	462	3,9	457	3,9	447	3,8	476	4,0

BB = Brandenburg, BF = Bitterfeld, PM = Potsdam-Mittelmark, Instit. = Institution, EW = Einwohner, St = Stellenzahl, Ind = Stellenzahl pro 1000 EW
* geschätzte Zahl

d) Zeitreihen in den einzelnen untersuchten Institutionen:

Tabelle 60: Beschäftigte in der Stadtverwaltung Brandenburg

Jahr	Beschäftigte	Bemerkungen
1989	(366)	nur Kernverwaltung; Ist-Stand, laut Telefonbuch der damaligen Stadtverwaltung
1991	3952	Laut Stellenplan 1991, SVV 22.5.91; darunter 100 gesperrte Stellen; 263 ABM-Stellen nicht eingerechnet; ca. Ende 1991 waren 1599 Stellen im Überhang. In einem Material des Personalamtes (1995) wird für die Anfangszeit des kommunalen Neuaufbaus sogar von einer Schätzung von 4.300 Beschäftigten ausgegangen.*
1992	3002	Laut Material Personalamt (1995), ohne ABM, Stichtag 30.6.92. Laut Stellenplan 1992: 393 Beamte plus 1.448 Angestellte plus 234 Arbeiter plus 1.113 im Überhang, SVV 26.2.92 und Übergangsstellen Stand 12.11.92 in Vorlage 342/92 SVV vom 11.11.92.
1993	2804	Laut Material Personalamt (1995), ohne ABM, Stichtag 30.6.93. Laut Stellenplan 1993, SVV 25.11.92 428 Beamte plus 1398 Angestellte plus 224 Arbeiter plus 911 Überhang.
1994	2531	Laut Material Personalamt (1995), ohne ABM, Stichtag 30.6.94. Laut Haushaltsplan für 1994 vom Juni 1994:359 Beamte plus 1.697 Angestellte plus 456 Arbeiter.
1995	2257	Laut Material Personalamt (1995), ohne ABM; Stichtag 15.2.95.

* Die stadtgeleiteten Betriebe sind nicht in der Stellenzahl enthalten, wurden zahlenmäßig auch nicht in den Stellenplänen der Stadt erfaßt, obwohl sie über die Stadt finanziert werden mußten. Auch das Krankenhaus und das Vermessungsamt sind nicht in der Stellenstatistik von 1991 erfaßt, weil diese Einrichtungen personell noch über das Land finanziert wurden.

Tabelle 61: Beschäftigte in der Kreisverwaltung Brandenburg

Jahr	Kernverwaltung	Einrichtungen	Gesamt
1989	273 (1)		
1990	209 (2)		
1991	269 (3)	317	586
1992	283 (4)		
1993	288 (5)	158	446

1 Laut Protokoll Kreistagssitzung am 18.7.90, Material des Büro des Kreistages.
2 Laut Protokoll Kreistagssitzung am 18.7.90, Material des Büro des Kreistages.
3 Vgl. Stellenübersicht des Landkreises Brandenburg für das Haushaltsjahr 1991. Real wurden die Stellen bis Mitte 1991 jedoch auf 286 aufgestockt – vgl. Gesamtübersicht des Stellenplanes des Landkreises Brandenburg 1992, Anlage zum Haushaltsplan 1992, S. 10.
4 Vgl. Gesamtübersicht des Stellenplanes des Landkreises Brandenburg 1992, Anlage zum Haushaltsplan 1992. Unter den 283 Beschäftigten sind 80 Beamte, 175 Angestellte und 28 Arbeiter.
5 Laut Analyse Hauptverwaltung Ist-Stand am 1.7.1993.

Tabelle 62: Beschäftigte in der Stadtverwaltung Bitterfeld

Jahr	Kern-verwaltung	Ein-richtungen	Gesamt	Bemerkungen
1989	55	185	240 (1)	Zahlenangaben auf der Grundlage der Werte von 1984, die sich jedoch bis 1989 kaum verändert haben. Die Beschäftigtenzahl in den Einrichtungen ist in Vollbeschäftigten- einheiten angegeben, die Personenzahl ist etwas höher.
1991	104	324	428 (2)	Stand per 30.6.91, davon ca. 80% weibliche Beschäftigte (3). Von den 455 Soll-Stellen waren 267 Angestellte und 188 Arbeiter.
1991	124	371	495 (4)	Stand per 30.9.91, nach Übernahme der Kindereinrichtungen
1992	129	337	466 (5)	Stand per 30.6.92
1993	100	242	342 (6)	Stand per 30.6.93, davon Ist-Stand 311 (7)
1994	95	168	263 (8)	Ist-Stand per 30.6.1994. Hinzu kommen 17 ABM-Stellen.
1995	96	165	261	Ist-Stand per 1.1.1995.

1 Vgl. Stellenplan der Stadtverwaltung Bitterfeld, 1984, Archiv der SV Bitterfeld.
2 Vgl. Strukturveränderungen der Stadtverwaltung Bitterfeld, Material des Hauptamtes.
3 Vgl. Stellenplan 1991, Material des Hauptamtes der Stadtverwaltung Bitterfeld vom 30.4.91.
4 Vgl. Strukturveränderungen der Stadtverwaltung Bitterfeld, Material des Hauptamtes.
5 Vgl. ebenda.
6 Vgl. ebenda.
7 Laut HH-Plan 1994, S. 207 f.
8 Laut Auskunft der Personalabteilung.

Tabelle 63: Beschäftigte im Landratsamt Bitterfeld

Jahr	Kernver-waltung	Einrich-tungen	Gesamt	Bemerkungen
1989	278 (1)			Eingestufte Teilnehmerzahl der Kernverwaltung in das System der „marxistisch-leninistischen Weiterbildung der Kader des Staatsapparates". Einziger Hinweis auf die damalige Mitarbeiterzahl, da bis auf wenige Ausnahmen alle Beschäftigten in dieses System eingestuft worden sind.
1990	315 (2)			Von Juni bis Dezember 1990 gab es 122 Neuzugänge und 89 Abgänge (3) (Beschäftigtenzahl im Dezember: 348)
1991	446 (4)	341	787	darunter 412 Angestellte und 34 Arbeiter (ohne ABM-Kräfte) in der Kernverwaltung. Im Nachtragshaushalt 1991 (5) werden 442 Beschäftigte in der KW ausgewiesen, 442 in Einrichtungen, 884 Gesamt (davon 655 Angestellte und 229 Arbeiter).
1992	462 (6)	308	770	darunter 440 Angestellte und 22 Arbeiter in der Kernverwaltung, 161 Angestellte und 147 Arbeiter in Einrichtungen
1993	457 (7)	256	713	darunter 3 Beamte, 434 Angestellte und 20 Arbeiter in der KW, 137 Angestellte und 119 Arbeiter in Einrichtungen
1994	447	236	683 (8)	darunter 3 Beamte, 538 Angestellte, 142 Arbeiter
1995	476 (9)	175 (10)	651 (11)	darunter 87 Beamte, 469 Angestellte, 95 Arbeiter

1 Vgl. Informationsvorlage des Rates des Kreises am 19.7.1989, Archivmaterial des Landratsamtes Bitterfeld.
2 Zahl der Beschäftigten Ende Mai 1990. Vgl. Protokolle Kreistagssitzungen, Referat des Landrates am 20.12.90, Material des Büro des Kreistages.
3 Bei den Zugängen waren ca. 40 Personen, die aufgrund von Weisungen verschiedener Ministerien übernommen werden mußten, so 10 Mitarbeiter des Hauptauftraggebers, 13 Mitarbeiter der staatlichen Bauaufsicht, 11 Mitarbeiter der Zivilverteidigung, 6 Mitarbeiter des Brandschutzes. Vgl. Referat des Landrates am 20.12.90, a.a.O.
4 Vgl. Stellenplan 1991 des Landratsamtes Bitterfeld sowie seiner nachgeordneten Einrichtungen.
5 Vgl. Nachtragshaushalt Stellenübersicht per 30.9.1991.
6 Laut Haushaltsplan 1992, vgl. Protokoll Kreistag am 2.4.92, Material des Büro des Kreistages. Im Nachtragshaushalt wurden diese Zahlen bereits reduziert: 450 (Kernverw.), 233 (Einr.), 683 (Gesamt), vgl. 1. Nachtragshaushaltsplan für das Haushaltsjahr 1992.
7 Vgl. Haushaltsplan für das Jahr 1993.
8 Vgl. Hauhaltsplan für das Jahr 1994.
9 Erhöhung gegenüber 1994 erklärt sich durch die Neuzuordnung des ehemaligen Landesaufgaben, z.B. Katasteramt.
10 Senkung gegenüber 1994 erklärt sich durch Privatisierung der Reinigungskräfte.
11 Vgl. Haushaltsplan für das Jahr 1995.

e) Veränderungen zwischen einzelnen Verwaltungsbereichen:

Tabelle 64: Zunahme und Abnahme der Stellenzahl bei ausgewählten Verwaltungsbereichen der Stadt Brandenburg

Verwaltungsbereich	1991	1994	Zunahme/Abnahme
Hauptamt	93	82	-11
Personalamt	28	42	14
Stadtkasse	23	28	5
Rechtsamt	26	23	-3
Ordnungsamt	122	104	-18
Schulamt	742	293	-449
Jugendamt	1415	1109	-306
Kulturamt	103	92	-11
Sozialamt	326	75	-251
Gesundheitsamt	85	75	-10
Stadtplanungsamt	22	27	5
Bauordnungsamt	17	23	6
Tiefbauamt	40	60	20
Amt f. Wirtsch.förderung	20	13	-7
Amt f. Freizeit u. Tour.	71	40	-31

Tabelle 65: Wachstumsraten der Verwaltungsbereiche im Personalhaushalt zwischen 1993 und 1995, kreisfreie Stadt Brandenburg (Angaben in % zu 1993)

Bauverwaltung	164,3
Wirtschaftsverwaltung	163,8
Bedürfnisanstalten	122,8
Ordnungsverwaltung	111,1
Gesundheitsverwaltung	104,8
Hauptverwaltung	92,6
Kulturverwaltung	91,4
Sozialverwaltung	65,4
Schulverwaltung	45,9

Literaturverzeichnis

Alamir, Fouzieh Melanie/Berg, Frank: Datenreport Personal und Führungskräfte in den Kreisen und Kommunen der neuen Bundesländer. KSPW-Datennacherhebung u.L. H. Wollmann, Humboldt-Universität zu Berlin, unveröffentlicht, 1996

Ausgewählte Probleme der Personalentwicklung. Material des Personalamtes der Stadtverwaltung Brandenburg an der Havel, unveröffentlicht, 1995

Backhaus-Maul, Holger/Olk, Thomas: Intermediäre Organisationen als Gegenstand sozialwissenschaftlicher Forschung. In: Schmähl, Winfried (Hrsg.) Sozialpolitik im Prozeß der deutschen Vereinigung. Campus: Frankfurt a.M./New York 1992, S. 91-132

Baldersheim, Harald: Local democracy in East-Central Europe. Paper auf dem Weltkongreß für politische Wissenschaften, unveröffentlicht, 1994

Beckers, Peter/Jonas, Uwe: Verwaltungspersonal im Umbruch. Einstellungen und Werte in Ost- und West-Berliner Bezirksverwaltungen. In: Beiträge aus dem Fachbereich Sozialwissenschaften. Humboldt-Universität zu Berlin, 2/1994

Belwe, Katharina: Arbeitskultur und Arbeitskollektiv, Wohlfühlen im Kollektiv und Produktivitätssteigerung im Widerspruch. In: Rytlewski, Ralf u.a. (Hrsg.): Politische Kultur in der DDR. Stuttgart: Verlag Kohlhammer 1989, S. 94-109

Benzler, Susanne/Bullmann, Udo/Eißel, Dieter (Hrsg.): Deutschland-Ost vor Ort, Anfänge der lokalen Politik in den neuen Bundesländern, Einleitung. Opladen: Leske + Budrich 1995, S. 7-11

Berg, Frank/Möller, Bärbel/Reißig, Rolf 1994: The transformation of political and administrative institutions at the local level in East Germany. Empirical findings and theoretical approaches. Paper auf dem IPSA-Kongreß. In: BISS public, 16/1994, S. 5-12

Berking, Helmuth/Neckel, Sighard 1991: Außenseiter als Politiker. Rekrutierung und Identitäten neuer lokaler Eliten in einer ostdeutschen Gemeinde. In: Soziale Welt, Jahrgang, 3/1991, S. 283-299

Berking, Helmuth/Neckel, Sighard: Die gestörte Gemeinschaft. Machtprozesse und Konfliktpotentiale in einer ostdeutschen Gemeinde. In: Hradil, Stefan (Hrsg.): Zwischen Bewußtsein und Sein, Opladen: Leske + Budrich 1992, S. 151-171

Bernet, Wolfgang/Lecheler, H.: Zustand einer DDR-Stadtverwaltung vor den Kommunalwahlen vom 6.5.1990. In: Landes- und Kommunalverwaltung, 2/1991, S. 68-71

Bernet, Wolfgang: Gemeinden und Gemeinderecht im Regimewechsel. In: Aus Politik und Zeitgeschichte, B 36 vom 3. September 1993, S. 27-38

Bernet, Wolfgang: Verwaltungs- und Gebietsreformen in den Gemeinden und in den Landkreisen der Länder Mecklenburg-Vorpommern, Brandenburg, Sachsen-Anhalt, Sachsen und Thüringen. Halle: KSPW 1992

Bernet, Wolfgang: Zur normativen Regelung des Staatsdienstes in der DDR und zum Rechtsverständnis der Staatsfunktionäre, in: Zeitschrift für beamtenrecht, 1-2/1991, S. 40-47

Bertelsmann Stiftung (Hrsg.): Demokratie und Effizienz in der Kommunalverwaltung. Gütersloh: Verlag Bertelsmann Stiftung 1993

Blenk, Jürgen 1991: Verwaltungshilfen im Verbundsystem. In: Der Städtetag, 8/1991, S. 547ff.

Boock, Christoph: Vom Bürgerforum in die Stadtverwaltung. Erfahrungen aus Jena, in: Benzler, Susanne/Bullmann, Udo/Eißel, Dieter (Hrsg.): Deutschland-Ost vor Ort. Anfänge der lokalen Politik in den neuen Bundesländern, Opladen: Leske + Budrich 1995, S. 49-74

Bosetzky, Horst: „Verwaltungsmissionare" – Über den Einsatz westlicher Verwaltungsmitarbeiter in Ostberlin. In: Verwaltungsrundschau, 11/1992, S. 381-386

Bretzinger, Otto N.: Die Kommunalverfassung der DDR. Ihre Einordnung in die Tradition und ihr Beitrag zur Fortentwicklung des deutschen Kommunalrechts. Baden-Baden: Nomos 1994

Bullmann, Udo/Schwanengel, Wito: Zur Transformation territorialer Politikstrukturen. Landes- und Kommunalverwaltungen in den neuen Bundesländern. In: Benzler, Susanne/Bullmann, Udo/Schwanengel, Wito (Hrsg.): Deutschland-Ost vor Ort. Anfänge der lokalen Politik in den neuen Bundesländern. Opladen: Leske + Budrich 1995

Bundesministerium des Innern (Hrsg.): Kommunale Partnerschaften im vereinten Deuschland, Bonn 1993

Bundesvereinigung der kommunalen Spitzenverbände (Hrsg.): Hilfe zum Aufbau der kommunalen Selbstverwaltung in den neuen Bundesländern (Projekt-Abschlußbericht), o.O. 1994

Cusack, Thomas R.: Democracy and Local Governance in Germany: An East-West Comparison of Local Government. Political/Administrative Elites Five Years after Unification. Preliminary and Incomplete Version, January 8, 1996

Cusack, Thomas R.: Problem-Ridden and Conflict-Riven: Local Government in Germany Five Years after Unification. February 16, 1996 (a), unveröffentlicht

Cusack, Thomas R.: The Democracy and Local Governance Study in Germany: Technical Report, Wissenschaftszentrum Berlin für Sozialforschung, Abteilung Institutionen und sozialer Wandel, 1995

Cusack, Thomas R./Weßels, Bernhard: Problemreich und konfliktgeladen: Lokale Demokratie in Deutschland fünf Jahre nach der Vereinigung. Wissenschaftszentrum Berlin für Sozialforschung 1996

Damskis, Horst: Den Umbau gezielt unterstützen. In: Der Städtetag, 3/1993, S. 223-227
Damskis, Horst: Verwaltungselite und Verwaltungskultur in den Bundesländern Brandenburg und Sachsen. Zum Politik- und Rollenverständnis leitender Ministerialbeamter in vergleichender Ost-West-Perspektive. In: Eisen, Andreas/Wollmann, Hellmut (Hrsg.): Institutionenbildung in Ostdeutschland. Zwischen externer Steuerung und Eigendynamik. Opladen: Leske + Budrich 1996
Däumer, Roland: Gemeinden im Umbruch: Vom demokratischen Zentralismus zur Selbstverwaltung. Eine regionalsoziologische Analyse des Transformationsprozesses der Verwaltung im ländlichen Bereich (Raum Halle: Saalkreis), KSPW-Studie, Halle 1995
Derlien, Hans-Ulrich/Mayntz, Renate: Einstellungen der politisch-administrativen Eliten des Bundes 1987. Comparative Study II. Bamberg 1988
Derlien, Hans-Ulrich: Integration der Staatsfunktionäre der DDR in das Berufsbeamtentum: Professionalisierung und Säuberung. In: Seibel, Wolfgang/Benz, Arthur/Mäding, Heinrich: Verwaltungsreform und Verwaltungspolitik im Prozeß der deutschen Einigung. Baden-Baden: Nomos 1993
Deutscher Städtetag (Hrsg.): Die innerdeutschen Städtepartnerschaften, Reihe A, 18/1992, Köln
Diekelmann, Patrick: Verwaltungshilfe und Verwaltungshelfer im Prozeß der deutschen Einigung. Politikwissenschaftliche Diplomarbeit an der Freien Universität Berlin, 1994
Dudek, R.: Leistungsfähige Kommunen in den ostdeutschen Ländern – Gebot der Stunde, in: Die Verwaltung, 1/1991, S. 77-87
Einenkel, B./Thierbach, T.: Das schwere Erbe des Zentralismus: DDR-Städte im Rückblick – Eine Informationsschrift für Berater, DST-Beiträge, Reihe A, 11/1990, Köln
Eisen, Andreas/Wollmann, Hellmut (Hrsg.): Institutionenbildung in Ostdeutschland. Zwischen externer Steuerung und Eigendynamik. Opladen: Leske + Budrich 1996
Eisen, Andreas: Institutionenbildung im Transformationsprozeß. Der Aufbau der Umweltverwaltungen in Sachsen und Brandenburg 1990-1994. Baden-Baden: Nomos 1996 (a)
Ellwein, Thomas: Tradition – Anpassung – Reform. In: Seibel, Wolfgang/Benz, Arthur/Mäding, Heinrich: Verwaltungsreform und Verwaltungspolitik im Prozeß der deutschen Einigung. Baden-Baden: Nomos 1993
Engel, A.: Wählerkontext und Handlungsdispositionen lokaler Parteiakteure. In: Schmitt, K. (Hrsg.): Wahlen, Parteieliten, politische Einstellungen. Frankfurt a.M. 1990
Engler, Wolfgang: Die ungewollte Moderne. Ost-West-Passagen. Frankfurt/M: Suhrkamp 1995.
Engler, Wolfgang: Die zivilisatorische Lücke, Versuch über den Staatssozialismus, Frankfurt am Main: Suhrkamp 1992
Ettrich, Frank: „Neotraditionalistische Korrumpierung". Die Relevanz eines Konzepts der politischen Soziologie für die sozialwissenschaftliche Rekonstruktion staatssozialistischer Gesellschaften. Berlin 1991

Fiebig, Karl-Heinz/Krause, Udo: Bilaterale Projekte zwischen Kommunen der Bundesrepublik und der DDR im Rahmen von Städtepartnerschaften. Ergebnisse einer Umfrage in der Bundesrepublik Deutschland und den Partnerstädten in der DDR, Berlin 1990

Frank, R: Politik und Verwaltung im Umbruch. Neubau der Kommunalverwaltungen in den neuen Bundesländern – eine Zwischenbilanz (Teil II). In: Demokratische Gemeinde, 1/1992

Franzke, Jochen u.a.: Projektbericht. Brandenburgische Repräsentanten aus Politik und Verwaltung zur Kreisgebietsreform und ihren Folgen, Universität Potsdam, Wirtschafts- und Sozialwissenschaftliche Fakultät, Potsdam 1995

Gabriel, Oskar W. (Hrsg.): Politische Orientierungen und Verhaltensweisen im vereinigten Deutschland. Opladen: Leske + Budrich 1996 (in Vorbereitung)

Gabriel, Oskar W.: Das lokale Parteiensystem zwischen Wettbewerbs- und Konkordanzdemokratie: Eine empirische Analyse am Beispiel von 49 Städten in Rheinland-Pfalz. In: Oberndörfer, Dieter/Schmitt, Karl (Hrsg.): Parteien und regionale politische Traditionen in der Bundesrepublik Deutschland. Berlin: Duncker & Humblot 1991

Gemeindefinanzbericht 1994. In: Der Städtetag 3/1994

Gensicke, Thomas: Zur Entwicklung der Stimmungslage und der Wertorientierungen in Ostdeutschland seit dem Umbruch. In: Die real-existierende postsozialistische Gesellschaft, Wissenschaftliche Konferenz der Brandenburgischen Landeszentrale für politische Bildung, 14.-16.12.1993. Berlin: GSFP 1994, S. 127-139

Gesetz über die örtlichen Volksvertretungen in der Deutschen Demokratischen Republik. Berlin: Staatsverlag der Deutschen Demokratischen Republik 1985

Göhler, Gerhard: Politische Institutionen und ihr Kontext. Begriffliche und konzeptionelle Überlegungen zur Theorie politischer Institutionen. In: Göhler, Gerhard (Hrsg.): Die Eigenart der Institutionen, Baden-Baden: Nomos 1994, S. 19-46

Götz, Klaus H.: Rebuilding Public Administration in the New German Länder: Transfer and Differentiation, in: West European Politics, volume 16, 4/1993

Grunow, Dieter/Wohlfahrt, Norbert: Verwaltungshilfe für die neuen Bundesländer- vom Reformeifer zur kollektiven Selbstschädigung? In: Seibel, Wolfgang/Benz, Arthur/Mäding, Heinrich (Hrsg.): Verwaltungsreform und Verwaltungspolitik im Prozeß der deutschen Einigung. Baden-Baden: Nomos 1993

Grunow, Dieter: Qualitätsanforderungen für die Verwaltungsmodernisierung: anspruchsvolle Ziele oder leere Versprechungen? Thesen auf dem DVPW-Kongreß, unveröffentlicht, 1994

Grunow, Dieter: Verwaltungshilfe des Westens: Unterstützung oder Flop? In: Benzler, Susanne/Bullmann, Udo/Eißel, Dieter (Hrsg.): Deutschland-Ost vor Ort, Anfänge der lokalen Politik in den neuen Bundesländern, Opladen: Leske + Budrich 1995, S. 289-310

Hausschild, Christoph: Die örtliche Verwaltung im Staats- und Verwaltungssystem der DDR, Baden-Baden: Nomos 1991

Holtmann, Everhard/Sahner, Heinz (Hrsg.): Aufhebung der Bipolarität. Veränderungen im Osten, Rückwirkungen im Westen. Opladen: Leske + Budrich 1995

Holtmann, Everhard: Parteien in der lokalen Politik. In: Roth, Roland/Wollmann, Hellmut (Hrsg.), Kommunalpolitik. Politisches Handeln in den Gemeinden. Opladen: Leske + Budrich 1993, S. 256-270

Hradil, Stefan: Die Modernisierung des Denkens. Zukunftspotentiale und „Altlasten" in Ostdeutschland. In: Aus Politik und Zeitgeschichte, 20/1995, S. 3-15

Inglehart, Ronald: Kultureller Umbruch. Wertwandel in der westlichen Welt. Frankfurt a. M.: Campus 1989

Kaase, Max u.a. (Hrsg.): Politisches System. Opladen: Leske + Budrich 1996 (in Vorbereitung)

Klages, Helmut/Gensicke, Thomas 1993: Erläuterung der Speyerer Ziele und Methodik der Werterfassung, Speyer, unveröffentlicht

Klages, Helmut: Der Wertewandel in den westlichen Bundesländern. In: BISS public, Beiträge aus dem Berliner Institut für Sozialwissenschaftliche Studien, 2/1991, S. 99-118

Knemeyer, Franz-Ludwig: Die Kommunalverfassungen in der Bundesrepublik Deutschland. In: Roth, Roland/Wollmann, Hellmut (Hrsg.): Kommunalpolitik. Politisches Handeln in den Gemeinden. Opladen: Leske + Budrich 1993, S. 81-94

Knemeyer, Franz-Ludwig: Kommunale Gebietsreform in den neuen Bundesländern. In: Landes- und Kommunalverwaltung, 6/1992, S. 177 ff.

Kommunale Gemeinschaftsstelle für Verwaltungsvereinfachung (Hrsg.): Verwaltungsorganisation der Gemeinden, Köln 1979

Kommunale Gemeinschaftsstelle für Verwaltungsvereinfachung (Hrsg.): Organisationsmodell für Landkreise der DDR, Köln 1990

König, Klaus: Transformation einer Kaderverwaltung: Transfer und Integration von öffentlichen Bediensteten in Deutschland. In: Die Öffentliche Verwaltung, 45. Jahrgang, 13/1992, S. 549-556

König, Klaus: Transformation einer real-sozialistischen Verwaltung in eine klassisch-europäische Verwaltung. In: Seibel, Wolfgang/Benz, Arthur/Mäding, Heinrich: Verwaltungsreform und Verwaltungspolitik im Prozeß der deutschen Einigung. Baden-Baden: Nomos 1993

König, Klaus: Zur Transformation einer real-sozialistischen Verwaltung in eine klasssich-europäische Verwaltung. In: Verwaltungsarchiv, 2/1992 (a), S. 229-245

Kuban, M.: Kommunalverwaltung im Modernisierungsschub. Reaktivierung oder Entpolitisierung der Kommunalpolitik? Beitrag für den Kongreß der DVPW, 1994, unveröffentlicht

Lehmbruch, Gerhard (Hrsg.): Einigung und Zerfall. Deutschland und Europa nach dem Ende des Ost-West-Konflikts. Opladen: Leske + Budrich 1995 (a)

Lehmbruch, Gerhard (Hrsg.): Politische Willensbildung und Entscheidungsstrukturen im Prozeß der deutschen Einigung. Im Osten nichts Neues? Opladen: Leske + Budrich 1995

Lehmbruch, Gerhard: Die improvisierte Vereinigung: Die dritte deutsche Republik. In: Leviathan 18 (1990), S. 462-486

Lehmbruch, Gerhard: Institutionentransfer. Zur politischen Logik der Verwaltungsintegration in Deutschland. In: Seibel, Wolfgang/Benz, Arthur/Mäding, Heinrich, Verwaltungsreform und Verwaltungspolitik im Prozeß der deutschen Einigung, Baden-Baden: Nomos 1993, S. 41-66

Marz, Lutz: Dispositionskosten des Transformationsprozesses. In: Aus Politik und Zeitgeschichte, 24/1992, S. 3 ff.

Möller, Bärbel/Reißig, Rolf: Verbindung von politischen Interessenvermittlungsstrukturen und Kommunalinstitutionen im Bereich der Wirtschaftsförderung. Regionalstudie (KSPW). Berlin 1995

Nagelschmidt, Martin/Schröter, Erhard/Berg, Frank: Institutional and Personnel Change in Local Politics and Administration in Eastern Germany between Rupture and Continuity. Beitrag zur DVPW-Konferenz in Potsdam. Berlin 1994, unveröffentlicht

Naschold, Frieder/Pröhl, Marga (Hrsg.): Produktivität öffentlicher Dienstleistungen, Bd. 1. Gütersloh: Verlag Bertelsmann Stiftung 1994

Naschold, Frieder/Pröhl, Marga (Hrsg.): Produktivität öffentlicher Dienstleistungen, Bd. 2. Gütersloh: Verlag Bertelsmann Stiftung 1995

Neckel, Sighard: Das lokale Staatsorgan. Kommunale Herrschaft im Staatssozialismus der DDR. In: Zeitschrift für Soziologie, 21. Jahrgang, 4/1992, S. 252-268

Niedermayer, Oskar (Hrsg.): Intermediäre Strukturen in Ostdeutschland. Opladen: Leske + Budrich 1996 (in Vorbereitung)

Niedermayer, Oskar/Stöss, Richard (Hrsg.): Parteien und Wähler im Umbruch. Parteiensystem und Wählerverhalten in der ehemaligen DDR und den neuen Bundesländern. Opladen: Westdeutscher Verlag 1994

Niethammer, Lutz: Volkspartei neuen Typs? Sozialbiographische Voraussetzungen der SED in der Industrieprovinz. In: Prokla, 20. Jahrgang, 3/1990, Heft 80

NRW/Innenministerium (Hrsg.): Partnerschaft vor Ort: Zusammenarbeit von Kommunen aus Nordrhein-Westfalen und Brandenburg, Düsseldorf 1991

Oberhauser, Alois (Hrsg.): Finanzierungsprobleme der deutschen Einheit III. Ausbau der Infrastruktur und kommunaler Finanzausgleich. Berlin: Duncker & Humblot 1995

Offe, Claus: Der Tunnel am Ende des Lichts. Erkundungen der politischen Transformation im Neuen Osten, Frankfurt am Main: Campus 1994

Offe, Claus: Die deutsche Vereinigung als „natürliches Experiment". In: Gießen, Bernd/Leggewie, Claus (Hrsg.), Experiment Vereinigung. Ein sozialer Großversuch, Berlin: Rotbuch Verlag 1991, S. 77-86

Osterland, Martin/Wahsner, Rainer: Kommunale Demokratie als Herausforderung. In: Kritische Justiz, 3/1991, S. 318-332

Parsons, Talcott: Aktor, Situation und normative Muster. Ein Essay zur Theorie sozialen Handelns. Frankfurt a.M.: Suhrkamp 1994

Personalstandsdaten des Deutschen Städtetages 1995

Petzold, Siegfried: Zur Entwicklung und Funktion der kommunalen Selbstverwaltung in den neuen Bundesländern. In: Roth, Roland/Wollmann, Hellmut (Hrsg.): Kommunalpolitik. Politisches Handeln in den Gemeinden. Opladen: Leske + Budrich 1993, S. 34-51

Pitschas, R. 1993: Verwaltungsintegration in den neuen Bundesländern? In: Neue Justiz, Heft 2, S. 49-55

Literaturverzeichnis

Pitschas, Rainer: Verwaltungsentwicklung in den ostdeutschen Bundesländern. In: Deutsches Verwaltungsblatt, 9/1991, S. 457-466
Protokolle der Stadtverordnetenversammlung Bitterfeld, Archiv Stadtverwaltung Bitterfeld, diverse Jahrgänge
Protokolle der Stadtverordnetenversammlung Brandenburg, Archiv Stadtverwaltung Brandenburg an der Havel, diverse Jahrgänge
Protokolle des Kreistages Bitterfeld, Archiv Landratsamt Bitterfeld, diverse Jahrgänge
Protokolle des Kreistages Brandenburg, Archiv Landratsamt Potsdam-Mittelmark, diverse Jahrgänge
Reichard, Christoph/Röber, Manfred: Was kommt nach der Einheit? Die öffentliche Verwaltung in der ehemaligen DDR zwischen Blaupause und Reform. In: Glaeßner, Gert Joachim/Reißig, Rolf (Hrsg.), Von der staatlichen zur sozialen Einheit, Frankfurt a.m. 1992, S. 215-245
Reichard, Christoph: Die „New Public Management"-Debatte im internationalen Kontext. Paper auf dem DVPW-Kongreß, verfielv. Manuskript, 1994 (b)
Reichard, Christoph: Internationale Ansätze eines „New Public Management". In: Hofmann, M. (Hrsg.), Neue Entwicklungen in der Managementlehre, Heidelberg 1994, S. 135-164
Reichard, Christoph: Umdenken im Rathaus. Neue Steuerungsmodelle in der deutschen Kommunalverwaltung, Berlin: Edition Sigma 1994 (a)
Reulen, Stephanie: Die Kreisgebiets- und Gemeindereform in den ostdeutschen Bundesländern. In: Seibel, Wolfgang (Hrsg.): Politische Interessenvermittlung, Kommunal- und Verwaltungspolitik. Expertisen der KSPW-Berichtsgruppe III. Kreisgebiets- und Gemeindereformen, Dritter Sektor, Treuhandanstalt, Universität Konstanz, vf. Ms. 1996, S. 1-201
Scheytt, Oliver: Reorganisation der kommunalen Selbstverwaltung. In: Probleme der Einheit. Institutionelle Reorganisation in den neuen Ländern. Marburg 1992
Scheytt, Oliver: Städte, Kreise und Gemeinden im Umbruch. Der Aufbau der Kommunalverwaltungen in den neuen Bundesländern. In: Deutschland-Archiv, 1/1992 (a), S. 12-21
Schmid, Josef: Gesamtdeutsche Zusammenschlüsse von Parteien und Verbänden: Organisationspraktische und -theoretische Probleme. In: Löbler, Frank/Schmid, Josef/Tiemann, Heinrich (Hrsg.): Wiedervereinigung als Organisationsproblem: Gesamtdeutsche Zusammenschlüsse von Parteien und Verbänden, Bochum 1991, S. 39-47
Schmidt-Eichstaedt, Gerd: Gemeindeverwaltungsreform und Kreisgebietsreform in den neuen Bundesländern. In: Archiv für Kommunalwissenschaften, 31. Jahrgang, 1. Halbjahresband 1992, S. 1-21
Schmidt-Eichstaedt, Gerd: Kommunale Gebietsreform in den neuen Bundesländern. In: Aus Politik und Zeitgeschichte, B 36 vom 3. September 1993, S. 3-15
Schmidt-Eichstaedt, Gerd: Vom Zentralismus zur kommunalen Selbstverwaltung. In: Die politische Meinung, Mai 1992 (a), S. 75-81
Schneider, H.: Der Aufbau der Kommunalverwaltung und der kommunalen Selbstverwaltung in den neuen Bundesländer. In: Aus Politik und Zeitgeschichte, B 36/1993, S. 18-26

Schröder, Wolfgang: Hilfe zum Aufbau der kommunalen Selbstverwaltung. In: Die Kommunalverwaltung, 10/1991, S. 293ff.
Schröter, Eckhard: Verwaltungsführungskräfte aus Ost und West. Datenreport Berlin. Ergebnisse einer empirischen Untersuchung in Berliner Senats- und Magistratsverwaltungen 1990/91, Beiträge aus dem Fachbereich der Fachhochschule für Verwaltung und Rechtspflege, Berlin 1992
Seibel, Wolfgang (Hrsg.): Politische Interessenvermittlung, Kommunal- und Verwaltungspolitik. Expertisen der KSPW-Berichtsgruppe III. Kreisgebiets- und Gemeindereformen, Dritter Sektor, Treuhandanstalt, Universität Konstanz, vf. Ms. 1996
Seibel, Wolfgang: Verwaltungsintegration im vereinigten Deutschland. Ein Problemaufriß für die Verwaltungswissenschaft. In: Seibel, Wolfgang/Benz, Arthur/Mäding, Heinrich: Verwaltungsreform und Verwaltungspolitik im Prozeß der deutschen Einigung. Baden-Baden: Nomos 1993, S. 15-29
Seibel, Wolfgang: Verwaltungsreform in den ostdeutschen Bundesländern. In: Die Öffentliche Verwaltung, 5/1991, S. 198-204
Seibel, Wolfgang: Zur Situation der öffentlichen Verwaltung in den neuen Bundesländern. Ein vorläufiges Resümee. In: Seibel, Wolfgang/Benz, Arthur/Mäding, Heinrich: Verwaltungsreform und Verwaltungspolitik im Prozeß der deutschen Einigung. Baden-Baden: Nomos 1993 (a)
Tondorf, Karin: Beschäftigungssicherung in ostdeutschen Kommunalverwaltungen. Probleme einer neuen Tarifpolitik im öffentlichen Dienst. In: Industrielle Beziehungen, 2/1995, S. 180-202
Tondorf, Karin: Tarifverträge zur Beschäftigungssicherung im öffentlichen Dienst Ostdeutschlands. In: Der Personalrat, 5/1995, S.203-205
Vgl. Gemeindefinanzbericht 1994. In: Der Städtetag 3/1994, S. 138f.
Wehling, Hans-Georg: „Parteipolitisierung" von lokaler Politik und Verwaltung? Zur Rolle der Parteien in der Kommunalpolitik. In: Heinelt, Hubert/Wollmann, Hellmut (Hrsg.): Brennpunkt Stadt. Stadtpolitik und lokale Politikforschung in den 80er und 90er Jahren, Berlin: Birkhäuser Verlag 1991
Wiesenthal, Helmut (Hrsg.): Einheit als Interessenpolitik. Studien zur sektoralen Transformation Ostdeutschlands. Frankfurt/M.: Campus 1995
Willhöft, Manfred: Kreispartnerschaften bilden ein solides Fundament. In: Der Landkreis, 11/1991, S. 481ff.
Wollmann, Hellmut u.a. (Hrsg.): Transplantation oder Eigenwuchs? Die Transformation der Institutionen in Ostdeutschland. Eine Forschungsdokumentation. Bonn: Informationszentrum Sozialwissenschaften 1995
Wollmann, Hellmut u.a. (Hrsg.): Transformation der politisch-administrativen Strukturen in Ostdeutschland. Opladen: Leske + Budrich 1996 (in Vorbereitung)
Wollmann, Hellmut/Berg, Frank: Die ostdeutschen Kommunen: Organisation, Personal, Orientierungs- und Einstellungsmuster im Wandel. In: Naßmacher, Hiltrud/Niedermayer, Oskar/Wollmann, Hellmut (Hrsg.): Politische Strukturen im Umbruch, Berlin: Akademie-Verlag 1994
Wollmann, Hellmut/Wiesenthal, Helmut/Bönker, Frank (Hrsg.): Transformation sozialistischer Gesellschaften. Am Ende des Anfangs. Opladen: Westdeutscher Verlag 1995

Wollmann, Hellmut: Kommunalpolitik und -verwaltung in Ostdeutschland. Institutionen und Handlungsmuster im „paradigmatischen" Umbruch. In: Blanke, Bernhard (Hrsg.): Staat und Stadt. PVS-Sonderheft, 22/1991, Opladen: Westdeutscher Verlag 1991, S. 237 ff.

Wollmann, Hellmut: Kommunalpolitik und -verwaltung in Ostdeutschland im Umbruch und Übergang. In: Roth, Roland/Wollmann, Hellmut (Hrsg.), Kommunalpolitik. Politisches Handeln in den Gemeinden. Opladen: Leske + Budrich 1993, S. 20-33

Wollmann, Hellmut: Neubau der Kommunalverwaltung in Ostdeutschland-zwischen Kontinuität und Umbruch. In: Seibel, Wolfgang/Benz, Arthur/Mäding, Heinrich: Verwaltungsreform und Verwaltungspolitik im Prozeß der deutschen Einigung. Baden-Baden: Nomos 1993 (a).

Wollmann, Hellmut: Neue Funktionen und Chancen für Evaluierung in Kommunalpolitik und -verwaltung durch „New Public Management"? Paper auf dem DVPW-Kongreß, Berlin, Manuskript, 1994

Wollmann, Hellmut: Regelung kommunaler Institutionen in Ostdeutschland zwischen „exogener Pfadabhängigkeit" und endogenen Entscheidungsfaktoren. In: Berliner Journal für Sozialforschung 5 (1995) 4, S. 497-514

Ziel, Alfred: Regierungserklärung zu den Grundlagen der Kommunalreform im Land Brandenburg. Ministerium des Innern des Landes Brandenburg (Hrsg.), Potsdam 1993

Die Autoren des Bandes

Frank Berg, geb. 1951, Politikwissenschaftler; Studium 1969-74, Universität Leipzig; Diplomphilosoph; 1974-79 wissenschaftlicher Assistent, Universität Leipzig; Promotion 1977 in Leipzig und Habilitation 1982 in Berlin; 1982-89 Forschungsbereichsleiter an der Akademie für Gesellschaftswissenschaften in Berlin; 1988 Professur; 1990-96 wissenschaftlicher Mitarbeiter und Projektleiter, Berliner Institut für Sozialwissenschaftliche Studien (BISS); 1993-95 Projektstelle, Humboldt-Universität zu Berlin. Arbeitsgebiete: Soziale Bewegungen, Systemauseinandersetzung und Systemvergleich (bis 1989); lokale Politikforschung, kommunale Verwaltungen und regionale Netzwerkforschung.

Martin Nagelschmidt, geb. 1964. Studium der Geschichte und Politikwissenschaft in Freiburg und an der Freien Universität Berlin; 1993 Diplompolitologe; 1993-95 wissenschaftlicher Mitarbeiter an der Humboldt-Universität zu Berlin; derzeit Promotion zum Thema grenzübergreifende Regionalpolitik in der EG; Mitglied im Graduiertenkolleg: „Das neue Europa"/FU und HU Berlin. Forschungsschwerpunkt: Organisationssoziologie, politikwissenschaftliche Institutionentheorie, vergleichende Politikwissenschaft, Politikfeldanalyse.

Hellmut Wollmann, geb. 1936, Studium der Rechts- und Politikwissenschaft, 1. und 2. Juristisches Staatsexamen, Dr. jur. (1967), Kennedy Memorial Fellow an der Harvard University (1979/71), Professor an der Freien Universität Berlin (1974-1993) und an der Humboldt-Universität zu Berlin (seit 1993). Publikationen u.a.: (mit P. Wagner, C.H. Weiss und B. Wittrock, Hrsg.) Social Sciences and Modern States (1991), (mit B. Blanke, Hrsg.) Die alte Bundesrepublik (1991), (mit R. Roth, Hrsg.) Kommunalpolitik in den 90er Jahren (1994), (mit H. Naßmacher und O. Niedermayer, Hrsg.) Politische Strukturen im Umbruch (1994) , Systemwandel und Städtebau in Mittel- und Osteuropa (1994), (mit R. Clasen, E. Schröter und H. Wiesenthal) Effizienz und Verantwortlichkeit, Reformempfehlungen für effiziente, aufgabengerechte und bürgerkontrollierte Verwaltung (1995).